2022年

国家统一法律职业资格考试

客观题
理论法宝典

白斌◎编著

中国政法大学出版社

2021·北京

图书在版编目（ＣＩＰ）数据

2022 年国家统一法律职业资格考试客观题理论法宝典/白斌编著.—北京：中国政法大学出版社，2021.11

ISBN 978-7-5764-0167-7

Ⅰ.①2… Ⅱ.①白… Ⅲ. ①法的理论－中国－资格考试－自学参考资料 Ⅳ.①D920.0

中国版本图书馆 CIP 数据核字(2021)第 227448 号

出 版 者	中国政法大学出版社
地　　址	北京市海淀区西土城路 25 号
邮寄地址	北京 100088 信箱 8034 分箱　邮编 100088
网　　址	http://www.cuplpress.com （网络实名：中国政法大学出版社）
电　　话	010-58908285(总编室) 58908433（编辑部） 58908334(邮购部)
承　　印	固安华明印业有限公司
开　　本	787mm×1092mm　1/16
印　　张	26.25
字　　数	670 千字
版　　次	2021 年 11 月第 1 版
印　　次	2021 年 11 月第 1 次印刷
定　　价	78.00 元

第九版序言

面对市场上法律资格考试辅导书已然汗牛充栋、泛滥成灾的现状，我的任务并不是在其中再加上一本。我的任务是要揭示，法律职业资格考试的学习乃是新时代法律人教育的一个必要组成部分；以考促学，在有限时间内，在巨大压力下，通过对法考内容的系统学习，学生可以对我国现行实在法秩序及其法条细节具有清晰的认识和把握，而这分明是成为一名合格法律人的题中应有之义。在这些年从事国家法律职业资格考试教学的过程中，我一直希望能有机会编撰一部立基于现行实在法秩序的辅导书，其既能满足考生应对法考的需要，又能作为法律爱好者业余学习的简明教材；既要全面，将知识点网罗殆尽，又要重点突出，将命题点的奥秘深度透析。

我的学生们在过去许多年里参加国家法律职业资格考试所取得的喜人成绩，充分地验证了本书的应试价值，同时也提升了新一届的考生对于本书的心理期待。而这，对它的作者提出了新的考验。学生们通过艰辛努力通过考试之后，他们的法考备考之路也就结束了。但是，作为老师，不论我如何疲惫，我的道路仍将继续，继续面对新一届的学生！在2021年法考结束之后，笔者便开始马不停蹄地在第八版的基础上增删改定，创作本书的第九版。

在本书的写作过程中，笔者延续了"以学生为中心、以实战为主线"的教学理念，一切设计均以方便学生理解记忆、应对考试为出发点。新版根据法律法规的修订情况和2021年法律职业资格考试的考试大纲的变化对知识点进行了增删变易，增写了中国共产党民主政权宪法性文件、香港特别行政区选举制度、《全国人大组织法》、《全国人大议事规则》、《香港特别行政区维护国家安全法》、《法律援助法》等内容。此外，得益于长期战斗于法律职业资格考试教学的第一线，持续性地关注相关法律法规以及理论学说的变迁更易，特别是2017年、2018年、2019年、2020年、2021年连续五年利用白斌理论法网络特训营的机会对理论法学的教学内容和知识体系进行了全方位的重新构建，新版吸收了相应的最新教学和研究心得。

本书具有如下几个方面的特殊便利：

1. 体系鲜明：接受同学建议，在一些的重点知识点下，以思维导图的方式简明呈现该知识点的体系和内容，便于考生进行宏观把握。

2. 重点标示：核心命题点均用加黑标出，特别容易混淆的考点用【注意】标出。凡此种种，请读者在学习过程中务必百倍关注。

3. 糅合法条：根据近几年法律职业资格考试重在考查学生对于法条的熟悉程度的特点，同时为了避免既有辅导书将法条与教材割裂的弊端，笔者将相关重点法条分门别类地渗透到相关知识点的介绍当中，能用法条说明的尽量用法条，方便考生识记。

有必要特别感谢许多素未谋面的朋友对于本书的完善所提供的智力贡献和精神支持。正是我的学生们的较真，使作为教师的我不得不认真，从而促成了本书在完美性上更进一步。同样的诚挚请求也呈送给第九版的新的读者朋友：恳请认真细致的诸位，在阅读过程中一旦发现了知识错误或者其他值得完善之点，能够不吝与笔者分享您的智慧，那将是我们成为好朋友的开端！**我的新浪微博：@白斌的公法梦**。在阅读和学习本书过程中的任何疑问，也请直接发私信交流。本书的勘误表也将在上述微博及时公布更新。

惟愿我所有的努力能在 2022 年 9 月、10 月决胜之时为你带来信心和快乐！

白斌（竹西君）

2021 年 10 月 1 日

于中央财经大学法学院

目　录

第一编　法理学

第二编　习近平法治思想

第三编　宪法学

第四编　司法制度与法律职业道德

第五编　中国法律史

第一编 法理学

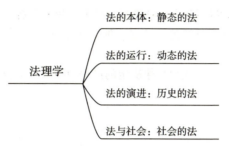

- 法理学
  - 法的本体：静态的法
  - 法的运行：动态的法
  - 法的演进：历史的法
  - 法与社会：社会的法

第一章 法的本体

码上揭秘

- 法的本体
  - 法的概念：法是什么
  - 法的本质：透过现象看本质
  - 法的特征：与众不同之处
  - 法的作用：有什么用
  - 法的价值：有哪些优良品质
  - 法的要素：由什么构成
  - 法的渊源：存在于何处
  - 法律部门与法律体系
  - 法的效力：对人、对事、时间、空间
  - 法律关系
  - 法律责任

第一节　法的概念

一、法的概念的重要性

1. **历史上，不同的法学家基于各自研究视角的不同提出了各种各样的法的概念。**

2. 在法律实务中，法律人所持的法的概念的立场不同，对同一个案件所做的法律决定就不同。

3. 法律人在处理一些案件、获得法律决定的过程中就必须进行立场选择。

二、法的概念的争议

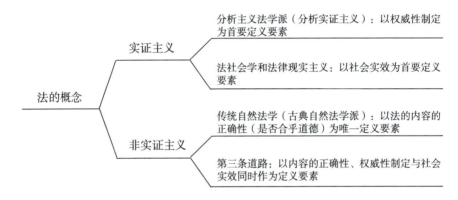

围绕着法的概念的争论的中心问题是关于法与道德之间的关系问题，即不符合道德的立法是不是法的问题。根据对此关系的不同认定，我们大致可以概括出两种"法的概念"的立场：实证主义的和非实证主义或自然法的法的概念。

（一）实证主义的法的概念

1. 法与道德分离，严格区分"法律实际上是什么"和"法律应当是什么"，认为二者之间不存在概念上的必然联系；

2. 以两个因素定义法的概念：权威性制定和社会实效。有的法实证主义者是以权威制定作为法的概念的定义要素，有的是以社会实效作为定义要素；但是，更多的法实证主义者是以这两个要素的相互结合来定义法的概念的。

3. 以权威性制定为**首要**定义要素的代表是分析主义法学，如奥斯丁、哈特、凯尔森等。

4. 以社会实效为**首要**定义要素的代表是法社会学和法现实主义；

5. 面对非实证主义的批判，分析实证主义又分裂为"包容性法律实证主义"与"排他性法律实证主义"。

（1）包容性法律实证主义：接受德沃金对法律实证主义的许多批评，认为一个特定的法律体系有可能依据承认规则使得道德标准成为该体系的效力的必要或充分条件。

（2）排他性法律实证主义：不接受德沃金的批评，认为道德标准对一个规范的法律身份而言既不是充分条件也不是必要条件，法律是什么、不是什么，是社会事实问题。主要代表是拉兹（每一条法律的存在和内容完全是由社会渊源决定的）。

【名言】慎子："法虽不善，犹愈于无法。"——《慎子·威德》

（二）非实证主义的法的概念

1. 法与道德相互联接；在定义法的概念时，道德因素被包括在内；

2. 以内容的正确性作为法的概念的一个**必要的定义要素：**

（1）**传统自然法理论：**以内容的正确性作为法概念的唯一要素；

（2）现代的超越自然法与实证主义之争的所谓**第三条道路：**主张以内容的正确性、权威性制定与社会实效同时作为定义要素，如阿列克西。

【注意】非实证主义的法的概念并不必然排除社会实效性要素和权威性制定要素。

【增补内容】拉德布鲁赫公式

1. 所有的实在法都应当体现法的安定性，不能够随意否定其效力；

2. 除了法的安定性之外，实在法还应当体现合目的性和正义。

3. 从正义角度看，若实在法违反正义达到不能容忍的程度，它就失去了其之所以为法的"法性"，甚至可以看作是非法的法律。

——出自拉德布鲁赫《法律的不法与超法律的法》一文

三、法与道德的关系在法思想史上的三个理论争点

（一）是否存在本质上的联系：法在本质上是否包含道德的问题

西方法学界存在两种观点："恶法非法"（自然法学派）与"恶法亦法"（分析实证主义法学派）；

（二）内容上的联系：内容上的联系是否应有限度以及限度何在的问题

一般来说，近代以前的法在内容上与道德的重合程度极高，有时甚至浑然一体。如中国古代法就具有浓厚的伦理法特征。这与古代法学家相应观点的支撑不可分。古代法学家大多倾向于尽可能将道德义务转化为法律义务，使法确认和体现尽可能多甚至全部的道德内容，以保证社会思想的纯洁性。

近现代法在确认和体现道德时大多注意二者重合的限度，倾向于只将**最低限度的道德**要求转化为法律义务，注意明确法与道德的调整界限。这与近现代法学家的基本立场不无关系，他们大多倾向于将法律标准与道德标准相对分离，"法律是最低限度的道德"几成通说。

【注意】法律不是一种封闭的体系。

（三）功能上的联系：社会调整以何者为主的问题

法经历了在社会调控中从次要地位上升到首要地位的发展过程。

一般来说，古代法学家更多强调道德在社会调控中的首要或主要地位，对法的强调也更多在其惩治功能上。而对借助法明确权利义务以实现对社会生活的全面调整则往往心存疑虑，甚至希望通过推行"德治"来去除刑罚，如中国历史上的"德主刑辅"。

近现代后，法学家们一般都倾向于强调法律调整的突出作用，法治国成为普遍的政治主张。因为，第一，分工和交换的普遍化、常态化使得人们总要和抽象的他人交往，交易信用不再建立在熟悉基础上，而是建立在契约基础上。法因其肯定性、普遍性、严格的程序性和较强的操作性，更能胜任这种复杂利益关系的调整。第二，与市场经济相伴的是利益分化的加剧和价值冲突的普遍化、常态化，利益表达和价值衡平与选择是缺乏程序机制的道德难以胜任的。第三，作为现代生活理念和目标的民主政治是多数人同意的政治，亦即程序性政治，具有高度规范化、制度化和程序化特征的法不得不居于优越地位。

四、法与道德的区别

	法	道德
生成方式	建构性：人为形成的	非建构性：自然演进生成
规范内容	同时关注权利和义务	只强调义务
行为标准	确定性：有特定表现形式，具体明确，可操作性强	模糊性：无特定具体的表现形式，笼统、原则，标准模糊，易生歧义
存在形态	一元性：法以一元化的形态存在，具有统一性和普适性	多元性：道德评价是个体化的、主观的，因此导致道德的多元、多层次性
调整方式	侧重外在行为	关注内在动机
运作机制	程序性：提供制度性协商和对话的机制	非程序性：不存在以交涉为本质的程序
强制方式	外在强制：有组织的国家强制	内在强制：主要凭靠内在良知认同和责难
解决方式	可诉性	不具有可诉性

【例证】《民法典》规定，自然人之间的借款合同对支付利息没有约定或者约定不明确的，视为不支付利息。从本质上看，支付利息或不支付利息本身并不重要，也很难说不支付利息比支付利息更加符合道德。对于法律而言，重要的是需要作出决定，把这件事确定下来，以指引未来人们的行为。

【注意】法律思维区别于道德思维，就某一特定事件而言，法律人不应单凭公平、正义作论断，也不能仅就伦理道德作考量，而是必须依据法律进行思考、判断。即，任何主张均应有规范基础。质言之，法律人的主要工作就是为自己的主张寻找规范基础并提供论证。按照美国著名法学家 L·富勒教授的观点，就是在规则的范围内"尽力而为"。

第二节 法的本质

法的本质 ── 正式性（国家性、官方意志性）
        ── 阶级性（阶级意志性）
        ── 物质制约性（终极本质）

一、法的本质

马克思主义关于法的本质的理论是建立在其区分现象与本质的哲学基础之上。法的本质存在于国家意志、阶级意志和社会存在、社会物质条件之间的对立统一关系之中，可见，法的本质具有层次性。

（一）法的正式性（官方性、国家性）

1. 形成：国家按照一定权限和程序制定（从无到有）或认可（从不是到是）；
2. 实施：由正式的权力机制——国家强制力保证实施；

3. 借助于正式的表现形式予以公布：正式的官方文件加以确定。

总之，法与国家权力关系密切，法律直接形成于国家权力，是国家意志的体现。

【注意】法一般以官方文件的形式公布，但人类早期社会曾经经历过一定的神秘法时期。

（二）法的阶级性

1. 法体现的国家意志，表面上具有一定的公共性、中立性，但实际上主要体现的是统治阶级的整体意志。

2. 通过国家意志表现出来的统治阶级意志也就具有**高度的统一性**（通过高度统一的法律形式获得集中的体现；并随着法律的实施，将全社会成员的行为纳入统治阶级所能接受的范围）**和极大的权威性**（以国家权力为后盾；违法行为受到有组织的强力的制裁）。

3. 统治阶级总是把自己的共同意志和根本利益通过法律加以确认。守法乃是对本阶级最大利益的维护。

【注意】一国的法只是在整体上是统治阶级意志的体现，并非所有法都具有阶级性，也并不是所有法都只体现统治阶级的意志。

【注意】法所反映的统治阶级的意志，是统治阶级的整体意志和共同意志，而不是其内部各派别、各成员意志的简单相加。

（三）法的物质制约性

法的内容**最终**受一定社会物质生活条件的决定。生产力决定生产关系，生产关系是经济关系的中心，经济关系是社会关系的核心，法是社会关系的反映。可见，生产力的变化最终导致法的变化。

【注意】马克思曾言："**立法者不是在创造法律，而是在表述法律。**"这只是在前述意义框架下才是可以理解，即立法者只是将社会生活中客观存在的包括生产关系、阶级关系、亲属关系等在内的各种社会关系以及相应的社会规范、社会需要上升为国家的法律，并运用国家权威加以保护。

二、"国法"及其外延

（一）国法

即**"国家的法律"**，指特定国家现行有效的法。任何特定国家的法律人在其工作过程中都必须以"国法"作为处理法律问题的出发点和前提。

【注意】"国法"，并非"国家法"，后者是指调整与国家有关的事务的公法，如宪法、行政法等；而前者则不仅包括公法，也包括私法、社会法等。

（二）国法的外延

1. 国家专门机关（立法机关）制定的法（成文法）；

2. 法院或法官在判决中创制的规则（判例法）；

3. 国家通过一定的方式认可的习惯法（不成文法）；

4. 其他执行国法职能的法（如教会法）。

第三节　法的特征

一、法是调整人的行为的一种社会规范

1. 法是社会规范（人与人相处的准则），不同于技术规范（调整人与自然的关系）和自然

法则（自然现象之间的联系）；

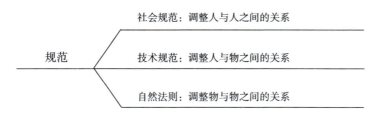

【注意】社会规范是维系人们之间交往行为的基本准则，进而也是维系社会本身存在的制度和价值。所以，社会规范既具有社会性又具有个人性。

【注意】社会规范是调整人与人之间的社会关系的规范，违反社会规范会招致来自社会的惩罚，而不是自然的惩罚。

【注意】自然现象的存在与人的思维和行动无关，因此自然法则不具有文化的意蕴。而社会规范则是无数思维着的理性的个人行动的结果。从这个意义上说，社会规范是一种文化现象。

2. 法是诸多社会规范之一，以公共权力为后盾、具有特殊强制性，是调整行为的规范。

【注意】习惯、道德、宗教、政策等社会规范则建立在人们的信仰或确信的基础上，大体上通过社会舆论、传统的力量、社团内部的组织力或人们的内心发生作用。因此，它们不仅是人的行为的准则，而且也是人的意识、观念的基础。

【注意】马克思曾经指出："直到目前为止，还没有一部法典、一所法庭是为思想方式而存在的。对于内心的思想，既没有法典，也没有法庭。"这句话强调的就是：法只能针对行为，而不能针对思想。但是法不针对思想，并不等于它毫不关注行为人的主观心理状态。

【注意】法针对的是社会关系之中的行为（关系行为、涉他行为或交互行为），而非纯粹个人意义上的个体行为（自涉行为）。

二、法是由公共权力机构制定或认可的具有特定形式的社会规范

1. 社会规范大体上可以分为两类：一类是在长期的社会演变过程中自发形成的，如道德、习俗、礼仪等；另一类社会规范则主要是人为形成的，如宗教规范、政治规范（政策等）、职业规范（纪律等）。

2. 法律有习惯法和成文法之分，前者的内容是自发形成的，后者是人为的、自觉创制的。

3. 与其他人为形成的社会规范不同，法律形成于公共权力机构（建立在一定的"合法性"基础上的政权），具有普遍的公共性。

三、法是具有普遍性的社会规范

法的普遍有效性是指，在国家权力所及范围内，具有普遍的约束力；调整对象具有不特定性和反复适用性。

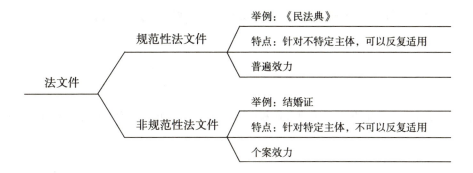

四、法是以权利义务为内容的社会规范

法是通过设定以权利义务为内容的行为模式的方式，指引人的行为，将人的行为纳入统一的秩序之中，以调节社会关系。

1. 承认人们谋求自身利益的正当性，区别于主要强调义务的道德规范、宗教规范。

2. 法律以权利义务为内容，意味着一定条件具备时，人们可以从事或不从事某种行为，必须做或必须不做某件事。而自然法则则不是人们的选择问题，一定的条件具备，必然出现一定的结果。

五、法是以国家强制力为后盾，通过法律程序保证实现的社会规范

规范都具有保证自己实现的力量。没有保证手段的社会规范是不存在的。不同的社会规范，其强制措施的方式、范围、程度、性质是不同的。

1. 法律强制是**一种国家强制**，是以军队、宪兵、警察、法官、监狱等国家暴力为后盾的强制。

【注意】强制力等同于约束力。但是，强制力不等于暴力，因为强制力需要具备正当性的基础。

2. 一般而言，法是**最具有外在强制性**的社会规范，而且这种暴力是一种合法的暴力。所谓"合法的"一般意味着是"有根据的"，而且，也意味着国家权力必须合法行使，包括符合实体法以及程序法两个方面的要求。

3. **程序性**：法律的制定和实施都必须遵守法律程序，法律职业者必须在程序范围内思考、处理和解决问题。

【注意】违反法律程序也应当承担相应的法律后果，比如，在刑事诉讼活动中，第二审人民法院发现第一审人民法院的审理有违反公开审判的规定的、违反回避制度的、剥夺或者限制了当事人的法定诉讼权利、审判组织的组成不合法以及其他违反法律规定的诉讼程序，可能影响公正审判的违法情形的，应当裁定撤销原判，发回原审人民法院重新审判；严禁通过非法的途径或手段收集证据，凡经查证确实属于采用刑讯逼供或者威胁、引诱、欺骗等非法的方法取得的证人证言、被害人陈述、被告人供述等，应予排除，不能作为定案的根据。

六、法是可诉的规范体系，具有可诉性

1. 诉是指制度化的争议解决机制，包括诉讼和仲裁；

2. 法的可诉性是指法律具有被任何人（包括公民和法人）在法律规定的机构（尤其是法院和仲裁机构）中通过争议解决程序（特别是诉讼程序）加以运用以维护自身权利的可能性。

【注意】只是一种理论上的可能性，并非必然，要受到诉讼法的限制。

第四节 法的作用

根据法在社会生活中发挥作用的形式和内容，法的作用可以分为规范作用与社会作用。

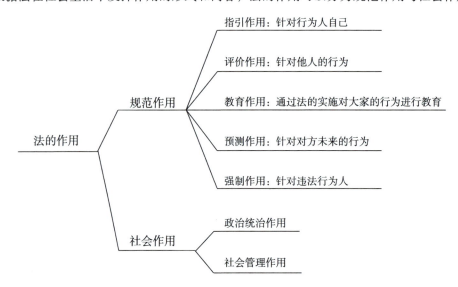

一、规范作用（针对单个人）

（一）指引作用

指引作用是指法对**本人**的行为具有引导作用。在这里，行为的主体是每个人自己。

1. 对人的行为的**指引有两种形式**：

（1）**个别性指引**：通过一个具体的指示形成对具体的人的具体情况的指引；

（2）**规范性指引**：通过一般的规则对同类的人或行为的指引。

【注意】就建立和维护稳定的社会关系和社会秩序而言，规范性指引具有更大的意义。

2. 从立法技术上看，法律对人的行为的指引通常采用两种方式：

（1）**确定的指引**：通过设置法律义务，要求人们作出或抑制一定行为，使社会成员明确自己必须从事或不得从事的行为界限。

（2）**不确定的指引（选择的指引）**：通过宣告法律权利，给人们一定的选择范围。

（二）评价作用

法律作为一种行为标准，具有判断、衡量他人行为合法与否的评判作用。这里，行为的对象是他人。在现代社会，法律已经成为评价人的行为的基本标准。

（三）教育作用

通过法的实施（执法、司法、守法）对**一般人**的行为产生有益的影响，包括示警作用和示范作用

（四）预测作用

预测作用是指凭借法律的存在，可以预先估计到人们相互之间会如何行为。法的预测作用的对象是人们相互之间的行为，包括公民之间、社会组织之间、国家、企事业单位之间以及

它们相互之间的行为的预测。

（五）强制作用

法可以通过制裁违法犯罪行为来强制人们遵守法律。这里，强制作用的对象是违法者的行为；方法是对违法者加以处分、处罚或制裁。

二、社会作用（针对整个社会）

（一）政治职能

通常说的阶级统治的职能。

（二）社会职能

执行社会公共事务的职能。

三、法的局限性：批评"法律万能论"

法律不是万能的，原因在于：

1. 法律以社会为基础，不可能超出社会发展需要创造或"改变"社会；

2. 法只是社会规范之一，必然受到其他社会规范以及社会条件和环境的制约；

3. 法规范和调整社会关系的范围和深度有限，有些社会关系，如人们的情感关系、友谊关系，不宜由法律来调整，法律不应涉足其间；

4. 法律自身条件的制约，如语言表达力的局限。

第五节　法的价值

一、概述

价值体现着主客体之间的一种关系；法的价值是指法律对于人来说拥有那些值得重视的性质、作用（法的正面意义）；法的价值既包括对实然法的认识，也包括对应然法的追求。也就是说，法的价值的研究不能以现行的实在法为限，它还必须采用价值分析、价值判断的方法，来追寻什么样的法律才是最符合人的需要的这一问题。

二、事实判断和价值判断

由事实和价值的二分法所决定，一切判断均可被区分为事实判断和价值判断。

1. **事实判断**：在法学上，乃是对于客观存在的法律原则、规则、制度等所进行的客观分析与判断。

2. **价值判断**：就某一特定的客体对特定的主体有无价值、有何价值、价值有多大所做的判断。

3. **二者的区别**：

区别标准	事实判断	价值判断
（1）判断的取向	以现存的法律制度作为判断的取向，因其为了得出关于法律制度和实践的真实情况，所以其结论不以人的意志为转移	以主体为取向尺度，随着主体的不同而呈现出相应差异

续表

区别标准	事实判断	价值判断
（2）判断的维度	目的在于达到对现实法律的客观认识，因而无论是认识过程还是认识结果，都应尽可能地排除自己的情绪、情感和态度等主观性因素对于认识的介入，尽可能地做到"情感中立"或"价值中立"	明显带有个人的印记，具有很强的主观性
（3）判断的方法	一种描述性判断，其任务主要在于客观地确定现实法律制度的本来面目，是典型的"实然"判断	一种规范性判断的方式，关注法律应当是怎样的，什么样的法律才符合人性和社会的最终理想
（4）判断的真伪	真伪主要在于其与客体的真实情况是否符合	真伪取决于主、客体之间价值关系的契合程度

三、法的基本价值的种类

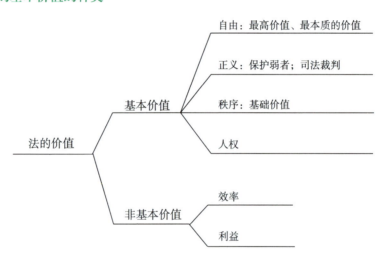

　　法的价值有基本价值和非基本价值之分。其中基本价值包括秩序、自由、正义、人权等；非基本价值包括效率、利益等。

　　（一）秩序
　　1. 法律的根本而首要的任务是确保统治秩序的建立，统治者正是通过法的制定和实施来维持秩序的；
　　2. 制定和实施法律的活动本身应当有序，国家机关及其工作人员应当严格依法办事；
　　3. 秩序是法的其他价值的基础，自由、平等、效率等也需要以秩序为基础，所以秩序是法的**基础价值**。但是，秩序本身要受到自由、正义的制约，必须合乎人性、符合常理。
　　【注意】相对来说，秩序主要关系到社会生活的形式方面，而难以涉及社会生活的实质方面。
　　（二）自由
　　自由是法律**最本质的价值**，也是法律最高的价值目标。**自由是衡量国家的法律是不是"真正的法律"的评价标准：法必须体现自由，保障自由。**自由是评价法律进步与否的标准，体现了人性最深刻的需要。

【法学名言】马克思：法典就是人民自由的圣经。

【法学名言】洛克：哪里没有法律，哪里就没有自由。

（三）正义

1. 法学中所谓的正义主要涉及的是社会正义，即客观意义的正义，其是指社会共同生活的正直的、道德上合理的状态和规则。

2. 法与正义的关系：

（1）正义是内在于法律中的某种东西，作为规范体系的法律体现了程序正义和形式正义。

（2）无论法律规范自身多么"善"，当它被适用于具体的案件时就可能导致不正义。

（3）正义是检测法律的一种尺度或标准。

3. 分配正义：一个共同体或社会如何分配其成员作为共同体的一个分子的基本权利与义务，如何划分由大家的合作所产生的利益与负担。分配正义所遵循的准则有：

（1）平等原则或无差别原则：作为社会或共同体的一员，每一个人享有的基本的社会权利与义务应当是相同的；

（2）差别原则：按照每个社会成员的贡献进行分配；

（3）个人需求的原则：即使某些人因先天的因素作出的贡献很小或没有作出贡献，但是他作为人应该得到维持其存在的物与东西，即满足他作为人的必然的客观的个人需求。

（四）人权

1. 所谓人权，是指每个人作为人应该享有或者享有的权利。

2. 不同的人对"人是什么"会有不同的理解与观念，这个不同就决定了人们对人权概念理解的分歧。

3. 人权概念是一个历史概念，它的具体内容与范围总是随着人类历史的发展而变化的。

4. 人权是人凭自己是人而享有的权利，在逻辑上是先于国家和法的，既不依赖于国家，更不依赖于国家的法。

5. 人权在根本上是一种道德权利，在逻辑上先于法律权利，可以作为判断特定国家的法的善恶的标准。

6. 为了尽可能地保证人们在事实上享有与实现人权，人权就必须尽可能地被转化为法律权利，获得国家强制力的保证。可见，人权既可以作为道德权利，也可以作为法律权利。

四、限制个人自由的理论基础

（一）伤害原则

关于法律什么时候才应当干涉个人行为，19 世纪后半期英国自由主义的代表性人物约翰·密尔概括出的一条极其简单的原则，即伤害原则。它是密尔在社会与个人之间所划定的边界，也是合法和非法的边界。

密尔认为，人类之所以有理有权可以个别或者集体地对其中任何成员的行动自由进行干涉，唯一的目的只是自我保护（self-protection）。这就是说，权力能够正当地施予文明群体中的任何成员的唯一的目的只是要防止其对他人的伤害。也就是说，国家禁止和限制任何成员的行为自由的必要条件是这个行为伤害（危害、冒犯）或者可能伤害（危害、冒犯）其他人的权利和利益。如果一个人的行为不对其他人的权利或利益产生危害，即使该行为对自己的身体或精神产生了危害，那么，国家就不应该限制或禁止该行为。

（二）道德主义原则（冒犯原则）

冒犯原则的基本思路是：那些虽不伤害别人但却对社会公众之道德信念构成冒犯的行为应当为法律所禁止。这里所谓的道德不是指特定社会中的任何个人或群体的道德，而指构成特定社会的人们所共享的道德。这类被禁止的行为主要包括那些使人愤怒、羞耻或惊恐的淫荡行为或放肆行为，如人们忌讳的性行为、虐待尸体、亵渎国旗。这种行为公然侮辱公众的道德信念、道德感情和社会风尚，应当受到法律的制裁。

冒犯原则在民法上主要体现为公序良俗原则。

该原则如果运用不当，可能成为多数人运用法律压迫少数人的工具。

（三）家长主义

除伤害原则与冒犯原则之外，支持法律干涉个人自由的还有所谓的家长主义原则。

在许多社会领域中，个人自主并不能保证自己的选择和对风险的评估是准确的，人民要么仅仅追求短期利益，要么陷入诸多判断相互交织的困境而不能正确决定。家长主义认为，为了国民的福利、需要和利益，国家或政府可以秉持家长"父爱"的立场，采取措施，不同程度地限制相对人的自由或权利，或者阻止相对人自我伤害，或者增进相对人的利益。

法律家长主义因强制对象的不同区分为直接家长主义与间接家长主义两种情形，前者是对受益的相对人的自由的限制，比如法律要求司机系安全带；后者是对与受益者相对的主体的自由的限制，受益者不一定总是其自由受到限制的人，比如禁止把受害者的同意当作推脱法律责任的辩护理由，这一法律限制主要是影响施害者，而试图保护的却是心甘情愿的受害者。

五、价值冲突的解决原则

法的各种价值之间是存在冲突的，秩序和正义之间有矛盾，正义和自由也往往出现冲突；程序公正与实体公正也是矛盾的，比如辛普森案。因此，问题的关键不是各种价值之间是否存在矛盾，而是出现了矛盾之后，如何妥善地处理。

1. 个案中的比例原则

在具体案件的情境下，各种价值相互冲突，对与其相互碰撞或冲突的法的价值的损害程度最小的那个法的价值就是更具有优先性或分量的价值。

2. 价值位阶原则

在不考虑具体案件的情境下，法的各个价值之间的优先性关系。

价值冲突的解决方法
价值位阶：为了价值高的，可以牺牲价值低的
个案中的比例原则：具体问题具体分析；最小损害原则；禁止过度原则

第六节　法的要素

法律是由法律规范组成的，法律规范被区分为法律规则与法律原则。法律规范由法律概念组成，并表达法律权利与法律义务。

一、法律概念

法律规范（包括原则和规则），作为命题是由法律概念组成的。法律概念既包括法律和法学中特有的具有专门法律意义的概念，比如"无因管理""紧急避险""不当得利"之类；也包括来自日常生活但具有法律意义的概念，诸如"自然人""财产""婚姻"等等。法律概念关系到人的行动和利益，这一点与自然科学概念不同。相对于其他人文社会科学中的概念，法律概念与人的行动和利益具有更密切、更直接的关联性。

（一）法律概念的功能

法律概念具有一定程度的独立性，其意义并不完全由法律规范所决定。

1. 法律人适用法律作出判断，需要先理解法律概念，确认其内涵和外延；
2. 法律人适用法律作出判断时，特定案件的事实只有能够涵摄于特定法律规范中的法律概念之下，才可以将特定法律规范所规定的后果落实于该案件；
3. 在目的论证时，法律概念的语义构成了目的论证的界限。

（二）法律概念的分类

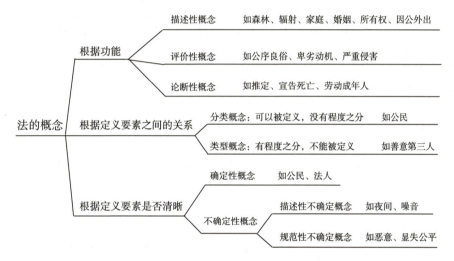

1. 根据概念的功能

（1）描述性概念：描述自然事实、制度事实、社会事实，相关语句有真假之分，判断标准就是其与被描述的对象或情形是否相符。描述自然事实的概念如"火车""森林""辐射"；描述制度事实的概念如"家庭""婚姻""所有权"等。而制度事实都是依据构成性规范产生的。
（2）评价性概念：涉及对事实或事物的价值判断，相关语句没有真假之分，很大程度上受适用者主观评价的影响；如"公序良俗"、"出于卑劣动机杀人"； 【注意】被评价事实本身也是评价意义的组成部分。
（3）论断性概念：基于对某个事实的确认来推定、认定、推断另一个事实的存在的概念。前一个事实被称为"基础性事实"，后一个事实被称为"论断性事实"。如民法上的"推定""宣告死亡""劳动成年者"，刑法上的"罪责"。

2. 根据概念的定义要素之间的关系不同

（1）分类概念：采用下定义的方式，列出对此概念而言必要且充分的要素来阐明其内涵的概念。

①联言式的定义："窃取，是指破坏他人对某物的持有并且建立自己对该物的新持有"；

②选言式的定义："取得某物，是指将该物的本体或该物的价值并入自己的财产中"。

（2）类型概念：定义要素之中至少存在一个可区分层级的要素（A），此外的其他要素（B）要么是可以区分层级的，要么是可以选择的。A在个案中实现程度越高，对B的实现程度的要求就可以降低。

例："持有，是自然人出于支配意志，对于某个对象所具有的一种事实、社会上的支配。"其中，不论"事实上的支配"抑或是"社会对支配的承认"都是可以根据支配力的强弱来区分层级的概念要素。联系到个人，如果社会对某种支配承认度越高，你对该物的事实上的支配就可以很低；相反，如果你对某物的事实上的支配程度越高，那么要求的对此种支配的社会承认程度就越低。

【注意】分类概念可以被定义，类型概念不能被定义，只能被描述。

3. 根据概念的定义要素是否清晰（不是主体认识是否清晰）

（1）确定性概念：如"公民"、"法人"等。

（2）不确定性概念：

①描述性不确定概念：如"夜间"、"噪音"等，其不确定由判断标准的不明导致，可以通过人为地设定某种标准来消除其不确定性。描述性不确定概念又有歧义概念和模糊概念之分，前者如"本人""法律"，模糊概念如"机动车"。

②规范性不确定概念：原本就不存在一个固定的标准，而涉及适用者的主观评价。如"恶意"、"重大事由"、"显失公平"等。

二、法律规则

法律规则是采取一定的结构形式具体规定权利、义务及相应后果的行为规范。

（一）法律规则的逻辑结构

任何法律规则均由假定条件、行为模式和法律后果三个部分构成，三者在逻辑上缺一不可，但在具体条文中都可以省略。

1. **假定条件**：法律规则中有关适用该规则的条件和情况的部分，即法律规则在什么时间、空间、对什么人适用以及在什么情境下对人的行为有约束力的问题；

2. **行为模式**：法律规则中规定人们如何具体行为之方式或范型的部分，可以分为三种：

（1）可为模式："可以如何行为"的模式；

（2）应为模式："应当或必须如何行为"的模式；

（3）勿为模式："禁止或不得如何行为"的模式。

其中，可为模式亦可称为权利行为模式；应为模式和勿为模式又可称为义务行为模式。

3. **法律后果**：法律规则中规定人们在作出符合或不符合行为模式的要求时应承担相应的结果的部分，是法律规则对人们具有法律意义的行为的态度。可以分为两种：

（1）合法后果（肯定性的后果）：表现为法律规则对人行为的保护、许可和鼓励；

（2）违法后果：（否定性的后果）：表现为法律规则对人们不按照行为模式的要求行为而施加的制裁、不予保护、撤销、停止、要求恢复、补偿等。

（二）法律规则与语言

1. **区分法律规则与表达规则的语句**：法律规则通过特定的语句来表达，具有**语言的依赖**

性；但用以解决具体争议时，适用的不是语句本身，而是语句所表达的意义。

【注意】因为语言的意义具有歧义性和模糊性，所以需要解释，而法律解释的实质就是揭示法律条文的字词所表达的意义。只要有解释，就会有价值判断。正因如此，法律的意义才是开放的，而不是封闭的。

2. 法律规则往往通过规范语句的方式表达。而根据所运用的道义助动词的不同，规范语句又可以分为**命令句和允许句**。前者使用了"必须"、"应该"、"禁止"等，允许句使用的是"可以"这类道义助动词。

【注意】并非所有法律规则都是以规范语句的形式表达，而是可以用**陈述句或陈述语气来表达**，但该陈述句必须能够被改写为一个规范语句。比如"公民以他的户籍所在地的居住地为住所。"

（三）法律规则与法律条文

1. 规范性法文件大都以条文为基本构成单位，法律条文分为**规范性条文和非规范性条文**：

（1）**规范性条文**：直接表述法律规范（法律规则和法律原则）的条文；

（2）**非规范性条文**：不直接规定法律规范，而规定某些法律技术内容（术语界定、公布机关和时间、生效日期等）；

2. 法律规范是法律条文的内容，条文是规范的表现形式；

3. 法律规则与法律条文**并非一一对应**，具体情形包括：一个完整的规则由数个法律条文来表述；一条规则的内容分别由不同规范性法律文件的法律条文来表述；一个条文表述不同的法律规则或其要素；一个条文仅规定法律规则的某个要素或若干要素。

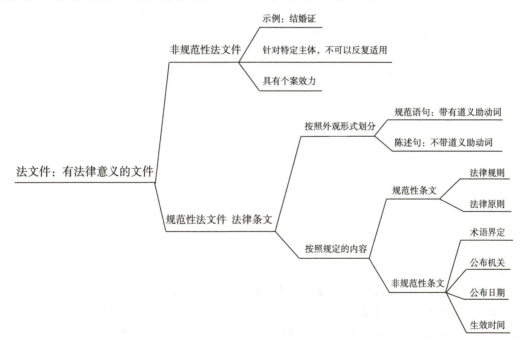

（四）规则的分类

1. **授权性规则和义务性规则**：按照规则的内容规定不同划分

（1）**授权性规则**：规定人们有权做一定行为或不做一定行为的规则，即规定人们的"可为模式"的规则。

（2）**义务性规则**：在内容上规定人们的法律义务，即有关人们应当作出或不作出某种行为的规则，包括两种：

①命令性规则：规定人们的积极义务，即人们必须或应当作出某种行为的规则；

②禁止性规则：规定人们的消极义务（不作为义务），即禁止人们作出一定行为的规则。

（3）**权义复合规则**：兼具授予权利、设定义务两种性质的法律规则。权义复合规则大多是有关国家机关组织和活动的规则。这类规则的特点是，一方面主体有权按照法律规则的规定做出一定行为，另一方面做出这些行为又是他们不可推卸的责任。否则将承担相应的法律责任。

2. **确定性规则、委任性规则和准用性规则**：按照规则内容的确定性程度不同划分

（1）**确定性规则**：内容本已明确肯定，无须再援引或参照其他规则来确定其内容的法律规则。在法律条文中规定的绝大多数法律规则属于此种规则。

（2）**委任性规则**：内容尚未确定，而只规定某种概括性指示，由相应国家机关通过相应途径或程序加以确定的法律规则。

（3）**准用性规则**：内容本身没有规定人们具体的行为模式，而是可以援引或参照其他相应内容规定的规则。在具体法条中，用语不一，有的用"准用"、"参照"，也有用"比照"、"依……的规定"的情况。

3. **强行性规则和任意性规则**：按照规则对人们行为规定和限定的范围或程度不同划分

（1）**强行性规则**：内容规定具有强制性质，不允许当事人以自己的意思随便更改其内容或者排除其适用的法律规则。一般而言，一国法体系中，义务性规则、职权性规则等均属于强行性规则。另外，在民法中，因为亲属关系涉及到社会中的人伦秩序，物权关系乃是社会经济制度的基础，不应任由个人的意思加以变更，因此民法中关于身份和物权的规定多属强行法；民法总则中关于权利能力和行为能力的规定，因涉及到人的主体性及行为自由，也属于强行规定。①

（2）**任意性规则**：规定在一定范围内，允许当事人以自己的意思更改其内容或者排除其适用的法律规则。当然，如果当事人未加以改变或排除适用时，该规则仍然应当适用。任意性规则在民商法等私法法律部门中比较常见。在民法中，为贯彻落实私法自治的原则，契约法以及遗嘱法律部分，几乎全属于任意法的范畴。② 但有的公法法律部门中也有任意性规则，如刑法中的"告诉才处理"的法律规则。刑法规定公诉的犯罪规范都是强行性规则，被告人和被害人没有权利自行达成"私了"协议。

（3）**半强行性法律规则**：指法律规则的一部分具有强行性，另一部分具有任意性，从而使得强行法和任意法的对立相对化了。最典型的例子，比如在法律中要求"在战时，某某物资的售价不得高于进货价的100%。"本条自然意味着：在战时，买卖双方的买卖合同约定的价格在进货价的200%以下时，双方约定有效；而如果高于200%，为保护市场秩序，双方约定无效。

【注意】**在权利性规则中，有些属于任意性规则。**其内容大都是国家赋予人们某种意志表达力更大的权利和自由，或者说法律规则一般只对人们的权利（可以做什么或不做什么）作原则性的规定，当事人个人自行确定或选择自己权利和自由的内容或方式。

---

① 参见王泽鉴：《民法总则》，北京大学出版社2009年版，第55页。
② 参见王泽鉴：《民法总则》，北京大学出版社2009年版，第55页。

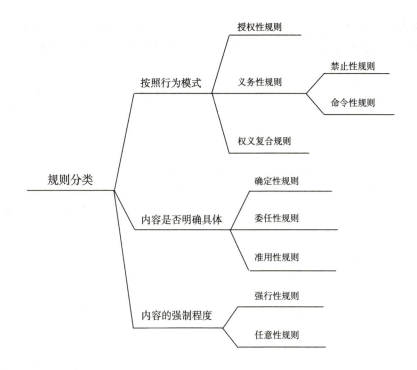

三、法律原则

法律原则是为法律规则提供某种基础或本源的综合性的、指导性的价值准则或规范，体现着法律的基本规律，有着深厚的法律理论基础和丰富的思想内涵，是法律诉讼、法律程序和法律裁决的确认规范。法律原则既可以由法律条文明确表述，也可以体现在法律的指导思想、目的、任务、具体制度和程序当中。

（一）原则的种类

1. **公理性原则和政策性原则**：按照法律原则产生的基础不同划分

（1）**公理性原则**：由法律原理（法理）构成的原则，是由法律上之事理推导出来的，在国际范围内具有较大的普适性。例如法律平等原则、诚实信用原则、等价有偿原则、无罪推定原则、罪刑法定原则等。

（2）**政策性原则**：一个国家或民族出于一定的政策考量而制定的一些原则，具有针对性、民族性和时代性。如我国《宪法》中规定的"依法治国，建设社会主义法治国家"的原则，"国家实行社会主义市场经济"的原则，婚姻法中"实行计划生育"的原则，等等。

2. **基本原则和具体原则**：按照法律原则对人的行为及其条件之覆盖面的宽窄和适用范围大小划分

（1）**基本法律原则**是整个法律体系或某一法律部门所适用的、体现法的基本价值的原则，如宪法所规定的各项原则。

（2）**具体法律原则**是在基本原则指导下适用于某一法律部门中特定情形的原则，如英美契约法中的要约原则和承诺原则、错误原则等。

3. **实体性原则和程序性原则**：按照法律原则涉及的内容和问题不同

（1）实体性原则是直接指涉及实体法问题（实体性权利和义务等）的原则。

（2）程序性原则是直接指涉程序法（诉讼法）问题的原则。

【说明】诉讼法中的辩论原则、"一事不再理"原则、非法证据排除原则、**无罪推定原则**、公开审判和两审终审原则等属于程序性原则；刑法中的罪刑法定原则、罪责刑相适应原则，民法中的自愿原则、公平原则、诚实信用原则、公序良俗原则等都是实体性原则。

（二）原则与规则的区别

	性质上	内容	适用范围	适用方式
法律规则	一种"应该做"的规范，直接要求规范主体"做"某行为	明确具体，着眼于主体行为及各种条件（情况）的共性；其明确具体的目的是削弱或防止法律适用上的"自由裁量"	只适用于某一类型的行为	以"全有或全无的方式"或涵摄的方式应用于个案：如果条件被该案件事实所满足，那么法律后果就被确定地适用该案件；如果条件没有被满足或者由于与另一个规则相冲突而被排除，那么，该规则对裁决不起任何作用。
法律原则	一种"应该是"的规范，不直接要求规范主体做某行为，而是要求规范主体的行为符合某种性质或实现某个目标。在逻辑上，"应该做"的规范是以"应该是"的规范为前提与基础的	1. 着眼点不仅限于行为及条件的共性，而且关注它们的个别性。 2. 要求比较笼统模糊，假定条件和法律后果都不明确，在适用时具有较大的余地供法官选择和灵活应用。	具有宏观的指导性，适用于某一类行为、某一法律部门甚至全部法律体系，适用范围宽广	以衡量的方式应用于个案；根据原则的分量以及个案的情景判断作用范围：相互冲突的原则可以共存（同时有效）

（三）法律原则的适用条件

1. 法律原则的优点和缺陷

法律原则可以克服法律规则的僵硬性缺陷，弥补法律漏洞，保证个案正义，在一定程度上缓解了规范与事实之间的缝隙，从而能够使法律更好地与社会相协调一致。但由于其内涵高度抽象，外延宽泛，所以当被直接作为裁判案件的标准发挥作用时，就会赋予法官较大的自由裁量权，从而不能完全保证法律的确定性和可预测性。

2. 法律原则适用的条件

为了将其不确定性减小在一定程度之内，需要对其适用设定严格的条件：

（1）**穷尽法律规则，才得适用法律原则。** 在有具体的法律规则可供适用时，不得直接适用法律原则。因为法律规则是法律中最具有硬度的部分，能最大程度地实现法律的确定性和可预测性，有助于保持法律的安定性和权威性，避免司法者滥用自由裁量权，保证法治的最起码的要求得到实现。

（2）**除非为了实现个案正义，否则不能舍弃法律规则而直接适用法律原则。** 如果某个法律规则的适用没有产生极端的人们不可容忍的不正义的裁判结果，法官就不得轻易舍弃法律规则而直接适用法律原则。因为在**法的安定性和合目的性**之间，法律首先要保证的是法的安定性。

（3）**没有更强理由，不得径行适用法律原则。**

四、权利与义务

权利和义务是一切法律规范、法律部门甚至整个法律体系的核心内容。法的运行和操作的整个过程和机制（如立法、执法、司法、守法、法律监督等），都是围绕权利和义务这两个核心内容和要素而展开的。

1. 法律权利是国家通过法律规定对法律关系主体可以自主决定作出某种行为的许可和保障手段。其特点包括：受国家的认可和保障；一定程度的自主性；与利益是紧密相连；权利总是与义务人的义务相关联，离开了义务，权利就不能得到保障。

2. 义务具有强制履行的性质，义务人对于义务的内容不可随意转让或违反。根据行为的内容，义务可以分为**作为义务（积极义务）**和**不作为义务（消极义务）**。

3. **权利义务的分类**

所处的法典不同	基本权利义务	宪法所规定
	普通权利义务	宪法以外的普通法律所规定
相对应主体的范围	绝对权利义务（对世权利和义务）	对应于不特定的法律主体
	相对权利义务（对人权利和义务）	对应于特定的法律主体
权利义务主体的性质	个人权利义务	公民个人（自然人）所享有
	集体权利义务	集体（法人、其他组织）所享有
	国家权利义务	国家在国际法和国内法上所享有

【注意】人格权、身份权（亲权等）、所有权、知识产权均属于绝对权。

4. **权利义务的关系**

（1）结构上，紧密联系、不可分割。权利和义务都不可能孤立地存在和发展。它们的存在和发展都必须以另一方的存在和发展为条件。

【注意】马克思：没有无义务的权利，也没有无权利的义务。

（2）数量上，总量相等。

（3）产生和发展上，经历了从浑然一体（原始社会）到分裂对立（剥削阶级法律制度）再到相对一致（社会主义法律制度）的过程。

（4）价值上，代表不同的法律精神，在历史上受重视程度不同，在不同国家地位有主次之分。

【注意】并不是在所有时代权利都是第一性的、义务总是第二性的。一般而言，在等级特权社会（如奴隶社会和封建社会），法律制度往往强调以义务为本位，权利处于次要的地位。而在民主法治社会，法律制度较为重视对个人权利的保护。此时，权利是第一性的，义务是第二性的，义务设定的目的是为了保障权利的实现。

第七节　法的渊源

所谓法的渊源，就是指特定法律共同体所承认的具有法的约束力或具有法律说服力并能够作为法律人的法律决定之大前提的规范或准则来源的那些资料，如制定法、判例、习惯、法理等。由于社会制度、国家管理形式和结构形式、历史阶段、法律文化等的不同，法的渊源的种类和范围也不同。

一、法的渊源的分类

1. **正式渊源**：具有明文规定的法律效力，并可直接作为法律人的法律推理的大前提之规范来源的资料。如宪法、法律、法规等，主要是制定法。对于正式渊源，法律人必须予以考虑。

2. **非正式渊源**：不具有明文规定的法效力，但具有法律说服力并能够构成法律推理的大前提的准则来源的资料，如正义标准、理性原则、政策、道德信念、乡规民约、社会思潮、习惯、社团规章、外国法、权威著作等。

二、当代中国法的正式渊源

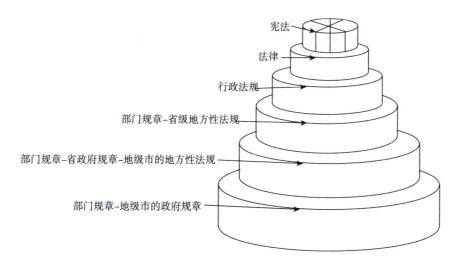

宪法
法律
行政法规
部门规章-省级地方性法规
部门规章-省政府规章-地级市的地方性法规
部门规章-地级市的政府规章

（一）宪法

1. **宪法是**最根本的法渊源，地位和效力最高。

2. 在中国，全国人大监督宪法的实施，全国人大常委会解释并监督宪法的实施。

（二）法律

此处的法律是指狭义的法律，即全国人大及其常委会制定的规范性文件（**以法律、决议、决定、规定和办法等为名者，均属于法律类渊源**）。

1. **基本法律和非基本法律**

（1）全国人大有权制定刑事、民事、国家机构的和其他的基本法律（主要包括：民事法律、刑事法律、诉讼法、组织法、立法法、选举法、民族区域自治法、有关特别行政区的立法）。

（2）全国人大常委会制定和修改非基本法律；在全国人大闭会期间，有权对基本法律进行部分补充和修改，但是不得同该法律的基本原则相抵触。

【注意】特别行政区基本法只能由全国人大修改，常委会无权。

2. 法律通过后，由国家主席签署主席令加以公布；签署公布后，应及时在全国人大常委会公报、中国人大网和在全国范围内发行的报纸上刊登。**在常务委员会公报上刊登的法律文本为标准文本。**

3. 法律保留的范围

绝对保留	相对保留
只能制定法律	尚未制定法律的，全国人大及其常委会有权作出决定，授权国务院可以根据实际需要，先制定行政法规
①犯罪和刑罚； ②对公民政治权利的剥夺； ③限制人身自由的强制措施和处罚； ④司法制度等	①国家主权的事项；各级人民代表大会、人民政府、人民法院和人民检察院的产生、组织和职权； ②民族区域自治制度、特别行政区制度、基层群众自治制度； ③对非国有财产的征收、征用； ④民事基本制度； ⑤基本经济制度以及财政、海关、金融和外贸的基本制度； ⑥税种的设立、税率的确定以及税收的征收管理等税收基本制度。

【口诀】绝对保留：干了、逮了、判了、剥了（因犯罪接受限制人身自由的强制措施和处罚，后经诉讼和仲裁制度接受刑罚，并处剥夺公民政治权利）

【口诀】相对保留：国家主权组织国家机关，制定三大自治制度和基本的民事经济制度（财税海金外），并决定征收征用非国有财产。

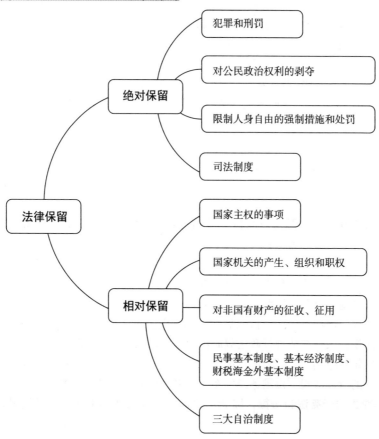

【相关法条·《立法法》】

第八条 下列事项只能制定法律：

（一）国家主权的事项；

（二）各级人民代表大会、人民政府、人民法院和人民检察院的产生、组织和职权；

（三）民族区域自治制度、特别行政区制度、基层群众自治制度；

（四）犯罪和刑罚；

（五）对公民政治权利的剥夺、限制人身自由的强制措施和处罚；

（六）税种的设立、税率的确定和税收征收管理等税收基本制度；

（七）对非国有财产的征收、征用；

（八）民事基本制度；

（九）基本经济制度以及财政、海关、金融和外贸的基本制度；

（十）诉讼和仲裁制度；

（十一）必须由全国人民代表大会及其常务委员会制定法律的其他事项。

第九条 本法第八条规定的事项尚未制定法律的，全国人民代表大会及其常务委员会有权作出决定，授权国务院可以根据实际需要，对其中的部分事项先制定行政法规，但是有关犯罪和刑罚、对公民政治权利的剥夺和限制人身自由的强制措施和处罚、司法制度等事项除外。

（三）监察法规

（1）国家监察委员会根据宪法和法律，制定监察法规。

（2）监察法规可以就下列事项作出规定：

①为执行法律的规定需要制定监察法规的事项；

②为履行领导地方各级监察委员会工作的职责需要制定监察法规的事项。

（3）监察法规应当经国家监察委员会全体会议决定，由国家监察委员会发布公告予以公布。

（4）监察法规应当在公布后的三十日内报全国人大常委会备案。

（5）监察法规不得与宪法、法律相抵触。全国人大常委会有权撤销同宪法和法律相抵触的监察法规。

（四）行政法规

1. 行政法规乃是由最高国家行政机关即国务院制定的规范性文件；一般以条例、规定和办法为名，但以决定、命令为名者，也属于法的渊源。

【注意】2004年最高人民法院《关于印发〈关于审理行政案件适用法律规范问题的座谈会纪要〉的通知》指出，"现行有效的行政法规有以下三种类型：一是国务院制定并公布的行政法规；二是立法法施行以前，按照当时有效的行政法规制定程序，经国务院批准、由国务院部门公布的行政法规。但在立法法施行以后，经国务院批准、由国务院部门公布的规范性文件，不再属于行政法规；三是在清理行政法规时由国务院确认的其他行政法规。"同时1987年《行政法规制定程序暂行条例》（已废止）第十五条也规定："经国务院常务会议审议通过或者经国务院总理审定的行政法规，由国务院发布，或者由国务院批准、国务院主管部门发布。"

2. 地位和效力次于宪法和法律，因此不得同宪法和法律相抵触；一旦抵触，全国人大常委会有权撤销。

3. 规定的内容：

（1）为执行法律的规定需要制定行政法规的事项；

（2）《宪法》第89条规定的国务院行政管理职权的事项。

应当由全国人大及其常委会制定法律的事项，国务院根据全国人大及其常委会的授权决定先制定的行政法规，经过实践检验，制定法律的条件成熟时，国务院应当及时提请全国人大及其常务委员会制定法律。

4. 行政法规的公布和刊登

（1）行政法规由总理签署国务院令公布。有关国防建设的行政法规，可以由国务院总理、中央军事委员会主席共同签署国务院、中央军事委员会令公布。

（2）行政法规签署公布后，应及时在国务院公报（**标准文本**）和**中国政府法制信息网**以及在全国范围内发行的报纸上刊登。

（五）部委规章（部门规章）

（1）制定主体：国务院各部、各委员会、中国人民银行、审计署和具有行政管理职能的直属机构，可以根据法律和国务院的行政法规、决定和命令，在本部门的权限范围内，制定规章；涉及两个以上部门职权的，应提请国务院制定行政法规或由有关部门联合制定规章；

【注意】国务院各组成部门和国务院直属机构均有权制定部门规章。

（2）规定的事项：部门规章规定的事项应当属于执行法律或者国务院的行政法规、决定、命令的事项。没有法律或者国务院的行政法规、决定、命令的依据，部门规章不得设定减损公民、法人和其他组织权利或者增加其义务的规范，不得增加本部门的权力或者减少本部门的法定职责。

（3）部门规章应当经部务会议或者委员会会议决定。

（4）部门规章由部门首长签署命令予以公布。签署公布后，及时在国务院公报（标准文本）或者部门公报（标准文本）和中国政府法制信息网以及在全国范围内发行的报纸上刊载。

（5）规章的名称一般是"规定"、"办法"，但是不能称为"条例"。

（6）规章的体例：除内容复杂外，一般不分章、节。

（六）地方性法规、民族自治法规和经济特区的规范性文件

1. 地方性法规

（1）制定主体

①**省级人大及其常委会**：《宪法》规定，省、自治区、直辖市的人民代表大会和它们的常务委员会，在不同宪法、法律、行政法规相抵触的前提下，可以制定地方性法规，报全国人大常委会备案。

②**自治州、设区的市的人大及其常委会**：一般可以针对**城乡建设与管理、环境保护、历史文化保护等方面的事项**；法律另有特殊规定的，从其规定；较大的市已经制定的地方性法规涉及上述事项范围之外的，继续有效。

【特别注意】除较大的市外，其他设区的市、自治州开始制定地方性法规的具体步骤和时间，由省、自治区的人大常委会综合考虑各种因素确定，并报全国人大常委会和国务院备案；相应地方政府规章的制定时间，与此同步。

【特别注意】《立法法》所有关于设区的市的规定，都适用于广东省东莞市和中山市、甘肃省嘉峪关市、海南省三沙市。

（2）可规定的内容

①为执行法律、行政法规的规定，需要根据本行政区域的实际情况作具体规定的事项；

②属于地方性事务需要制定地方性法规的事项。

【注意】除法律保留事项外，其他事项国家尚未制定法律或者行政法规的，省市两级可以根据本地方的具体情况和实际需要，先制定地方性法规。在国家制定的法律或者行政法规生效后，地方性法规同法律或者行政法规相抵触的规定无效，制定机关应当及时予以修改或者废止。

【特别注意·新增考点】制定地方性法规，对上位法已经明确规定的内容，一般不作重复性规定。

【特别注意】规定本行政区域特别重大事项的地方性法规，应当由人大通过。

（3）地方性法规一般采用"条例"、"规则"、"规定"、"办法"等名称。

（4）报请批准和合法性审查

①设区的市、自治州的地方性法规须报省、自治区的人大常委会批准后施行。	
②省、自治区的人大常委会对报请批准的地方性法规，应当对其合法性进行审查	a. 同宪法、法律、行政法规和本省、自治区的地方性法规不抵触的，应当在四个月内予以批准。
	b. 发现其同本省、自治区的人民政府的规章相抵触的，应当作出处理决定。

【相关法条·《立法法》】

第七十三条 地方性法规可以就下列事项作出规定：

（一）为执行法律、行政法规的规定，需要根据本行政区域的实际情况作具体规定的事项；

（二）属于地方性事务需要制定地方性法规的事项。

除本法第八条规定的事项外，其他事项国家尚未制定法律或者行政法规的，省、自治区、直辖市和设区的市、自治州根据本地方的具体情况和实际需要，可以先制定地方性法规。在国家制定的法律或者行政法规生效后，地方性法规同法律或者行政法规相抵触的规定无效，制定机关应当及时予以修改或者废止。

设区的市、自治州根据本条第一款、第二款制定地方性法规，限于本法第七十二条第二款规定的事项。

制定地方性法规，对上位法已经明确规定的内容，一般不作重复性规定。

2. 民族自治法规（自治条例和单行条例）

【说明】自治条例是一种综合性法规，内容比较广泛。单行条例是有关某一方面事务的规范性文件，一般采用"条例"、"规定"、"变通规定"、"变通办法"等名称。

（1）**制定主体**：民族自治地方的人大制定（**没有常委会**）；

（2）依照当地民族的特点，可以对法律和行政法规的规定作出变通规定，但不得违背法律或者行政法规的基本原则，不得对宪法和民族区域自治法的规定以及其他有关法律、行政法规专门就民族自治地方所作的规定作出变通规定。

【注意】民族自治法规有三种内容不能变通：1. 宪法和民族区域自治法的规定；2. 法律或行政法规的基本原则；3. 有关法律、行政法规专门就民族自治地方所作的规定。

（3）**事前审查**：自治区的自治法规，报全国人大常委会批准后生效；自治州和自治县的自治法规，报省级人大常委会批准后生效。

（4）民族自治法规只在本自治区域内生效。自治条例和单行条例依法对法律、行政法规、地方性法规作变通规定的，在本自治地方适用自治条例和单行条例的规定。

【相关法条·《宪法》】

第一百一十六条 民族自治地方的人民代表大会有权依照当地民族的政治、经济和文化的特点，制定自治条例和单行条例。自治区的自治条例和单行条例，报全国人民代表大会常务委员会批准后生效。自治州、自治县的自治条例和单行条例，报省或者自治区的人民代表大会常务委员会批准后生效，并报全国人民代表大会常务委员会备案。

3. 经济特区法规

（1）**制定主体**：经济特区所在地的省、市的人大及其常委会；

（2）**根据全国人大的授权决定制定**；

（3）在经济特区范围内实施；经济特区法规根据授权对法律、行政法规、地方性法规作变通规定的，在本经济特区适用经济特区法规的规定。

（4）与上一位阶的规范性文件规定不同，并不当然无效。

4. 浦东新区法规（授权法规）【新增内容】

（1）全国人大常委会授权上海市人大及其常委会根据浦东改革创新实践需要，遵循宪法规定以及法律和行政法规基本原则，制定浦东新区法规。

（2）目的：建立完善与支持浦东大胆试、大胆闯、自主改相适应的法治保障体系，推动浦东新区高水平改革开放，打造社会主义现代化建设引领区。

（3）在浦东新区实施。

（4）备案：浦东新区法规应当依照《立法法》的有关规定分别报全国人大常委会和国务院备案。

（5）浦东新区法规报送备案时，应当说明对法律、行政法规、部门规章作出变通规定的情况。

（七）地方政府规章

（1）**制定主体**：由省级政府、设区的市、自治州的政府根据法律和行政法规和本省、自治区、直辖市的地方性法规，制定规章。

（2）规定的事项：

①为执行法律、行政法规、地方性法规的规定需要制定规章的事项；

②属于本行政区域的具体行政管理事项。

【注意】 没有法律、行政法规、地方性法规的依据，地方政府规章不得设定减损公民、法人和其他组织权利或者增加其义务的规范。

【特别注意】 设区的市、自治州的人民政府制定的规章，限于城乡建设与管理、环境保护、历史文化保护等方面的事项。已经制定的地方政府规章，涉及上述事项范围以外的，继续有效。

（3）地方政府规章应当经政府常务会议或者全体会议决定。

（4）地方政府规章由省长、自治区主席、市长或者自治州州长签署命令予以公布。签署公布后，及时在本级人民政府公报（标准文本）和中国政府法制信息网以及在本行政区域范围内发行的报纸上刊载。

（5）规章的名称一般是"规定"、"办法"，但是不能称为"条例"。

（6）规章的体例：除内容复杂外，一般不分章、节。

（7）实验性的地方政府规章：

①应当制定地方性法规但条件尚不成熟的，因行政管理迫切需要，可以先制定地方政府规章。

②规章实施满两年，需要继续实施规章所规定的行政措施的，应当提请本级人大及其常委会制定地方性法规。

(八) 国际条约和国际惯例

1. 条约生效后，除声明保留的条款之外，根据"条约必须遵守"的国际惯例，对缔约国的国家机关、团体和公民就具有法律上的约束力，因而**国际条约也是当代中国法的渊源之一**；

2.《缔结条约程序法》：国务院同外国缔结条约和协定；全国人大常委会决定同外国缔结的条约和重要协定的批准和废除；

3. 国际惯例是国际条约的补充，包括：以国际法院等各种国际裁决机构的判例所体现或确认的国际法规则；国际交往中形成的共同遵守的不成文的习惯。

(九) 对法律所作的有权解释

1. 全国人大常委会所作的立法解释；

2. 最高法、最高检所作的司法解释；

3. 国务院及其有关部门所作的行政解释。

(十) 其他正式渊源

1. 中央军事委员会制定的军事法规和军内有关方面制定的军事规章；

2. 一国两制条件下特别行政区的各种法律。

【特别注意】特别行政区基本法属于基本法律。

三、规范性法文件的对比

	公布主体	名称	刊登【改动考点】
宪法修正案	以全国人大公告的形式公布		
法律	国家主席签署主席令予以公布	以法律、决议、决定、规定和办法等为名	《全国人大常委会公报》（标准文本）、**中国人大网**和全国范围发行的报纸
立法解释	全国人大常委会发布公告予以公布		
行政法规	总理签署国务院令公布 **【新增】有关国防建设的行政法规，可以由国务院总理、中央军委主席共同签署国务院、中央军委令公布。**	一般以条例、规定和办法为名，也以决定、命令为名	《国务院公报》（标准文本）、**中国政府法制信息网**和全国范围内发行的报纸
省级人大制定的地方性法规	大会主席团发布公告予以公布	一般采用"条例""规则""规定""办法"等名称	地方性法规、**自治区的自治条例和单行条例**公布后，及时在本级人大常委会公报（标准文本）和**中国人大网、本地方人民代表大会网站**以及在本行政区域范围内发行的报纸上刊载。
省级人大常委会制定的地方性法规	人大常委会发布公告予以公布		
设区的市、自治州制定的地方性法规	报经批准后，由本级人大常委会发布公告予以公布		
民族自治地方的自治条例和单行条例	报经批准后，分别由本级人大常委会发布公告予以公布	一般采用"条例"、"规定"、"变通规定"、"变通办法"等名称	

续表

	公布主体	名称	刊登【改动考点】
部门规章	部门首长签署命令予以公布		《国务院公报》（标准文本）或者《部门公报》（标准文本）、**中国政府法制信息网**和在全国范围内发行的报纸
地方政府规章	省长、自治区主席、市长或者自治州州长签署命令予以公布		本级《人民政府公报》（标准文本）、**中国政府法制信息网**和在本行政区域范围内发行的报纸

四、正式渊源的效力原则

（一）影响因素

制定主体、适用范围、制定时间。

（二）不同位阶的冲突原则

1. 宪法至上；
2. 法律高于法规；
3. 行政法规高于地方性法规；
4. 省级政府规章优先于地级市的政府规章。

宪法

法律

行政法规

部门规章——省级地方性法规

部门规章——省级政府规章——地级市的地方性法规

部门规章——地级高的政府规章

（三）同一位阶的冲突原则

1. 特别法优先于一般法

同一国家机关制定的法，在适用对象上，对特定主体和特定事项的法，优先于对一般主体和一般事项的法；在适用空间上，对特定时间和特定区域的法，优先于平时和一般地区的法。此外，同一法律内部的规则规定相对于原则规定优先适用；同一法律内部的分则规定相对于总则规定优先适用；同一法律内部的具体规定相对于一般规定优先适用。这些都体现了特别法优先的思想。

2. 新法优先旧法（后法优先于前法）

同一国家机关在不同的历史时期制定的法之间产生了冲突，则新制定的法在效力上优先于以前制定的法得以适用。

【注意】同一机关制定的新的一般规定与旧的特别规定不一致时，由制定机关裁决；均是法律的，由全国人大常委会裁决；都是行政法规的，国务院裁决。

3. **国际法优先于国内法。**

4. **部门规章与地方性规范性法文件冲突的解决：**

（1）部门规章之间对同一事项的规定不一致时，由国务院裁决。

（2）部门规章与地方政府规章之间对同一事项的规定不一致时，由国务院裁决。

（3）地方性法规与部门规章之间对同一事项的规定不一致，不能确定如何适用时，由国务院提出意见，国务院认为应当适用地方性法规的，应当决定在该地方适用地方性法规的规定；认为应当适用部门规章的，应当提请全国人大常委会裁决；

5. 根据授权制定的法规与法律规定不一致，不能确定如何适用时，由全国人大常委会裁决。

冲突双方	解决方案	
部门规章 VS 部门规章	由国务院裁决	
部门规章 VS 地方政府规章		
部门规章 VS 地方性法规	由国务院提出意见	适用地方性法规
		提请全国人大常委会裁决适用部门规章
授权法规 VS 法律	由全国人大常委会裁决	

五、当代中国法的非正式渊源

当正式法源完全不能为法律推理提供大前提，或者其意义模棱两可、不确定，或者其适用会与公平正义的基本要求、强制性的要求和占支配地位的要求发生冲突之时，为了给法律问题提供一个合理的法律决定，法律人就需要**诉诸于非正式渊源**。

这是由"禁止拒绝裁判"原则所决定的。所谓"禁止拒绝裁判"的原则，是指法官有义务在法律不存在相应明文规定的情况下，对属于其管辖范围的待决案件进行裁决，而不能以法律没有明文规定为由拒绝进行裁判。质言之，在出现法律漏洞的时候，法官无法寻找正式法律渊源作为判决直接的合法性基础，就必须利用自身所掌握的法律知识，将判决理由与法律秩序及原则的要求联系起来，发现非正式法律渊源，为判决结果寻找间接的合法性基础。

【注意】习惯、判例和政策这三项是最主要的非正式渊源，但并非全部。

（一）习惯

1. 能够作为法的非正式渊源的习惯只是指社会习惯，特别是那些重要的社会事务即为了确保令人满意的集体生活而必须完成的各种工作习惯；

2. 习惯是特定共同体的人们在长久的生产生活实践中自然而然地形成，民众一直遵守并反复适用；是该共同体的人们事实上的共同情感和要求的体现，也是他们的共同理性的体现。

3. 习惯虽然可以作为法的非正式渊源被适用，但其不得违背公序良俗。

（二）判例（或指导性案例）

1. 判例在英美法系属于正式渊源，被称为"判例法"。实行判例法的国家，有"法官造法"的说法，即法官在某一特定案件判决中所宣告的裁判规则，不仅对该案件有效，而且构成"先例"，对本院以及下级法院日后审判的相同或者类似案件具有拘束力。可见，法官所在的法院审级越高，其判决的影响力和拘束力也就越强。从反方向说，法官在审判某一案件之时，除应当遵守制定法之外，还应当受本院及上级法院之前的判决约束，此即"遵循先例"原则。

2. 在大陆法系，其重要性已被大家所承认。

3. 任何判例都在一定程度上消除了语言的模糊性和歧义性，使制定法的语言的外延和内涵在一定程度上得到厘清，从而为将来的法官适用制定法解决具体案件提供了帮助，至少可以减轻法官的工作负担。

4. 在当代中国，法律界对判例在司法审判中的作用已形成了共识，实行案例指导制度。最高人民法院发布的指导性案例，各级人民法院审判类似案例时应当参照。

【注意】作为非正式的法的渊源的指导性案例只能是由最高人民法院、最高人民检察院发布的。

（三）政策

1. 作为法的非正式渊源的政策也是指那些没有被整合到法律之中的政策。

【注意】法定政策或法律政策已成为法律的一部分，属于法的正式渊源。

2. 政策既包括了国家政策，也包括了中国共产党的政策。

【注意】作为法的非正式渊源的中国共产党的政策是指那些与国家或政府有关的政策，而不应该包括纯粹关于党自身的行动计划的政策。

第八节　法律部门与法律体系

一、法律部门

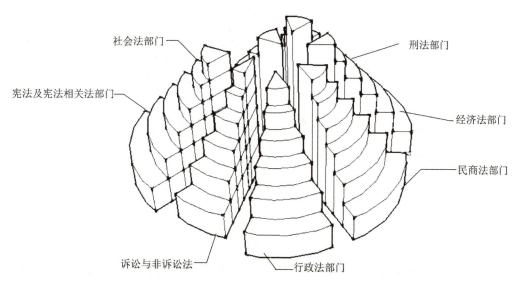

（一）法律部门的含义

法律部门，也称部门法，是根据一定标准和原则所划定的调整同一类社会关系的法律规范的总称。

1. 由于社会关系复杂交错，彼此联系，因此法律部门之间往往很难截然分开。事实上，有的社会关系需要由几个法律部门来调整。

2. 法律部门离不开成文的规范性法律文件，但是单一的规范性法律文件不能包括一个完整的法律部门。同时，大多数规范性法律文件并非各自包含一个法律部门的规范，可能还包含属于其他法律部门的规范。

（二）划分法律部门的标准

主要标准是法律所调整的不同社会关系，即**调整对象**；其次是**法律调整方法**。

（三）公法、私法和社会法

1. 公法与私法的划分，是大陆法系国家的一项基本分类。最早是由古罗马法学家乌尔比安提出来的。乌尔比安说："公法是关于罗马国家的法律，私法是关于个人利益的法律。"罗马人实际上把精力主要集中于研究私法。到目前为止，大陆法系的法学理论中并没有形成普遍可接受的单一的公法与私法的区分标准。现在公认的公法部门包括了宪法、行政、刑法、诉讼法等，私法包括了民法、商法、婚姻家庭法等。

2. 随着社会的发展，因为存在既非国家利益，又非私人利益的独立的社会利益，"法律社会化"现象的出现，又形成了一种新的法律即社会法，如社会保障法等。

3. 公法、社会法与私法在调整对象、调整方式、法的本位、价值目标等方面存在不同。

【注意】私法也需要兼顾公共利益。

二、法律体系

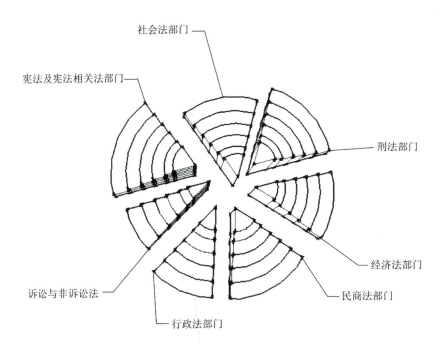

1. 法律体系也称为部门法体系，指一国的全部现行法律规范，按照一定的标准和原则，划分为不同的法律部门而形成的内部和谐一致、有机联系的整体，反映了法的统一性和系统性。

2. **法律体系的功能**：法律人有义务为特定的主张寻找规范基础。但一国的法律法令浩如烟海，可不能捧着法规大全一页一页地去翻查。而法律人正是藉由法律体系获得指引，进而寻获特定案件、特定主张可资适用的法律规范基础。

【注意】**法律体系的构成基础是法律部门。**

【注意】法律体系是由一国国内法构成的体系，不包括完整意义上的国际法，即国际公法。

【注意】**构成法律体系的法只是一国现行有效的法**，不包括历史上废止的已经不再有效的法律，也不包括尚待制定、还没有生效的法律；

三、当代中国法律体系

新中国成立以来，特别是改革开放以来，在党的正确领导下，经过各方面共同的不懈努力，立法工作取得了举世瞩目的巨大成就。

1. 一个立足于国情和实际，适应改革开放和社会主义现代化建设需要，集中体现党和人民意志的，以宪法为统帅，以宪法相关法、民法商法等多个法律部门的法律为主干，由法律、行政法规、地方性法规等多个层次的法律规范构成的中国特色的社会主义法律体系已经形成，国家经济建设、政治建设、文化建设、社会建设以及生态文明建设的各个方面实现了有法可依。

2. 当代中国的法律体系，部门齐全、层次分明、结构协调、体例科学：

（1）七个法律部门：宪法及宪法相关法，民法商法，行政法，经济法，社会法，刑法，诉讼与非诉讼程序法。

（2）三个层次：法律；行政法规；地方性法规、自治条例和单行条例。

【注意】宪法相关法主要包括规定如下内容的法律：国家机构的产生、组织和职权，如《常委会监督法》、民族区域自治制度、特别行政区制度、基层群众性自治制度、国家安全、国家标志等等。

四、当代中国法律体系中的七个法律部门

当代中国的法律体系主要由七个法律部门构成：宪法及宪法相关法，行政法，民商法，经济法，社会法，刑法，诉讼与非诉讼程序法。

（一）宪法及宪法相关法

1. 作为部门法的宪法主要调整的是国家与公民之间关系，它划分了国家的权力、义务与公民的权利、义务之间的界限，因此，它是由有关国家机关的组织与结构、公民在国家中的地位等方面的法律规范所构成的。

2. 宪法属于公法的一个组成部分，在特定国家的法律体系中处于非常重要的地位。因为任何国家机关包括立法机关都根据它而组织，个人之间的相互关系以及个人与社会之间的关系都是根据宪法规范而被规定的。因此，由一个个规范构成的宪法使特定国家的社会结构规范化，人与人之间的关系不再是一种纯粹的事实状态。

3. 宪法是特定政治共同体的最基本的构成规范，构成特定政治共同体的最基本规范是宪法规范。

4. 作为规范体系的宪法都是由两类基本规范组成的：

（1）构成和组织不同国家机关的规范：核心命题是授权，即各种国家机构是怎样组织的、应该赋予什么权力以及这些权力如何行使；

（2）赋予宪法权利的规范：核心命题是约束（constrain）和指示（direct）公共权力。

（二）行政法

1. 行政法是调整国家行政机关与行政管理相对人之间因行政管理活动而产生的社会关系的法律规范的总称。它规定了行政机构的组织、职能、权限和职责。

2. 行政法律规范可以分为三类：

（1）授予行政权的法律规范；

（2）约束行政行为的法律规范；

（3）监督行政行为的法律规范。

3. 行政法与宪法的关系

（1）行政法是公法的主要组成部分，是宪法的实施，是宪法的动态部分。没有行政法，宪法就完全可能是一些空洞的、僵死的纲领。

（2）宪法是行政法的基础，没有宪法，行政法无从产生，缺乏指导思想，至多不过是一大堆零乱的细则。

4. 一般行政法和专门行政法（或称部门行政法）：

（1）一般行政法主要是有关行政法律关系的普遍原则和共同规则的法律规范的总称，适用于全部或者大多数行政关系领域的行政管理事项。如《行政处罚法》《行政许可法》《行政复议法》《行政强制法》等方面的法律。

（2）专门行政法是指有关国家行政机关在专门领域从事行政管理的特别规定的法律规范的总和，只适用于特定行政关系领域的行政管理活动，如环境保护行政管理、教育行政管理、医药卫生行政管理、公共安全管理、科学技术行政管理、文化体育行政管理等方面的法律。

5. 行政法与行政法规

（1）行政法属于法律体系的构成部分，其内容即行政法律规范有可能由行政法规规定；

（2）行政法规属于我国法的正式渊源之一，是指国家最高行政机关依照法定权限和程序制定的规范性文件的总称，其所规定的内容即法律规范既有可能是行政法，也有可能是其他部门法的内容。

（三）民商法

民商法部门由民法和商法两部分构成。

1. 民法是调整平等主体之间的人身关系和财产关系的法律规范的总称。

（1）以人与人之间的权利平等和自我决定为基础来规定个人与个人之间的关系。

（2）包括人身权、物权、债权、继承权和婚姻家庭、知识产权等部分的内容。

（3）属于私法，而且是私法的一般法和核心部分。它所规定的原则与一般规则贯穿于整个私法领域。

（4）所调整的事务或社会关系是人作为私人的领域的事务或关系，而不涉及人作为特定政治共同体的成员的领域的公共事务或关系。

2. 商法是调整商事主体之间的商事关系的法律规范的总称。

（1）主要包括商事主体方面的法律（《公司法》《合伙企业法》《个人独资企业法》《商业银行法》《证券投资基金法》《农民专业合作社法》等）和商事行为方面的法律（《证券法》《海商法》《票据法》《保险法》等）；

（2）商法是私法的特别法。商事行为和商事关系是私人事务和私人关系中的特殊部分，其所遵循的原则、规则与一般的私人事务有所不同，强调效率和效益。

3. 民法与商法的关系是一般法与特别法的关系：如果商法有规定，就优先适用商法的规定；如果商法没有规定的，民法可以作为它的补充法而适用。

（四）经济法

经济法是调整国家从社会整体利益出发对经济活动实行干预、管理或调控所产生的社会经济关系的法律规范的总称。

1. 产生原因：国家为了防止市场经济的自发性和盲目性所导致的弊端而对其进行适度干预和宏观调控。

2. 经济法部门主要包括两个部分：

（1）创造平等竞争环境、维护市场秩序方面的法律，主要是反垄断、反不正当竞争、反倾销等方面的法律；

（2）国家宏观调控和经济管理方面的法律，主要是有关财政、税务、金融、审计、物价、行业和产业发展、对外贸易等方面的法律。

3. 经济法调整对象的广泛性、复杂性，使国家不可能制定出一部经济法典。目前我国的经济法部门的法律规范是由大量的单行经济法律和更多的经济法规、规章等规范性文件所规定。

4. 经济法是公法和私法相互渗透的结果，既与行政法关系密切，又与民商法联系紧密；既涉及国家权力，主要是行政权，也涉及私人的经济活动；其中既有调整横向法律关系的规范，又有调整纵向法律关系的规范。

（五）社会法

社会法是指调整有关劳动关系、社会保障、社会福利以及特殊群体权益保障等方面社会关系法律规范的总称。

1. 立法目的：保障劳动者、失业者、丧失劳动能力的人和其他需要扶助的人的权益。

2. 社会法主要包括两个方面：

（1）有关劳动和社会保障方面的法律，如《劳动法》《工会法》等；

（2）有关特殊社会群体权益保障方面的法律，比如《残疾人保障法》《妇女权益保障法》《未成年人保护法》等。

3. 劳动法：既具有私法性质也具有公法性质

（1）调整的对象是劳动关系即劳资关系，是基于劳动合同而产生，因此具有私法性质。

（2）其中又包含了大量的由公共当局强加给雇主的规范，这些规范不仅仅是具有私法意义的强制性规范，而且也是严格意义上的公法性质的规范。

（六）刑法

刑法是规定犯罪和刑罚的法律规范的总称。

1. 刑法所调整的社会关系各种各样，但有一个共同特点，即这种社会关系的主体（自然人或者法人）实施了具有较严重的社会危害性、已经触犯刑事法律规范的行为，而且这种行为应当受到刑罚的制裁。质言之，不论是何种社会领域、社会关系，只要系争的行为严重到犯罪的程度，均将进入刑法的调整范围。

2. 刑法所采用的调整方法是最严厉的一种法律制裁方法，即刑罚的方法。所有法律规范均具有国家强制性，但都没有刑法的强制性严厉。

3. 刑法主要执行法的保护职能，承担着打击各种严重刑事犯罪，保护国家、集体、公民个人的财产权利、人身权利和政治权利的重要任务。

（七）诉讼与非诉讼程序法

诉讼与非诉讼程序法是指调整因诉讼活动和以非诉讼方式解决纠纷的活动而产生的社会关系的法律规范的总称。

1. 包括民事诉讼、刑事诉讼、行政诉讼、调解和仲裁等方面的法律规范。

2. 是公民权利实现的最重要保障，其目的在于保证实体法的公正实施。

3. 法律规范主要规定在下列规范性法律文件中：《刑事诉讼法》《民事诉讼法》《海事诉讼特别程序法》《行政诉讼法》《仲裁法》《人民调解法》《劳动争议调解仲裁法》等。

第九节　法的效力

狭义的法的效力，即法的约束力，指规范性法律文件的生效范围或适用范围，即法律对什么人、什么事、在什么地方和什么时间有约束力。

【注意】广义的法的效力包括规范性法律文件的效力和非规范性法律文件的效力。非规范性文件是指不具有普遍约束力的判决书、裁定书、逮捕证、许可证、合同等文件，它们是适用法律的结果而不是法律本身。

一、法效力的根据

十分复杂，一般包括法律本身、道德、社会等方面。

二、法的效力范围

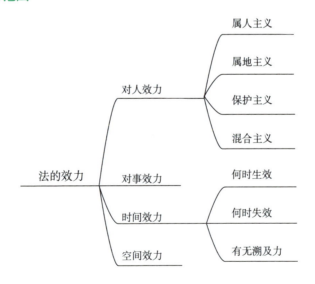

（一）对人效力

1. 属人主义：法律只适用于本国公民，不论其身在何处；

2. 属地主义：法律适用于本国管辖区域内的所有人，不论是否本国公民；

3. 保护主义：以维护本国利益作为是否适用本国法的依据；只要侵害了本国国家和公民的利益，均适用本国法律加以追究；

4. **属地为主，与属人、保护相结合**：近代以来多数国家采用，我国也是如此。

（二）对事效力

法所调整的社会关系。

（三）空间效力

1. 一般适用于一国主权范围所及的全部领域，包括领土、领水、及其底土和领空，特殊情况下还包括驻外使馆、在外船舶及飞机。

2. 中央机关制定的法在全国范围内生效，地方机关制定的地方性法规、地方政府规章、自治条例和单行条例、经济特区法规在本地方生效。

（四）时间效力

生效、失效及溯及力的问题。

1. 法的生效时间

（1）自公布之日起生效；

（2）由该法规定具体生效时间；

（3）公布后符合一定条件时生效。

2. 法的失效时间

（1）明示失效：在新法或其他法律文件中明文规定废止旧法；

（2）默示失效：在适用法律中，出现新法与旧法冲突时，适用新法而使旧法事实上被废止。

3. 法的溯及力

法的溯及力，也称法溯及既往的效力，是指法对其生效以前的事件和行为是否适用。如果适用，就具有溯及力；如果不适用，就没有溯及力。

法是否具有溯及力，不同法律规范之间的情况是不同的。

（1）就有关侵权、违约的法律和刑事法律而言，一般以法律不溯及既往为原则。但是，法律不溯及既往并非绝对。目前各国采用的通例是"从旧兼从轻"的原则，即新法原则上不溯及既往，但是新法不认为犯罪或者处刑较轻的，适用新法。这个原则又称为"有利原则"。

（2）在某些有关民事权利的法律中，法律有溯及力。

第十节　法律关系

法律关系是在法律规范调整社会关系的过程中所形成的人们之间的权利义务关系。

一、法律关系的性质和特征

（一）法律关系是根据法律规范建立的一种社会关系，具有合法性

1. 法律规范是法律关系产生的前提；

2. 法律关系不同于法律规范调整或保护的社会关系本身；

3. 法律关系是法律规范的实现状态，是法律规范的内容在现实生活中得到具体贯彻的成果。

（二）法律关系是体现意志性的特种关系，主要体现国家意志，有时也体现特定法律主体的意志

（三）法律关系是一种权利义务关系：以权利义务为内容。法律权利和义务的内容是法律关系区别于其他社会关系的重要标志

二、法律关系的种类

(一) 调整性法律关系和保护性法律关系

1. 调整性法律关系：基于合法行为而产生，执行法的调整职能，实现的是法律规范（规则）的行为规则（指示）的内容，不需要适用法律制裁。

2. 保护性法律关系：因违法行为而产生的旨在恢复被破坏的权利和秩序的法律关系，执行法的保护职能，所实现的是法律规范（规则）的保护规则（否定性法律后果）的内容，是法的实现的非正常形式。

(二) 纵向 (隶属) 法律关系和横向 (平权) 法律关系

1. 纵向 (隶属) 法律关系：法律主体地位不平等，存在权力服从关系，权利义务具有强制性，不得随意转让和放弃；

2. 横向 (平权) 法律关系：平等主体之间，权利义务具有一定程度的任意性。

【注意】亲权关系属于纵向 (隶属) 法律关系，因为法律承认了子女对父母教导的服从义务。

【注意】劳动合同双方属于隶属关系，雇员作为雇主的成员，须遵守雇主的规章制度，双方之间存在领导与被领导、管理与被管理的关系；劳务合同双方属于平权法律关系，双方法律地位平等，一方无须成为另一方的成员。

(三) 单向 (单务) 法律关系、双向 (双边) 法律关系和多向 (多边) 法律关系

1. 单向 (单务) 法律关系：一方主体仅享有权利，另一方只履行义务。**是法律关系体系中最基本的构成要素。其实，一切法律关系均可分解为单向的权利义务关系。**

2. 双向 (双边) 法律关系：法律关系主体双方互享权利、互担义务。

3. 多向 (多边) 法律关系：存在多方法律关系主体。

(四) 第一性法律关系 (主法律关系) 和第二性法律关系 (从法律关系)

1. 第一性法律关系 (主法律关系)：能独立存在、居于支配地位的法律关系；

2. 第二性法律关系 (从法律关系)：居于从属地位的法律关系。

【注意】一切相关的法律关系均有主次之分，例如，在调整性和保护性法律关系中，调整性法律关系是第一性法律关系 (主法律关系)，保护性法律关系是第二性法律关系 (从法律关系)；在实体和程序法律关系中，实体法律关系是第一性法律关系 (主法律关系)，程序法律关系是第二性法律关系 (从法律关系)，等等。

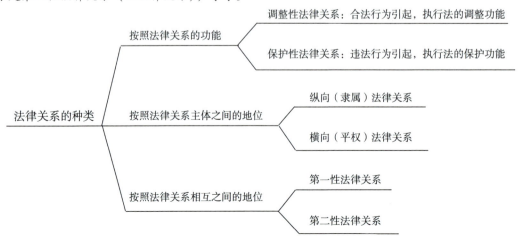

三、法律关系主体

法律关系主体是法律关系的参加者，即在法律关系中一定权利的享有者和一定义务的承担者。

（一）主体的种类

（1）公民（自然人）：也包括居住在中国境内或在境内活动的外国公民和无国籍人。

（2）国家。

（3）法人：包括国家机关、企事业组织、各政党和社会团体。

（4）其他组织：个体工商户、农村承包经营户、个人合伙、分公司等。

【注意】银行的分支机构是其他组织，并非法人。

【注意】"法人"包括**公法人**（参与宪法关系、行政法律关系、刑事法律关系的各机关、组织）和**私法人**（参与民事或商事法律关系的机关、组织）。**中国的国家机关和组织，可以是公法人，也可以是私法人，依其所参与的法律关系的性质而定。**

【注意】国家可以作为一个整体成为法律关系主体。例如，国家作为主权者是国际公法关系的主体，可以成为外贸关系中的债权人或债务人。在国内法上，国家可以直接以自己的名义参与国内的法律关系（如发行国库券），但在多数情况下则由国家机关或授权的组织作为代表参加法律关系。

（二）权利能力和行为能力

1. 权利能力：享有权利履行义务的法律资格。

（1）公民的权利能力

①**一般权利能力**：这是任何人取得公民资格的基本条件，不能被任意剥夺或解除；

②**特殊权利能力**：公民在特定条件下具有的法律资格，只授予某些特定的法律主体。

【注意】国家机关及其工作人员行使职权的资格、政治权利能力、劳动权利能力等，是特殊权利能力。

（2）法人的权利能力自其成立时产生，解体时消灭。法人权利能力范围不尽相同，由其成立的宗旨和业务范围确定。

2. **行为能力**：主体能够通过自己的行为享有权利履行义务的能力，包括权利行为能力、义务行为能力和责任行为能力

（1）**公民行为能力的判断标准：**

①能否认识自己行为的性质、意义和后果；

②能否控制自己的行为并对自己的行为负责。

【注意】公民是否达到一定年龄、神智是否正常，就成为公民享有行为能力的标志。

【注意】对于自然人，有行为能力必然有权利能力，但有权利能力不一定有行为能力。

	民法	刑法
完全行为能力	（1）18周岁以上； （2）16周岁以上不满18周岁的公民，以自己的劳动收入为主要生活来源的。	16周岁以上。

续表

	民法	刑法
限制行为能力	(1) 8周岁以上18周岁以下； (2) 不能完全辨认自己行为的精神病人。	(1) 已满14周岁不满16周岁的人（犯故意杀人、故意伤害致人重伤或者死亡、强奸、抢劫、贩卖毒品、放火、爆炸、投放危险物质罪的）； (2) 已满12周岁不满14周岁的人（犯故意杀人、故意伤害罪，致人死亡或者以特别残忍手段致人重伤造成严重残疾，情节恶劣，经最高人民检察院核准追诉的）； (3) 尚未完全丧失辨认或者控制自己行为能力的精神病人。
无行为能力	(1) 不满8周岁； (2) 不能辨认自己行为的精神病人。	(1) 不满12周岁； (2) 不能辨认或者不能控制自己行为的精神病人。

（2）法人的行为能力和权利能力同时产生、同时消灭，行为能力的范围和权利能力是一致的，都是有限的，由其成立宗旨和业务范围所决定。

四、法律关系内容

1. 法律关系的内容主要指法律关系主体之间的法律权利和法律义务，此外还可能包括风险的负担、法律约束等。

2. 三大特性：实有性，属于现实性领域；主体的特定性；效力的个别性，仅对特定主体有效。

【注意】**作为法律关系内容的权利义务区别于作为法律规范内容的权利义务**，后者具有应有性，属于可能性领域；主体的不特定性；效力的一般性、普遍性。

五、法律关系客体的种类

法律关系客体是指法律关系主体之间权利义务所指向的对象。

（一）物

作为法律关系客体的物，不仅具有物理属性，也具有法律属性。只有得到法律认可、为人类所认识和控制、具有独立性，且具有经济价值的物才可能作为法律关系的客体。

【注意】**不得进入国内商品流通领域，成为私人法律关系客体的物：** 人类公共之物或国家专有之物（如空气、水流、海洋）；文物；军事设施、武器（枪支弹药等）；危害人类之物（如毒品、假药、淫秽书籍等）。

（二）人身（有机体）

人身不仅是人作为法律关系主体的承载者，而且在一定范围内成为法律关系的客体。

1. 活人的整个身体不能成为法律上的物，不得作为物权、债权和继承权的客体，不得转让和买卖。人身体的某个部分只有自然地脱离人身时才能成为物；

2. 权利人不得对自己的人身进行违法或有伤风化的活动，不得滥用或自践自己的人身和人格；

3. 严禁对他人人身非法强行行使权利。

（三）精神产品

精神产品是通过一定的载体记录下来并流传的思维成果，其价值在于载体中所承载的精神内容，属于非物质财富。西方学者称之为"无体（形）物"。我国法学界常称为"智力成果"或"无体财产"。

（四）行为结果

作为法律关系的客体的行为结果，是指义务人完成其行为所产生的能够满足权利人利益要求的结果（物化和非物化结果）。

【注意】同一法律关系中可能存在多个客体。如，买卖法律关系的客体不仅包括"货物"，而且也包括"货款"。

六、法律关系的产生、变更和消灭

（一）法律关系产生、变更和消灭的条件

1. 法律规范：提供产生、变更、消灭的法律依据；

2. 法律事实：法律规范所规定的、能够引起法律关系产生、变更和消灭的客观情况或现象，**包括法律事件和法律行为。**

【注意】好意施惠关系不属于民事法律事实，不能在当事人之间产生合同法律关系。因为好意施惠行为一方面是无偿的，另一方面双方也没有受约束的表示意思和效果意思。

【注意】订婚不是民事法律事实，不具有法律效力。

（二）法律事件

法律事件是法律规范规定的，不以当事人的意志为转移而引起法律关系形成、变更和消灭的客观事实，又可以分为社会事件（如革命、战争等）和自然事件（如生老病死、自然灾害等）。

（三）法律行为

法律行为是指在当事人的意志支配下的身体活动。

【注意】同一个法律事实可以引起多种法律关系的产生、变更和消灭。如工伤致死，不仅可以导致劳动关系、婚姻关系的消灭，而且也导致劳动保险合同关系、继承关系的产生；

【注意】也可能是多个法律事实引起一个法律关系的产生、变更和消灭。如房屋的买卖，除了双方当事人签订买卖协议外，还须向房管部门办理登记过户手续方有效力，相互之间的关系也才能够成立。**在法学上，我们常把两个以上的法律事实所构成的一个相关的整体，称为"事实构成"。**

第十一节　法律责任

一、法律责任的概念

法律责任是指行为人由于违法行为、违约行为或者由于法律规定而应承受的某种不利的法律后果。

1. 引起法律责任的三种原因：违法行为、违约行为或者基于法律的规定，**但最终依据是法律**，而不是道德或其他社会规范；其承担由国家强制力保证。

【注意】国家强制力只是在必要时，在责任人不能主动履行其法律责任时才会使用。

2. **法律责任与权力**：责任的认定、归结和实现离不开国家权力；责任规定了权力行使的界限以及越权的后果。

3. **法律责任与权利义务**：责任规范着权利的界限，并以否定性后果防止权利行使不当或滥用；在权利受到妨害之时，责任也是救济权利的依据；以否定性的法律后果保证权利义务顺利实现。

二、法律责任的竞合

责任的竞合是由某种法律事实所导致的多种法律责任产生并且相互之间冲突的现象。这种竞合既可能发生在同一法律部门内部，如民法上侵权责任和违约责任的竞合，也可发生在不同的法律部门之间，如民事责任、行政责任和刑事责任等之间的竞合。

（一）法律责任的竞合的特点

1. 数个责任的主体为同一法律主体；

2. 责任主体实施了一个行为；

3. 一个行为符合多个法律责任构成要件；

4. 多个法律责任之间相互冲突：既不能吸收，也无法共存。

【注意】如果数个法律责任可以被其中之一所吸收，如某犯罪行为的刑事责任吸收了其行政责任；或可以并存，如某犯罪行为的刑事责任与附带民事赔偿责任被同时追究，则不存在责任竞合的问题。

（二）产生竞合的原因

不同的法律规范从不同角度对社会关系加以调整。

（三）竞合的处理

1. 不同法律部门间法律责任的竞合，一般来说，应按重者处之。如果已经追究相对较轻者，再追究重者的时候应适当考虑折抵。

2. 在实践中，出现最多的**民法上违约责任和侵权责任竞合**，各国规定不同，我国赋予受害人选择权。

【相关法条·《民法典》】

第一百八十六条 因当事人一方的违约行为，侵害对方人身、财产权益的，受损害方有权选择请求其承担违约责任或者侵权责任。

三、法律责任的归结：归责

归责是指特定国家机关或国家授权的机关对行为人法律责任进行判断和确认。

（一）责任法定原则

1. 法律责任作为否定性法律后果必须由法律规范予以明确的规定。

2. 特定国家机关既要按照实体法，又要按照程序法确定责任主体是否承担责任、承担什么责任以及承担多大责任。

3. 禁止特定国家机关擅断责任和法外责罚。

（二）公正原则

1. 坚持法律面前人人平等原则，任何主体的任何违法行为都应该被依法追究责任，不允许有凌驾或超越法律之上的特殊主体；

2. 法律责任的定性要公正：法律责任的性质或种类应该与违法行为的性质或种类相一致；

3. 法律责任的定量要公正：法律责任的轻重或多少要公平，不仅要与违法行为所造成的损害后果的轻重相一致，而且要与违法主体的主观过错程度相一致，也要与违法行为作为损害后果的原因的大小相一致。

（三）效益原则

1. 应当对法律责任的认定与追究进行成本收益分析，追求法律责任的效益最大化。

2. 衡量效益最大化的一个标准是保证法律具有威慑力，保证法律能够有效地抑制违法行为的发生。

（四）责任自负原则

1. 谁违法谁负责，反对株连或变相株连。

2. 既要保证责任人的法律责任得到追究，又要保证无责任的人不被法律追究。

四、法律责任的免除（免责）

由于出现法定条件，法律责任被部分或全部地免除。在我国，免责条件包括：

1. **时效免责**：责任经过一定期限后而免除。

【**例证**】刑事犯罪的追诉期限：①法定最高刑不满 5 年的，经过 5 年；②法定最高刑为 5 年以上不满 10 年的，经过 10 年；③法定最高刑为 10 年以上的，经过 15 年；④法定最高刑为无期徒刑、死刑的，经过 20 年；如果 20 年以后认为必须追诉的，须报请最高检核准。

2. **不诉免责**：如果受害人或有关当事人不向法院起诉要求追求行为人的责任，则责任实际免除。

【**例证**】刑法中告诉才处理的案件主要有四类：侮辱、诽谤案；暴力干涉婚姻自由案；虐待案；侵占案。其中只有侵占案属于绝对的自诉案件；其他三种如情节严重，则为公诉案件。此四类案件一旦没有告诉，或者撤回告诉，即免责。

3. **自愿协议免责**：受害人和加害人在法律允许的范围内协商同意、免除责任。

【**注意**】在不诉和协议免责这两种场合，责任人应当向或主要应当向受害人承担责任，法律将追究责任的决定权交给受害人和有关当事人。

4. **自首、立功免责**：对那些违法之后主动认罪或有立功表现的人，免除其部分或全部法律责任；

5. 不可抗力、正当防卫、紧急避险免责；

6. 人道主义免责；等等。

【**注意**】免责的前提是有责任的存在。无责任能力是没有责任，不属于免责。

五、法律制裁

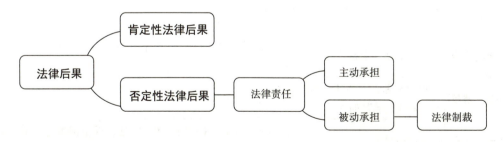

1. 法律制裁是指由特定国家机关对违法者依其法律责任而实施的强制性惩罚措施。

2. 法律制裁可以分为刑事制裁（法院、检察院）、民事制裁（法院）、行政制裁（行政机关）、违宪制裁（全国人大及其常委会）。

码上揭秘

第二章　法的运行

第一节　立　法

一、立法的定义

（一）立法

立法泛指一定的国家机关依照法定职权和程序，制定、修改、废止法律和其他规范性法律文件及认可法律的活动，**是对社会资源、社会利益进行第一次分配的活动。**狭义上的立法是国家立法权意义上的概念，仅指享有国家立法权的国家机关的立法活动，即国家的最高权力机关及其常设机关依法制定、修改和废止宪法和法律的活动。

（二）立法的特点

1. 以国家的名义进行；

2. 一项国家职能活动，目的是为了实现国家和社会生活的有效调控；

3. 是以一定的客观经济关系为基础的人们的主观意志活动，并且受其他社会因素的影响；

4. 结果：产生具有规范性、国家强制性的普遍行为规则；

5. 过程：依照法定职权和程序进行；

6. 是对有限的社会资源进行制度性的分配，是对社会资源的第一次分配，反映了社会的利益倾向性。

二、立法体制

立法体制包括立法权限的划分、立法机关的设置、立法权的行使等各方面的制度，主要是立法权限的划分。

【注意】立法权是国家权力体系中最重要的、核心的权力。

类别	主体	调整对象	在立法体系中的地位
国家立法权	全国人大及其常委会	基本的、全局性的社会关系	居于基础和主导地位的最高立法权
地方立法权	有权的地方人大及其常委会；特别行政区的立法会	地方性的社会关系	
行政立法权	国家行政机关	包括中央行政立法权和地方行政立法权	源于宪法，低于国家立法权，具有独立地位
民族立法权	民族自治地方的人大	包括自治条例和单行条例	属于自治权范畴
授权立法权 委任立法权	立法机关授权的特定国家机关	在一定期限和范围内调整特定社会关系	附属立法权

【注意】国务院行使的立法权既可能是行政立法权，也可能是授权立法权。

【注意】我国的立法体制是一元性的立法体制（只有一个立法体系），但又是多层次的。

三、立法原则

（一）确定立法原则要考虑的关系：

1. 需要与可能：立法的阶段性，立法的具体条件的配套；

2. 历史、现实与未来：立法的超前问题，立法的继承问题；

3. 客观与主观：人的能力问题，客观认识把握与主观表达；

4. 整体与部分：各个利益集团的平衡，法律自身的统一性、和谐性；

5. 专家与社会：专家意见与社会要求，"精英"与一般民众的认识差距；

6. 国情与全球化：本国的国情与他国发展的历程，人类发展的趋同问题。

（二）中国立法的原则

法治、民主与科学。

1. 合宪性与合法性原则

（1）一切立法活动都必须以宪法为依据，遵循宪法的基本原则，符合宪法的精神；

（2）立法活动都要有法律根据，立法主体、立法权限、立法内容、立法程序都应符合法律的规定，立法机关必须严格按照法律规范的要求行使职权，履行职责。

2. 科学立法原则

（1）立法应当尊重社会的客观实际状况，根据客观需要，反映客观规律的要求；

（2）立法要以理性的态度对待立法工作，注意总结立法现象背后的普遍联系，揭示立法的内在规律，避免主观武断、感性用事。

3. 民主立法原则

（1）立法应当体现广大人民的意志和要求，确认和保障人民的利益；

（2）应当通过法律规定，保障人民通过各种途径参与立法活动，表达自己的意见；

（3）立法过程和立法程序应坚持立法公开，立法过程中要坚持群众路线。

四、立法技术

1. **概念**：立法技术是指在立法过程中所形成的一切知识、经验、规则、方法和技巧的总和。

2. **类型**：

（1）立法预测技术：对立法的发展状况、趋势和各种情况进行预计、测算的科学方法、手段和规则。

（2）立法规划技术：对经过立法预测的立法项目进行计划、部署、编制、安排的科学方法、手段和规则。

（3）立法表达技术：对法律规范的结构、形式、概念、术语、语言、文体等进行表述的科学方法、手段和规则。

①法的名称的表达要规范和统一；
②法律规范的表达要完整、概括和明确；
③法的体例安排要规范和统一；
④立法语言要做到准确、严谨和简明。

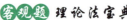

五、全国人大及其常委会的立法程序

（一）全国人大的立法程序

提案		10个主体：全国人大主席团、一个代表团、全国人大常委会、全国人大各专门委员会、国务院、中央军事委员会、国家监察委、最高人民法院、最高人民检察院或者三十名以上的代表联名。 【注意1】向全国人大提出的法律案，在全国人大闭会期间，可以先向全国常委会提出，经常委会审议后，决定提请全国人大审议。对准备提请全国人大审议的法律案，常委会应当将法律草案向社会公布，广泛征求意见，但是经委员长会议决定不公布的除外。向社会公布征求意见的时间一般不少于三十日。 【注意2】一个代表团或者三十名以上的代表联名提出的议案，经主席团决定不列入本次会议议程的，交有关的专门委员会在全国人大闭会后审议。有关的专门委员会进行审议后，向全国人大常委会提出审议结果报告，经常委会审议通过后，印发全国人大下次会议。
审议	主持人	主席团
	审议形式	各代表团审议、专门委员会审议、各代表团团长会议审议、宪法和法律委员会统一审议法律案。 【注意】全国人大不采用全体会议的方式对法律案进行审议。
	审议结果	①撤回而终止审议：列入会议议程之后、交付表决前，提案人要求撤回并说明理由，经主席团同意，并向大会报告，终止审议。
		②授权常委会处理：在审议中发现重大问题，经主席团提出，大会全体会议决定，可以授权常委会进一步审议，作出决定，并向大会下次会议报告；也可授权常委会进一步审议，提出修改方案，提请人大下次会议审议决定。
		③交付表决：法律案经各代表团的审议意见进行修改，提出法律草案表决稿，由主席团提请大会全体会议表决。

（二）全国人大常委会的立法程序

提案		8个主体：全国人大常委会委员长会议、国务院、中央军事委员会、国家监察委、最高人民法院、最高人民检察院、全国人大各专门委员会、常委会组成人员十人以上联名
审议	主持人	委员长
	审议形式	分组会议审议、联组会议审议、全体会议审议、专门委员会审议、宪法和法律委员会统一审议法律案 【注意】三读程序：列入常委会会议议程的法律案一般应当经过三次常委会全体会议审议后再交付表决，除非该议案各方意见比较一致，两次审议即可；调整事项较为单一或者是部分修改的法律案，各方意见比较一致，也可一次审议即付表决。

审议结果	①因撤回而终止审议；
	②暂不交付表决：三读之后仍有重大问题需要进一步研究的，委员长会议提出，经联组会议或全体会议同意，可暂不交付表决，而是交宪法和法律委员会和有关专门委员会进一步审议；
	③交付表决；
	④因各方面对制定该法律的必要性、可行性等重大问题存在较大意见分歧搁置审议满两年的，或者因暂不付表决经过两年没有再次列入常委会会议议程审议的，由委员长会议向常委会报告，该法律案终止审议。

（三）表决和公布

表决通过	**表决方式**	1. 表决议案采用无记名按表决器方式；如表决器系统在使用中发生故障，采用举手方式。 2. 代表可以赞成，可以反对，也可以弃权。
	表决结果	通过（全体代表或组成人员过半数）、不通过（未达法定多数）
公布	**公布主体**	国家主席根据全国人大及其常委会的决定，公布法律
	公布刊物	全国人大常委会公报（刊登的法律文本为标准文本），**中国人大网**以及在全国范围内发行的报纸

全国人大常委会立法程序

一、提案（七大主体）

↓ 委员长会议决定

二、列入常委会会议议程

↓ 会议举行7日前将法律草案发给常委会组成人员

三、审议程序

（一）一般程序：三读程序（经过三次常委会会议审议再交付表决）

> 1. **一读**：全体会议听取提案人说明，分组会议初步审议；
> 2. **二读**：全体会议听取宪法和法律委员会关于法律草案修改情况和主要问题的汇报，分组会议进一步审议；
> 3. **三读**：全体会议听取宪法和法律委员会关于法律草案审议结果的报告，分组会议对法律草案修改稿进行审议。

（二）特殊程序

> 1. 两读程序：各方面意见比较一致；
> 2. 一读程序：调整事项比较单一或者部分修改的法律案，各方面意见比较一致的。

四、审议过程

1. 专门委员会审议（以全体会议的形式）
   - （1）由有关专委会进行审议，提出审议意见，印发常委会会议。审议时，可以邀请其他专委会的成员列席会议，发表意见。
   - （2）法律案由宪法和法律委员会进行统一审议，提出修改情况的汇报或者审议结果报告和法律草案修改稿，对重要的不同意见应在报告中予以说明。未采纳有关专委会的重要意见，应当向其反馈。
   - （3）专委会之间对草案的重要问题意见不一致，应报告委员长会议。

2. 听取各方面意见

   （1）列入议程的法律案，宪法和法律委员会、有关的专门委员会和常委会工作机构应当以座谈会、论证会、听证会等多种形式听取各方面的意见。
   （2）常委会工作机构应将法律草案发送有关机关、组织和专家征求意见，将意见整理后送宪法和法律委员会和有关的专门委员会，并根据需要，印发常委会会议。
   （3）应当在常委会会议后将法律草案及其起草、修改的说明等向社会公布，征求意见，但是经委员长会议决定不公布的除外。

3. 中断审议的情形

   （1）**撤回提案**：在交付表决前，提案人要求撤回的，应当说明理由，经委员长会议同意，并向常务委员会报告，对该法律案的审议即行终止。
   （2）**暂不交付表决**：法律案经三读后，仍有重大问题需要进一步研究的，由委员长会议提出，经联组会议或者全体会议同意，可以暂不付表决，交宪法和法律委员会和有关的专门委员会进一步审议。
   （3）**终止审议**：因各方面对制定该法律的必要性、可行性等重大问题存在较大意见分歧搁置审议满两年的，或者因暂不付表决经过两年没有再次列入常务委员会会议议程审议的，由委员长会议向常务委员会报告，该法律案终止审议。

五、表决

   草案修改稿经常委会会议审议，由宪法和法律委员会根据常委会组成人员的审议意见进行修改，提出表决稿，由委员长会议提请常委会全体会议表决，由全体组成人员的过半数通过。

六、公布

   常务委员会通过的法律由国家主席签署主席令予以公布。

第二节 法的实施

法的实施是指法在社会生活中被人们实际施行，是处于应然状态的"书本上的法律"进入到实然状态的"行动中的法律"。**法的实施方式包括法的遵守、法的执行和法的适用三种。**

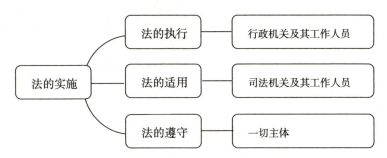

一、执法

狭义的执法指行政，即行政机关贯彻执行立法机关制定的法律和其他规范性法文件的活动。

（一）执法的特点

1. 以国家的名义对社会进行全面管理的活动，具有国家权威性；

2. 执法的主体，是国家行政机关及其公职人员；

3. 具有国家强制性；

4. 具有主动性和单方面性：执法既是职权，也是职责；因此，行政机关在进行社会管理时，应当以积极的行为主动执行法律、履行职责，而不一定需要行政相对人的请求和同意。

（二）执法的原则

1. 依法行政的原则：行政机关必须根据法定权限、法定程序和法治精神进行管理，越权无效，是最基本的原则；

2. 讲求效能的原则：在依法行政的前提下，讲究效率，主动有效地行使其职权，以取得最大的行政执法效益；

3. 公平合理的原则：执法时应当权衡多方面的利益因素和情境因素，在严格执行规则的前提下做到公平、公正、合理、适度，避免由于滥用自由裁量权而形成执法轻重不一、标准失范的结果。

二、司法

司法，又称法的适用，是指国家司法机关根据法定职权和程序，具体应用法律处理案件的专门活动。

（一）司法的特点

1. 国家权威性：法院、检察院及其工作人员；

【注意】在我国，司法权包括审判权和检察权。人民法院和人民检察院是代表国家行使司法权的专门机关。

2. 国家强制性：以国家强制力为后盾；

3. 严格的程序性和合法性；

4. 必须有表明法的适用结果的法律文书，如判决书、裁定书和决定书等。

（二）执法与司法的区别

区别点	执法	司法
主体	行政机关及其公职人员	司法机关及其公职人员
内容	以国家的名义对社会进行全面管理，内容比司法广泛	司法裁判涉及法律问题的纠纷和争议，对有关案件进行处理，具有个案性。所以，**司法权是一种判断权**。
程序性要求	程序性要求没有司法严格和细致	**有严格的程序性规定**
主动性	较强的主动性，积极主动实施法律	**被动性**，一般不能主动实施法律，不告不理

（三）司法的原则

1. 司法公正：法的精神的内在要求，是司法机关自身存在的合法性基础；公正是司法的生命；

2. 公民在法律面前一律平等：法律统一适用；反对歧视，反对特权；

3. 以事实为依据，以法律为准绳；

4. 司法机关依法独立行使职权：司法权的专属性、行使职权的独立性。不受行政机关、社会团体和个人的干涉。

【注意】贯彻司法机关依法独立行使职权的原则，需要解决好的几个问题：第一，正确处理司法机关与党组织的关系；第二，在全社会进行有关树立、维护司法机关权威，尊重、服从司法机关决定的法制教育；第三，积极推进司法改革，从制度上保证司法独立。

三、守法

（一）概念

守法是指公民、社会组织和国家机关以法律为自己的行为准则，依照法律行使权利、履行义务的活动。

（二）守法的构成

1. **守法的主体：一切主体（所有自然人和组织）。**

2. 守法的范围，是一切法律渊源，包括宪法、法律、行政法规、地方性法规和行政规章等。

3. 守法的内容：**守法不仅包括消极被动的守法（不违法），还包括根据授权性法律规范积极主动地去行使自己的权利、实施法律**；既包括履行义务，也包括行使权利。

四、法律监督

（一）法律监督的含义与构成

1. 法律监督有广义与狭义两种理解。前者是指由所有国家机关、社会组织和公民对各种法律活动的合法性所进行的监督。后者是指由特定国家机关依进行的监督。

2. **五个要素：**

（1）主体：谁监督；

【注意】我国的监督主体具有广泛性和多元性；

（2）客体：监督谁；

【注意】在我国，所有国家机关、政党、社会团体、社会组织、大众传媒和公民既是监督的主体，也是监督的客体。

（3）内容：监督什么（所有与监督客体行为的合法性有关的问题）；

（4）权力与权利：监督主体监视、察看、约束、制约、控制、检查和督促客体的权力与权利；

（5）监督规则：实体规则与程序规则。

（二）法律监督体系

1. 国家法律监督体系：

（1）包括国家权力机关、监察机关、行政机关和司法机关的监督。

（2）有明确的权限和范围，且有法定的程序，以国家名义进行的，具有国家强制力和法的效力，**是我国法律监督体系的核心**。

2. 社会法律监督体系：

（1）包括**中国共产党的监督**、政协的监督、社会组织的监督、公民的监督、法律职业群体的监督和新闻舆论的监督等。

（2）这种监督具有广泛性和人民性，因此具有重要的意义。

第三节 法适用的一般原理

一、法适用的目标

法律人适用法律最直接的目标是获得一个合理的法律决定。在法治社会，所谓合理的法律决定就是指具有可预测性（形式法治的要求）和正当性（实质法治的要求）的法律决定。

1. **可预测性**：尽可能地避免武断和恣意。要求裁判者将法律决定建立在既存的一般性法律规范的基础上，并按照一定的方法——推理规则和解释方法——适用法律规范。

2. **正当性**：按照实质价值或某些道德考量，法律决定是正当的或正确的。法律人乃是通过运用一些普遍承认的法学方法，来达到决定与实质价值或道德的一致性。

【注意】这里的实质价值或道德是有一定范围的或受到限制的，主要是指特定法治国家或宪政国家的宪法规定的一些该国家的公民都承认的、法律和公共权力应该保障与促进的实质价值，例如我国宪法规定了人权、自由和平等。

3. **可预测性和正当性的关系**：二者存在紧张关系，实现了可预测性的法律决定可能与特定国家的法秩序所承认的实质价值或道德相背离，而具有正当性的法律决定却可能违背可预测性。这种紧张关系是形式法治和实质法治之间紧张关系的一种体现。但从整体法治来看，必然要求裁判者在二者之间寻找最佳的协调。但对特定时间段内的特定国家的法律人来说，**可预测性具有初始的优先性**。

二、法适用的步骤

法律适用，也叫涵摄（subsumption），指将特定事实（S），置于法律规范的要件（T）之下，以获致一定的结论（R）的一种思维过程。以涵摄为核心的法律适用过程实际上是逻辑上的三段论推理。涵摄的逻辑结构，可以表示如下：

T→R（具备 T 的要件时，即适用 R 的法律效果）

S＝T（特定的案件事实符合 T 的要件）

S→R（特定案件事实 S 适用 T 得到法律效果 R）

（一）整体来说

法的适用过程在形式上是逻辑三段论推理过程，即大前提、小前提和结论。

（二）具体而言

则是首先查明和确认案件事实，作为小前提；其次选择和确定与案件事实相符合的法律规范，作为大前提；最后以整个法律体系的目的为标准，从两个前提中推导出法律决定。

1. 三个步骤并非各自独立、严格区分的单个行为，而是可以相互转换。法律人查明和确认案件事实的过程就不是一个纯粹的事实归结过程，而是一个在法律规范与事实之间的循环过程，即目光在规范与事实之间来回穿梭，必须把生活事实转化为"法律事实"；

2. 选择法律规范必须以该国整个的法律体系为基础，从中选择一个与确定的案件事实相切合的法律规范；

3. 通过法律解释，弥合一般与个别之间的缝隙，解决规范与事实之间的紧张关系。所以，法律解释对于法律适用来说并不是可有可无的，而是**必要的**，是法律适用的基础；

4. 法律解释都受到**解释学循环规律和前理解**的影响和制约。

【概念说明】**解释学循环**：整体只有通过理解部分才能得到理解、对部分的理解又只能通过对整体的理解。

【概念说明】**前理解**：就是相对于某种理解以前的理解，或者是在具体的理解开始之前已有的某种观点、看法或信息，它主要表现为成见或偏见，受到历史、传统与语言等的影响。对法学而言，前理解包括一国的法律传统、法律文化、法学职业训练、职业经验、法律语言的学习、对于整个现行法的掌握等形成的知识。

三、法的发现

法的发现，其实是"法律决定（判断）的发现"，就是一个法律人获得法律决定或者法律判断的事实过程。特定法律人的心理因素或社会因素——如偏见、情感、利益立场、社会阶层、价值偏好、直觉等——会诱发法律人对特定案件作出某个具体的判断或决定，在这个意义上，前者与后者之间存在着事实上的因果联系。

在日常法律工作中，对于特定案件，法律人往往先有法律结论或判断，然后再去寻找作为结论理由的法律规范。这是客观存在的现象。于是，现实主义法学就强调法的发现而贬低法的证成，认为前者更为真实，后者只是事后的包装，由此认为前者具有优先性。但是，从法律决定的可预测性和正当性的要求来说，法律证成相对于法的发现具有优先性。

1. 法的发现过程中的心理要素、社会要素是不会在法文件中公开的；而法律证成则要求公开判断的理由；

2. 这些心理因素、社会因素不具有普遍必然性：

（1）其不仅影响法律活动，也影响其他活动，故而无法彰显法律活动的独特性；

（2）其对法律人的法律决定的影响具有不确定性：对不同的法律人有不同的影响力量；对同一个法律人在不同时空的不同案件上也有不同的影响力。

四、法律证成

1. 法律适用的过程，无论是寻找大前提还是确定小前提，都是用来向法律决定提供支持程度不同的理由，所以，它也就是一个法律证成的过程。所谓"证成"，便是给一个决定提供充足理由的活动或过程。

2. 从法律证成的角度看，法律决定的合理性取决于两个方面：

（1）推导法律决定所依赖的推理前提是合理的、正当的：**外部证成是对推理前提的证立；**

（2）推理规则本身是可靠的：**内部证成涉及从前提到结论之间的推论是否有效。**

【注意】法律决定是按照一定的规则从前提中推导出来的。内部证成只保证结论从前提中逻辑地推导出来，但对前提的正当性没有保障；外部证成保证内部证成的前提正当。

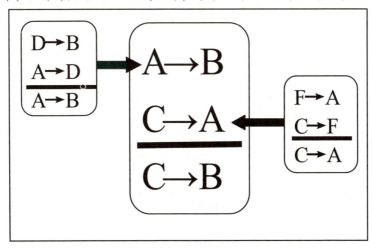

3. 内部证成和外部证成的关系

（1）外部证成和内部证成都是一个三段论的过程：外部证成把一个新的三段论附加在证据链条中，这个新的三段论是用来支持内部证成的前提的；

（2）外部证成的新的三段论本身也要符合逻辑推理的规则，因此**也必然涉及内部证成。**

（3）内部证成不仅包括通常所谓的法律规范、案件事实与法律决定之间的推理规则，也包括确立前提本身所要遵循的推理规则。

第四节　法律推理

法律推理就是指法律人在从一定的前提推导出法律决定的过程中所必须遵循的推论规则。

一、法律推理的特点

1. 以法律以及法学中的理由为基础，具有独特的法律原理与解释方法。

2. 要受现行法律的约束，而**正式渊源和非正式渊源都可以成为推理的理由。**

3. 法律推理是一种为行为规范或特定行为正确与否的判断寻找正当理由的过程，不同于为了发现真相或真理的**自然科学研究中的推理。**

二、法律推理的种类

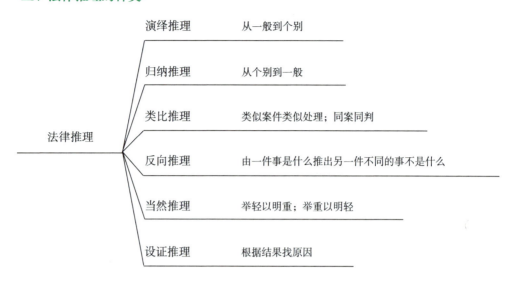

推理类型	特点	推理规则	效果
演绎推理	从一般到个别	经典方法是三段论	如果前提为真，结论必定为真。
归纳推理	从个别到一般	（1）被考察对象的数量尽可能多； （2）被考察对象的范围尽可能广； （3）被考察对象之间的差异尽可能大。	如果前提为真，结论比较可能为真（或然性）
类比推理	从个别到个别	根据两个事物在某些属性上的相似性，推出他们在另一些属性上的相似性。	可接受性依赖于正相似与负相似的数量。
反向推理 （反面推论）	由一件事是什么推出另一件不同的事不是什么	从法律规范赋予某种事实情形以某个法律后果，从中推出该后果不适用于法律规范未规定的其他事实情形； 【注意】高度重视法律安定性或确定性价值的法律规范，如国家机关的职权性规范、针对公民的义务性规范、刑事罪名条款等，较多运用反向推理；	1."明示其一即否定其余" 2."例外证实了非例外情形中的规则"：例外条款由于其性质应做严格推理，不能任意扩大，否则将危及与例外相对的规则。 3.由于罪刑法定原则的存在，往往需要对刑法条款进行反向推理，只有在某个条款所规定的构成要件全部得到满足时才可能发生相应的法律后果。
当然推理	由较强的规范的有效性，推出较弱的规范的有效性	1.举轻以明重； 2.举重以明轻。	当然推理并非逻辑上有效的推论，而是依赖于实质判断。
设证推理	逆推	尽可能将待解释现象的理论上所有可能的原因寻找出来，从中优先选择一种	尽可能使结论与待解释现象之间的关系是一种单一的因果关系

【注意】设证推理效力很弱，但它在法律适用的过程中是不可放弃的。法律人在其工作过程中必然会运用到设证推理。

第五节 法律解释

法律解释是指特定主体对法律规定之意义的说明与阐述。

一、法律解释的特点

1. 解释的对象是法律文本及其附随情况（制定时的背景）；
2. 与具体案件密切相关：确定某一法律规定对于某一特定案件事实是否有意义；
3. 具有价值取向性：存在价值判断和价值抉择；
4. 受解释学循环的制约。

二、法律解释的种类

（1）正式解释（法定解释、有权解释）：由特定的国家机关、官员或其他有解释权的人对法律做出的具有法律拘束力的解释。具体分为：立法解释、司法解释和行政解释。

（2）**非正式解释（学理解释、无权解释、任意解释）：**由学者或其他个人及组织对法律规定所做的不具有法律拘束力的解释。不被作为执行法律的依据。

【注意】在我国，行政执法人员或者处理具体案件的法官、检察官在日常执法、司法过程中所作的解释属于非正式解释。

三、法律解释的方法

法律解释的方法是法律人在进行法律解释时所必须遵循的特定法律共同体所公认的规则和原则。这些规则和原则不是特定国家的法律所规定，而是约定俗成的。

1. **文义解释** （语法、文法、文理、语义学解释）	（1）**证成对象**：语言的使用方式或规则的有效性； （2）**特点**：将解释的焦点集中在语言上，而不顾及根据语言解释出的结果是否公正、合理。
2. **体系解释** （逻辑、系统解释）	（1）将被解释的法律条文放在整部法律中乃至整个法律体系中，联系此法条与其他法条的相互关系来解释法律。 （2）**证成对象**：无矛盾
3. **立法者目的解释** （主观目的解释）	（1）**主观目的**是立法者当时立法的意图； （2）**证成对象**：立法者的目的或意图； （3）**证据**：以一定的立法资料为根据；
4. **历史解释**	（1）**依据**正在讨论的法律问题的历史事实对某个法律规定进行解释。 （2）**证成对象**：历史事实及其与现实情形的差异，过去实施的解决方案导致的后果不符合社会道德标准。
5. **比较解释**	利用外国的立法例和判例学说对某个法律规定进行解释。
6. **客观目的解释**	客观目的是法律自身的目的，即内在于法律的目的

【概念说明】对于合宪性解释，存在两种理解。一种是指对普通法律作合乎宪法的解释，以保证宪法和法律之间的一致性。另一种是指对普通法律的解释必须符合或者不抵触宪法的原则和精神，一旦抵触就无效。

【概念说明】扩大解释是指法律条文的字面含义显然比立法原意为窄时，作出比字面含义为广的解释。缩小解释是指法律条文的字面含义显然比立法原意更宽时，作出比字面含义为窄的解释。可见，缩小解释或扩大解释都是针对法律条文的字面含义而言的。倘若缩小法律概念的字面含义的范围，使其限定于或接近于法律概念的核心意义或中心地带，即称为限制解释或缩小解释。倘若扩大法律概念字面的含义范围，使其扩及法律概念意义范围的边缘地带，则称为扩大解释或扩张解释。

四、法律解释方法的位阶

1. 文义解释和立法者目的解释使解释者严格受制于制定法，保证法的确定性和可预测性；历史解释和比较解释容许解释者参酌历史的经验和国外的经验；体系解释有助于某国法秩序避免矛盾，保障法律适用的一致性；客观目的解释使法律决定与特定社会的伦理与道德要求一致，保证其正当性；

【注意】各种解释方法分别指出了在法律解释中需要考虑的不同因素，这些因素的重要性的不同认定会导致解释结论的不同，最终导致**法律适用的不确定性**，故而需确立解释方法的位阶关系。

2. **现今大部分法学家都认可的位阶关系：**

文义（语义学）解释→体系解释→立法者目的解释→历史解释→比较解释→客观目的解释。

【注意】法律解释方法的顺序并非绝对的、固定的，而是初步的、相对的，即这种优先性关系是可以被推翻的。但是，法律人在推翻上述位阶所确定的各种方法之间的优先性关系时，必须要充分地予以论证，即只有存在更强的理由的情况下，法律人才可以推翻这些优先性关系。

五、法律解释方法的适用模式【新增考点】

1. 单一适用模式：法律人将一个主要的法律解释方法作为证成法律解释结果的唯一或首要的理由，却忽略或轻视了其他的法律解释方法。

（1）一般而言，单一适用模式主要运用的就是文义解释方法；

（2）运用单一模式的条件：被选中的解释方法是证成对某个法律文本或渊源的解释结果的充分理由，从而证成法律决定并使人们能够在理性上接受该法律决定。

2. 累积适用模式：法律人在证成法律决定的过程中，运用几个不同的法律解释方法，最终得出了相同的解释结果。

（1）不同的解释方法相互独立地证成了相同的解释结果；

（2）不同的解释方法各自的证成力累积在一起形成了整体的证成力；该整体力量大于各自单独的力量之和。

3. 冲突适用模式：法律人针对特定案件事实按照不同的法律解释方法对法律文本进行解释，进而得出了相互对立冲突的解释结果；故而，法律人必须解决冲突，证成哪一个解释方法具有优先性。

六、当代中国的法律解释体制

（一）对宪法的解释

解释宪法的权力属于全国人大常委会。

（二）对法律的解释

1. 立法解释

（1）解释法律的权力属于全国人大常委会。

（2）需要由全国人大常委会进行立法解释的情况：

①法律的规定需要进一步明确具体含义的；

②法律制定后出现新情况，需要明确适用法律依据的。

（3）**立法解释程序的启动：要求解释**

①国务院、中央军事委员会；

②最高人民法院、最高人民检察院；

③全国人大各专门委员会；

④省、自治区、直辖市的人民代表大会常务委员会。

（4）**解释草案的拟定**：常务委员会工作机构研究拟订法律解释草案，由委员长会议决定列入常务委员会会议议程。

（5）**解释草案的审议**：法律解释草案经常务委员会会议审议，由宪法和法律委员会根据常务委员会组成人员的审议意见进行审议、修改，提出法律解释草案表决稿。

（6）**解释案的通过和公布**：法律解释草案表决稿由常务委员会全体组成人员的过半数通过，由常务委员会发布公告予以公布。

（7）**立法解释的效力**：全国人大常委会的法律解释同法律具有同等效力。

【相关法条·《立法法》】

第四十五条　法律解释权属于全国人民代表大会常务委员会。

法律有以下情况之一的，由全国人民代表大会常务委员会解释：

（一）法律的规定需要进一步明确具体含义的；

（二）法律制定后出现新的情况，需要明确适用法律依据的。

第四十六条　国务院、中央军事委员会、最高人民法院、最高人民检察院和全国人民代表大会各专门委员会以及省、自治区、直辖市的人民代表大会常务委员会可以向全国人民代表大会常务委员会提出法律解释要求。

第四十七条　常务委员会工作机构研究拟订法律解释草案，由委员长会议决定列入常务委员会会议议程。

第四十八条　法律解释草案经常务委员会会议审议，由法律委员会根据常务委员会组成人员的审议意见进行审议、修改，提出法律解释草案表决稿。

第四十九条　法律解释草案表决稿由常务委员会全体组成人员的过半数通过，由常务委员会发布公告予以公布。

第五十条　全国人民代表大会常务委员会的法律解释同法律具有同等效力。

2. 司法解释：

（1）司法解释的主体：最高法和最高检；

【注意】最高人民法院、最高人民检察院以外的审判机关和检察机关，不得作出具体应用法律的解释。

（2）需要作出司法解释的情形：

①凡属于法院审判工作中具体应用法律法令的问题，由最高院解释。

②凡属于检察院检察工作中具体应用法律法令的问题，由最高检解释。

【特别提醒】在"法律的规定需要进一步明确具体含义"或者"法律制定后出现新的情况，需要明确适用法律依据"两种情况下，应当向全国人大常委会提出法律解释的要求或者提出制定、修改有关法律的议案。

（3）司法解释应当主要针对具体的法律条文，并符合立法的目的、原则和原意。

（4）**最高法、最高检作出的属于审判、检察工作中具体应用法律的解释，应当自公布之日起三十日内报全国人大常委会备案。**

（5）**两高司法解释冲突后的解决**

如果两高解释有原则性分歧，报请全国人大常委会解释或决定。

（6）**专门委员会认为司法解释抵触法律后的处理**

如果专门委员会认为司法解释抵触法律，而两高又不予修改或废止，有两种办法：

①提出要求两高修改废止的议案；

②提出由全国人大常委会作出解释的议案。

3. **行政解释**：不属于审判和检察工作中的其他应用法律的问题，由国务院及主管部门进行解释。

（三）对行政法规的解释

1. 国务院的解释

（1）解释的情形：

①行政法规的规定需要进一步明确具体含义的；

②行政法规制定后出现新的情况，需要明确适用行政法规依据的。

（2）国务院各部门和省、自治区、直辖市人民政府可以向国务院提出行政法规解释要求。

（3）国务院法制机构研究拟订行政法规解释草案，报国务院同意后，由国务院公布或者由国务院授权国务院有关部门公布。

（4）行政法规的解释与行政法规具有同等效力。

2. 国务院法制机构的解释

（1）针对的情形：属于行政工作中具体应用行政法规的问题；

（2）请求解释程序：省、自治区、直辖市人民政府法制机构以及国务院有关部门法制机构请求国务院法制机构解释的，国务院法制机构可以研究答复；其中涉及重大问题的，由国务院法制机构提出意见，报国务院同意后答复。

（四）对地方性法规的解释

1. 凡属于地方性法规条文本身需要进一步明确界限或作补充规定的，由制定该地方性法规的人民代表大会常务委员会进行解释；

2. 凡属于地方性法规如何具体应用的问题，由同级的地方人民政府进行解释。

（五）对行政规章的解释

1. 行政规章解释权属于规章的制定机关。

2. 行政规章解释由规章制定机关的法制机构参照规章送审稿审查程序提出意见，报请规章的制定机关批准后公布。

3. 行政规章的解释同规章具有同等效力。

第六节　法律漏洞的填补

一、法律漏洞的概念

1. 立法者的理性是有限的，他无法预见到将会发生的一切情形并事先事无巨细地予以规定。在应由法律进行调整但却缺乏明文规定的案件发生后，很多时候（主要为民事领域）法官又不能以"法无明文规定"为由拒绝审理案件，就将面对着需要自行填补的法律漏洞。

2. 法律漏洞不同于法外空间。

（1）任何社会，即使是法治社会，都存在一些法律不能调整、无须调整或不宜调整的社会关系或领域，如友谊和爱情，这些原本就不应由法律来调整的领域缺失相关法律规范是合乎目的的，法律的这种不圆满状态并不违反立法计划，被称为"法外空间"；

（2）只有在不属于法外空间的事项上法律没有规定时，才有漏洞可言。漏洞不是简单的缺失状态，而必须是不合目的的、或者说依其目的被评价为不好的缺失状态。

3. 是否存在法律漏洞并不是简单的事实判断，毋宁说是需要评价性的认定。关键即在于确定立法计划或规范目的，而这需要使用历史解释和目的论解释的方法来求得。

二、法律漏洞的分类

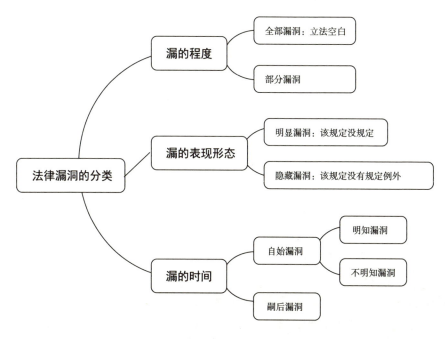

（一）全部漏洞和部分漏洞

1. 分类标准：根据法律对于某个事项是否完全没有规定；
2. 全部漏洞：也可称为"立法空白"，即被判断为有被规范之需要的问题根本就未被法律规范；属于全部残缺式体系违反；

续表

3. 部分漏洞：被判断为有被规范之需要的问题虽已为法律所规范，但并不完全；属于部分残缺式体系违反。

【注意】对于某个事项，究竟是出现了部分漏洞还是全部漏洞，需要从法律体系出发作整体性判断。假如从体系出发对某个应该调整的事项缺乏任何调整则为全部漏洞，如果体系的不同部分已对此事项规定了部分调整要素，只是不完整，则为部分漏洞。

（二）明显漏洞和隐藏漏洞

1. 分类标准：根据漏洞的表现形态
2. 明显漏洞：关于某个法律问题，法律依其规范目的或立法计划，应积极地加以规定却未设规定。
3. 隐藏漏洞：关于某个法律问题，法律虽已有规定，但依其规范目的或立法计划，应对该规定设有例外却未设例外。

（三）自始漏洞和嗣后漏洞

1. 分类标准：根据漏洞产生的时间。

2. 自始漏洞：法律漏洞在法律制定时即已存在。

（1）**明知漏洞**：立法者在制定法律时，已意识到法律的规定存在不完善或缺漏，但却出于立法时的政治、经济和社会情势，或是出于立法技术之考量，有意不作规定，而将这一问题保留给其他机关或部门来决定。也可被称为"法政策漏洞"。
（2）**不明知漏洞**：立法者在制定法律时或是因疏忽或因认知能力的限制没有意识到法律规定存在欠缺，或是对应予规定的事项误认为已予规范而致形成法律漏洞。

3. 嗣后漏洞：在法律制定和实施后，因社会客观形势的变化发展而产生了新问题，但这些新问题在法律制定时并未被立法者所预见以致没有被纳入法律的调控范围。

三、法律漏洞的填补方法

（一）目的论扩张

1. **概念**：法律规范的文义所未能涵盖某类案件，但依据其规范目的应该将相同的法律后果赋予它，因而扩张该规范的适用范围，以将它包含进来。

2. **意旨**：将原本不为规范文义所涵盖的案件类型包含进该规范的适用范围之内，或者说逾越语义，将该规范的法律后果扩张适用于规范明文规定的案件类型之外。

3. **目的论扩张的条件：**

（1）提出理性论据来证立待扩张适用之法律规范的规范目的或者说立法计划为何；
（2）必须证明逾越文义的某类案件与规范文义已包含的案件类型可以为同一个规范目的所涵盖，或者赋予逾越文义之案件以相同法律后果为此一规范目的所必须。

4. **目的论扩张不同于扩张解释：**

（1）目的论扩张是将原本未被规范文义所涵盖的案件类型择取其合乎规范目的的部分包括在内，使所包含的案件类型逾越文义，故而属于漏洞填补的方法。

续表

（2）扩张解释则是因为文义失之过狭，不足以表示出立法意旨，所以扩张语词之意义，以期正确适用，属于法律解释中文义解释的一种情形。

（二）目的论限缩

1. 概念：虽然法律规范的文义涵盖了某类案件，但依据其规范目的不应该赋予它与文义所涵盖的其他情形相同的法律后果，因而限缩该规范的适用范围，以将它排除出去。

2. 意旨：将原为法律文义所涵盖的案件类型剔除其不合规范目的的部分，使之不在该法律适用范围之内。

3. **目的论限缩的条件：**

（1）提出理性论据来证立待限缩适用之法律规范的规范目的或者说立法计划为何；
（2）必须证明规范文义已包含的某类案件类型与其余案件类型不为同一规范目的所涵盖，或者法律规范的目的与其文义所包含的某类案件并不兼容。

4. **目的论限缩不同于限缩解释：**

（1）目的论限缩是将不符合规范目的的案件类型积极地剔除出规范的适用范围之外，目的在添加限制性的规范；若不能将文义予以切割分类，则一般采取目的论限缩。
（2）限缩解释则是因为文义过于宽泛，消极地将文义局限于其核心部分，以期正确适用；目的在采取较窄的文义限缩规范的适用范围；在实务上，如文义可切割，直接分类而不损及其核心意义时，多采限缩解释。

第三章　法与社会

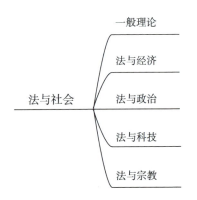

码上揭秘

第一节　法与社会的一般理论

一、法与社会的一般关系

法之理在法外。认识法律，必先认识社会；掌握了社会的存在机理，才能了解法律的结构及其运行的规律。

（一）法以社会为基础

1. 法是社会的产物。社会性质决定法律性质，社会物质生活条件**最终**决定着法律的本质。

2. 新的法律不可能产生于旧的社会基础之上，旧的法律也不可能长期在新的社会基础上生存和延续。

3. 国家以社会为基础，国家权力以社会力量为基础。国家法以社会法为基础，"纸上的法"以"活法"为基础。

总之，法律的性质与功能决定于社会，而且法律变迁与社会发展的进程基本一致。

【名言】马克思："社会不是以法律为基础，那是法学家的幻想。相反，法律应该以社会为基础。法律应该是社会共同的，由一定的物质生产方式所产生的利益需要的表现，而不是单个人的恣意横行。"

（二）法对社会的调整

1. 法通过调和社会各种冲突的利益，确立和维护社会秩序。在法律、道德和宗教三大社会调整手段中，自16世纪以来，成为首要工具。

2. 通过法律对社会机体的疾病进行治疗。

3. 为了有效地通过法律控制社会，还必须使法律与其他的资源分配系统（宗教、道德、政策等）进行配合。

二、法与和谐社会

（一）和谐是"和而不同"，是在差异性的基础上的结合、统一、共存。和谐社会是理性、人本、人与社会、人与自然关系协调、和谐发展的社会。

【注意】坚持四位一体：经济建设、政治建设、文化建设和社会建设

（二）**社会主义和谐社会的特征**：（1）民主法治；（2）公平正义；（3）充满活力；（4）诚信友爱；（5）安定有序；（6）人与自然和谐相处。

（三）法治建设与和谐社会构建具有内在的高度统一性，因此构建和谐社会：

1. 必须建立理性的法律制度：在以人为本的科学发展观的指导下。

2. 必须确立实质法治：实质法治是指整个社会、一切人都服从和遵守体现社会正义的理性法律的统治。

【注意】理性、社会正义和法律统治三者的有机联系，构成新世纪新阶段科学的法治精神内涵。

3. 必须创新法律对社会的调整机制。

第二节　法与经济

一、法作为上层建筑的一部分，是由经济基础决定的

1. 法的起源、本质、作用和发展变化，都要受到社会经济基础的制约。但是，不能因此就认为法律不受其他因素的影响，或与其他社会现象无关。

2. 法在任何时候都不得不服从经济条件，并且从来不能向经济条件发号施令，它只是表明和记载经济关系的要求而已。

二、法对于经济基础具有能动的反作用，并且通过生产关系反作用于生产力

1. 确认经济关系；

2. 规范经济行为；

3. 维护经济秩序；

4. 服务经济活动。

第三节　法与科学技术

一、科技进步对法的影响

1. 科技对立法的影响

（1）科技发展对一些传统法律领域提出了新问题，要求其发展要不断深化；

（2）科技法也日趋成为一个独立的法律部门。

2. 科技对司法的影响

司法过程的三个主要环节——事实认定、法律适用和法律推理，越来越深刻地受到了现代

科学技术的影响。

3. 科技对法律思想的影响

（1）人们的法律意识常常受到科技发展的影响和启迪；

（2）科技促进了人们法律观念的更新，出现了一些新的法律思想、法学理论。

二、法对科技进步的作用

1. 法律管理科技活动，确立国家科技事业的地位以及国际间科技竞争与合作的准则；

2. 法律促进科技经济一体化、科技成果商品化；

3. 法律抑制和预防科技活动所引发的各种社会问题。

第四节　法与政治

一、法与政治的一般关系

1. 政治对法的作用

（1）由于政治在上层建筑中居主导地位，因而总体上法的产生和实现往往与一定的政治活动相关，反映和服务于一定的政治。政治制度决定法律制度，有什么样的政治制度，就意味着必须实行与之相适应的法律制度；政治关系的发展变化在一定程度或意义上影响法的发展变化。

（2）**法的相对独立性**：法在形式、程序和技术上的特有属性，使法在反映一定的政治要求时必须同时满足法自身特有属性的要求。

【注意】并非每一具体的法律都有相应的政治内容，都反映某种政治要求。同时，法的相对独立性不只是对经济基础的，也表现在对上层建筑诸因素的关系中。

2. 法对政治的作用。

特别在近现代，法律在多大程度上离不开政治，政治也便在多大程度上离不开法。

（1）**法与政治体制**：政治体制指政治权力的结构形式和运行方式；在分权型权力结构中，权力的配置和行使皆须以法为依据。

（2）**法与政治功能**：政治的基本功能是把不同的利益交融和冲突集中上升为政治关系，对社会资源和社会价值进行权威性分配和整合。法将这种分配以规范、程序和技术性形式固定下来，使之具有形式上共同认同的性质，并因此具有形式上的正统性。

（3）**法与政治角色的行为**：法对于国家机构、政治组织、利益集团等政治角色行为和活动进行程序性和规范性控制。

（4）**法与政治运行和发展**：政治运行的规范化、政治生活的民主化和政治体系的完善化都需要法的介入。

二、法与政策

法与政策在内容和实质方面存在联系，包括阶级本质、经济基础、指导思想、基本原则和社会目标等根本方面具有共同性，但二者在意志属性、规范形式、实施方式、调整范围、稳定性、程序化程度等方面则具有明显差别。

	法	政党政策
意志属性	由特定国家机关依法定职权和程序制定或认可，体现国家意志，具有普遍约束力，向全社会公开；	领导机关依党章规定的权限和程序制定，体现全党的意志，实施范围限于党的组织和成员，允许有不对社会公开的内容存在。
规范形式	表现为规范性法律文件或国家认可的其他渊源形式，以规则为主，具有严格的逻辑结构，权利义务的规定具体、明确。	政党政策表现为决议、宣言、决定、声明、通知等，更多具有纲领性、原则性和方向性。
实施方式	实施与国家强制相关，且是有组织、专门化和程序化的实施机制。	以党的纪律保障实施，其实施与国家强制无关，除非它已转化为法律
调整范围	倾向于只调整可能且必须以法定权利义务来界定的，具有交涉性和可诉性的社会关系和行为领域。	调整的社会关系和领域比法律为广，对党的组织和党的成员的要求也比法的要求为高。
稳定性、程序化程度	较高的稳定性，任何变动都需遵循严格、固定且专业性很强的修改程序	可根据形势变化作出较为迅速的反应和调整，其程序性约束不如法律严格和专门化。

三、法与国家

（一）在最一般的意义上，法与国家权力构成相互依存、相互支撑的关系，法与国家权力也存在紧张或冲突关系

1. 法表述和确认国家权力，以赋予国家权力合法性的形式强化和维护国家权力；

2. 国家义务的实现、个体权利的保护、社会整合以及法的创设和实施等都需要权力

（二）法与国家权力也存在紧张或冲突关系

1. 法是对权力的约束和限制。权力具有扩张性，存在凌驾于法乃至摆脱法的倾向。

2. 近现代法治的实质和精义在于**控权**，即对权力在形式和实质上的合法性的强调，包括权力制约权力、权利制约权力和法律的制约。法律的制约是一种权限、程序和责任的制约。

第五节　法与宗教

一、宗教对法的影响

（一）推动立法
部分宗教教义被法律吸收，成为立法的基本精神。

（二）影响司法程序

1. 在宗教作为国教与政教合一的地方，宗教法庭直接掌握部分司法权。

2. 在诉讼审判方式上，**宗教宣誓有助于简化审判程序**。

3. 宗教宣扬的公正、诚实、容忍、爱心等对司法也有影响。

4. 宗教容忍有助于减少诉讼。

（三）宗教信仰有助于提高人们守法的自觉性
宗教还可能给法律蒙上神秘的、超自然的面纱，增加法律的威慑力。

【注意】宗教对法律也有消极的影响。由于宗教信仰产生的激情，会导致过分的狂热，某些宗教甚至妨碍司法公正的实现。

二、法对宗教的影响

1. 在政教合一的国家里，影响是双向的：

（1）法律可以作为国教的工具和卫护者；

（2）法又可以作为异教的迫害力量。

2. 在近现代政教分离的国家里，法对各种宗教之争持中立态度，法保障宗教信仰自由。法在观念、体系，甚至概念、术语等方面，客观上都对宗教产生了重大影响，权利观念被引入宗教法规；宗教法典不断地系统化、规范化。

3. 现代法律对宗教的影响，主要表现为法对本国宗教政策的规定，核心的问题就是宗教信仰自由的法律化问题。

【注意】宗教自由问题最早出现在宪法性文件上，是1776年美国弗吉尼亚州的权利宣言。

【注意】宗教信仰自由已经成为当今世界各国宗教政策的主流。

4. 中国现行的宗教政策

（1）全面正确地贯彻宗教信仰自由政策；

（2）依法加强宗教事务的管理；

（3）积极引导宗教与社会主义建设事业相结合。

当然，我国法律在规定宗教信仰自由、保障公民宗教信仰自由权利的同时，又强调宗教活动的合法性。

第四章 法的演进

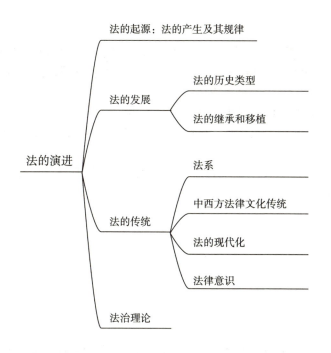

码上揭秘

第一节 法的起源

一、法的产生

马克思主义认为，法不是从来就有的，也不是永恒存在的，而是人类社会发展到一定历史阶段才出现的社会现象；法是随着生产力的发展、社会经济的发展、私有制和阶级的产生、国家出现而产生的，经历了一个长期的渐进的过程。

（一）法产生的主要标志

1. **特殊公共权力系统即国家的产生；**

2. **权利和义务观念的形成：** 原始社会依习惯行事，无所谓权利和义务；现在，社会成员之间却形成了权利和义务观念，出现了权利和义务的分离，产生了私有观念。

3. **法律诉讼和司法的出现：** 标志着公力救济代替了私力救济，文明的诉讼程序取代了野蛮的暴力复仇。

（二）法与原始社会规范的主要区别

1. 产生的方式：法由国家制定或认可；后者是人们在长期共同生产生活过程中自发形成的。

2. 反映的利益和意志：法反映统治阶级的利益和意志；后者反映的是社会全体成员的利

益和意志。

3. 保证实施的力量：法以国家强制力保证实施；后者依靠社会舆论、传统和氏族部落领袖的威信保证实施。

4. 适用范围：法适用于国家主权所及的地域内的所有居民；后者只适用于同血缘的本氏族部落成员。

二、法产生的一般规律

1. 经历了从个别调整到规范性调整、一般规范性调整到法的调整的发展过程；

【术语说明】个别调整，即针对具体人、具体行为所进行的只适用一次的调整；

规范性调整，即统一的、反复适用的调整。

2. 经历了从习惯到习惯法、再由习惯法到制定法的发展过程。

【注意】最早的制定法，主要是习惯法的整理和记载，还有个别立法文件和最主要的判决的记载。

3. 经历了法与宗教规范、道德规范的浑然一体到法与宗教规范、道德规范的分化、法的相对独立的发展过程。

第二节　法的发展

一、法的历史类型

（一）法的历史类型

法的历史类型是按照法所据以产生和赖以存在的经济基础的性质和体现的阶级意志的不同，对人类社会的法所作的分类。凡是建立在相同经济基础之上、反映相同阶级意志的法，就属于同一历史类型。

（二）法发展的一般规律

马克思主义法学认为，与人类进入阶级社会后的社会形态划分相一致，人类社会存在四种历史类型的法，即奴隶制法、封建制法、资本主义法和社会主义法。前三种建立在私有制的基础之上，属于剥削阶级类型的法。社会主义法建立在公有制基础之上，反映和维护工人阶级为首的广大人民的利益和意志，是最高历史类型的法。

【注意】在人类社会发展过程中，并非每一个国家、民族的法都一定经过这四种历史类型。

【注意】社会基本矛盾的运动规律是法的历史类型更替的根本原因。

【注意】法的历史类型的更替不可能自发地实现，而是必须通过人们有意识地进行革命变革才能实现。也就是说，社会革命是法的历史类型更替的直接原因。

二、法的继承

（一）法的继承

法的继承是不同历史类型的法律制度之间的延续和继受，一般表现为旧法对新法的影响和新法对旧法的承接和继受。

【注意】法的阶级性并不排斥法的继承性，社会主义法可以而且必然要借鉴资本主义法和其他类型的法。

（二）法的继承的根据和理由

1. 社会生活条件的历史延续性决定了法的继承性；

2. 法的相对独立性决定了法的发展过程的延续性和继承性；

3. 法作为人类文明成果决定了法的继承的必要性。在法的历史发展过程中，各个不同的法所形成的法律形式、术语、概念、典籍、著作等就成为人类共同的文化成果，并作为文化遗产一代一代相传下来。

4. 法的发展的历史事实验证了法的继承性，**如法国资产阶级以奴隶制时代的罗马法为基础制定的《法国民法典》**。

三、法的移植

（一）法的移植

法的移植是指在鉴别、认同、调适、整合的基础上，引进、吸收、采纳、摄取、同化外国法，使之成为本国法律体系的有机组成部分，为本国所用。

【注意】法的继承体现时间上的先后关系，法的移植则反映一个国家对同时代其他国家法律制度的吸收和借鉴。

【注意】法的移植的范围除了外国的法律外，还包括国际法律和惯例。

（二）法的移植的必然性和必要性

1. 社会发展和法的发展的不平衡性；

2. 市场经济的客观规律和根本特征；

3. 法的移植是法治现代化和社会现代化的必然需要；

4. 法的移植是对外开放的应有内容。

（三）法的移植的类型

1. 同等发展水平的国家间相互学习；

2. 落后学先进；

3. 区域性法律统一运动；

4. 世界性法律统一运动或法律全球化。

（四）法的移植的注意事项

1. 避免不加选择地盲目移植；

2. 要选择优秀的、适合本国国情和需要的法律进行移植；

3. 要注意国外法与本国法之间的同构性和兼容性：法的移植以供体和受体之间存在着共同性，即受同一规律的支配，互不排斥，可互相吸纳为前提；

4. 注意法律体系的系统性；

5. 要有适当的超前性。

第三节　法的传统

一、法的传统的概念

法的传统是指世代相传、辗转相承的有关法的观念、制度的总和。

【注意】从总体上看，法律文化研究的主要成果之一就是揭示法与传统的错综复杂的关系。

【注意】传统之于法，就不仅具有经验意义上的历史价值，而且也可能构成现实法律制度的组成部分。

二、西方两大法系

法系是比较法学上的基本概念，具体指**根据法的历史传统和外部特征的不同，对法所做的分类**。据此，凡属于同一历史传统，并具有相同外部特征的法构成一个法系。

世界五大法系包括：大陆法系、英美法系、伊斯兰法系、中华法系和印度法系，其中印度法系和中华法系都已经解体，现存的共三大法系，最有影响的是民法法系和普通法法系。

1. **民法法系**，又称大陆法系，是由古罗马法，特别是19世纪初法国民法典为传统产生和发展起来的法律的总称。

2. **普通法系**，又称英美法系、判例法系，是以英国中世纪的法律，特别是以普通法为基础和传统产生和发展起来的法律的总称。

【注意】美国的路易斯安娜州、加拿大的魁北克省属于民法法系。印度、巴基斯坦、澳大利亚等属于普通法系。

3. **两大法系的对比**

		民法法系	普通法系
相同点		经济基础、阶级本质、都重视法治	
区别	**法律思维方式**	演绎型思维	归纳式思维，注重类比推理
	法的渊源	正式渊源只是制定法	判例法、制定法都是正式渊源
	法律的分类	分类的基础是公法与私法的划分	普通法和衡平法是基本分类
	诉讼程序	与教会法程序接近，属于纠问制	对抗制诉讼程序
	法典编纂	主要发展阶段都有代表性法典，大规模法典编纂活动	总体上不倾向于系统的法典编纂，尽管历史上也有大规模立法

【注意】两大法系在法院体系、法律概念、法律适用技术及法律观念等方面也存在许多差别。

【小知识】关于"衡平法"

亚里士多德曾指出，衡平是为了缓和法律的严酷性所必需的。"法律就其性质来说，乃是一种一般性的陈述的形式。但总有这样的情况，一般性的陈述是不可能概括的，正确地判决这样一种无法预见的案件的办法是，立法者本人像亲临其境时来作出判决。如果按字面来适用规则，结果会处置得很严厉，于是这种严厉就用衡平来补救。""衡平就像勒斯波斯建筑师的铅尺"，"测量时可以绕着石头弯曲，而严格的法律则像一根不会弯曲的铁尺。"①

---

① 这是维拉曼特教授对于亚里士多德思想的总结，参见【澳】维拉曼特：《法律导引》，上海人民出版社2003年版，第149页。

　　总体而言，衡平补充了严格的法律并弥补了其不足，主要有四种功能：使一般规则适用于特殊情况；弥补法律的漏洞；纠正法律规则的严酷后果；注意并纠正法律中的谬误。① 此种衡平的功能在不同的法系中是由不同的制度予以承担的。在大陆法系中，不存在一个法律与衡平并峙的双轨制度，不区分管辖权，在判案中主要通过法律原则及其解释来调和法律规则的僵硬性，引入灵活性。在英美法系，则发展出了严格区分普通法和衡平法的双轨制度，当案情特殊而普通法程序阻挡案件得以公平处理时，其严格性就需要得到补救，此时，诉讼当事人就可以求助于衡平法院，即由大法官主持的大法官法庭。比如，中世纪时，作为普通法法院的王室法院不处理领主与农奴之间的关系，因此农民不能向王室法院控诉受到自己的领主的压迫或收回土地。但是，大法官法院通过衡平首次改变了其悲惨的局面，开始受理此类诉讼，侵袭了这一传统上非常牢固的特权领域。

　　衡平法院的大法官们对良心问题比对法律的技术性更感兴趣，他们不受普通法先例的约束，只根据自己的内心想法来决定是否给予救济。而他们的内心想法则是由道德、良心、善恶观、公平观、教会法知识乃至圣·杰尔曼的《博士与大学生》② 等促成的。许多个世纪以来，由衡平法院大法官们所作的判决形成的全部原则，被称为衡平法。

　　当衡平法发展到一定的程度，其自身也开始僵化，失去了灵活性。衡平法的系统化导致判决不再依赖于大法官的个人内心想法时，衡平法院的必要性就开始遭受质疑。1873年，英国颁布了《司法条例》，规定普通法和衡平法的原则平等地适用于英国的所有法院，独立的衡平法院系统便不复存在了，所有的普通法法院就变成了融合法律和衡平的法院了。

三、中西方的法律文化传统

（一）中国古代法的传统

以道德理想主义为基础，基本特征便是强调宗法等级名分。具体表现为：

1. 礼法结合、德主刑辅：强调道德教化应成为治理国家的主要手段，而作为暴力手段的法律只能是辅助性规范；法律实施特别重视人的因素，执法者本身应当是有德之人；

2. 等级有序、家族本位：

（1）严格的等级社会：法律的首要内容就是维护"君君、臣臣、父父、子子"等宗法等级身份，每一个人在社会中都有其固定的身份，每一个人都必须服从这种身份安排，并尽力按照固有的模式和标准扮演好自己的角色

（2）家族本位的社会：家族是构成社会和国家的基本单位，家族中的每一个个人并不是他自己，而是隶属于某个家族的"成员"。

3. 以刑为主，民刑不分。

4. 重视调解、无讼是求：在发生纠纷时，官方和民众更乐意通过民间的调解而不是官府的诉讼来解决。

（二）西方的法律文化传统

1. 法律受宗教的影响较大。

---

① 这也是维拉曼特教授的概括，参见［澳］维拉曼特：《法律导引》，上海人民出版社2003年版，第149页。

② 这是一部早期的法学著作，在书中一位神学博士从一位学法律的大学生那里了解到对良心问题的法律态度，中心思想是衡平原则与法律态度的对立。

2. 强调个体的地位和价值：发展的总趋势是一个从身份到契约的运动，个人的地位和价值在法律中不断彰显。

3. 私法文化相对发达。

4. 以正义为法律的价值取向。

四、法的现代化

（一）法的现代化的标志

法作为社会关系的调整与符号系统，其自身的现代化，一定意义上就成为社会全面现代化的条件和标志。

1. 法的现代化意味着法与道德的相互分离。

①在古代社会，法与道德混合在一起。

②在传统社会，法与道德开始分离，法具有了部分的自主性，但是，它的合法性来自于道德。

③在现代社会，法与道德相互分离，法成为完全实证化的法律，道德成为理性道德。

2. 法的现代化意味着法成为形式法。

在法与道德相互分离的情境下，法的合法性越来越依赖于确立和证成它们的形式程序。也就是说，现代化的法的合法性来自于法自身，而不是来源于法律之外的伦理或神学因素。

3. 法的现代化意味着法对现代价值的体现和保护：尊重人的主体地位、保障人的权利与自由、维护人人平等、推动政治民主化，等等。

4. 法的现代化意味着法具有了形式合理性，即可理解性、精确性、一致性、普遍性、公开性、一般来说是成文的，以及不具有溯及既往的效力，等等。

（二）法的现代化的类型

根据法的现代化的动力来源，法的现代化过程大体上可以分为**内发型法的现代化和外源型法的现代化**。

1. 内发型法的现代化

（1）由特定社会自身力量产生的法的内部创新。

（2）一个自发的、自下而上的、缓慢的、渐进变革的过程。

2. 外源型法的现代化

（1）在外部环境影响下，社会受外力冲击，引起思想、政治、经济领域的变革，最终导致法律文化领域的革新。

（2）**外来因素是最初的推动力**。其特点在于：①被动性；②依附性（服务于政治、经济变革）；③反复性（传统的本土文化与现代的外来文化之间矛盾比较尖锐）

【注意】对于外源型法的现代化国家来说，**外来法律资源与本土法律传统文化的关系始终是法的现代化能否成功的一个关键**。

（三）当代中国法治现代化的历史进程与特点

1. 以收回领事裁判权为契机，清政府下诏，派沈家本、伍廷芳主持修律，中国法的现代化在制度层面上正式启动了。

2. 从起因看，明显属于外源型法的现代化，但有自身的特点：

（1）由被动接受到主动选择；

（2）由模仿民法法系到建立中国特色的社会主义法律制度。

【注意】我国总体上仍然倾向于民法法系，但吸收了普通法系的一些经验，如审判程序等。

（3）法的现代化的启动形式是立法主导型。法制建设具有浓厚的"工具"性和"功利"性。

【注意】这种法的现代化的启动方式，能够迅速实现变法的意图，但是由于法律的社会基础不稳定，以至于容易形成国家与社会之间的紧张关系，其作用就比较有限。

（4）法律制度变革在前，法律观念更新在后，思想领域斗争激烈。

（四）积极推动我国法的现代化转型

1. 要将政府推动与社会参与相结合，在政府主导法治建设的顶层设计和长远规划的同时，开放社会各界参与法律发展的机会和途径。

2. 要把立足本国国情与借鉴国外经验相结合，使法治的本土化与国际化相统一，法治的民族性与普遍性相统一。

3. 要把制度改革与观念更新相结合。

五、现代中国法律文化的渊源

1. 马克思主义的法思想和社会主义各国法制建设的经验；

2. 西方法律制度和法律思想；

3. 中国古代法的传统。

六、法律意识

法律意识是指人们对于法律现象的思想、观念、知识和心理的总称。

1. 法律意识可以使一个国家的法律传统得以延续。一个国家的法律制度可以经常随着国家制度和政权结构的**变化而**变化，但是人们的法律意识却相对比较稳定，具有**一定的连续性**。

2. 法律意识**相对独立于法律制度**：可能先于法律制度而存在，也可能滞后于法律制度的发展。

3. 法律意识本身在结构上可以分为**两个层次**：

（1）**法律心理：表面直观的感性认识和情绪，是法律意识的初级形式和阶段。**

（2）**法律思想体系**：法律意识的高级阶段，以理性化、知识化、体系化为特征；是人们对法律现象进行理性认识的产物，也是人们对法律现象的自觉的反映形式。

第四节 法治理论

一、法治的含义

1. 在思想史上，最早提出"法治"的学者是亚里士多德："法治应包含两重含义：已成立的法律获得普遍的服从，而大家所服从的法律又应该本身是制定得良好的法律。"

2. 法治是资本主义以来才有的现代政治文明现象。

3. 现代西方法治发轫于英国，基本含义是法律至上或法律具有最高的权威；

4. 1959 年《德里宣言》将法治概括为三项原则：

（1）立法机关发挥创设和维护得以使每个人保持"人类尊严"的各种条件；
（2）既要制止行政权滥用，又要使政府能有效维护法律秩序，借以保证人们具有充分的社会和经济生活条件；
（3）实行司法独立和律师自由。

5. 法治是相对于人治而言的：

（1）在人治的社会里，国家的事务和人民的命运被交给国王或者皇帝，他们的个人能力、智识、德性直接决定着社会的好坏，直接影响着民众的生活。

（2）法治是一种依赖法律进行国家治理的新模式。

二、法治与法制

法制一般指法律和制度的总称，而法治指依据法律的治理。**二者的根本区别在于法对国家权力的限制与制约不同。**法治的核心是权利保障与权力制约（控权），而法制的最终目的是建立符合统治阶级的法律秩序。

	法制	法治
概念	一般指法律和制度的总称，主要强调法律和制度及其实施	依据法律的治理，明确了法律在社会生活中的最高权威性（法律至上）
目标	最终目的是建立符合统治阶级的法律秩序	核心是权利保障与权力制约
价值	强调**秩序价值**，但不一定建立在正当性价值之上	蕴涵了法律调整社会生活的正当性，**与专制相对立，又与民主相联系**。

三、法治的内涵

（1）法治意味着法律在社会生活中具有最高权威。
（2）法治意味着是良法之治。
（3）法治意味着人权应得到尊重和保障。
（4）法治意味着国家权力必须依法行使。

四、社会主义法治国家

1. 社会主义法治的本质是中国共产党的领导，基本要求是科学立法、严格执法、公正司法和全民守法。

2. 社会主义法治国家的基本标志

社会主义法治国家的制度条件和思想条件必须同时具备，应加强制度的构建和创新，一定的法治观念必须最终落实到具体的制度上。

社会结构条件	1. 社会主义法治国家必须以生活世界结构的分化或理性化为前提条件和基础，即人从各种自然共同体与人为共同体的依附中独立出来，成为自主和个体化的人。	
	2. 社会主义法治国家必须以社会主义市场经济体制的确立为前提条件和基础。	
	3. 社会主义法治国家必须以社会主义民主制度的确立为前提条件和基础：民主政治为法治之法提供合法性，法治之法为民主政治的运行提供有序保障。	
	4. 社会主义法治国家必须以社会主义文化领域的功能专门化为前提条件和基础。比如专门培训的法学、儿童养育和青少年教育的职业化、艺术自主等。	
制度条件	1. 必须有完备的法律和系统的法律体系。	
	2. 必须具有相对平衡和相互制约的符合社会主义制度需要的权力运行机制。	
	3. 必须有一个独立的、具有极大权威的司法系统和一支高素质的司法队伍。	
	4. 必须有健全的律师制度：能够保证律师在工作（包括调查取证、出庭辩护）中受到尊重，使律师成为维护法律的重要力量。	
思想条件	1. 法律至上	法律在社会规范中具有最高权威，所有的社会规范都必须符合法律的精神。
	2. 权利平等	全社会范围内人们的平等，承认所有社会成员法律地位平等。 既包括法律实施中的平等，也包括立法中的平等。
	3. 权力制约	所有以国家强制力保证实现的公共权力，在其运行的同时，必须受到其他公共权力的制约。 不受制约的权力必然被滥用，必然导致腐败。
	4. 权利本位	在国家权力和人民权利的关系中人民权利是决定性的、根本的；在法律权利与法律义务之间，权利是决定性的，起主导作用的。 国家权力之所以必须是有限的，就在于它来源于人民。

第二编　习近平法治思想

码上揭秘

第一章　习近平法治思想的重大意义

第一节　习近平法治思想的形成和发展

一、习近平法治思想形成的时代背景

2020 年 11 月 16 日至 17 日召开的中央全面依法治国工作会议，最重要的成果是明确了习近平法治思想在全面依法治国工作中的指导地位。习近平法治思想深刻回答了新时代为什么要实行全面依法治国、怎样实行全面依法治国等一系列重大问题。

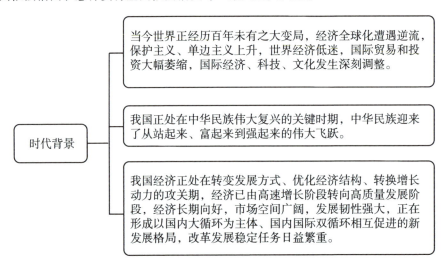

时代背景

当今世界正经历百年未有之大变局，经济全球化遭遇逆流，保护主义、单边主义上升，世界经济低迷，国际贸易和投资大幅萎缩，国际经济、科技、文化发生深刻调整。

我国正处在中华民族伟大复兴的关键时期，中华民族迎来了从站起来、富起来到强起来的伟大飞跃。

我国经济正处在转变发展方式、优化经济结构、转换增长动力的攻关期，经济已由高速增长阶段转向高质量发展阶段，经济长期向好，市场空间广阔，发展韧性强大，正在形成以国内大循环为主体、国内国际双循环相互促进的新发展格局，改革发展稳定任务日益繁重。

二、习近平法治思想形成和发展的逻辑

习近平法治思想是习近平新时代中国特色社会主义思想的重要组成部分。

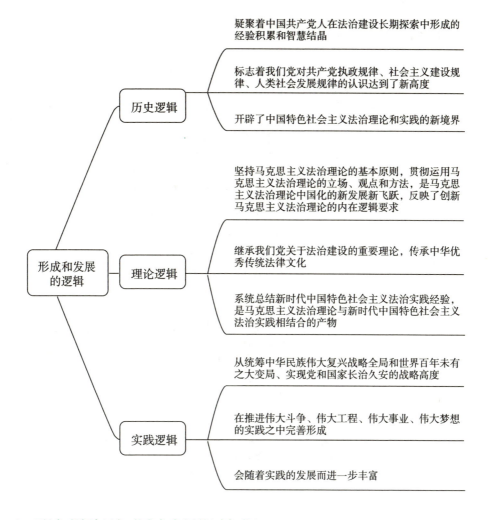

三、习近平法治思想形成和发展的历史进程

历史进程		
	党的十八届四中全会	出台了关于全面推进依法治国若干重大问题的决定
	党的十九大	提出到2035年基本建成法治国家、法治政府、法治社会
	十九届二中全会	专题研究宪法修改
	十九届三中全会	决定成立中央全面依法治国委员会,加强党对全面依法治国的集中统一领导
	十九届四中全会	从推进国家治理体系和治理能力现代化的角度,对坚持和完善中国特色社会主义法治体系,提高党依法治国、依法执政能力作出部署
	十九届五中全会	对立足新发展阶段、贯彻新发展理念、构建新发展格局的法治建设工作提出新要求

四、习近平法治思想的鲜明特色

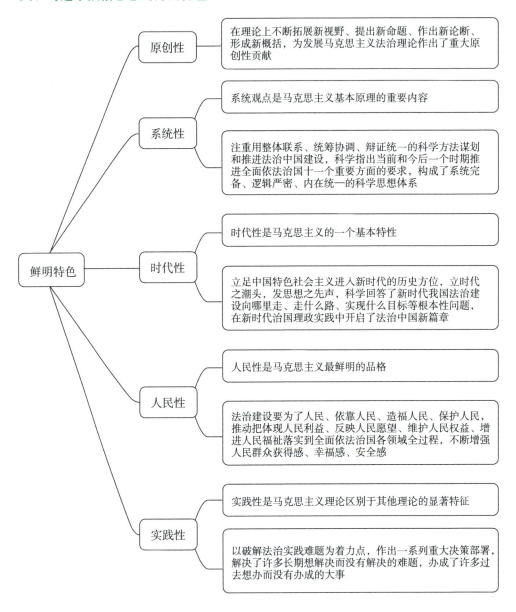

- 鲜明特色
  - 原创性 —— 在理论上不断拓展新视野、提出新命题、作出新论断、形成新概括，为发展马克思主义法治理论作出了重大原创性贡献
  - 系统性
    - 系统观点是马克思主义基本原理的重要内容
    - 注重用整体联系、统筹协调、辩证统一的科学方法谋划和推进法治中国建设，科学指出当前和今后一个时期推进全面依法治国十一个重要方面的要求，构成了系统完备、逻辑严密、内在统一的科学思想体系
  - 时代性
    - 时代性是马克思主义的一个基本特性
    - 立足中国特色社会主义进入新时代的历史方位，立时代之潮头，发思想之先声，科学回答了新时代我国法治建设向哪里走、走什么路、实现什么目标等根本性问题，在新时代治国理政实践中开启了法治中国新篇章
  - 人民性
    - 人民性是马克思主义最鲜明的品格
    - 法治建设要为了人民、依靠人民、造福人民、保护人民，推动把体现人民利益、反映人民愿望、维护人民权益、增进人民福祉落实到全面依法治国各领域全过程，不断增强人民群众获得感、幸福感、安全感
  - 实践性
    - 实践性是马克思主义理论区别于其他理论的显著特征
    - 以破解法治实践难题为着力点，作出一系列重大决策部署，解决了许多长期想解决而没有解决的难题，办成了许多过去想办而没有办成的大事

第二节 习近平法治思想的重大意义

重大意义

- 是马克思主义法治理论同中国实际相结合的最新成果
  - 坚持马克思主义法治理论的基本立场、观点和方法，在法治理论上实现了一系列重大突破、重大创新、重大发展；
  - 为马克思主义法治理论的不断发展作出了原创性贡献，是马克思主义法治理论中国化的最新成果；
  - 是习近平新时代中国特色社会主义思想的重要组成部分，是习近平新时代中国特色社会主义思想的"法治篇"

- 是对党领导法治建设丰富实践和宝贵经验的科学总结
  - 对我国社会主义法治建设经验进行提炼和升华，提出全面依法治国，进一步明确全面依法治国在统筹推进"五位一体"总体布局和协调推进"四个全面"战略布局中的重要地位
  - 以新的高度、新的视野、新的认识赋予中国特色社会主义法治建设事业以新的时代内涵，深刻回答了事关新时代我国社会主义法治建设的一系列重大问题，实现了中国特色社会主义法治理论的历史性飞跃

- 是在法治轨道上推进国家治理体系和治理能力现代化的根本遵循
  - 贯穿经济、政治、文化、社会、生态文明建设的各个领域，涵盖改革发展稳定、内政外交国防、治党治国治军各个方面；
  - 科学指明了在法治轨道上推进国家治理现代化的正确道路；
  - 为依法应对重大挑战、抵御重大风险、克服重大阻力、解决重大矛盾，在法治轨道上推进国家治理体系和治理能力现代化提供了根本遵循

- 是引领法治中国建设实现高质量发展的思想旗帜
  - 从全面建设社会主义现代化国家的目标要求出发
  - 立足新发展阶段、贯彻新发展理念、构建新发展格局的实际需要，提出了当前和今后一个时期全面依法治国的目标任务；
  - 为实现新时代法治中国建设高质量发展提供了强有力的思想武器。

第二章　习近平法治思想的核心要义

第一节　坚持党对全面依法治国的领导

码上揭秘

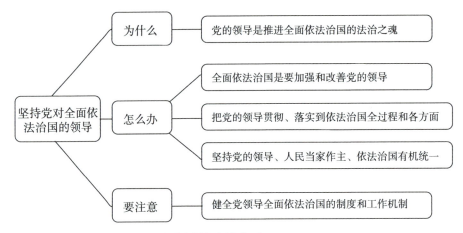

一、党的领导是推进全面依法治国的法治之魂

（一）一般论述：党的领导对于中国特色社会主义事业整体的意义

1. 党政军民学、东西南北中，党是领导一切的。

2.【正面论述】中国共产党是中国特色社会主义事业的坚强领导核心，是最高政治领导力量，各个领域、各个方面都必须坚定自觉坚持党的领导。

3.【反面论述】只有始终坚持党对一切工作的领导，才能在更高水平上实现全党全社会思想上的统一、政治上的团结、行动上的一致，才能进一步增强党的创造力、凝聚力、战斗力，才能为夺取新时代中国特色社会主义伟大胜利提供根本政治保证。

（二）党的领导对于社会主义法治的意义

1.【概述】坚持党的领导，是社会主义法治的根本要求，是党和国家的根本所在、命脉所在，是全国各族人民的利益所系、幸福所系，是全面推进依法治国的题中应有之义。

2.【重要讲话】习近平总书记强调："全党同志必须牢记，党的领导是我国社会主义法治之魂，是我国法治同西方资本主义国家法治最大的区别。离开了党的领导，全面依法治国就难以有效推进，社会主义法治国家就建不起来。"

3.【正面论述：保证】党的领导是中国特色社会主义最本质的特征，是社会主义法治最根本的保证。

4.【正面论述：一致】党的领导和社会主义法治是一致的，社会主义法治必须坚持党的领导，党的领导必须依靠社会主义法治。

5.【反面论述：离不开】全面推进依法治国，建设社会主义法治国家，只有在党的领导下才能有目的、有步骤、有秩序地进行。

6.【反面论述：巩固和改善】全面推进依法治国，建设社会主义法治国家，绝不是要虚化、弱化甚至动摇、否定党的领导，而是为了进一步巩固党的执政地位、改善党的执政方式、提高党的执政能力，保证党和国家长治久安。

二、全面依法治国是要加强和改善党的领导

全面依法治国，必须坚持党总揽全局、协调各方的领导核心地位不动摇。必须不断加强和改善党的领导，巩固党的执政地位，完成党的执政使命。

（一）加强和改善党对全面依法治国的领导，是由全面依法治国的性质和任务决定的

习近平总书记指出："全面推进依法治国是一个系统工程，是国家治理领域一场广泛而深刻的革命。"

1."深刻革命"意味着许多改革事项都是难啃的"硬骨头"，迫切需要党中央层面加强顶层设计、统筹协调，需要加强各级党委对法治工作的组织领导和政治引领。

2."系统工程"不仅意味着全面依法治国具有复杂性、长期性、艰巨性，涉及经济建设、政治建设、文化建设、社会建设、生态文明建设、国防军队建设、党的建设等各领域，涉及改革发展稳定、内政外交国防、治党治国治军等各个方面，而且意味着全面依法治国是长期历史任务，只有发挥党总揽全局、协调各方的领导核心作用，才能完成全面依法治国这一"系统工程"的总规划，才能实现全面依法治国的总目标。

（二）加强和改善党对全面依法治国的领导，是由党的领导和社会主义法治的一致性决定的

1. 立法层面

全面推进依法治国需要通过法定程序把党的意志转化为国家意志，把党的路线方针政策转化为国家的法律法规。只有坚持党的领导，才能使立法符合党的基本理论、基本路线、基本方略，符合国家经济社会发展战略，适应全面深化改革需要。

2. 法的实施层面

党带头厉行法治，把法治作为治国理政的基本方式，各级党组织和广大党员带头模范守法，才能在全社会普遍形成尊法守法风尚，为社会主义法治建设创造浓厚氛围。

三、把党的领导贯彻落实到依法治国全过程和各方面

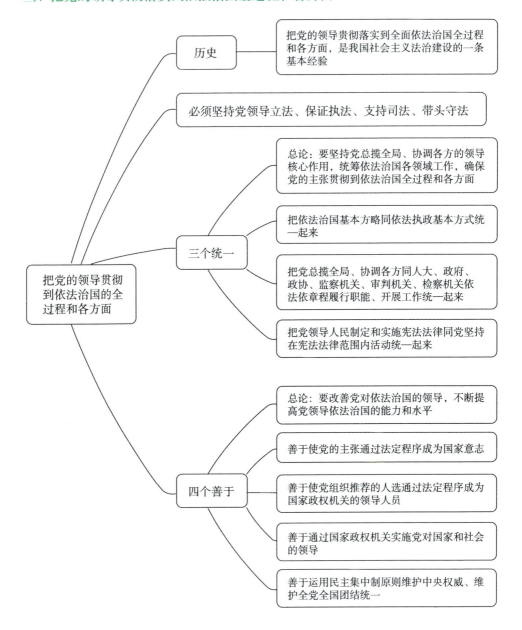

把党的领导贯彻到依法治国的全过程和各方面

历史 —— 把党的领导贯彻落实到全面依法治国全过程和各方面，是我国社会主义法治建设的一条基本经验

必须坚持党领导立法、保证执法、支持司法、带头守法

三个统一
- 总论：要坚持党总揽全局、协调各方的领导核心作用，统筹依法治国各领域工作，确保党的主张贯彻到依法治国全过程和各方面
- 把依法治国基本方略同依法执政基本方式统一起来
- 把党总揽全局、协调各方同人大、政府、政协、监察机关、审判机关、检察机关依法依章程履行职能、开展工作统一起来
- 把党领导人民制定和实施宪法法律同党坚持在宪法法律范围内活动统一起来

四个善于
- 总论：要改善党对依法治国的领导，不断提高党领导依法治国的能力和水平
- 善于使党的主张通过法定程序成为国家意志
- 善于使党组织推荐的人选通过法定程序成为国家政权机关的领导人员
- 善于通过国家政权机关实施党对国家和社会的领导
- 善于运用民主集中制原则维护中央权威、维护全党全国团结统一

四、坚持党的领导、人民当家作主、依法治国有机统一

(一) 很重要

1.【**概述：定性**】坚持党的领导、人民当家作主、依法治国有机统一，是对中国特色社会主义法治本质特征的科学概括，是对中国特色社会主义民主法治发展规律的本质把握。

2.【**历史经验**】把坚持党的领导、人民当家作主、依法治国有机统一起来是我国社会主义法治建设的一条基本经验。

3.【**宪法规定**】我国宪法以根本法的形式反映了党带领人民进行革命、建设、改革取得

的成果，确立了在历史和人民选择中形成的中国共产党的领导地位。

4.【分述】党的领导是人民当家作主和依法治国的根本保证，人民当家作主是社会主义民主政治的本质特征，依法治国是党领导人民治理国家的基本方式，三者统一于我国社会主义民主政治伟大实践。

（二）怎么办

1.【党的领导是根本】坚持党的领导、人民当家作主、依法治国有机统一，最根本的是坚持党的领导。只有坚持党的领导，人民当家作主才能充分实现，国家和社会生活制度化、法治化才能有序推进。

2.【人民代表大会制度】人民代表大会制度是坚持党的领导、人民当家作主、依法治国有机统一的根本制度安排。

（1）人民代表大会制度是实现党的领导和执政的制度载体和依托，是人民当家作主的根本途径和实现形式。

（2）必须充分发挥人民代表大会制度的根本政治制度作用，保证各级人大都由民主选举产生、对人民负责、受人民监督，保证各级国家行政机关、监察机关、审判机关、检察机关都由人大产生、对人大负责、受人大监督。

（3）通过人民代表大会制度，弘扬社会主义法治精神，依照人民代表大会及其常委会制定的法律法规来展开和推进国家各项事业和各项工作，实现国家各项工作法治化。

五、健全党领导全面依法治国的制度和工作机制

加强党对全面依法治国的领导，必须健全党领导全面依法治国的制度和工作机制，完善党制定全面依法治国方针政策的工作机制和程序，加强党对全面依法治国的集中统一领导。

1. 必须推进党的领导制度化、法治化，通过法治保障党的路线方针政策有效实施。

2. 成立中央全面依法治国委员会，目的就是从机制上加强党对全面依法治国的集中统一领导，统筹推进全面依法治国工作，这既是加强党的领导的应有之义，也是法治建设的重要任务。

3. 充分发挥各级党委的领导核心作用，把法治建设真正摆在全局工作的突出位置，与经济社会发展同部署、同推进、同督促、同考核、同奖惩。

4. 进一步完善党委统一领导和各方分工负责、齐抓共管的责任落实机制，强化全面依法治国方针政策和决策部署的有效贯彻执行。

第二节　坚持以人民为中心

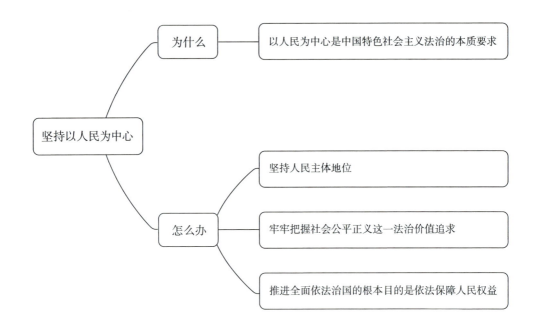

一、以人民为中心是中国特色社会主义法治的本质要求

1.【一般论述：党】人民群众是我们党的力量源泉，人民立场是中国共产党的根本政治立场。

2.【一般论述：国家】必须牢记我们的共和国是中华人民共和国，始终要把人民放在心中最高的位置，始终全心全意为人民服务，始终为人民利益和幸福而努力工作。

3.【一般论述：社会主义法治】以人民为中心是新时代坚持和发展中国特色社会主义的根本立场，是中国特色社会主义法治的本质要求。坚持以人民为中心，深刻回答了推进全面依法治国，建设社会主义法治国家为了谁、依靠谁的问题。

4.【人民是基础，也是目的】全面依法治国最广泛、最深厚的基础是人民，推进全面依法治国的根本目的是依法保障人民权益。

（1）【党的工作：人民是支持者，也是评价者】我们党的宏伟奋斗目标，离开了人民支持就绝对无法实现。我们党的执政水平和执政成效都不是由自己说了算，必须而且只能由人民来评判。人民是我们党的工作的最高裁决者和最终评判者。

（2）【国家制度和国家治理体系】始终代表最广大人民根本利益，保证人民当家作主，体现人民共同意志，维护人民合法权益，是我国国家制度和国家治理体系的本质属性，也是国家制度和国家治理体系有效运行、充满活力的根本所在。

（3）【社会主义制度：人民的主体地位】我国社会主义制度保证了人民当家作主的主体地位，也保证了人民在全面推进依法治国中的主体地位。这是我们的制度优势，也是中国特色社会主义法治区别于资本主义法治的根本所在。

二、坚持人民主体地位

（一）人民是主体

1.【以人民为名】我们国家的名称，我们各级国家机关的名称，都冠以"人民"的称号，这是我们对中国社会主义政权的基本定位。

2.【宪法规定】我国宪法明确规定："中华人民共和国的一切权力属于人民。人民行使国家权力的机关是全国人民代表大会和地方各级人民代表大会。"

（二）坚持人民主体地位，必须把以人民为中心的发展思想融入到全面依法治国的伟大实践中

1.【人民是管理者】要保证人民在党的领导下依照法律规定通过各种途径和形式管理国家事务，管理经济和文化事业，管理社会事务；

2.【全过程民主】坚持人民主体地位，必须坚持法治为了人民、依靠人民、造福人民、保护人民。要把体现人民利益、反映人民愿望、维护人民权益、增进人民福祉落实到全面依法治国各领域全过程，使法律及其实施充分体现人民意志。

3.【权利自由的保障】要保证人民依法享有广泛的权利和自由、承担应尽的义务。

（1）【效果一】充分调动起人民群众投身依法治国实践的积极性和主动性；

（2）【效果二】使全体人民都成为社会主义法治的忠实崇尚者、自觉遵守者、坚定捍卫者，使尊法、信法、守法、用法、护法成为全体人民的共同追求。

4.坚持人民主体地位，要求用法治保障人民当家作主。

（1）【根本政治制度】人民代表大会制度是保障人民主体地位的政权组织形式。坚定不移走中国特色社会主义民主政治发展道路，坚持和完善人民当家作主制度体系，是坚持和完善人民代表大会制度这一根本政治制度的要求。

（2）【基本政治制度】要坚持和完善中国共产党领导的多党合作和政治协商制度、民族区域自治制度、基层群众自治制度等基本政治制度。

（3）【效果】建立健全民主制度，丰富民主形式，拓宽民主渠道，依法实行民主选举、民主协商、民主决策、民主管理、民主监督，保证人民在党的领导下通过各种途径和形式依法管理国家事务，管理经济和文化事业，管理社会事务。

三、牢牢把握社会公平正义这一法治价值追求

1.【概述：定性】公平正义是法治的生命线，是中国特色社会主义法治的内在要求。坚持全面依法治国，建设社会主义法治国家，切实保障社会公平正义和人民权利，是社会主义法治的价值追求。

2.【全过程公平】全面依法治国必须紧紧围绕保障和促进社会公平正义，把公平正义贯穿到立法、执法、司法、守法的全过程和各方面，紧紧围绕保障和促进社会公平正义来推进法治建设和法治改革，创造更加公平正义的法治环境，努力让人民群众在每一项法律制度、每一个执法决定、每一宗司法案件中都感受到公平正义。

3.【人权保障】加强人权法治保障，非因法定事由、非经法定程序不得限制、剥夺公民、法人和其他组织的权利。

四、推进全面依法治国的根本目的是依法保障人民权益

【概述】我们党全心全意为人民服务的根本宗旨，决定了必须始终把人民作为一切工作的

中心。

【分论：宏观】习近平总书记指出："推进全面依法治国，根本目的是依法保障人民权益。随着我国经济社会持续发展和人民生活水平不断提高，人民群众对民主、法治、公平、正义、安全、环境等方面的要求日益增长，要积极回应人民群众新要求新期待，坚持问题导向、目标导向，树立辩证思维和全局观念，系统研究谋划和解决法治领域人民群众反映强烈的突出问题，不断增强人民群众获得感、幸福感、安全感，用法治保障人民安居乐业。"

【分论：保障人权＋解决问题】推进全面依法治国，必须切实保障公民的人身权、财产权、人格权和基本政治权利，保证公民经济、文化、社会等各方面权利得到落实。必须着力解决人民群众最关切的公共安全、权益保障、公平正义问题，努力维护最广大人民的根本利益，保障人民群众对美好生活的向往和追求。

第三节　坚持中国特色社会主义法治道路

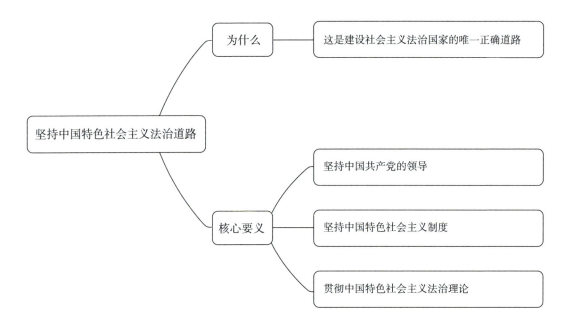

一、中国特色社会主义法治道路是建设社会主义法治国家的唯一正确道路

【概述：重要性】道路决定成败。习近平总书记指出："全面推进依法治国，必须走对路。如果路走错了，南辕北辙了，那再提什么要求和举措也都没有意义了。""中国特色社会主义法治道路是一个管总的东西。具体讲我国法治建设的成就，大大小小可以列举出十几条、几十条，但归结起来就是开辟了中国特色社会主义法治道路这一条。""中国特色社会主义法治道路，是社会主义法治建设成就和经验的集中体现，是建设社会主义法治国家的唯一正确道路。"

【国情的要求】中国特色社会主义法治道路是最适合中国国情的法治道路。走什么样的法治道路，是由一个国家的基本国情决定的。鸦片战争后，许多仁人志士也曾想变法图强，但都以失败告终。我们党在领导中国人民进行新民主主义革命的伟大斗争中，不断探索适合中国国情的法治道路。新中国成立后，逐步确立了新中国的宪法制度和司法体制。改革开放以来，我们党深刻总结法治建设正反两方面的经验教训，最终走出了一条中国特色社会主义法治道路。党的十八大以来，以习近平同志为核心的党中央把全面依法治国作为新时代坚持和发展中国特色社会主义的基本方略之一，在新时代不断坚持和拓展中国特色社会主义法治道路。历史和现实充分证明，中国特色社会主义法治道路，是唯一正确的道路。

【实践的要求】中国特色社会主义法治道路，根植于我国社会主义初级阶段的基本国情，生发于我国改革开放和社会主义现代化建设的具体实践，是被实践证明了的符合我国基本国情、符合人民群众愿望、符合实践发展要求的法治道路，具有显著优越性。我国社会主义法治建设之所以能取得举世瞩目的伟大成就，就在于开辟了一条符合我国国情、遵循法治规律的中国特色社会主义法治道路。

【学习借鉴】在坚持和拓展中国特色社会主义法治道路这个根本问题上，要树立自信、保持定力，必须从我国实际出发，同推进国家治理体系和治理能力现代化相适应，突出中国特色、实践特色、时代特色，既不能罔顾国情、超越阶段，也不能因循守旧、墨守成规。要学习借鉴世界上优秀的法治文明成果，但必须坚持以我为主、为我所用，认真鉴别、合理吸收，不能搞"全盘西化"，不能搞"全面移植"，不能照搬照抄。

二、中国特色社会主义法治道路的核心要义

【概述】坚定不移走中国特色社会主义法治道路，必须深刻把握其核心要义。习近平总书记指出："全面推进依法治国这件大事能不能办好，最关键的是方向是不是正确、政治保证是不是坚强有力，具体讲就是要坚持党的领导，坚持中国特色社会主义制度，贯彻中国特色社会主义法治理论。"这三个方面实质上是中国特色社会主义法治道路的核心要义，规定和确保了中国特色社会主义法治体系的制度属性和前进方向。

【分论1：党的领导】坚定不移走中国特色社会主义法治道路，最根本的是坚持中国共产党的领导。抓住了这个根本问题，就抓住了中国特色社会主义法治道路的本质。党的领导是实现全面推进依法治国总目标的最根本保证，必须始终坚持党总揽全局、协调各方的领导核心地位不动摇。新时代中国特色社会主义法治建设之所以能迅速开创新局面、谱写新篇章，最根本的就是有以习近平同志为核心的党中央的坚强领导，有习近平新时代中国特色社会主义思想科学指导。要把加强党对全面依法治国的领导落实到法治建设全过程和各方面，坚持党领导立法、保证执法、支持司法、带头守法。

【分论2：制度】中国特色社会主义制度是中国特色社会主义法治体系的根本制度基础，是全面推进依法治国的根本制度保障。习近平总书记指出："我们要坚持的中国特色社会主义法治道路，本质上是中国特色社会主义道路在法治领域的具体体现。"中国特色社会主义制度是中国共产党领导人民在不断探索和实践的基础上形成和发展起来的。党的十八大以来，党中央提出全面深化改革的总目标是完善和发展中国特色社会主义制度、推进国家治理体系和治理能力现代化，全面深化党的建设制度改革和经济、政治、文化、社会、生态文明体制改革，使中国特色社会主义制度更加成熟和完善。中国特色社会主义根本制度、基本制度和重要制度，是中国特色社会主义法治道路的制度基础和重要保障。要坚持中国特色社会主义法治道路，不断巩固和完善中国特色社会主义制度，以法治为中国特色社会主义制度保驾护航。

【分论3：法治理论】中国特色社会主义法治理论是中国特色社会主义法治体系的理论指导和学理支撑。习近平总书记指出："我们要发展的中国特色社会主义法治理论，本质上是中国特色社会主义理论体系在法治问题上的理论成果。"中国特色社会主义法治理论，是中国特色社会主义理论体系的重要组成部分。在百年来的革命、建设、改革实践中，我们党把马克思

主义基本原理与中国实际相结合,形成了毛泽东思想、邓小平理论、"三个代表"重要思想、科学发展观和习近平新时代中国特色社会主义思想。这些理论成果是我们党不断总结实践经验的思想精华,包含着丰富的法治理论。习近平法治思想是习近平新时代中国特色社会主义思想的重要组成部分,是新时代推进全面依法治国的科学指南和根本遵循。要深入学习贯彻习近平法治思想,不断开创法治中国建设的新局面。

第四节　坚持依宪治国、依宪执政

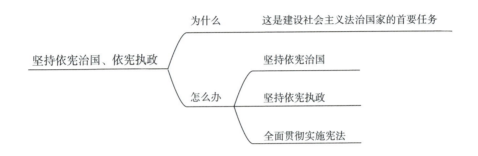

一、依宪治国、依宪执政是建设社会主义法治国家的首要任务

【宪法的地位】宪法是国家的根本大法,是治国安邦的总章程,具有最高的法律地位、法律权威、法律效力。习近平总书记指出:"宪法是国家的根本法,坚持依法治国首先要坚持依宪治国,坚持依法执政首先要坚持依宪执政。"

【宪法的内容】我国宪法以国家根本法形式,确立了中国特色社会主义道路、中国特色社会主义理论体系、中国特色社会主义制度的发展成果,反映了我国各族人民的共同意志和根本利益。

【依宪治国、依宪执政】党的十八大以来,以习近平同志为核心的党中央高度重视宪法在国家政治生活和治国理政中的重要作用,强调依宪治国、依宪执政是建设社会主义法治国家的首要任务,全面系统地提出了依宪治国、依宪执政的重要举措,作出全面实施宪法与维护宪法权威的一系列重大战略部署,有力地推进了宪法实施和监督工作。

二、坚持依法治国首先要坚持依宪治国,坚持依法执政首先要坚持依宪执政

【为什么:由宪法的地位和作用决定】坚持依法治国首先要坚持依宪治国,坚持依法执政首先要坚持依宪执政,这是宪法的地位和作用决定的。习近平总书记强调:"宪法是国家的根本法,具有最高的法律效力。党领导人民制定宪法法律,领导人民实施宪法法律,党自身要在宪法法律范围内活动。全国各族人民、一切国家机关和武装力量、各政党和各社会团体、各企业事业组织,都必须以宪法为根本的活动准则,都负有维护宪法尊严、保证宪法实施的职责。任何组织和个人都不得有超越宪法法律的特权,一切违反宪法法律的行为都必须予以追究。"坚持依宪治国、依宪执政,体现了党的领导、人民当家作主、依法治国有机统一,体现了全面推进依法治国的时代要求,对于推进国家治理体系和治理能力现代化、保证党和国家长治久安具有重大意义。

【怎么办】坚持依宪治国、依宪执政,要坚持宪法确定的中国共产党领导地位不动摇,坚

持宪法确定的人民民主专政的国体和人民代表大会制度的政体不动摇。习近平总书记指出："党和法、党的领导和依法治国是高度统一的。我们就是在不折不扣贯彻着以宪法为核心的依宪治国、依宪执政，我们依据的是中华人民共和国宪法。"我国宪法确认了中国共产党的执政地位，确认了党在国家政权结构中总揽全局、协调各方的领导核心地位，这是中国特色社会主义最本质的特征，是中国特色社会主义制度的最大优势，是实现中华民族伟大复兴的根本保证。人民代表大会制度是我国宪法确立的、与国体相适应的政体，是坚持党的领导、人民当家作主、依法治国有机统一的根本政治制度安排。

三、坚持依宪治国

【概述：定性】坚持依宪治国，是推进全面依法治国、建设社会主义法治国家**的基础性工作，科学回答了宪法如何更好促进全面建设社会主义现代化国家的关键性问题。**

【宪法的内容】习近平总书记指出："我国宪法以国家根本法的形式，确认了中国共产党领导人民进行革命、建设、改革的伟大斗争和根本成就，确立了人民民主专政的国体和人民代表大会制度的政体，确立了国家的根本任务、指导思想、领导核心、发展道路、奋斗目标，规定了一系列基本政治制度和重要原则，规定了国家一系列大政方针，体现出鲜明的社会主义性质。"

【怎么办】坚持依宪治国，既强调宪法的根本法地位，又强调在全面依法治国过程中，必须依据宪法精神、宪法原则以及宪法所确定的各项制度推进依宪治理。各级国家机关和国家机关工作人员都要依照宪法行使权力、履行职责，所有法律法规和制度政策都不得与宪法相抵触，任何组织和个人都必须维护宪法尊严和权威。

四、坚持依宪执政

【概述：定性】我国宪法坚持党的领导、人民当家作主、依法治国有机统一，发扬人民民主，集中人民智慧，体现了全体人民共同意志，得到最广大人民拥护和遵行。坚持依宪执政，体现了中国共产党作为执政党的执政理念，体现了我们党对执政规律和执政方式的科学把握。

【宪法与人民】习近平总书记指出："宪法的根基在于人民发自内心的拥护，宪法的伟力在于人民出自真诚的信仰。只有保证公民在法律面前一律平等，尊重和保障人权，保证人民依法享有广泛的权利和自由，宪法才能深入人心，走入人民群众，宪法实施才能真正成为全体人民的自觉行动。"公民的基本权利和义务是宪法的核心内容，宪法是每个公民享有权利、履行义务的根本保证。

【怎么办】坚持依宪执政，必须要坚持以人民为中心。实践证明，我国宪法以其至上的法制地位和强大的法制力量，有力保障了人民当家作主，有力促进了改革开放和社会主义现代化建设，有力推动了社会主义法治国家建设，有力维护了国家统一、民族团结、社会稳定。

五、全面贯彻实施宪法

【概述：很重要】全面贯彻实施宪法，切实维护宪法尊严和权威，是维护国家法制统一、尊严、权威的前提，也是维护最广大人民根本利益、确保国家长治久安的重要保障。新时代推进全面依法治国，必须更加坚定维护宪法尊严和权威，加强宪法实施和监督。习近平总书记指出："宪法的生命在于实施，宪法的权威也在于实施。"

【宪法实施的实践】党的十八大以来，以习近平同志为核心的党中央以前所未有的力度推进全面依法治国，把实施宪法摆在全面依法治国的突出位置，全面加强宪法实施和监督。

1. 全国人大常委会通过了关于设立国家宪法日的决定，将每年 12 月 4 日设立为国家宪法日。

2. 将全国人大法律委员会更名为全国人大宪法和法律委员会，增加推动宪法实施、开展宪法解释、推进合宪性审查、加强宪法监督、配合宪法宣传等工作职责。

3. 党中央印发的《法治中国建设规划（2020－2025 年）》明确提出，要高度重视宪法在治国理政中的重要地位和作用，坚持依宪治国、依宪执政，把全面贯彻实施宪法作为首要任务，健全保证宪法全面实施的体制机制，将宪法实施和监督提高到新水平。

4. 《中华人民共和国国民经济和社会发展第十四个五年规划和 2035 年远景目标纲要》明确规定，要健全保障宪法全面实施的体制机制，加强宪法实施和监督，落实宪法解释程序机制，推进合宪性审查。

这些重大举措对于保障宪法实施具有重大而深远的意义。

第五节　坚持在法治轨道上推进国家治理体系和治理能力现代化

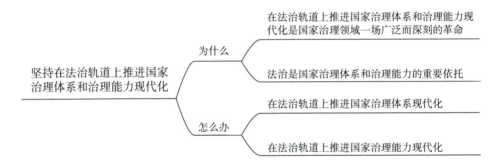

一、在法治轨道上推进国家治理体系和治理能力现代化是国家治理领域一场广泛而深刻的革命

【概述】我国社会主义法治凝聚着我们党治国理政的理论成果和实践经验，是制度之治最基本最稳定最可靠的保障。

1. 党的十八届三中全会专题研究全面深化改革问题，明确提出要完善和发展中国特色社会主义制度，推进国家治理体系和治理能力现代化，并将其作为全面深化改革的总目标。

2. 党的十八届四中全会进一步强调要推进国家治理体系和治理能力现代化，指出全面推进依法治国是一个系统工程，是国家治理领域一场广泛而深刻的革命。

3. 党的十九大报告提出，要坚持和完善中国特色社会主义制度，不断推进国家治理体系和治理能力现代化，将其作为新时代坚持和发展中国特色社会主义的基本方略之一。

4. 党的十九届四中全会对坚持和完善中国特色社会主义制度，推进国家治理体系和治理能力现代化作出全面部署。

习近平总书记指出："坚持全面依法治国，是中国特色社会主义国家制度和国家治理体系的显著优势。中国特色社会主义实践向前推进一步，法治建设就要跟进一步。"

历史和现实都告诉我们，法治是治国理政的基本方式，是社会文明进步的显著标志。法治兴则国兴，法强则国强。

【怎么办】

1. 在法治轨道上推进国家治理体系和治理能力现代化，要提高党依法治国、依法执政能力，推进党的领导制度化、法治化、规范化。

2. 要用法治保障人民当家作主，健全社会公平正义法治保障制度，使法律及其实施有效体现人民意志、保障人民权益、激发人民创造力。

3. 要健全完善中国特色社会主义法治体系，不断满足国家治理需求和人民日益增长的美好生活需要。

4. 要坚持依法治国、依法执政、依法行政共同推进，坚持法治国家、法治政府、法治社会一体建设，更加注重系统性、整体性、协同性。

5. 要更好发挥法治对改革发展稳定的引领、规范、保障作用，以深化依法治国实践检验法治建设成效，推动各方面制度更加成熟、更加定型，逐步实现国家治理制度化、程序化、规范化、法治化。

二、法治是国家治理体系和治理能力的重要依托

【概述：定性】法治是治国理政的基本方式。

【领袖论述】习近平总书记指出："法治是国家治理体系和治理能力的重要依托。只有全面依法治国才能有效保障国家治理体系的系统性、规范性、协调性，才能最大限度凝聚社会共识。""在全面建设社会主义现代化国家新征程上，我们要更加重视法治、厉行法治，更好发挥法治固根本、稳预期、利长远的保障作用，坚持依法应对重大挑战、抵御重大风险、克服重大阻力、解决重大矛盾。"

【干什么】坚持和完善中国特色社会主义制度，推进国家治理体系和治理能力现代化，就是要适应时代变革，不断健全我国国家治理的体制机制，不断完善中国特色社会主义法治体系，实现党和国家各项事务治理制度化、规范化、程序化，提高运用制度和法律治理国家的能力，提高党科学执政、民主执政、依法执政水平。

三、在法治轨道上推进国家治理体系现代化

【概述：定性】国家治理体系是在党领导下管理国家的制度体系，包括经济、政治、文化、社会、生态文明和党的建设等各领域的体制机制、法律法规安排，是一整套紧密相连、相互协调的制度构成的体系。

【法治体系的建设和完善】习近平总书记指出："建设中国特色社会主义法治体系、建设社会主义法治国家是实现国家治理体系和治理能力现代化的必然要求，也是全面深化改革的必然要求，有利于在法治轨道上推进国家治理体系和治理能力现代化，有利于在全面深化改革总体框架内全面推进依法治国各项工作，有利于在法治轨道上不断深化改革。"

【全面依法治国】坚持全面依法治国，是中国特色社会主义国家制度和国家治理体系的显著优势。全面推进依法治国，是解决党和国家事业发展面临的一系列重大问题，解放和增强社会活力、促进社会公平正义、维护社会和谐稳定、确保党和国家长治久安的根本要求。

四、在法治轨道上推进国家治理能力现代化

【概述：定性】国家治理能力是运用国家制度管理社会各方面事务的能力，是改革发展稳定、内政外交国防、治党治国治军等各个方面国家制度执行能力的集中体现。国家治理能力是影响我国社会主义制度优势充分发挥、党和国家事业顺利发展的重要因素。

【法治的作用】习近平总书记指出："我们必须把依法治国摆在更加突出的位置，把党和国家工作纳入法治化轨道，坚持在法治轨道上统筹社会力量、平衡社会利益、调节社会关系、规范社会行为，依靠法治解决各种社会矛盾和问题，确保我国社会在深刻变革中既生机勃勃又井然有序。"

【发挥党的作用】面对世界百年未有之大变局，在法治轨道上推进国家治理能力现代化，最关键是要发挥党总揽全局、协调各方的领导核心作用，积极回应新时代国家治理难题，充分发挥法治固根本、稳预期、利长远的保障作用，不断提高党依法治国、依法执政能力，加快实现国家治理能力现代化，推动我国制度优势更好转化为国家治理效能。

第六节　坚持建设中国特色社会主义法治体系

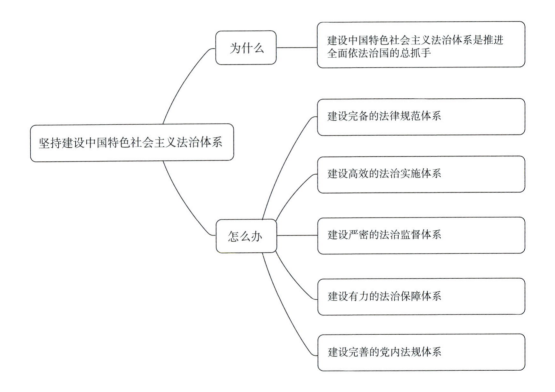

一、【总论】建设中国特色社会主义法治体系是推进全面依法治国的总抓手

【概述】全面推进依法治国涉及立法、执法、司法、普法、守法各个环节、各个方面，在实际工作中必须有一个总揽全局、牵引各方的总抓手，这个总抓手就是建设中国特色社会主义法治体系。

【重要性】中国特色社会主义法治体系是国家治理体系的骨干工程，本质上是中国特色社会主义制度的法律表现形式。

【是什么】建设中国特色社会主义法治体系，就是在中国共产党领导下，坚持中国特色社会主义制度，贯彻中国特色社会主义法治理论，形成完备的法律规范体系、高效的法治实施体系、严密的法治监督体系、有力的法治保障体系，形成完善的党内法规体系。

【要求什么】全面推进依法治国，要求各项工作都要围绕建设中国特色社会主义法治体系、建设社会主义法治国家这个总目标来部署、来展开，都要围绕中国特色社会主义法治体系这个总抓手来谋划、来推进。

二、【分论】建设完备的法律规范体系

【必要性】经过长期努力，中国特色社会主义法律体系已经形成，国家和社会生活各方面总体上实现了有法可依。法律体系必须随着时代变化、理论创新和实践需要不断发展、不断完善。

【概述】要不断完善以宪法为核心的中国特色社会主义法律体系，坚持立法先行，坚持立改废释并举，健全完善法律、行政法规、地方性法规，为全面推进依法治国提供遵循。

【科学立法、民主立法、依法立法】要深入推进科学立法、民主立法、依法立法，提高立法质量和效率，以良法保善治、促发展。

【重点】要积极推进国家安全、科技创新、公共卫生、生物安全、生态文明、防范风险、涉外法治等重要领域立法，健全完善国家治理急需的法律制度、满足人民日益增长的美好生活需要必备的法律制度。要加快我国法域外适用的法律体系建设，更好维护国家主权、安全、发展利益。

三、【分论】建设高效的法治实施体系

法治实施体系是执法、司法、守法等宪法法律实施的工作体制机制。"世不患无法，而患无必行之法"，"天下之事，不难于立法，而难于法之必行"。

1. 高效的法治实施体系，最核心的是健全宪法实施体系。全面贯彻实施宪法，是建设社会主义法治国家的首要任务和基础性工作。全国各族人民、一切国家机关和武装力量、各政党和各社会团体、各企业事业组织，都必须以宪法为根本活动准则，切实维护宪法尊严和权威。

2. 深入推进执法体制改革，完善执法程序，推进综合执法，严格执法责任，建立权责统一、权威高效的行政执法体制。

3. 深化司法体制改革，完善司法管理体制和司法权力运行机制，规范司法行为，加强对司法活动的监督，切实做到公正司法。

4. 坚持把全民普法和守法作为全面依法治国的长期基础性工作，采取有力措施加强法治宣传教育，不断增强全民法治观念。

四、【分论】建设严密的法治监督体系

【是什么】法治监督体系是由党内监督、人大监督、民主监督、行政监督、司法监督、审计监督、社会监督、舆论监督等构成的权力制约和监督体系。

【为什么】没有监督的权力必然导致腐败。全面推进依法治国，必须健全完善权力运行制约和监督机制，规范立法、执法、司法机关权力行使，建设严密的法治监督体系。

【怎么办】

1. 要加强党对法治监督工作的集中统一领导，把法治监督作为党和国家监督体系的重要内容，保证行政权、监察权、审判权、检察权得到依法正确行使，保证公民、法人和其他组织合法权益得到切实保障。

2. 加强国家机关监督、民主监督、群众监督和舆论监督，形成法治监督合力，发挥整体监督效能。加强执纪执法监督，坚持把纪律规矩挺在前面，推进执纪执法贯通，建立有效衔接

机制。

3. 建立健全与执法司法权运行机制相适应的制约监督体系，构建权责清晰的执法司法责任体系，健全政治督察、综治督导、执法监督、纪律作风督查巡查等制度机制。

五、【分论】建设有力的法治保障体系

【是什么】 法治保障体系包括党领导全面依法治国的制度和机制、队伍建设和人才保障等。

【为什么】 有力的法治保障体系，是推进全面依法治国的重要支撑。

【怎么办】

1. 坚持党的领导，把党的领导贯穿于依法治国各领域全过程，是社会主义法治的根本保证。

2. 坚定中国特色社会主义制度自信，坚持走中国特色会主义法治道路，健全完善中国特色社会主义法治体系，筑牢全面依法治国的制度保障。

3. 大力加强法治工作队伍建设，用习近平法治思想武装头脑，切实提高法治工作队伍思想政治素质、业务工作能力、职业道德水准，切实提高运用法治思维和法治方式的能力水平，夯实社会主义法治建设的组织和人才保障。

六、【分论】建设完善的党内法规体系

【为什么】 党内法规既是管党治党的重要依据，也是建设社会主义法治国家的有力保障。习近平总书记指出："加强党内法规制度建设是全面从严治党的长远之策、根本之策。我们党要履行好执政兴国的重大历史使命、赢得具有许多新的历史特点的伟大斗争胜利、实现党和国家的长治久安，必须坚持依法治国与制度治党、依规治党统筹推进、一体建设。"

【怎么办】

1. 必须完善党内法规制定体制机制，完善党的组织法规制度、党的领导法规制度、党的自身建设法规制度、党的监督保障法规制度。

2. 要加大党内法规备案审查和解释力度，注重党内法规同国家法律的衔接和协调。

3. 要完善党内法规制度体系，确保内容科学、程序严密、配套完备、运行有效，形成制度整体效应，强化制度执行力，为提高党的领导水平和执政能力提供有力的制度保障。

第七节 坚持依法治国、依法执政、依法行政共同推进，法治国家、法治政府、法治社会一体建设

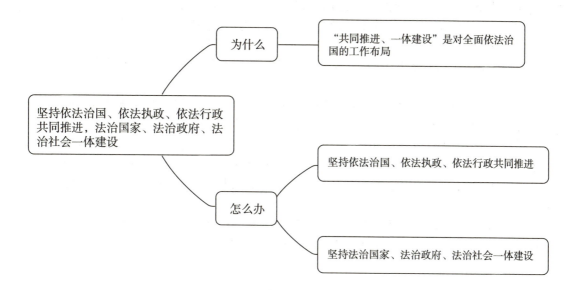

一、"共同推进、一体建设"是对全面依法治国的工作布局

全面推进依法治国各领域各方面的工作相互联系、相互衔接，必须加强统筹、协同推进。坚持依法治国、依法执政、依法行政共同推进，法治国家、法治政府、法治社会一体建设，是对全面依法治国的工作布局，为我们从整体上把握全面依法治国提供了科学指引。

习近平总书记指出："全面推进依法治国是一项庞大的系统工程，必须统筹兼顾、把握重点、整体谋划，在共同推进上着力，在一体建设上用劲。"

把"坚持依法治国、依法执政、依法行政共同推进，坚持法治国家、法治政府、法治社会一体建设"确定为全面依法治国的工作布局，这是在深刻把握社会主义法治建设所处历史方位、治国理政实践需要基础上的重大理论和实践创新，为我们深化依法治国实践提供了遵循。

二、坚持依法治国、依法执政、依法行政共同推进

依法治国、依法执政、依法行政是一个有机整体，三者本质一致、目标一体、成效相关，必须共同推进、形成合力。

1. 依法治国是广大人民群众在党的领导下，依照宪法和法律规定，通过各种途径和形式管理国家事务，管理经济和文化事业，管理社会事务，保证国家各项工作都依法进行。

2. 依法执政是党领导人民长期探索治国之道、深化认识执政规律的重大战略抉择，作为执政党的中国共产党是否依法执政，直接影响依法治国基本方略能否得到贯彻，直接关系社会主义法治建设事业的最终成败。

3. 依法行政是各级政府在党的领导下，牢固树立权力来自人民、权力源于法律授予的理念，完善依法行政制度体系，推进行政决策科学化、民主化、法治化，根据法律法规规定，严格规范公正文明执法，创新行政方式，提高行政效能，确保在法治轨道上开展工作。

依法治国是党领导人民治理国家的基本方略，依法执政是我们党执政的基本方式，依法行政是政府施政的基本准则，三者密不可分，必须共同推进。

三、坚持法治国家、法治政府、法治社会一体建设

全面依法治国已经从搭建四梁八柱迈入统筹协调推进的新阶段，法治建设各环节、各领域彼此关联、相互影响，需要在国家、政府、社会各个层面一体建设、共同发力。

法治国家、法治政府、法治社会三者相互联系、相互支撑、相辅相成。

1. 法治国家是法治建设的目标，法治政府是建设法治国家的重点，法治社会是构筑法治国家的基础。

2. 习近平总书记强调："推进全面依法治国，法治政府建设是重点任务和主体工程，对法治国家、法治社会建设具有示范带动作用，要率先突破。"

3. 全面依法治国的基础在基层，根基在民众。法治社会是法治国家、法治政府建设的基础和依托，法治国家、法治政府建设必须筑牢法治社会根基。全民守法是全面依法治国的长期性、基础性工程，只有全面增强全民法治观念，让法治成为社会共识和基本准则，才能夯实法治国家、法治政府建设的社会基础。

法治国家、法治政府、法治社会三者各有侧重、相辅相成，全面依法治国必须坚持三者同步规划、同步实施，推动三者相互促进、相得益彰。

第八节　坚持全面推进科学立法、严格执法、公正司法、全民守法

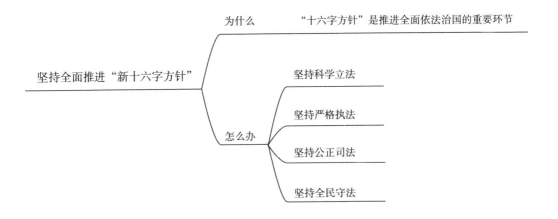

一、科学立法、严格执法、公正司法、全民守法是推进全面依法治国的重要环节

全面依法治国是一项长期而重大的历史任务，必须从法治工作实际出发，切实把握好法治建设各环节工作规律。

1. 党的十一届三中全会确立了有法可依、有法必依、执法必严、违法必究的社会主义法制建设的"十六字方针"。

2. 党的十八大把法治建设摆在了更加突出的位置，强调全面推进依法治国，明确提出法治是治国理政的基本方式，要推进科学立法、严格执法、公正司法、全民守法。

3. 习近平总书记在党的十九大报告中指出，全面依法治国是国家治理的一场深刻革命，

必须坚持厉行法治，推进科学立法、严格执法、公正司法、全民守法。

"科学立法、严格执法、公正司法、全民守法"是全面依法治国的重要环节，成为指引新时代法治中国建设的"新十六字方针"。

二、坚持科学立法

法律是治国之重器，良法是善治之前提。

习近平总书记强调："人民群众对立法的期盼，已经不是有没有，而是好不好、管用不管用、能不能解决实际问题；不是什么法都能治国，不是什么法都能治好国；越是强调法治，越是要提高立法质量。这些话是有道理的。我们要完善立法规划，突出立法重点，坚持立改废并举，提高立法科学化、民主化水平，提高法律的针对性、及时性、系统性。要完善立法工作机制和程序，扩大公众有序参与，充分听取各方面意见，使法律准确反映经济社会发展要求，更好协调利益关系，发挥立法的引领和推动作用。"

建设中国特色社会主义法治体系，必须坚持立法先行，深入推进科学立法、民主立法、依法立法，提高立法质量和效率，以良法促进发展、保障善治。

三、坚持严格执法

执法是行政机关履行政府职能、管理经济社会事务的主要方式。

习近平总书记指出："法律的生命力在于实施。如果有了法律而不实施，或者实施不力，搞得有法不依、执法不严、违法不究，那制定再多法律也无济于事。"

1. 要加强宪法和法律实施，维护社会主义法制的统一、尊严、权威，形成人们不愿违法、不能违法、不敢违法的法治环境，做到有法必依、执法必严、违法必究。

2. 行政机关是实施法律法规的重要主体，要带头严格执法。

3. 要加强对执法活动的监督，严禁过度执法、逐利执法、粗暴执法。坚决排除对执法活动的非法干预，坚决防止和克服地方保护主义和部门保护主义。坚决惩治腐败现象，做到有权必有责、用权受监督、违法必追究。

4. 要加强行政执法与刑事司法有机衔接，坚决克服有案不移、有案难移、以罚代刑等现象。

5. 要健全行政纠纷解决体系，推动构建行政调解、行政裁决、行政复议、行政诉讼有机衔接的纠纷解决机制。

四、坚持公正司法

公正司法是维护社会公平正义的最后一道防线。

习近平总书记指出："所谓公正司法，就是受到侵害的权利一定会得到保护和救济，违法犯罪活动一定要受到制裁和惩罚。"

1. 各级司法机关要紧紧围绕**努力让人民群众在每一个司法案件中都感受到公平正义**这个要求和目标改进工作，坚持做到严格司法、规范司法。

2. 要改进司法工作作风，通过热情服务切实解决好老百姓打官司过程中遇到的各种难题，特别是要加大对困难群众维护合法权益的法律援助，**加大司法公开力度，以回应人民群众对司法公正公开的关注和期待。**

3. 要紧紧抓住影响司法公正、制约司法能力的深层次问题，**深化司法体制和工作机制改革，加强党对司法工作的领导**，确保审判机关、检察机关依法独立公正行使审判权、检察权，全面落实司法责任制。

4. 健全公安机关、检察机关、审判机关、司法行政机关各司其职，侦查权、检察权、审判权、执行权相互配合、相互制约的体制机制。

5. 强化诉讼过程中当事人和其他诉讼参与人的知情权、陈述权、辩护辩论权、申请权、申诉权的制度保障，**加强对刑事诉讼、民事诉讼、行政诉讼的法律监督**。

6. 完善人民监督员制度；依法规范司法人员与当事人、律师、特殊关系人、中介组织的接触、交往行为。

五、坚持全民守法

法律要发生作用，全社会首先要信仰法律。

习近平总书记指出："全民守法，就是任何组织或者个人都必须在宪法和法律范围内活动，任何公民、社会组织和国家机关都要以宪法和法律为行为准则，依照宪法和法律行使权利或权力、履行义务或职责。"

1. 要深入开展法治宣传教育，在全社会弘扬社会主义法治精神，传播法律知识，培养法律意识，在全社会形成宪法至上、守法光荣的良好社会氛围。要引导全体人民遵守法律，有问题依靠法律来解决，使法治成为社会共识和基本准则。

2. 要突出普法重点内容，落实"谁执法谁普法"的普法责任制，努力在增强普法的针对性和实效性上下功夫，不断提升全体公民法治意识和法治素养。

3. 要坚持法治教育与法治实践相结合，广泛开展依法治理活动，提高社会治理法治化水平。

4. 要坚持依法治国和以德治国相结合，把法治建设和道德建设紧密结合起来，把他律和自律紧密结合起来，做到法治和德治相辅相成、相互促进。

5. **抓住领导干部这个关键少数。**

第九节　坚持统筹推进国内法治和涉外法治

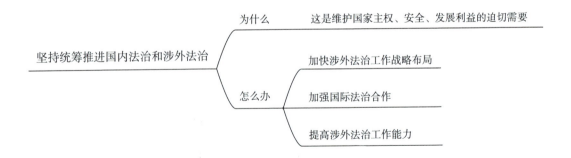

一、统筹推进国内法治和涉外法治是维护国家主权、安全、发展利益的迫切需要

【国际环境】当今世界正面临百年未有之大变局，国际社会经济发展和地缘政治安全发生深刻变化。

【我国的情况】当前，随着我国经济实力和综合国力快速增长，对外开放全方位深化，"一带一路"建设深入推进，我国日益走近世界舞台中央，深度融入全球化进程，维护我国国家利益和公民、法人在境外合法权益的任务日益繁重。

【一般情况】国家主权、安全、发展利益是国家核心利益，切实维护国家主权、安全、发展利益是涉外法治工作的首要任务。

【统筹内外的意义】统筹推进国内法治和涉外法治，协调推进国内治理和国际治理，是全面依法治国的必然要求【对法治】，是建立以国内大循环为主体、国内国际双循环相互促进的新发展格局的客观需要【对格局】，是维护国家主权、安全、发展利益的迫切需要【对国家】。

这就要求在全面依法治国进程中【背景】，必须统筹运用国内法和国际法【工具】，加快涉外法治工作战略布局，推进国际法治领域合作，加快推进我国法域外适用的法律体系建设，加强国际法研究和运用，提高涉外工作法治化水平【措施】，更好地维护国家主权、安全、发展利益，为全球治理体系改革、推动构建人类命运共同体规则体系提供中国方案。【效果】

二、加快涉外法治工作战略布局

统筹国内国际两个大局是我们党治国理政的重要理念和基本经验，统筹推进国内法治和涉外法治，加快涉外法治工作战略布局即是这一理念和经验在法治领域的具体体现。习近平总书记指出：“要加快涉外法治工作战略布局，协调推进国内治理和国际治理，更好维护国家主权、安全、发展利益。”

【立法】要加快形成系统完备的涉外法律法规体系，积极构建更加完善的涉外经济法律体系，逐步形成法治化、国际化、便利化的营商环境。

【执法司法】要提升涉外执法司法效能。

【守法】引导企业、公民在“走出去”过程中更加自觉遵守当地法律法规和风俗习惯，提高运用法治和规则维护自身合法权益的意识和能力。

【斗争】要加强反制裁、反干涉和反制“长臂管辖”的理论研究和制度建设，努力维护公平公正的国际环境。

【人才】要加大涉外法治人才培养力度，尽快建设一支精通国内法治和涉外法治，既熟悉党和国家方针政策、了解我国国情，又具有全球视野、熟练运用外语、通晓国际规则的高水平法治人才队伍，为我国参与国际治理提供有力人才支撑。

三、加强国际法治合作

法治是人类政治文明的重要成果，是现代社会治理的基本手段，既是国家治理体系和治理能力的重要依托，也是维护世界和平与发展的重要保障。

（一）搞好合作框架

【维护旧的】要旗帜鲜明地坚定维护以联合国为核心的国际体系，坚定维护以联合国宪章宗旨和原则为基础的国际法基本原则和国际关系基本准则，坚定维护以国际法为基础的国际秩序。

【建设新的】引导国际社会共同塑造更加公正合理的国际新秩序，推动构建人类命运共同体。

（二）抓住合作重点

【执法重点】积极参与执法安全国际合作，共同打击暴力恐怖势力、民族分裂势力、宗教极端势力和贩毒走私、跨国有组织犯罪。

【司法重点】坚持深化司法领域国际合作，完善我国司法协助体制，扩大国际司法协助覆盖面。加强反腐败国际合作，加大海外追赃追逃、遣返引渡力度。

四、提高涉外法治工作能力

法治是国家核心竞争力的重要内容。

涉外法治工作涉及面广、环节众多，涵盖国内法、国别法、国际法等各个领域、不同层次，体现在国家立法、执法、司法和守法等各个重要环节中。

【斗争能力】要提高国际法**斗争能力**，坚持国家主权平等，坚持反对任何形式的霸权主义，坚持推进国际关系民主化法治化，综合利用立法、执法、司法等法律手段开展斗争，坚决维护国家主权、安全、发展利益。

【规则制定能力】要主动参与并努力引领国际**规则制定**，对不公正不合理、不符合国际格局演变大势的国际规则、国际机制提出中国的改革方案，推动形成公正、合理、透明的国际规则体系，提高我国在全球治理体系变革中的话语权和影响力。

第十节　坚持建设德才兼备的高素质法治工作队伍

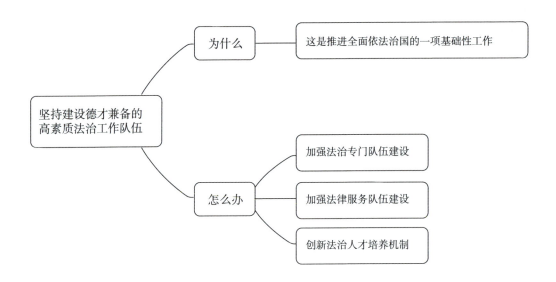

一、建设德才兼备的高素质法治工作队伍是推进全面依法治国的一项基础性工作

全面推进依法治国，必须建设一支德才兼备的高素质法治工作队伍。习近平总书记指出："研究谋划新时代法治人才培养和法治队伍建设长远**规划**【时间】，创新法治人才培养**机制**，【制度】推动东中西部法治工作队伍均衡**布局**【空间】，提高法治工作队伍思想政治素质、业务工作能力、职业道德水准，【三素质】着力建设一支忠于党、忠于国家、忠于人民、忠于法律的社会主义法治工作队伍【四忠于】，为加快建设社会主义法治国家提供有力的**人才保障**【一保障】。"

要坚持把法治工作队伍建设作为全面依法治国的基础性工作，大力推进法治专门队伍革命化、正规化、专业化、职业化，培养造就一大批高素质法治人才及后备力量。【四化】

二、加强法治专门队伍建设

法治工作是政治性很强的业务工作，也是业务性很强的政治工作。

全面推进依法治国，首先必须把法治专门队伍建设好。

1. 要坚持把**政治标准**放在首位，加强科学理论武装，坚持用习近平新时代中国特色社会主义思想特别是**习近平法治思想武装头脑**，深入开展**理想信念教育**，深入开展**社会主义核心价值观教育**，不断打牢高举旗帜、听党指挥、忠诚使命的思想基础，永葆忠于党、忠于国家、忠于人民、忠于法律的**政治本色**。

2. 要把强化公正廉洁的**职业道德**作为必修课，自觉用法律职业伦理约束自己，信仰法治、坚守法治，培育职业良知，坚持严格执法、公正司法，树立惩恶扬善、执法如山的浩然正气，**杜绝办"金钱案""权力案""人情案"**。

3. 加强立法工作队伍建设。**【立法】**

4. 健全法官、检察官员额管理制度，规范遴选标准、程序。**【司法队伍】**

5. 加强执法司法辅助人员队伍建设。**【辅助人员】**

6. 加强边疆地区、民族地区和基层法治专门队伍建设。**【重点：特殊地区均衡布局】**

7. 完善法律职业准入、资格管理制度。**【法考】**

8. 完善从符合条件的律师、法学专家中招录立法工作者、法官、检察官、行政复议人员制度。**【招安】**

9. 建立健全符合职业特点的法治工作人员管理制度。**【人员管理】**

10. 建立法律职业人员统一职前培训制度和在职法官、检察官、警官、律师同堂培训制度。**【培训】**

11. 建立健全立法、执法、司法部门干部和人才常态化交流机制，加大法治专门队伍与其他部门具备条件的干部和人才交流力度。**【人才交流】**

12. 完善职业保障体系。健全执法司法人员依法履职免责、履行职务受侵害保障救济、不实举报澄清等制度。**【保障】**

三、加强法律服务队伍建设

法律服务队伍是全面依法治国的重要力量。**【定位】**

1. **【讲政治】**要加强法律服务队伍建设，把**拥护中国共产党领导**、**拥护社会主义法治**作为法律服务人员从业的基本要求，加强对法律服务队伍的教育管理，引导法律服务工作者**坚持正确政治方向**；

2. **【讲道德】**依法依规**诚信执业**，认真履行**社会责任**，满腔热忱投入社会主义法治国家建设；

3. **【主体：律师】**要充分发挥律师在全面依法治国中的重要作用，加强律师队伍思想政治建设，完善律师执业保障机制，增强广大律师走中国特色社会主义法治道路的自觉性和坚定性，建设一支拥护党的领导、拥护社会主义法治的高素质律师队伍；

4. **【主体：法律顾问】**要落实党政机关、人民团体、国有企事业单位普遍建立法律顾问制度和公职律师、公司律师制度，健全相关工作规则，理顺管理体制机制，重视发挥法律顾问和公职律师、公司律师作用；

5. **【主体：其他】**要加强公证员、基层法律服务工作者、人民调解员队伍建设，推动法律服务志愿者队伍建设；

6. **【管理：人才交流】**建立激励法律服务人才跨区域流动机制；

7. **【特殊地区：均衡布局】**逐步解决基层和欠发达地区法律服务资源不足和人才匮乏问题。

四、创新法治人才培养机制

【总论】全面推进依法治国是一项长期而重大的历史任务，必须坚持以习近平法治思想为指导，立德树人，德法兼修，培养大批高素质法治人才。

1.【阵地：高校】高校作为法治人才培养的第一阵地，要充分利用**学科齐全、人才密集**的优势，加强法治及其相关领域基础性问题的研究，对复杂现实进行深入分析、作出科学总结，提炼规律性认识，为完善中国特色社会主义法治体系、建设社会主义法治国家提供理论支撑。

2.【法学学科：教啥1】大力加强法学学科体系建设，认真总结法学教育和法治人才培养经验和优势，深入研究和解决好**为谁教、教什么、教给谁、怎样教**的问题，探索建立适应新时代全面依法治国伟大实践需要的法治人才培养机制。

3.【实践教学：教啥2】要强化法学教育实践环节，处理好法学知识和法治实践教学的关系，将立法执法司法实务工作部门的优质法治实践资源引进高校课堂，加强法学教育、法学研究工作者和法治实务工作者之间的交流。

4.【学习外国：教啥3】坚持以我为主、兼收并蓄、突出特色，积极吸收借鉴世界上的优秀法治文明成果，有甄别、有选择地吸收和转化，不能囫囵吞枣、照搬照抄，努力以中国智慧、中国实践为世界法治文明建设作出贡献。

第十一节　坚持抓住领导干部这个"关键少数"

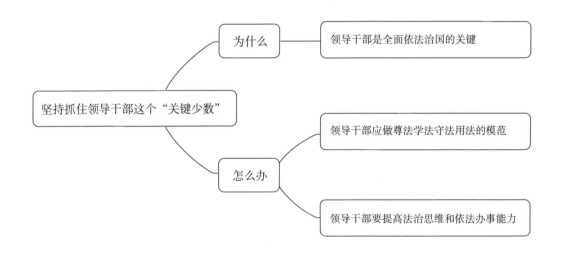

一、领导干部是全面依法治国的关键

领导干部是全面推进依法治国的重要组织者、推动者、实践者，是全面依法治国的关键。

习近平总书记指出："各级领导干部作为具体行使党的执政权和国家立法权、行政权、司法权的人，在很大程度上决定着全面依法治国的方向、道路、进度。党领导立法、保证执法、支持司法、带头守法，主要是通过各级领导干部的具体行动和工作来体现、来实现。因此，高级干部做尊法学法守法用法的模范，是实现全面推进依法治国目标和任务的关键所在。"

领导干部对法治建设既可以起到关键推动作用，也可能起到致命破坏作用。必须把领导干部作为全面依法治国实践的重中之重予以高度重视，牢牢抓住领导干部这个"关键少数"。

各级领导干部要对法律怀有敬畏之心，带头依法办事，带头遵守法律，不断提高运用法治思维和法治方式深化改革、推动发展、化解矛盾、维护稳定、应对风险的能力。

二、领导干部应做尊法学法守法用法的模范【带头】

尊崇法治、敬畏法律，是领导干部必须具备的基本素质。

习近平总书记指出："古人说，民以吏为师。领导干部尊不尊法、学不学法、守不守法、用不用法，人民群众看在眼里、记在心上，并且会在自己的行动中效法。领导干部尊法学法守法用法，老百姓就会去尊法学法守法用法。"

1. 领导干部必须做尊法的模范，带头尊崇法治、敬畏法律，彻底摒弃人治思想和长官意识，决不搞以言代法、以权压法。

2. 领导干部必须做学法的模范，深入学习贯彻习近平法治思想【学思想】，带头了解法律、掌握法律【学法律】，充分认识法治在推进国家治理体系和治理能力现代化中的重要地位和重大作用。【学重要性】

3. 领导干部必须做守法的模范，牢记法律红线不可逾越、法律底线不可触碰，带头遵纪守法、捍卫法治。

4. 领导干部必须做用法的模范，带头厉行法治、依法办事，真正做到在法治之下、而不是法治之外、更不是法治之上想问题、作决策、办事情。

三、领导干部要提高法治思维和依法办事能力【能力】

【法治思维】法治思维是基于法治的固有特性（客观）和对法治的信念（主观）来认识事物、判断是非、解决问题的思维方式。

【法治方式】法治方式是运用法治思维处理和解决问题的行为模式。

【和法治实践的交互作用】善用法治思维和法治方式可以促进法治实践，法治实践又会激发人们自觉能动地运用法治思维和法治方式。

1. **党政主要负责人**要履行**推进法治建设第一责任人**职责，**统筹推进**科学立法、严格执法、公正司法、全民守法。

2. **对领导干部的要求：**

要守法律、重程序，带头营造办事依法、遇事找法、解决问题用法、化解矛盾靠法的法治环境，善于用法治思维谋划工作，用法治方式处理问题。【程序思维】
要牢记**职权法定**，牢记权力来自哪里、界线划在哪里，做到法定职责必须为、法无授权不可为。【职权法定思维】
要坚持**以人民为中心**，牢记法治的真谛是保障人民权益，权力行使的目的是维护人民权益。【保障人权的思维】
要加强对权力运行的**制约监督**，依法设定权力、规范权力、制约权力、监督权力，把权力关进制度的笼子里。【权力制约的思维】
要把法治素养和依法履职情况纳入**考核评价**干部的重要内容，让尊法学法守法用法成为领导干部自觉行为和必备素质。【考核评价机制】

第三章　习近平法治思想的实践要求

第一节　发挥法治在经济社会发展中的作用

码上揭秘

一、以法治保障经济发展

（一）【一般论述：经济需要法治】

厉行法治是发展社会主义市场经济的**内在要求**，也是社会主义市场经济良性运行的**根本保障**。

（二）【实践：新时代的做法】

中国特色社会主义进入新时代【**背景**】，党和国家通过完善市场经济法律体系【**立法**】，深化"放管服"改革【**执法**】，加强产权保护【**重点：执法＋司法**】，保障公平竞争，鼓励诚实守信，营造公正、透明、可预期的法治环境，有力保障和促进了经济持续健康发展。【**效果**】

（三）【理论：习近平】

习近平总书记在中央全面依法治国委员会第一次会议上指出："贯彻新发展理念，【**发展理念**】实现经济从高速增长转向高质量发展，【**发展模式**】必须坚持以法治为引领。"

在中央全面依法治国委员会第二次会议上强调："法治是最好的营商环境。"【**发展环境**】

这一系列重要论述，将优化营商环境建设、促进经济高质量发展，全面纳入法治化轨道，【**总结**】把依法平等保护各类市场主体产权和合法权益贯彻到立法、执法、司法、守法等各个环节【**平等是原则**】，对于构建统一开放、竞争有序的现代市场体系【**统一、开放、有序、竞争**】，推进国家治理体系和治理能力现代化【**国家治理**】，必将产生更加重大而深远影响。

（四）【未来：继续发展】

【措施1：党的领导】要加强党领导经济工作制度化建设，提高党领导经济工作法治化水平，以法治化方式领导和管理经济。

【措施2：完善立法】要不断完善社会主义市场经济法律制度，加快建立和完善现代产权制度，推进产权保护法治化，加大知识产权保护力度。

【措施3：执法、司法＝平等的营商环境】要积极营造公平有序的经济发展的法治环境，依法平等保护各类市场主体合法权益，营造各种所有制主体依法平等使用资源要素、公开公平公正参与竞争、同等受到法律保护的市场环境。

【措施4：民法典的实施】要切实贯彻实施好《民法典》，更好保障人民权益，推进全面依法治国、建设社会主义法治国家。

二、以法治保障政治稳定

1.【一般论述】

保障政治安全、政治稳定是法律的重要功能。

2. 【十八大以来的实践】

党的十八大以来，党和国家通过修改宪法【措施】，依法保障人民当家作主，依法维护国家政治安全，党心民心进一步提振和凝聚，党的领导地位和人民民主专政政权更加稳固。【效果】

3. 【理论论述】

习近平总书记指出："国际国内环境越是复杂【国际：外部环境】，改革开放和社会主义现代化建设任务越是繁重【国内：内部环境】，越要运用法治思维和法治手段巩固执政地位、改善执政方式、提高执政能力，保障党和国家长治久安。"

4. 【未来发展：措施】

在我国政治生活中，党是居于领导地位的，加强党的集中统一领导【党要领导】，支持人大、政府、政协和监察机关、法院、检察院依法依章程履行职能、开展工作、发挥作用【支持其他】，这两方面是统一的。推进全面依法治国，必须要加强和改善党的领导，健全党领导全面依法治国的制度和工作机制，推进党的领导制度化、法治化，通过法治保障党的路线方针政策有效实施，以法治方式巩固党的执政地位，以党的领导维护和促进政治稳定和国家长治久安。【改善领导】

三、以法治保障文化繁荣

1. 【一般论述】

文化是民族血脉和人民的精神家园，是一个国家的灵魂。

2. 【实践：十八大以来】

党的十八大以来，紧紧围绕建立健全坚持社会主义先进文化前进方向【方向】、遵循文化发展规律【规律】、有利于激发文化创造力【有活力】、保障人民基本文化权益【有人民】的文化法律制度，【围绕目标】深化文化体制改革【改革体制】，依法保障社会主义文化事业建设【建设事业】，促进社会主义文化大发展、大繁荣。【效果】

3. 【具体：重点】

全国人大常委会决定设立烈士纪念日、中国人民抗日战争胜利纪念日、南京大屠杀死难者国家公祭日，大力弘扬以爱国主义为核心的伟大民族精神。【爱国主义】

4. 【未来发展】

（1）【面对的问题】

当前，我国文化建设进入一个新的发展阶段【新阶段】，文化事业日益繁荣【事业】，文化产业快速发展【产业】，特别是互联网新技术新应用日新月异【技术】，由此带来的相关法律问题日益突出。【法律问题很突出】

（2）【采取的措施】

【立法】要坚持用社会主义核心价值观引领文化立法，完善社会主义先进文化的法治保障机制，依法规范和保障社会主义先进文化发展方向，进一步完善中国特色社会主义文化法律制度体系。

【实施】要深入推进社会主义文化强国建设，加快公共文化服务体系建设，运用法治方式保障人民文化权益，满足人民群众的基本文化需求。

【重点：网络法治】要坚持依法治网、依法办网、依法上网，加快网络法治建设，加强互联网领域立法，完善网络信息服务、网络安全保护、网络社会管理等方面的法律法规，依法规范网络行为，促进互联网健康有序发展。

四、以法治保障社会和谐

1. 【一般论述】

社会和谐稳定是人民群众的共同心愿【主观】，是改革发展的重要前提。【客观】

随着改革开放和社会主义现代化建设不断推进，我国经济社会发生深刻变化，民生和社会治理领域出现一些新情况、新问题。【新时代、新问题】

妥善处理好这些矛盾和问题，处理好各方面利益关系，充分调动各方面积极性，从根本上还是要靠法律、靠制度。【解决问题靠法律】

2. 【理论论述】

习近平总书记指出："全面推进依法治国，是解决党和国家事业发展面临的一系列重大问题，解放和增强社会活力【社会活力】、促进社会公平正义【社会正义】、维护社会和谐稳定【社会和谐】、确保党和国家长治久安【社会安定】的根本要求。"

3. 【未来发展：措施】

（1）【民生】要充分发挥法治作为保障和改善民生制度基石的作用，加强民生法治保障，破解民生难题，着力保障和改善民生。

（2）【社建】要更加注重社会建设，推进社会体制改革，扩大公共服务，完善社会管理，促进社会公平正义，满足人民日益增长的美好生活需要。

（3）【治理】要坚持和完善共建共治共享的社会治理制度，完善党委领导、政府负责、社会协同、公众参与、法治保障的社会治理体制，畅通公众参与重大公共决策的渠道，切实保障公民、法人和其他组织合法权益。

（4）【安全】要贯彻落实总体国家安全观，加快国家安全法治建设，提高运用法治手段维护国家安全的能力。

（5）【卫健】切实做好新冠肺炎疫情依法防控工作，抓紧构建系统完备、科学规范、运行有效的疫情防控和公共卫生法律体系，依法保障人民群众生命健康安全。

五、以法治保障生态良好

1. 【一般论述】

生态环境是关系党的使命宗旨的重大政治问题【党】，也是关系民生的重大社会问题。【民】

2. 【实践：十八大以来】

（1）党的十八大描绘了生态文明建设的**宏伟蓝图**，勾勒出"美丽中国"的美好愿景。

（2）党的十八届三中全会提出要建设生态文明，必须建立系统完整的生态文明制度体系。

（3）党的十八届四中全会要求，用严格的法律制度保护生态环境，强化绿色发展的法律和政策保障。

3. 【理论论述】

习近平总书记在主持十九届中央政治局第六次集体学习时指出："只有实行最严格的制度，最严密的法治，才能为生态文明建设提供可靠保障。""保护生态环境必须依靠制度、依靠法治。"

4. 【存在的问题】

我国生态环境保护中存在的突出问题大多同体制不健全、制度不严格、法治不严密、执行不到位、惩处不得力有关。

5. 【解决问题：措施】

（1）【立法】要加快制度创新，增加制度供给，完善制度配套，强化制度执行，让制度成为刚性的约束和不可触碰的高压线。"

（2）【执法司法：严格】生态文明建设必须要纳入法治的轨道，以最严格的制度，最严密的法治，对生态环境予以最严格的保护，对破坏生态环境的行为予以最严厉的制裁，才能遏制住生态环境持续恶化的趋势，保障生态文明建设的持续健康发展。

要加大生态环境保护执法司法力度，大幅度提高破坏环境违法犯罪的成本，强化各类环境保护责任主体的法律责任，强化绿色发展法律和政策保障，用严格的法律制度保护生态环境。

（3）【重点】要建立健全自然资源产权法律制度，完善国土空间开发保护法律制度，完善生态环境保护管理法律制度，加快构建有效约束开发行为和促进绿色发展、循环发展、低碳发展的生态文明法治体系。

第二节　正确处理全面依法治国重大关系

一、政治和法治

【很重要】正确处理政治和法治的关系，是法治建设的一个根本问题。

【一般论述】有什么样的政治就有什么样的法治，政治制度和政治模式必然反映在以宪法为统领的法律制度体系上，体现在立法、执法、司法、守法等法治实践之中。

【重要讲话】习近平总书记指出："法治当中有政治，没有脱离政治的法治。""每一种法治形态背后都有一套政治理论，每一种法治模式当中都有一种政治逻辑，每一条法治道路底下都有一种政治立场。"

【回到中国一般论述：政治问题包括党的问题、人民的问题】必须坚持党的领导、人民当家作主和依法治国有机统一，坚持宪法确定的中国共产党领导地位不动摇，坚持宪法确定的人民民主专政的国体和人民代表大会制度的政体不动摇。

1. 【回到中国重点论述1：党和法的关系】

党和法的关系是政治和法治关系的集中反映。【一般论述：很重要】

习近平总书记强调："党和法的关系是一个根本问题，处理得好，则法治兴、党兴、国家兴；处理得不好，则法治衰、党衰、国家衰。"【重要讲话：万能套话】

党的领导和依法治国不是对立的，而是统一的。【怎么处理：统一而非对立】

【第一个论点】

"'党大还是法大'是一个政治陷阱，是一个伪命题。对这个问题，我们不能含糊其辞、语焉不详，要明确予以回答。"【怎么处理：反对错误观点】

"我们说不存在'党大还是法大'的问题，是把党作为一个执政整体而言的，是指党的执政地位和领导地位而言的，具体到每个党政组织、每个领导干部，就必须服从和遵守宪法法律，就不能以党自居，就不能把党的领导作为个人以言代法、以权压法、徇私枉法的挡箭牌。"【怎么处理：正确的观点】

【第二个论点】

"如果说'党大还是法大'是一个伪命题，那么对各级党政组织、各级领导干部来说，权大还是法大则是一个真命题。"【提问题，说立场】

各级领导干部尤其要弄明白法律规定怎么用权，什么事能干，什么事不能干，把权力运行的规矩立起来、讲起来、守起来，真正做到谁把法律当儿戏，谁就必然要受到法律的惩罚。【回答问题】

2.【回答中国重点论述 2：政策和法律的关系】

要处理好党的政策和国家法律的关系，两者在本质上是一致的。【一般论述：本质一致】

党的政策是国家法律的先导和指引，是立法的依据和执法司法的重要指导。【一般论述：具体过程】

要善于通过法定程序使党的政策成为国家意志、形成法律，并通过法律保障党的政策有效实施，从而确保党发挥总揽全局、协调各方的领导核心作用。【立法】

党的全面领导在法治领域，就是党领导立法、保证执法、支持司法、带头守法。

二、改革和法治

【一般论述】法治和改革有着内在的必然联系，二者相辅相成、相伴而生，如鸟之两翼、车之两轮。【联系】必须在法治下推进改革，在改革中完善法治。【互动】

【重要讲话】党的十八大以来，习近平总书记就改革和法治的关系作出了一系列重要论述，强调全面深化改革需要法治保障，全面推进依法治国也需要深化改革，把法治改革纳入全面深化改革的总体部署。

1.【法治对改革有用】

要发挥法治对改革的引领和推动作用，确保重大改革于法有据，做到在法治的轨道上推进改革，以法治凝聚改革共识、以法治引领改革方向、以法治规范改革进程、以法治化解改革风险、以法治巩固改革成果；

要有序推进改革，该得到法律授权的不要超前推进，要切实提高运用法治思维和法治方式推进改革的能力和水平，要善于运用法治思维和法治方式想问题、作判断、出措施。【法治思维和法治方式】

要坚持改革决策和立法决策相统一、相衔接，确保改革和法治实现良性互动。【互动】立法主动适应改革需要，积极发挥引导、推动、规范、保障改革的作用，做到重大改革于法有据【立法要主动配合改革】，改革和法治同步推进，增强改革的穿透力。【改革配合法治】

2.【改革对立法有用】

对实践证明已经比较成熟的改革经验和行之有效的改革举措，要尽快上升为法律，先修订、解释或者废止原有法律之后再推行改革；【改革推动立法】

对部门间争议较大的重要立法事项，要加快推动和协调，不能久拖不决；【坚定地推动重要立法事项的改革】

对实践条件还不成熟、需要先行先试的，要按照法定程序作出授权，在若干地区开展改革试点，既不允许随意突破法律红线，也不允许简单以现行法律没有依据为由迟滞改革；【改革试点】

对不适应改革要求的现行法律法规，要及时修改或废止，不能让一些过时的法律条款成为改革的"绊马索"。【及时修改废止过时的法律】

3.【新发展理念】

善于通过改革和法治推动贯彻落实**新发展理念**。贯彻落实新发展理念，涉及一系列思维方式、行为方式、工作方式的变革，涉及一系列工作关系、社会关系、利益关系的调整。【一般论述】

习近平总书记指出："要深入分析新发展理念对法治建设提出的新要求，深入分析贯彻落实新发展理念在法治领域遇到的突出问题，有针对性地采取对策措施，运用法治思维和法治方式贯彻落实新发展理念。"【重要讲话】

立足新发展阶段，必须坚持以法治为引领，坚决纠正"发展要上，法治要让"的认识误区，杜绝立法上"放水"、执法上"放弃"的乱象，用法治更好地促进发展，实现经济高质量发展。【怎么办】

三、依法治国和以德治国

（一）总论

1.【概述】**法律是成文的道德，道德是内心的法律**。法律和道德都具有**规范社会行为、调节社会关系、维护社会秩序**的作用，在国家治理中都有其不同的地位和功能。

2.【历史】在我国历史上，很早就有德刑相辅、儒法并用的思想。

3.【结合】

（1）**法是他律，德是自律**，需要二者并用、双管齐下。

（2）习近平总书记指出："法律是准绳，任何时候都必须遵循；道德是基石，任何时候都不可忽视。在新的历史条件下，我们要把依法治国基本方略、依法执政基本方式落实好，把法治中国建设好，必须坚持依法治国和以德治国相结合，使法治和德治在国家治理中相互补充、相互促进、相得益彰，推进国家治理体系和治理能力现代化。"

（3）**法安天下，德润人心**。中国特色社会主义法治道路的一个鲜明特点，就是坚持依法治国与以德治国相结合，既重视发挥法律的规范作用，又重视发挥道德的教化作用，这是历史经验的总结，也是对治国理政规律的深刻把握。

（二）【分论一：道德帮助法律】要强化道德对法治的支撑作用。

坚持依法治国和以德治国相结合，就要重视发挥道德的**教化作用**，提高全社会文明程度，**为全面依法治国创造良好人文环境**。

要在道德体系中体现**法治要求**，发挥道德对法治的**滋养作用**，努力使道德体系同社会主义法律规范相衔接、相协调、相促进。【整体】

要在道德教育中突出法治内涵，注重培育人们的法律信仰、法治观念、规则意识，引导人们自觉履行法定义务、社会责任、家庭责任，营造全社会都讲法治、守法治的文化环境。【个人】

（三）【分论二：法律来帮助道德】要把道德要求贯彻到法治建设中。

以法治承载道德理念，道德才有可靠制度支撑。【总论：套话】

法律法规要树立鲜明道德导向，弘扬美德义行，立法、执法、司法都要体现社会主义道德要求，都要把社会主义核心价值观贯穿其中，使社会主义法治成为良法善治。【总论：把社会主义道德贯穿于全面依法治国的全过程和各方面】

1. 要把实践中广泛认同、较为成熟、可操作性强的道德要求及时上升为法律规范，引导全社会崇德向善。【分论：立法贯彻道德要求】
2. 要坚持严格执法，弘扬真善美、打击假恶丑。【分论：执法贯彻道德要求】
3. 要坚持公正司法，发挥司法断案惩恶扬善功能。【分论：司法贯彻道德要求】

（四）【分论三】要运用法治手段解决道德领域突出问题。

法律是底线的道德，也是道德的保障。【套话：法律画底线】

【反面】要加强相关立法工作，明确对**失德行为**的惩戒措施。要依法加强对群众反映强烈的失德行为的整治。
【反面】对突出的**诚信缺失问题**，既要抓紧建立覆盖全社会的征信系统，又要完善守法诚信褒奖机制和违法失信惩戒机制，使人不敢失信、不能失信。
【反面】对**见利忘义、制假售假的违法行为**，要加大执法力度，让败德违者受到惩治、付出代价。
【正面】要提高全民法治意识和道德自觉，使全体人民成为社会主义法治的忠实崇尚者、自觉遵守者、坚定捍卫者，争做社会主义道德的示范者、良好风尚的维护者。
【正面】要发挥领导干部在依法治国和以德治国中的关键作用，以实际行动带动全社会崇德向善、尊法守法。

四、依法治国和依规治党

国有国法，党有党规。依法治国、依法执政，既要求党依据宪法法律治国理政，也要求党依据党内法规管党治党。**依规管党治党是依法治国的重要前提和政治保障。**只有把党建设好，国家才能治理好。

（一）正确处理依法治国和依规治党的关系，是中国特色社会主义法治建设的鲜明特色

党的十九大提出要坚持依法治国和依规治党有机统一，并将其纳入新时代中国特色社会主义基本方略。

习近平总书记强调："要发挥依法治国和依规治党的**互补性作用，**确保党既依据宪法法律治国理政，又依据党内法规管党治党、从严治党。"【相互补充】

要坚持依法治国与制度治党、依规治党统筹推进、一体建设，注重**党内法规同国家法律法规的衔接和协调，**【相互衔接、相互协调】统筹推进依规治党和依法治国，促进**党的制度优势与国家制度优势相互转化，**提升我们党治国理政的合力和效能，【相互促进】提高党的执政能力和领导水平，促进国家治理体系和治理能力现代化，推动中国特色社会主义事业不断取得新成就。

（二）要完善党内法规体系

党内法规体系是**中国特色社会主义法治体系**重要组成部分。

党内法规是**党的中央组织、中央纪律检查委员会以及党中央工作机关和省、自治区、直辖市党委制定的**体现党的统一意志、规范党的组织、党的领导、党的建设以及党的监督保障活动、**依靠党的纪律保证实施的**专门规章制度。【是什么】

党内法规体系是以党章为根本，以民主集中制为核心，以准则、条例等中央党内法规为主干，由各领域各层级党内法规制度组成的有机统一整体。【存在方式】

要从全面依法治国和全面从严治党相统一的高度，科学认识党内法规及其与国家法律的关系，确保党内法规与国家法律的衔接与协调。

（三）坚持依规治党带动依法治国

习近平总书记指出："依规治党深入党心，依法治国才能深入人民心。"

1. 只有坚持依规治党，切实解决党自身存在的突出问题，才能使中国共产党始终成为中国特色社会主义事业的坚强领导核心，才能为全面依法治国确立正确的方向和道路，才能发挥好党领导立法、保证执法、支持司法、带头守法的政治优势。【依规治党——党地位更稳固、领导更有力】

2. 只有坚持依规治党，使各级党组织和全体党员牢固树立法治意识、规则意识、程序意识，弘扬宪法精神和党章精神，才能对科学立法、严格执法、公正司法、全民守法实行科学有效的领导，在全面依法治国中起到引领和保障作用。**【依规治党——党组织和党员意识 + 行为】**

第三编　宪法学

第一章　宪法的基本理论

第一节　宪法的概念

码上揭秘

一、宪法的词源

1. 中国古代典籍中的"宪"与近现代宪法的性质与含义是不同的。在我国，直到19世纪80年代，近代改良主义思想家才将"宪法"一词作为国家根本法意义上使用。如郑观应在《盛世危言》中要求清政府定宪法、开议院、实行君主立宪。中国最早在法律文件中使用近现代意义的"宪法"一词，是在1908年清政府制定颁布的《钦定宪法大纲》之中。

2. 在古代西方，"宪法"一词具有多义性。在古希腊，宪法是法律的一种，是指有关城邦组织和权限的法律，类似现在的组织法。在欧洲中世纪，宪法也被用来指有关确认教会、封建主以及城市行会势力的特权以及他们与国王之间相互关系的法律，是一种相互关系法。近现代意义的宪法的最终形成，则要到近代资产阶级革命时代。

3. **中外对比：都有法的意思；都有优于普通法律的意思；但古代西方侧重于组织法方面的意义。**

【注意】在现代，并非所有国家都将国内的最高法律称为宪法。比如，德国称为"基本法"；中国历史上也有"约法"之类的称谓。

【小知识】我国宪法文本中的法律

（1）以"以法律的形式""法律效力"的形式出现时，通常指法的一般特征，即具有一般性、规范性、抽象性、强制性等。

（2）宪法和法律连在一起使用时，"法律"通常指由全国人大及其常委会制定的法律。法律与行政法规等相连使用时，"法律"仅指全国人大及其常委会制定的法律。

（3）宪法文本有时采用了"依照法律规定""依照法律""依照……法律的规定"等表述，此时的"法律"指全国人大及其常委会制定的法律。

【小知识】宪法文本中的"国家"

在我国宪法文本上，"国家"一词的含义主要包括：

（1）在统一的政治实体意义上使用的"国家"，具体又可以分为主权意义上（对外）的国家和主权权力意义上（对内）的国家两种。

（2）在与社会相对的意义上使用的"国家"，往往用"国家和社会"等表达方式。

（3）在与地方相对的意义上使用的"国家"，其含义主要是指中央。

二、宪法的基本特征

在一国法律体系中，宪法是最高法，是起基础作用的根本法，是"法律的法律"。

（一）宪法是国家根本法

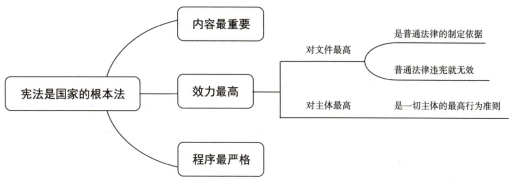

1. 内容：规定国家最根本、最核心的问题			
2. 效力：最高法律效力	（1）宪法是制定普通法律的依据，普通法律是宪法的具体化。		宪法规范也具有制裁性，主要表现为罢免领导人、撤销违宪的法律、法规等。
	（2）任何普通法律、法规都不得与宪法的原则和精神相违背。		
	（3）宪法是一切国家机关、社会团体和公民的最高行为准则。		
3. 制定与修改程序：比普通法律更严格	制定和修改的机关往往是特别成立的，而非普通立法机关		
	通过或批准的程序比普通法律更严格		

【相关法条·《宪法》】

序言第十三自然段 本宪法以法律的形式确认了中国各族人民奋斗的成果，规定了国家的根本制度和根本任务，是国家的根本法，具有最高的法律效力。全国各族人民、一切国家机关和武装力量、各政党和各社会团体、各企业事业组织，都必须以宪法为根本的活动准则，并且负有维护宪法尊严、保证宪法实施的职责。

第五条 中华人民共和国实行依法治国，建设社会主义法治国家。

国家维护社会主义法制的统一和尊严。

一切法律、行政法规和地方性法规都不得同宪法相抵触。

一切国家机关和武装力量、各政党和各社会团体、各企业事业组织都必须遵守宪法和法律。一切违反宪法和法律的行为，必须予以追究。

任何组织或者个人都不得有超越宪法和法律的特权。

第六十四条 宪法的修改，由全国人民代表大会常务委员会或者五分之一以上的全国人民代表大会代表提议，并由全国人民代表大会以全体代表的三分之二以上的多数通过。

法律和其他议案由全国人民代表大会以全体代表的过半数通过。

（二）宪法是公民权利的保障书

1. 宪法最主要、最核心的价值在于保障公民的基本权利	列宁：宪法就是一张写着人民权利的纸； 法国《人权宣言》：凡权利无保障和分权未确立的社会便没有宪法。 美国宪法正文部分只规定了国家基本制度的内容，关于公民权利的内容规定在其修正案中。
2. 从历史上看，宪法最早是资产阶级在反封建斗争中，为了确认取得的权利以巩固胜利果实而制定出来的。 （1）1791年法国第一部宪法将《人权宣言》作为其序言； （2）世界上第一部社会主义宪法1918年苏俄宪法也将《被剥削劳动人民权利宣言》列为第一篇，表明社会主义国家宪法同样具有权利保障书的意义。	
3. 从基本内容来看，宪法的基本内容包括对国家权力的规范和公民权利的保障，其中公民权利的保障居于核心和支配地位。宪法是系统全面规定公民基本权利的根本法，其基本出发点和目的就是保障公民的权利和自由。	

（三）宪法是民主事实法律化的基本形式

民主主体的普遍化或民主事实的普遍化，是宪法得以产生的前提之一。

1. 宪法是资产阶级革命取得胜利、有了民主事实后的产物，是资产阶级民主事实的法律化；
2. 无产阶级民主事实是社会主义宪法产生的前提条件。

【注意】宪法与民主之间的矛盾：多数民主可能存在的非理性行为需要通过宪法程序加以纠正。

【经典论述】毛泽东：世界上历来的宪政，不论是英国、法国、美国或者苏联，都是在革命成功有了民主事实以后，颁布一个根本大法，去承认它，这就是宪法。

三、宪法的分类

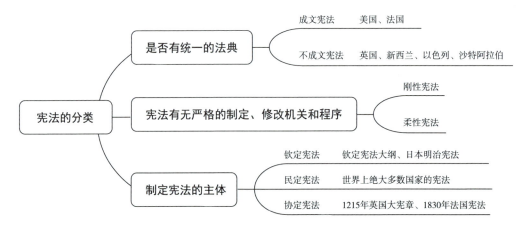

（一）传统的分类

划分标准	具体类型	例证
1. 宪法是否具有统一法典的形式 **英国学者 J. 蒲莱士最早提出**	（1）**成文宪法**：又称为文书宪法或制定宪法，指具有统一法典形式的宪法。自然法学派的社会契约论是其重要渊源之一。	世界历史上第一部成文宪法是 1787 年美国宪法；欧洲大陆第一部是 1791 年法国宪法。世界上绝大多数国家都是成文宪法国家。
	（2）**不成文宪法**：没有统一的宪法典，发挥宪法作用的规范存在于多种法律文书、宪法判例或宪法惯例之中	（1）世界上不成文宪法国家主要有**英国、新西兰、以色列、沙特阿拉伯**等少数国家。 （2）英国是典型的不成文宪法国家，包括 1215 年《大宪章》、1628 年《权利请愿书》、1679 年《人身保护法》、1689 年《权利法案》、1701 年《王位继承法》、1928 年《男女选举平等法》等等。
2. 宪法有无严格的制定、修改机关和程序 **英国学者 J. 蒲莱士最早提出**	（1）**刚性宪法**：制定机关往往是特别成立的，制定或修改的程序更严格。	实行成文宪法的国家往往也是刚性宪法国家
	（2）**柔性宪法**：制定、修改的机关和程序与一般法律相同，效力亦无差异。	英国宪法
3. 制定宪法的主体不同	（1）**钦定宪法**：由君主或以君主的名义制定和颁布	1908 年清政府的《钦定宪法大纲》 1889 年日本明治宪法
	（2）**民定宪法**：由民意机关或全民公决制定	世界上大多数国家；在我国，人民是制宪主体，一届人大一次会议是制宪机关。
	（3）**协定宪法**：由君主和国民或国民的代表机关协商制定	1215 年英国的《自由大宪章》 法国 1830 年宪法

【经典论述】［荷兰］亨利·范·马尔赛文、格尔·范·德·唐："英国没有规定其政治制度的基本规则和结构的成文宪法，也没有任何法律被赋予比其他的法律或规则更高的法律效力。"

【小贴士】大宪章（Magna Carta）

英王约翰（King John）即位后，在欧洲大陆上与法国作战失败，相继丢失诺曼底、安茹、都兰等地。在和教皇英诺森三世的冲突中，也被迫屈服，向教廷交纳巨额贡赋。此外，约翰还违反封建惯例，向贵族臣民征缴名目繁多的继承金、协助金、盾牌钱等，甚至没收直接封臣的地产。这些都引起了社会广泛不满。1213 年，约翰决定再次出征法国，但一些封建贵族拒绝服役并提供兵员物资。1215 年，封建贵族乘机联合各方力量反对约翰王，并于 5 月 17 日占领了伦敦，挟持了国王。6 月 15 日，约翰和贵族、骑士等在伦尼梅特（RunnyMede）签署了保证公民自由和政治权利的《大宪章》。

> 《大宪章》由序言和63条正文组成，在一定程度上限制了王权，确认了封建贵族和僧侣的特权，被视为英国宪法自由权的基础。比如，确认国王在征税时必须召开由大贵族参加的"大会议"，征得贵族的同意；规定任何自由民非经合法审判外，不得被逮捕、监禁、放逐、没收财产；在司法公正方面规定，不得任意出卖权利和公正，也不得任意拒绝或拖延赋予任何人权利或公正；等等。

（二）马克思主义的分类

划分标准	具体类型
国家的类型和宪法的阶级本质	（1）社会主义类型的宪法
	（2）资本主义类型的宪法
宪法是否与现实相一致	真实的宪法和虚假的宪法 【法学名言】列宁：同现实脱节时宪法是虚假的，当它们是一致的时候，便不是虚假的。

四、宪法的本质

宪法的本质在于其是各种政治力量对比关系的集中表现。在政治力量对比中，阶级力量的对比居于首要地位。宪法**集中地、全面地**表现各种政治力量的对比关系。

【注意】政治力量对比中，还存在着同一阶级内部不同阶层、派别和集团之间的力量对比。

五、宪法的调整对象

民法调整的是平等主体之间的财产关系和人身关系；刑法调整的是犯罪和刑罚的问题；行政法主要调整的是行政主体行使行政权力过程中产生的社会关系。

与此不同，宪法所调整的社会关系所涉及的领域非常广泛，几乎包括国家和社会生活的各个方面，而且均属于宏观的或者原则性方面的社会关系。但其具有一个非常醒目的特点，即相关主体的一方通常总是国家或者国家机关。具体而言，宪法所调整的社会关系可以分为以下几种：

1. 国家与公民之间的关系；
2. 国家与其他社会主体之间的关系；
3. 国家机关之间的关系；
4. 国家机关内部的关系。

第二节　宪法的历史发展

一、近代意义的宪法

因为宪法是民主事实和民主制度的确认和保障，所以近代意义的宪法只能是资产阶级革命的产物，奴隶社会和封建社会不可能产生作为国家根本法的宪法。

【法学名言】毛泽东："讲到宪法，资产阶级是先行的；英国也好，法国也好，美国也好，资产阶级都有过革命时期，宪法就是它们在那个时候开始搞起来的。"

（一）近代意义宪法的产生的原因

1. 经济条件	资本主义商品经济普遍化发展
2. 政治条件	资产阶级革命的胜利以及资产阶级国家政权的建立和以普选制、议会制为核心的民主制度的形成
3. 思想基础	资产阶级启蒙思想家提出的民主、自由、平等、人权和法治等理论

（二）现代宪法的发展趋势

【注意】1918 年苏俄宪法和 1919 年德国魏玛宪法的产生，标志着现代宪法的诞生。

1. 对社会制度的安排上，**加强行政权力及中央集权的趋势明显**。行政权扩大的表现：

①行政权干预立法权；

②紧急命令权；

③委托立法权，即行政机关经委托享有一定的立法权。

2. 随着国家权力进入社会经济和文化生活领域，宪法**对经济和文化方面的规定越来越多**并因而在宪法中形成基本经济制度和文化制度，而且内容日益丰富和完备。

3. 宪法**越来越重视公民基本权利的保护**，主要表现为：

①宪法对经济和文化权利的规定，是对以往只规定政治权利和自由权的发展；

②宪法对社会权利的规定；

③对环境权的规定。

4. **宪法保障加强**，建立专门的宪法监督机关成为一种潮流。

5. **宪法发展的国际化趋势**进一步扩大，主要表现为：

①对国际法的直接承认和接受；

②对国家主权作有条件的限制；

③人权是国际法的一个重要领域，围绕人权问题签署了许多公约。

6. **宪法形式上的发展趋势**，主要表现为：

①宪法渊源的多样化趋势；

②宪法修改比较频繁。

二、宪法的制定（制宪）

（一）制宪主体

1. 人民作为制宪主体是现代宪法发展的基本特点；
2. 最早系统地提出制宪权概念并建立理论体系的是法国大革命时期著名的学者西耶斯，他主张只有国民才享有制宪权；
3. 人民作为制宪主体并不意味着人民总是直接参与制宪的过程，而是可能通过各种制宪机构（如宪法起草机关、宪法通过机关等）来完成制宪活动；

（二）制宪权与修宪权

1. 修宪权依据制宪权而产生，受制宪权约束，不得违背制宪权的基本精神和原则；
2. 共同点：根源性的国家权力，能够创造立法权、行政权、司法权等其他具体组织性的国家权力的权力；

（三）我国的宪法制定

1. 制宪主体是人民；制宪机关是第一届全国人大第一次全体会议；
2. 我国五四宪法是第一届全国人大第一次全体会议以全国人大公告的形式公布，自通过之日起生效。

三、清末到民国时期宪法的历史

1.1908 年的《钦定宪法大纲》是中国历史上第一部宪法性文件，分为"君上大权"和"臣民权利义务"两大部分。

2.1911 年《宪法重大信条十九条》是清政府最后一部宪法性文件。

3.1912 年《中华民国临时约法》是中国历史上唯一一部具有资产阶级共和国性质的宪法性文件。

四、新中国宪法的产生与发展

（一）《共同纲领》

1949 年 9 月召开了具有广泛代表性的中国人民政治协商会议，制定了起**临时宪法**作用的《中国人民政治协商会议共同纲领》，具有新民主主义性质。

《共同纲领》规定，中华人民共和国的国家政权属于人民；国家最高政权机关为全国人民代表大会，在其闭会期间，中央人民政府为行使国家政权的最高机关；在普选的全国人大召开以前，由中国人民政治协商会议的全体会议执行全国人大的职权。

（二）1954 年宪法

1954 年 9 月，一届人大第一次全体会议在《共同纲领》的基础上制定了**我国第一部社会主义类型的宪法**。

（三）1975 年宪法

1975 年颁布的第二部宪法，是一部内容很不完善并在指导思想上存在错误的宪法。

（四）1978 年宪法

1978 年颁布了第三部宪法，虽然经过两次修改，但从总体上来说仍然不能适应新时期社会发展的需要。

（五）1982 年宪法

1982 年 12 月 4 日，五届人大第五次会议在全面修改 1978 年宪法的基础上，通过了新中国的第四部宪法，即现行宪法。故而，12 月 4 日被确定为"国家宪法日"。

1. 形式上修改的是 1978 年宪法，但精神上继承和发展了 1954 年宪法。结构方面，除序言外，分为总纲，公民的基本权利和义务，国家机构，国旗、国徽、首都，共 4 章 138 条。

2. **基本特点：**

（1）总结"文革"的历史教训，以四项基本原则为指导思想；

（2）进一步完善国家机构体系，扩大全国人大常委会的职权，恢复设立国家主席等；

（3）扩大公民权利和自由范围，恢复"公民在法律面前人人平等"原则等；

（4）确认经济体制改革的成果，如发展多种经济形式、扩大企业自主权等；

（5）维护国家统一和民族团结，完善民族区域自治制度，根据"一国两制"的原则规定特别行政区制度。

（6）首次明确规定了修宪提案权；

（7）是第一部以国家根本法的形式对公民的概念进行界定的宪法。五四宪法、七五宪法和七八宪法均没有规定公民的概念。

五、现行宪法的修改

1982 年宪法，即现行宪法，经过了五次修改，共产生 52 条修正案。

【注意】宪法经济制度的修改力度最大：1982 年宪法除第 9 条自然资源、第 12 条公共财产和第 18 条外贸经济这三条没有修改之外，其他都做了改动。

（一）1988 年宪法修正内容

1. 增加规定"国家允许私营经济在法律规定的范围内存在和发展，私营经济是社会主义公有制经济的补充。国家保护私营经济的合法权利和利益，对私营经济实行引导、监督和管理。"
2. 增加规定"土地的使用权可以依照法律规定转让。"

（二）1993 年宪法修正内容

1. 增加规定"我国正处在社会主义的初级阶段"、"根据建设有中国特色社会主义的理论"、"坚持改革开放"的规定；
2. 建设目标从"高度文明民主"修改为"富强、文明、民主"的社会主义国家；
3. 增加规定"中国共产党领导下的多党合作和政治协商将长期存在和发展"；
4. "计划经济"修改为"国家实行社会主义市场经济。""国家加强经济立法，完善宏观调控。""国家依法禁止任何组织或者个人扰乱社会经济秩序。"
5. "国营经济"修改为"国有经济"；
6. 把"农村人民公社、农业生产合作社"修改为"农村中的家庭联产承包为主的责任制"；
7. 县级人大的任期由 3 年变为 5 年。

（三）1999 年宪法修正内容

1. 确立了"邓小平理论"的指导思想地位；
2. 将"反革命活动"修改为"危害国家安全的犯罪活动"；
3. 增加"中华人民共和国实行依法治国，建设社会主义法治国家"；
4. 规定"我国将长期处于社会主义初级阶段"；增加"国家在社会主义初级阶段，坚持以公有制为主体，多种所有制共同发展的基本经济制度，坚持按劳分配为主，多种分配方式并存的分配制度"；
5. 将"发展社会主义市场经济"作为一项重要的国家任务写进宪法序言；
6. 将"以家庭联产承包为主的责任制"改为"农村集体经济组织实行家庭承包经营为基础、统分结合的双层经营体制"；

续表

7. 关于个体经济和私营经济，做出规定"在法律规定范围内的个体经济、私营经济等非公有制经济，是社会主义市场经济的重要组成部分"，"国家保护个体经济、私营经济的合法的权利和利益。**国家对个体经济、私营经济实行引导、监督和管理**"。	

（四）2004 年宪法修正内容

三个代表	1. 在宪法序言中增加"三个代表"这一指导思想；增加"推动物质文明、精神文明和政治文明协调发展"；
	2. 在宪法序言关于爱国统一战线组成结构的表述中增加"社会主义事业的建设者"；
	3. 全国人大中应有特别行政区的代表；
人权保障	1. 增加"国家尊重和保障人权"；
	2. 国家对非公有制经济的政策在"引导、监督和管理"之外，增加了"鼓励、支持"；
	3. 地方人大的任期统一为 5 年；
	4. 将国家对公民私人财产的政策修改为："公民的合法的私有财产不受侵犯。国家依照法律规定保护公民的私有财产权和继承权。国家为了公共利益的需要，可以依照法律规定对公民的私有财产实行征收或者征用并给予补偿"；
	5. 将国家的土地征用制度修改为："国家为了公共利益的需要，可以依照法律规定对土地实行征收或者征用并给予补偿"；
	6. 增加："国家建立健全同经济发展水平相适应的社会保障制度"；
国家主席	1. 国家主席增加"进行国事活动"的职权；
	2.《义勇军进行曲》正式成为国歌；
	3. 戒严改为紧急状态。

（五）2018 年宪法修改内容

党的领导	第 1 条第 2 款："中国共产党领导是中国特色社会主义最本质的特征。"
指导思想	指导思想增加：**科学发展观、习近平新时代中国特色社会主义思想**；
社会主义法治	序言第 7 段："健全社会主义法制"修改为"**健全社会主义法治**"；
发展	序言第 7 段：增写"**贯彻新发展理念**"；
民族和谐	1. 序言第 11 段"平等团结互助和谐的社会主义民族关系已经确立，并将继续加强。" 2. 第 4 条第 1 款："国家保障各少数民族的合法的权利和利益，维护和发展各民族的平等团结互助和谐关系。"
中华民族伟大复兴	1. **序言第 7 段**："推动物质文明、政治文明、精神文明、**社会文明、生态文明**协调发展，把我国建设成为富强民主文明**和谐美丽**的社会主义**现代化强国，实现中华民族伟大复兴**"。 2. **序言第 10 段**：统一战线的组成"包括全体社会主义劳动者、社会主义事业的建设者、拥护社会主义的爱国者、拥护祖国统一**和致力于中华民族伟大复兴的爱国者**的广泛的爱国统一战线"

革命建设加改革	1. **序言第10段**："在长期的革命和建设过程中"修改为"在长期的革命、建设、**改革**过程中"； 2. **序言第12段**："中国革命、建设、**改革**的成就是同世界人民的支持分不开的"；
价值观	**第24条第2款**："国家倡导社会主义核心价值观，提倡爱祖国、爱人民、爱劳动、爱科学、爱社会主义的公德"。
宪法宣誓	**第27条增加第3款**："国家工作人员就职时应当依照法律规定公开进行宪法宣誓。"
主席任届	**第79条第3款：国家主席、副主席删掉了"连续任职不得超过两届"的限制**；
专门委员会	全国人大下设的"法律委员会"变更为"**宪法和法律委员会**"；
设区的市的地方立法权	设区的市的人民代表大会和它们的常务委员会，在不同宪法、法律、行政法规和本省、自治区的地方性法规相抵触的前提下，可以依照法律规定制定地方性法规，报本省、自治区人民代表大会常务委员会批准后施行。
生态文明	1. **序言第7段**："推动物质文明、政治文明、精神文明、**社会文明、生态文明**协调发展，把我国建设成为富强民主文明**和谐美丽**的社会主义**现代化强国**"。 2. **第89条国务院的职权增加了领导和管理"生态文明建设"**；
国际关系	1. **序言第12段**："中国坚持独立自主的对外政策，坚持互相尊重主权和领土完整、互不侵犯、互不干涉内政、平等互利、和平共处的五项原则"后增加"**坚持和平发展道路，坚持互利共赢开放战略**"；
	2. **序言第12段**："发展同各国的外交关系和经济、文化交流，**推动构建人类命运共同体。**"
监察委员会	1. **第三章"国家机构"中增加第七节"监察委员会"：** （1）国家设立国家监察委员会和地方各级监察委员会。 **性质**：各级监察委员会是国家的监察机关。国家监察委员会是最高监察机关。 （2）**组成**：主任，副主任若干人，委员若干人。**任期**：监察委员会主任每届任期同本级人民代表大会每届任期相同。国家监察委员会主任连续任职不得超过两届。 （3）**上下级关系**：国家监察委员会领导地方各级监察委员会的工作，上级监察委员会领导下级监察委员会的工作。 （4）**法律保留**：监察委员会的组织和职权由法律规定。 （5）**负责**：国家监察委员会对全国人大和全国人大常委会负责。地方各级监察委员会对产生它的国家权力机关和上一级监察委员会负责。 （6）**监察独立**：监察委员会依照法律规定独立行使监察权，不受行政机关、社会团体和个人的干涉。
	2. 监察机关与行政机关、审判机关和检察机关并列 （1）**第3条第3款**："国家行政机关、**监察机关**、审判机关、检察机关都由人民代表大会产生，对它负责，受它监督。" （2）**第65条第4款："全国人民代表大会常务委员会的组成人员不得担任国家行政机关、监察机关、审判机关和检察机关的职务。"** （3）**第103条第3款："县级以上的地方各级人民代表大会常务委员会的组成人员不得担任国家行政机关、监察机关、审判机关和检察机关的职务。"**

续表

（4）第 104 条：县级以上的地方各级人民代表大会常务委员会有权"监督本级人民政府、**监察委员会**、人民法院和人民检察院的工作"。 （5）第 67 条：全国人大常务委员会行使下列职权："（六）监督国务院、中央军事委员会、**国家监察委员会**、最高人民法院和最高人民检察院的工作"；
3. 监察委员会人员的产生和罢免 （1）第 62 条：全国人民代表大会行使下列职权："（七）选举国家监察委员会主任"； （2）第 63 条：全国人民代表大会有权罢免下列人员："（四）国家监察委员会主任"； （3）第 67 条：全国人民代表大会常务委员会行使下列职权："（十一）**根据国家监察委员会主任的提请，任免国家监察委员会副主任、委员**"。 （4）第 101 条第 2 款："县级以上的地方各级人民代表大会选举并且有权罢免本级**监察委员会主任**、本级人民法院院长和本级人民检察院检察长。"
4. 政府删掉了监察权 （1）第 89 条国务院的职权**删掉了领导和管理"监察"工作**； （2）第 107 条第 1 款：县级以上地方各级人民政府的职权中，**删掉了监察工作的权力**。

六、中国宪法的发展趋势

随着市场经济体制的确立，在改革推动下的宪法发展有了更为明确的发展趋势。具体而言，主要有以下五种势头：

1. 政府行政权力在客观上将受到一定程度的限制，行政指导在政府对经济管理的过程中将显得日益重要。

（1）立法限制，权力机关通过有关立法赋予企业更多独立自主的经营权，相应地限制了政府习惯性地干预企业经营活动的做法；

（2）获得经营自主权的企业，特别是民办企业，对政府不当干预的抵制；

（3）经济组织和企业还可以通过行政诉讼等途径，借助司法监督的权威，对政府的非法干预进行排斥并获得救济；

（4）政府的自律性措施，例如，中央政府对地方政府干预企业经营活动的限制等。

在这种情况下，除必要的宏观调控外，政府的经济职能主要靠政府行之有效的行政指导得以实现。

2. 以人民法院审判权为核心的司法权将得到扩大与加强。

以人民法院独立行使审判权和人民检察院独立行使检察权为内容的司法独立，将会成为一项政治性较强的司法原则。

3. 中国共产党领导的多党合作与政治协商制度在宪政实践中将得到进一步加强和发展。

4. 公民基本权利将得到重大的发展。

（1）财产所有权已经成为公民的一项基本权利；

（2）迁徙自由在条件成熟时，也会成为公民的一项基本的人身自由权。1954 年宪法规定了公民有迁徙自由权，现行宪法从当时的实际情况出发，没有将其列入公民的基本权利。但在市场经济体制下，经济的发展需要自由劳动力，而迁徙自由是自由劳动力不可缺少的条件。

（3）政治权利将进一步得到认同，并更加现实地为公民所实际享有。

5. 宪法监督制度将进一步完善。

第三节 宪法的基本原则

一、人民主权原则

1. 主权是指国家的最高权力；**人民主权是指国家中绝大多数人拥有国家的最高权力。**

【注意】近代意义的主权观念是博丹（波丹）首创的。博丹认为，主权是公民和臣民之上的最高权力，具有三个特点，即最高性、永久性和不受法律限制性。

2. 典型的代表者是卢梭。人民主权学说的出现是资产阶级反对封建专制主义的锐利思想武器，是资产阶级民主思想的核心。

3. 1776 年美国《独立宣言》宣布了政府的正当权力必须得到被统治者的同意；1789 年法国《人权宣言》宣布整个主权的本原主要寄托于国民。

4. 社会主义国家的宪法一般表述为"一切权力属于人民"，实质上也就是主权在民。

5. 我国宪法中，人民主权的原则具体体现为：人民民主专政、国家的一切权力属于人民、人民代表大会、公民基本权利和义务、选举制度等等。

二、基本人权原则

1. **人权是指作为一个人所应该享有的权利**。在本质上属于应有权利、道德权利。当人权与某一个体的人相结合时，则又打上了这个人所处客观社会历史条件的烙印。

2. 17、18 世纪西方资产阶级启蒙思想家最先提出人权口号："天赋人权"学说，强调人人生而享有自由、平等、追求幸福和财产的权利。在资产阶级革命过程中以及革命胜利后，人权口号逐渐被政治宣言和宪法确认为基本原则。

3. 人权**在各国宪法文本中**有不同的含义与表述方式：要么宪法文本直接规定人权；要么虽不出现人权字眼，但解释上人权表现为基本权利；要么同时出现人权与基本权利的表述，但在实践中主要通过宪法解释方法确定其内涵。

4. 从《共同纲领》开始，我国宪法都规定公民的基本权利与义务，特别是 2004 年"国家尊重和保障人权"入宪之后，基本人权原则表现为国家的基本价值观。

三、法治原则

1. 法治是指统治阶级按照民主原则把国家事务法律化、制度化，并严格依法管理的一种方式。其是相对于人治而言的历史的概念，其核心思想在于依法治理国家，法律面前人人平等，反对任何组织和个人享有法律之外的特权。

【法学名言】**潘恩："在专制政府中国王便是法律，同样地，在自由国家中，法律便应该成为国王。"**

2. 资产阶级革命胜利后，各资本主义国家一般都在其宪法规定和政治实践中贯彻了法治精神，一般都在宪法中宣告法律面前人人平等。**二战后，法治概念由形式主义走向实质主义，开始重视法律的内容和目的。**

3. 我国宪法在 1999 年修订时增加规定："中华人民共和国实行依法治国，建设社会主义法治国家。"其中的"法治国家"，既包括实质意义的法治内涵，也包括形式意义的法治要素，是一个综合性的概念。

四、权力制约原则

1. 权力制约原则是指国家权力的各部分之间相互监督、彼此牵制，从而保障公民权利的原则。**它既包括公民权利对国家权力的制约，也包括国家权力相互之间的制约。**

2. 在资本主义国家的宪法中，**权力制约原则主要表现为分权（制衡）原则**。分权是把国家权力分为几个部分，分别由几个国家机关独立行使；制衡则是指这几个国家机关在行使权力的过程中，保持一种互相牵制和互相平衡的关系。

3. 而**在社会主义国家的宪法中，权力制约原则主要表现为监督原则。**

【注意】监督原则是由第一个无产阶级专政政权巴黎公社首创的。

4. 权力制约原则在我国宪法中的体现：人民对国家权力活动的监督；公民对国家机关及其工作人员的监督权；不同国家机关之间、国家机关内部不同的监督形式等等。

第四节　宪法的作用

一、宪法的一般功能

宪法功能是宪法内容和原则在社会生活中产生的实际效果。宪法发挥功能首先要符合社会发展的客观要求，即具备正当性。正当性是宪法在社会生活中发挥功能的前提，需要在内容、程序与形式上具备正当性。

1. 确认功能	（1）确认宪法赖以存在的经济基础：**确认生产资料的所有制形式；确认并实行一定的经济体制和经济政策；**
	（2）确认国家权力的归属，使统治阶级的统治地位得到合法化；
	（3）确认法制统一的原则，为法律体系的有机统一和协调发展提供统一的基础；
	（4）确认社会共同体的基本价值目标与原则，为社会共同体的发展提供统一的价值体系。
2. 保障功能	对民主制度和人权的发展提供有效的保障。 【注意】人权保障是最核心的内容与原则。
	直接和间接地规定国家政权的性质；规定国家机关组织和活动的原则。
	对伦理道德也起着保护作用：如我国宪法对精神文明的规定；
3. 限制功能	既是授权法，确立合理地授予国家权力的原则和程序，使国家权力具有合法的基础；
	也是限权法，限制国家权力行使的原则与程序，确定所有公权力活动的界限。
4. 协调功能	以合理的机制平衡利益，寻求多数社会成员普遍认可的规则，以此作为社会成员普遍遵循的原则；
	保护少数人利益，并规定了相应的救济制度。

二、宪法在社会主义法治国家建设中的作用

2011年，一个以宪法为统帅，以宪法相关法、民法商法、行政法、经济法、社会法、刑

法、诉讼法和非诉程序法等七个法律部门的法律为主干，由法律、行政法规、地方性法规等多个层次的法律规范构成的中国特色社会主义法律体系已经形成。

1. 对于立法	（1）确立了法律体系的基本目标
	（2）确立了立法的统一基础
	（3）科学的法律体系的建立是实现宪法原则的基本形式之一
	（4）规定了解决法律体系内部冲突的基本机制
	（5）宪法是立法体制发展与完善的基础与依据
2. 对于执法	宪法是执法的基础和原则，一切执法活动不得违宪。首先表现在对法律人宪法意识的培养，即以宪法的理念与知识为基础培养法官、检察官、律师等法律人才的宪法思维
3. 对于司法	（1）宪法是审判权和检察权的来源，是法院和检察院活动的基本原则
	（2）宪法和法律规定了司法机关进行活动的基本原则
	（3）法官和检察官的宪法意识对法治的发展产生重要影响
4. 对于守法	守法首要遵守宪法。因为依法治国首先要依宪治国，依法执政首先要依宪执政。

第五节　宪法的渊源与宪法典的结构

一、宪法的渊源

所谓的宪法渊源就是宪法的表现形式。一国的宪法采哪些渊源形式，取决于其本国的历史传统和现实政治状况等综合因素。

1. 宪法典	绝大多数国家采用，将一国最根本、最重要的问题由统一的法律文书加以明确规定。
2. 宪法性法律	（1）不成文宪法国家，国家最根本的问题由多部单行法律文书予以规定，制定和修改的机关和程序与普通法律相同。
	（2）成文宪法国家，既有根本法意义上的宪法，又有部门法意义上的宪法，即国家立法机关为实施宪法而制定的涉及宪法问题的法律。
3. 宪法惯例	宪法条文虽无明确规定，但在实际政治生活中已经存在，并为国家机关、政党及公众所普遍遵循，且与宪法具有同等效力的习惯或传统。（1）其无具体法律形式，散见于法院的判例及政治实践之中；（2）内容涉及最根本的宪法问题；（3）依靠公众舆论而非国家强制力保障实施。
4. 宪法判例	（1）宪法条文无明文规定，而由司法机关在审判实践中逐步形成并具有实质性宪法效力的判例。（2）在不成文宪法国家，法律没有明文规定的前提下，判决乃是宪法的表现形式；（3）某些成文法国家，法院享有宪法解释权，其判决对下级法院具有拘束力。
5. 国际条约、国际习惯	国际条约是国际法主体之间就权利义务关系缔结的一种书面协议，其宪法上的效力取决于各个国家的参与和认可。

【经典论述】【法】勒内·达维德："如果局限于考虑严谨的法而不顾'宪法惯例'，即不顾理论上虽不承认其具有'法律'的性质但统治着英国政治生活的习惯，那就是以一种荒谬的方式描述英国宪法。"

【注意】我国不存在宪法判例，但存在宪法惯例。我国目前的宪法惯例主要有：人大往往和政协同时举行会议；有关国家重大问题的决策，形成了先由政协及各民主党派和各人民团体进行协商、讨论，再由国家权力机关依法决定的惯例；由全国人大主席团公布宪法修正案；等等。

二、宪法典的结构

宪法结构乃是宪法内容的组织和排列方式。综观世界各国宪法就宪法典的总体结构而言，一般包括序言、正文、附则三大部分。

（一）序言

1. 宪法序言是写在宪法条文前面的陈述，以表达本国宪法发展的历史、国家的基本政策和发展方向。

2. 序言内容的基本特点是体现了宪法基本理念和精神。宪法序言是宪法精神和内容的高度概括，其内容大体上包括：揭示制定宪法的机关和依据；揭示制定宪法的基本原则；揭示制定宪法的目的和价值体系等。

3. **我国宪法序言主要包括如下内容：**

（1）历史发展的叙述；

（2）国家的根本任务；

（3）国家的基本国策；

【注意】我国宪法在序言规定："台湾是中华人民共和国的神圣领土的一部分。完成统一祖国的大业是包括台湾同胞在内的全中国人民的神圣职责。"这一表述意味着宪法明确了台湾是中国领土的一部分，**宪法效力涉及包括台湾在内的所有中国领土。**

（4）规定了宪法的根本法地位和最高效力。

【相关法条·《宪法》】

序言第十三自然段 本宪法以法律的形式确认了中国各族人民奋斗的成果，规定了国家的根本制度和根本任务，是国家的根本法，具有最高的法律效力。全国各族人民、一切国家机关和武装力量、各政党和各社会团体、各企业事业组织，都必须以宪法为根本的活动准则，并且负有维护宪法尊严、保证宪法实施的职责。

（二）宪法正文

1. **宪法正文是宪法典的主要部分，具体规定宪法基本制度和权力体系的安排，是宪法的主体内容。**

2. 正文的内容一般包括：社会制度和国家制度的基本原则；公民和国家的关系，即基本权利和义务；国家机构；国家标志等。

3. **我国现行宪法正文的排列顺序是：总纲、公民的基本权利与义务、国家机构以及国旗、国歌、国徽、首都。**

（三）附则

1. 宪法的附则是指宪法对于特定事项需要特殊规定而作出的附加条款。名称有的叫暂行条款、过渡条款；有的叫特别条款、临时条款，等。

2. **附则的法律效力与一般条文相同，但有两大特点：一是特定性，只对特定的条文或事**

项适用；二是临时性，只对特定的时间或情况适用。

3. 我国现行宪法没有规定附则。

第六节 宪法规范

一、宪法规范的概念

宪法规范是宪法最基本的要素，乃是由国家制定或认可的、宪法主体参与国家和社会生活最基本社会关系的行为规范。

二、宪法规范的主要特征

1. 根本性	只规定国家生活中的根本性问题
2. 最高性	地位和效力高于其他法律规范，是其他法律规范的制定依据，与其抵触无效
3. 原则性	只规定有关问题的基本原则，文字表述非常简明概括；通过解释、裁判以及部门法中的相应规范得以具体化。在我国，虽然宪法不能在司法实践中被直接适用，但宪法的理念和精神可以通过部门法的适用来间接地实现。
4. 纲领性	明确表达对未来目标的追求，确认了国家的发展目标和宏观发展思路。
5. 稳定性	作为根本大法，关系到国家和社会的稳定，因此宪法规范必须具有相对稳定性。

【经典论述】 刘少奇："宪法不去描画将来在社会主义社会完全建成以后的状况，但是为了反映现在的真实状况，就必须反映正在现实生活中发生着的变化以及这种变化所趋向的目标。如果不指明这个目标，现实生活中的许多事情就不可理解。我们的宪法所以有一部分条文带有纲领性，就是因为这个原故。"

【注意】 宪法规范也具有制裁性。

三、宪法规范的分类

根据宪法规范的性质与调整形式，宪法规范一般分为如下几种：

（一）确认性规范

1. 确认性规范是对已经存在的事实（具体的宪法制度和权力关系）的认定，以肯定性规范的存在为主要特征。如我国宪法总纲第1条规定我国的国体。

2. 确认性规范依其作用的特点，又可分为宣言性规范、调整性规范（主要涉及国家基本政策的调整）、组织性规范（主要涉及国家政权机构的建立与具体职权范围）、授权性规范等形式。

（二）禁止性规范

1. 禁止性规范是指对特定主体或行为的一种限制，也称其为强行性规范，集中反映了宪法的法的属性。

2. 禁止性规范主要以"禁止"、"不得"等形式表现，如我国宪法第65条规定，全国人大常委会组成人员不得担任国家行政机关、审判机关和检察机关的职务。有时也表现为对某种行为的要求规范，如公检法办理刑事案件，应当分工负责、互相配合的规定。

【注意】大量使用确认性规范是宪法在规定内容上的特色。而且，在宪法中，确认性规范和禁止性规范往往是一并使用的，并且一般先以确认性规范明确于前，再以禁止性规范禁止于后。比如，现行宪法第4条规定："中华人民共和国各民族一律平等。国家保障各少数民族的合法的权利和利益，维护和发展各民族的平等团结互助和谐关系。禁止对任何民族的歧视和压迫，禁止破坏民族团结和制造民族分裂的行为。"

（三）权利性规范与义务性规范

1. 权利性规范与义务性规范主要是在调整公民基本权利与义务的过程中形成的，同时为行使权利与履行义务提供依据。

2. **从我国宪法的规定看，权利性与义务性规范具体有下列三种形式：权利性规范、义务性规范、权利性与义务性规范相互结合为一体（如劳动和受教育）。**

【注意】权利性规范与义务性规范相互结合为一体，这是我国宪法的鲜明特色，主要被运用于两个方面：其一，在宪法规定公民劳动和受教育的权利义务时；其二，在授予国家机关职权时，职权本身就包含着权利和义务两方面的内容。

（四）程序性规范

1. 程序性规范具体规定宪法制度运行过程的程序，主要涉及国家机关活动程序方面的内容。

2. 程序性规范主要有两种表现形式：一是直接的程序性规范，如宪法修改程序的规定；二是间接的程序性规范，即宪法本身不做具体规定，而是通过法律保留形式规定具体程序。

第七节　宪法效力

一、宪法效力的概念

1. 所谓宪法效力是宪法作为法律规范所发挥的约束力与强制性。**宪法效力具有最高性和直接性的特点。在整个法律体系中，宪法的效力是最高的，不仅成为立法的基础，同时对立法行为与依据宪法进行的各种行为产生直接的拘束力。**

2. 宪法之所以具有最高法律效力首先是宪法具有正当性基础，即宪法是社会共同体基本规则，是社会多数人共同意志的最高体现。其基础在于：

（1）宪法制定权的正当性；

（2）宪法内容的合理性；

（3）宪法程序的正当性。

二、宪法效力的表现

（一）宪法对人的适用

1. 宪法首先适用于自然人，包括所有中国公民（包括华侨），不管公民生活在国内还是国外；**特定条件下，外国人和法人也可成为基本权利主体。**

【注意】外国人包括拥有外国国籍的人，也包括无国籍人和国籍不明的人。

2. 关于国籍

（1）国籍的取得主要有两种方式：一种是因出生而取得，叫做原始国籍（**出生国籍**）；另一种是加入国籍，叫做继有国籍。对因出生而取得国籍问题，各国通常采用三种原则：一是血统主义（血缘主义）原则；二是出生地主义原则；三是混合主义原则。

①**对于出生国籍，我国采取出生地主义和血统主义相结合的原则；**

②**当事人申请加入国籍是以继有国籍方式获得我国国籍的唯一方法。**

受理国籍申请的机关	国内：当地市、县公安局	国外：中国外交代表机关和领事机关
审批机关	公安部审批并发给证书	

【注意】除自动丧失中国国籍外，加入、退出或恢复中国国籍，一般均要申请并获得批准。

（2）我国《国籍法》不承认双重国籍；

【相关法条·《国籍法》】

第三条 中华人民共和国不承认中国公民具有双重国籍。

第四条 父母双方或一方为中国公民，本人出生在中国，具有中国国籍。

第五条 父母双方或一方为中国公民，本人出生在外国，具有中国国籍；但父母双方或一方为中国公民并定居在外国，本人出生时即具有外国国籍的，不具有中国国籍。

第六条 父母无国籍或国籍不明，定居在中国，本人出生在中国，具有中国国籍。

第七条 外国人或无国籍人，愿意遵守中国宪法和法律，并具有下列条件之一的，可以经申请批准加入中国国籍：

一、中国人的近亲属；

二、定居在中国的；

三、有其它正当理由。

第八条 申请加入中国国籍获得批准的，即取得中国国籍；被批准加入中国国籍的，不得再保留外国国籍。

第九条 定居外国的中国公民，自愿加入或取得外国国籍的，即自动丧失中国国籍。

第十二条 国家工作人员和现役军人，不得退出中国国籍。

第十五条 受理国籍申请的机关，在国内为当地市、县公安局，在国外为中国外交代表机关和领事机关。

第十六条 加入、退出和恢复中国国籍的申请，由中华人民共和国公安部审批。经批准的，由公安部发给证书。

3. **外国人**

（1）**外国人包括外国公民和无国籍人；**

（2）我国《宪法》在第 32 条第 1 款对中国境内的外国人的法律地位作了专门规定："中华人民共和国保护在中国境内的外国人的合法权利和利益，在中国境内的外国人必须遵守中华人民共和国的法律。"

（3）《宪法》第 32 条第 2 款："中华人民共和国对于因为政治原因要求避难的外国人，可以给予受庇护的权利。"

【注意】①受庇护只能基于政治原因，不能基于刑事犯罪。

②对于申请避难的外国人，我国政府可以给予，也可以不给予受庇护权。

（二）宪法对领土的效力

1. 领土包括一国的陆地、河流、湖泊、内海、领海以及其底床、底土、领空，是主权国管辖的全部疆域。领土是国家的构成要素之一，是国家行使主权的空间，也是国家行使主权的对象。

2. 任何一个主权国家的宪法的空间效力都及于国土的所有领域，这是由主权的唯一性和不可分割性决定的。

3. 我国的宪法当然适用于港澳台地区。由于宪法本身的综合性和价值多元性，宪法在不同领域（民族自治区、特别行政区）的适用上当然是有所差异的，但这种区别绝不是说宪法在某些区域有效力而有些区域没有效力。易言之，宪法作为整体的效力及于我国所有领域。

三、宪法与条约的关系

1. 在宪法与条约的关系上，**各国规定不尽相同**：有的规定条约高于宪法；有的规定宪法高于条约。

2. **我国现行宪法文本没有规定宪法与条约关系**，但从宪法序言中可以看出其基本的原则，即我国以和平共处五项原则为基础，发展同各国的外交关系和经济、文化的交流。中国政府认真履行条约义务，积极提交履约报告，充分发挥国际人权条约在促进和保护本国人权方面的积极作用。

第二章　宪法的实施及其保障

第一节　宪法实施概述

码上揭秘

一、宪法实施的概念

宪法实施是宪法规范在实际生活中的贯彻落实。主要包括宪法的执行、适用和遵守。

1. 宪法的执行通常指国家代议机关和国家行政机关贯彻落实宪法内容的活动。

2. 宪法的适用通常指国家司法机关在司法活动中贯彻落实宪法的活动。

3. 宪法的遵守通常指一切国家机关、社会组织和公民个人严格依照宪法规定行为的活动。**这是宪法实施最基本的要求，也是其最基本的方式。**

二、宪法实施的主要特点

宪法的实施具有不同于普通法律实施的具体特点。

（一）宪法实施的广泛性和综合性

1. **广泛性**：实施范围和实施主体的广泛性；

2. **综合性**：宪法实施不可能单纯是宪法本身或社会生活某一方面的问题，而是整个国家具有高度综合性的社会问题，需要考虑国家和社会生活中的各种综合因素。

（二）宪法实施的最高性和原则性：由其内容和地位决定。

1. 宪法在国家法律体系中居于最根本地位，具有最高法律效力。

2. 因调整范围十分广泛，所以只能规定一般原则：（1）只确定社会关系主体的基本方向和原则标准，不涉及行为的具体模式；（2）对行为只是从总体上作肯定与否定的评价，为一般法律的具体评价和责任追究提供基础和依据。

（三）宪法实施的直接性和间接性

1. **实施方式**：虽然宪法在实施过程中也具有直接性，但其间接性更为突出。宪法的实施主要是通过具体法律规范来作用于具体的人和事，普通法律的实施就是间接地实施宪法的过程。

2. **宪法制裁**：对违宪行为进行追究的方式包括直接制裁和间接制裁两个方面。在我国，直接制裁主要表现为对国家机关违反宪法的法律以及规范性文件、决议、决定和命令等宣布无效，并加以撤销；对违法失职的国家机关负责人根据宪法规定予以罢免。间接制裁则指宪法对违宪行为不直接规定制裁措施，而是通过具体法律来追究法律责任。

第二节 宪法的修改

一、宪法修改的特点

1. 宪法修改的机关是宪法授权的特定机关。

【注意】修宪机关有两种情形：（1）宪法授权特定国家机关，主要是国家的立法机关；（2）专门设立宪法修改机关。

2. 宪法修改必须按照宪法规定的、较一般法律更为严格的程序进行。

3. 宪法修改是对作为国家根本法的宪法进行变更的活动，包括宪法规范的内容和形式的变更。

【注意】宪法修改的原因是缓解宪法规范和社会生活之间的冲突，表现为：（1）为了使宪法的规定适应社会实际的发展和变化；（2）为了弥补宪法规范在实施过程中出现的漏洞。

【经典论述】毛泽东："宪法不是天衣无缝，总是会有缺点的。……宪法，以及别的法律，都是会有缺点的，什么时候发现就及时修改。反正全国人民代表大会会议一年一次，随时可以修改。"

二、宪法修改的方式

决定宪法修改方式的关键在于宪法规范与社会现实的冲突程度。

（一）全面修改

全面修改主要是从形式上而言的，一般是在原有宪法基础上的全面更新，因而在内容上不排除保留原来的条款，在结构上一般也维持原有结构不变。全面修改一般发生于国家生活中的某些重大问题发生变化的情况下。如1946年日本宪法、1958年法兰西第五共和国宪法和我国1975年宪法、1978年宪法、1982年宪法等，都属于全面修改。

（二）部分修改

只是对原有的部分条款加以改变，或新增若干条款，而不牵动其他条款和整体宪法。部分修改的具体方法包括修改条文、增补条文和删除条文等。在通常情况下，部分修改优于全面修改。

三、宪法修改的程序

各国宪法修改程序一般包括提案、先决投票、起草和公布修宪草案、通过和公布五个阶段，但并非所有国家都必经这些程序。

1. 提案。提案是启动宪法修改程序的第一阶段。我国现行宪法第64条规定，宪法的修改，由**全国人大常委会或者1/5以上的全国人大代表提议**。

2. 先决投票。先决投票是将宪法修正案的草案提交宪法修改机关审议之前，由有关机关予以表决，以决定是否正式向宪法修改机关提出。如希腊宪法规定。

3. 起草和公布修宪草案的程序。荷兰、比利时等国宪法都有这方面的规定。

4. 宪法修正案的通过程序。即宪法修改机关审议、表决和批准宪法修正案的程序。宪法修正案的批准是指宪法修正案依法定程序通过后，按照宪法规定要由特定机关批准或须经全民公决后方能生效。

5. 宪法修正案的公布程序。一般说来，**公布宪法修正案的机关主要有国家元首、议决机关和行政机关等。**

四、我国宪法的修改

（一）我国的宪法修改制度

1954 年宪法对我国宪法修改制度从两个方面作了规定：一是规定了宪法修改的机关是全国人大；二是规定了宪法修改的通过程序，明确规定宪法的修改由全国人大以全体代表的 2/3 的多数通过。

1975 年宪法、1978 年宪法只规定了全国人大有修改宪法的职权，没有对相关程序进行规定。

1982 年宪法在继承 1954 年宪法关于修改宪法规定的基础上，进一步完善了宪法修改制度：（1）规定了宪法修改的机关是全国人大。（2）**规定了宪法修改的提案主体。宪法规定，宪法的修改，由全国人大常委会或者 1/5 以上的全国人大代表提议。这是对五四宪法的发展。**（3）规定了宪法修改的通过程序。宪法规定，宪法的修改由全国人大以全体代表的 2/3 以上的多数通过。

【注意 1】在我国，根据《立法法》的规定，全国人大及其常委会通过的法律由国家主席签署主席令予以公布。却并未明确规定宪法修正案的公布机关。但是，数次修宪实践过程中已经形成了公布修正案的宪法惯例，即由全国人大主席团公布宪法修正案。1982 年宪法的五次修正案都是历届全国人大主席团以全国人大公告的形式公布的。

【注意 2】在我国，宪法修正案是实践中形成的宪法修改方式，宪法没有明确规定。我国目前也没有制定专门的宪法修改程序法。

【注意 3】宪法的修改，采用无记名投票方式表决。

（二）我国宪法修改的实践

自 1954 年宪法制定以来，随着社会政治经济文化的发展和变更，我国宪法共经过了三次全面修改，七次部分修改。

我国宪法的七次部分修改分别是：（1）1979 年第五届全国人大第二次会议对 1978 年宪法若干规定的修改。（2）1980 年第五届全国人大第三次会议对 1978 年宪法再次作了修改。将第 45 条修改为："公民有言论、通信、出版、集会、结社、游行、示威、罢工的自由。"取消了原第 45 条中"有运用'大鸣、大放、大辩论、大字报'的权利"的规定。（3）后四次部分修改分别于 1988 年、1993 年、1999 年、2004 年和 2018 年以宪法修正案的形式对现行宪法所作的修改，共通过了 52 条宪法修正案。从这五次修改来看，中共中央的修宪建议产生了重要影响。

【注意】82 宪法删除了罢工自由。

第三节　宪法的解释

正式解释又称为有权解释，是由宪法授权的机关或宪法惯例认可的机关依据一定的标准或原则对宪法规定所作的具有法律效力的说明。宪法解释既是使宪法规范适应社会实际的一种方法，也是保障宪法实施的一种手段和措施。宪法既可以通过立法加以具体化，也可以通过宪法解释加以具体化。

一、宪法解释的机关

1. 立法机关	由立法机关解释宪法的制度源自英国。**我国全国人大常委会有权解释宪法。**
	立法机关行使宪法解释权，并且必须按照立法程序进行。立法机关既可以主动对宪法进行解释，也可应其他机关或政党等的请求进行解释。
2. 司法机关	由司法机关按照司法程序解释宪法的体制起源于美国。1803 年美国联邦最高法院首席法官马歇尔在马伯里诉麦迪逊一案中确立了"违宪的法律不是法律"、"阐释宪法是法官的职责"的宪法规则，从此开创了司法审查制度的先河。目前，世界上 60 多个国家采用司法机关解释宪法的制度。
	它是指法院一般遵循不告不理的原则，只在审理案件时才可以附带性地审查其所适用的法律是否违宪，如果认为违宪可宣布拒绝在本案中适用。该解释只对审理的具体案件产生法律效力，一般没有普遍的约束力。
3. 专门机关	解释宪法的专门机关是指由依据宪法或其他宪法性法律的授权而专门成立的有权解释宪法的机关，如宪法法院、宪法委员会等特别设立的机关。
	最早提出设立宪法法院的是奥地利规范法学派代表人物汉斯·凯尔森。
	专门机关解释宪法**普遍采用司法积极主义原则**。目前奥地利、西班牙、德国、意大利、俄罗斯、韩国等国均建立了宪法法院，而法国等国家建立了宪法委员会。

【注意】我国由全国人大常委会解释宪法，属于立法机关解释宪法的体制。这种体制首先是在 1978 年宪法予以确认规定的，在此之前的历部宪法均没有关于宪法解释的规定。全国人大常委会既可以在出现具体宪法争议时解释宪法，也可以在没有出现宪法争议时抽象地解释宪法，它对宪法的解释应当具有最高的、普遍的约束力。

二、宪法解释的原则

1. 总的原则应该是，以从严解释为主，但并不排除在个别情况下一定的灵活解释。
2. 宪法解释的具体原则，主要有以下几项：

(1) **依法解释原则**。
(2) **符合制宪目的原则**。
(3) **以宪法的根本精神和基本原则为指导原则**。
(4) **适应社会发展需要的原则**。
(5) **字面解释原则**。
(6) **整体解释原则**。

第四节　宪法监督

宪法监督是由宪法授权或者宪法惯例所认可的机关，以一定方式进行合宪性审查，取缔违宪事件、追究违宪责任，从而保证宪法实施的一种制度。其主要包括规范的合宪性审查（针对法律、法规和其他规范性法文件）和行为的合宪性审查（针对一切机关、组织和公民的行为）两大方面。

一、基本内容

1. 规范的合宪性保障，即保障法律、法规和规范性文件的合宪性。
2. 行为的合宪性保障，即保障各种组织（包括国家机关）和全体公民的行为的合宪性。

二、宪法监督的体制

（一）由司法机关作为宪法监督机关的体制	起源于1803年美国联邦最高法院在审理马伯里诉麦迪逊一案的判决。其中明确宣布：违宪的法律不是法律；阐明法律的意义是法院的职权，从而开创了由联邦最高法院审查国会制定的法律是否符合宪法的先例。后来扩展至地方法院，通过具体案件的审理附带地审查其所适用的法律的合宪性。
（二）由代议机关作为宪法监督机关的体制	由代议机关负责保障宪法实施的体制起源于英国。英国长期奉行"议会至上"原则，认为应该由作为立法机关的议会负责保障宪法实施。
	社会主义国家采取的也大多是由代议机关负责保障宪法实施的体制。我国现行宪法规定，全国人大及其常委会负有监督宪法实施的职责。 【注意】我国法院无权审查法律是否合宪。
（三）由专门机关作为宪法监督机关的体制	由专门机关负责保障宪法实施的体制起源于1799年法国宪法设立的护法元老院。
	从发展趋势来看，由专门机关负责保障宪法实施的体制，已日益受到许多国家的重视，并且有可能成为占据主导地位的体制之一。

三、宪法监督的方式

（一）事先审查和事后审查	事先审查又称预防性审查，在规范性文件正式颁布之前，由特定机关审查其合宪性。
	事后审查往往发生在规范性法文件颁布之后，人们对其之合宪性产生怀疑，或者因特定机关、组织、个人提出合宪性审查的请求情况。
（二）附带性审查和宪法控诉	附带性审查往往以争诉事件为前提，所审查的也是与诉讼有关的法律、法规和法律性文件。
	宪法控诉则指当公民个人的宪法权利受到侵害后向宪法法院或者其他相关机构提出控诉的制度。宪法控诉要求有接受宪法控诉的机关和宪法诉讼制度。

四、我国的宪法监督制度

（一）宪法监督的机关	1. 我国属于代议机关作为宪法监督机关的模式。
	2. 这种模式是由1954年宪法确立的。在保留全国人大行使宪法监督职权的基础上，1982年宪法授予全国人大常委会"监督宪法的实施"的职权。

续表

（二）宪法监督的方式（事先审查与事后审查相结合）	1. 事先审查主要体现为法规等规范性文件经批准后生效。（三批准）
	2. 事后审查：（1）法规、规章等规范性文件的备案审查；（2）要求审查（五个主体）；（3）建议审查（其他主体）。
（三）违宪的制裁措施	我国主要是改变或撤销不适当、违背上位法的规范性法文件。

五、我国规范性法文件的审查制度

（一）全国人大常委会对规范性法文件的审查

审查要求	审查建议
国务院、中央军委、最高法、最高检和各省级人大常委会	**其他**机关和团体、企业事业组织以及公民
向全国人大常委会书面提出	
审查对象：行政法规、地方性法规、自治条例和单行条例、两高的司法解释	
专门委员会审查	
专门委员会、常委会工作机构：在审查、**研究中**认为抵触的，可以向制定机关提出书面审查意见、**研究意见**；也可以与宪法和法律委员会召开联合审查会议，要求制定机关到会说明情况，再向制定机关提出书面审查意见	
制定机关：在两个月内研究提出是否修改的意见，并向全国人大宪法和法律委员会和有关的专门委员会或者常委会工作机构反馈	
制定机关按照所提意见对行政法规、地方性法规、自治条例和单行条例进行修改或者废止的，审查终止	**制定机关不予修改的**
	应当向委员长会议提出予以撤销的议案、建议，由委员长会议决定提请常务委员会会议审议决定。

【注意】有关的专门委员会和常委会的工作机构可以对报送备案的规范性法文件进行主动审查。

【注意】不包括规章，规章一般都是国务院审查，都是审查建议；

【注意】在我国，法官没有审查权。

【注意】全国人大有关的专门委员会和常委会工作机构应当按照规定要求，将审查、研究情况向**提出审查建议**的国家机关、社会团体、企业事业组织以及公民反馈，并**可以**向社会公开。

【相关法条·《立法法》】

第九十九条 国务院、中央军事委员会、最高人民法院、最高人民检察院和各省、自治区、直辖市的人民代表大会常务委员会认为行政法规、地方性法规、自治条例和单行条例同宪法或者法律相抵触的，可以向全国人民代表大会常务委员会书面提出进行审查的要求，由常务委员会工作机构分送有关的专门委员会进行审查、提出意见。

前款规定以外的其他国家机关和社会团体、企业事业组织以及公民认为行政法规、地方性法规、自治条例和单行条例同宪法或者法律相抵触的，可以向全国人民代表大会常务委员会书面提出进行审查的建议，由常务委员会工作机构进行研究，必要时，送有关的专门委员会进行审查、提出意见。

有关的专门委员会和常务委员会工作机构可以对报送备案的规范性文件进行主动审查。

第一百条　全国人民代表大会专门委员会、常务委员会工作机构在审查、研究中认为行政法规、地方性法规、自治条例和单行条例同宪法或者法律相抵触的，可以向制定机关提出书面审查意见、研究意见；也可以由法律委员会与有关的专门委员会、常务委员会工作机构召开联合审查会议，要求制定机关到会说明情况，再向制定机关提出书面审查意见。制定机关应当在两个月内研究提出是否修改的意见，并向全国人民代表大会法律委员会和有关的专门委员会或者常务委员会工作机构反馈。

全国人民代表大会法律委员会、有关的专门委员会、常务委员会工作机构根据前款规定，向制定机关提出审查意见、研究意见，制定机关按照所提意见对行政法规、地方性法规、自治条例和单行条例进行修改或者废止的，审查终止。

全国人民代表大会法律委员会、有关的专门委员会、常务委员会工作机构经审查、研究认为行政法规、地方性法规、自治条例和单行条例同宪法或者法律相抵触而制定机关不予修改的，应当向委员长会议提出予以撤销的议案、建议，由委员长会议决定提请常务委员会会议审议决定。

第一百零一条　全国人民代表大会有关的专门委员会和常务委员会工作机构应当按照规定要求，将审查、研究情况向提出审查建议的国家机关、社会团体、企业事业组织以及公民反馈，并可以向社会公开。

【相关法条·《各级人民代表大会常务委员会监督法》】

第三十二条　国务院、中央军事委员会和省、自治区、直辖市的人民代表大会常务委员会认为最高人民法院、最高人民检察院作出的具体应用法律的解释同法律规定相抵触的，最高人民法院、最高人民检察院之间认为对方作出的具体应用法律的解释同法律规定相抵触的，可以向全国人民代表大会常务委员会书面提出进行审查的要求，由常务委员会工作机构送有关专门委员会进行审查、提出意见。

前款规定以外的其他国家机关和社会团体、企业事业组织以及公民认为最高人民法院、最高人民检察院作出的具体应用法律的解释同法律规定相抵触的，可以向全国人民代表大会常务委员会书面提出进行审查的建议，由常务委员会工作机构进行研究，必要时，送有关专门委员会进行审查、提出意见。

（二）规范性法文件的改变与撤销

领导关系	人大——常委会	改变或撤销
	人民政府——工作部门	
	上级政府——下级政府	
监督关系	人大常委会——政府	只能撤销，不能改变
	上级人大常委会——下级人大及其常委会	
	授权机关——被授权机关	

【规律总结】

1. 常委会都是撤销；政府都是改变或撤销；

2. 自治条例和单行条例都是撤销；

3. 上级政府无权审查下级人大及其常委会；

4. 人大除审查与本级人大常委会有关的规范性法文件之外，不直接审查政府和下级人大的规范性法文件。需要审查时，由其常委会出马。

【相关法条·《立法法》】

第九十六条 法律、行政法规、地方性法规、自治条例和单行条例、规章有下列情形之一的，由有关机关依照本法第九十七条规定的权限予以改变或者撤销：

（一）超越权限的；

（二）下位法违反上位法规定的；

（三）规章之间对同一事项的规定不一致，经裁决应当改变或者撤销一方的规定的；

（四）规章的规定被认为不适当，应当予以改变或者撤销的；

（五）违背法定程序的。

第九十七条 改变或者撤销法律、行政法规、地方性法规、自治条例和单行条例、规章的权限是：

（一）全国人民代表大会有权改变或者撤销它的常务委员会制定的不适当的法律，有权撤销全国人民代表大会常务委员会批准的违背宪法和本法第七十五条第二款规定的自治条例和单行条例；

（二）全国人民代表大会常务委员会有权撤销同宪法和法律相抵触的行政法规，有权撤销同宪法、法律和行政法规相抵触的地方性法规，有权撤销省、自治区、直辖市的人民代表大会常务委员会批准的违背宪法和本法第七十五条第二款规定的自治条例和单行条例；

（三）国务院有权改变或者撤销不适当的部门规章和地方政府规章；

（四）省、自治区、直辖市的人民代表大会有权改变或者撤销它的常务委员会制定的和批准的不适当的地方性法规；

（五）地方人民代表大会常务委员会有权撤销本级人民政府制定的不适当的规章；

（六）省、自治区的人民政府有权改变或者撤销下一级人民政府制定的不适当的规章；

（七）授权机关有权撤销被授权机关制定的超越授权范围或者违背授权目的的法规，必要时可以撤销授权。

（三）备案审查

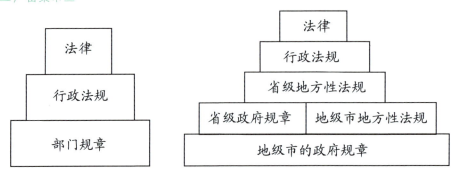

【规律总结】 原则上报上位法的制定机关备案。

（1）法律不备案；

（2）人大不接受备案；

（3）规章的备案找不到全国人大常委会；

（4）事先经过批准的法等同于批准机关的立法，由批准机关报送备案；

（5）自治区的自治条例、单行条例不备案。

1. 行政法规报全人常备案；

2. 部门规章报国务院备案；

3. 省级地方性法规报全人常和国务院备案；

4. 省级政府规章报省人常、国务院备案；

5. 设区的市、自治州的政府规章报本级人大常委会、省级政府、省人常和国务院备案；

6. 设区的市、自治州的地方性法规，自治州、自治县的自治条例和单行条例，由省人常报全人常和国务院备案；

【注意】自治条例、单行条例报送备案时，应当说明对法律、行政法规、地方性法规作出变通的情况；

7. 两高的司法解释应当自公布之日起三十日内报全人常备案。

8. 根据授权制定的法规应当报授权决定规定的机关备案。

【相关法条·《立法法》】

第九十八条 行政法规、地方性法规、自治条例和单行条例、规章应当在公布后的三十日内依照下列规定报有关机关备案：

（一）行政法规报全国人民代表大会常务委员会备案；

（二）省、自治区、直辖市的人民代表大会及其常务委员会制定的地方性法规，报全国人民代表大会常务委员会和国务院备案；设区的市、自治州的人民代表大会及其常务委员会制定的地方性法规，由省、自治区的人民代表大会常务委员会报全国人民代表大会常务委员会和国务院备案；

（三）自治州、自治县的人民代表大会制定的自治条例和单行条例，由省、自治区、直辖市的人民代表大会常务委员会报全国人民代表大会常务委员会和国务院备案；自治条例、单行条例报送备案时，应当说明对法律、行政法规、地方性法规作出变通的情况；

（四）部门规章和地方政府规章报国务院备案；地方政府规章应当同时报本级人民代表大会常务委员会备案；设区的市、自治州的人民政府制定的规章应当同时报省、自治区的人民代表大会常务委员会和人民政府备案；

（五）根据授权制定的法规应当报授权决定规定的机关备案；经济特区法规报送备案时，应当说明对法律、行政法规、地方性法规作出变通的情况。

六、宪法实施的保障

1. 宪法监督制度：事先审查和事后审查；	
2. 政治保障	执政党模范地遵守和执行宪法，在宪法和法律的范围内活动。
3. 社会保障	宪法主体培养宪法意识，遵守宪法、认同宪法、信仰宪法。
4. 法律保障（宪法自身的保障）	（1）明确规定宪法是国家根本法。
	（2）明确规定其自身具有最高的法律效力。
	（3）明确规定修改宪法的特别程序。

第三章　国家的基本制度（上）

第一节　人民民主专政制度

码上揭秘

一、我国的国家性质

我国现行宪法第 1 条规定："中华人民共和国是工人阶级领导的、以工农联盟为基础的人民民主专政的社会主义国家。**社会主义制度是中华人民共和国的根本制度**。中国共产党领导是中国特色社会主义最本质的特征。禁止任何组织或者个人破坏社会主义制度。"

【注意1】人民代表大会制度是我国的根本政治制度。

1. 这表明我国的国家性质是社会主义。

2. 宪法从人民民主专政的国家政权、社会主义经济制度以及社会主义文化制度三个方面全面反映了我国的社会主义性质。

【注意2】2018 年宪法修改，将"中国共产党领导是中国特色社会主义最本质的特征"写进宪法，具有如下理论和实践意义：

1. 这是对中国近代历史进程和对中国特色社会主义所取得的伟大成就的总结；

2. 这是对新时代中国特色社会主义建设发展需求的客观回应；

3. 这是实现"富强民主文明和谐美丽的社会主义现代化强国"目标的科学判断；

4. 中国共产党是中国的最高政治领导力量，宪法为坚持党的领导提供了根本的法律依据。

二、人民民主专政的内涵和性质

1. 具体内涵	工人阶级掌握国家政权、成为领导力量是**根本标志**
	以工农联盟为**阶级基础**
	是对人民民主和对敌人专政的**统一**
2. 性质：无产阶级专政	人民民主专政是马克思主义国家理论同中国社会的实际相结合的产物，比无产阶级专政的提法更符合我国革命和政权建设的历史和现实状况
	人民民主专政发展了马列主义关于无产阶级专政的理论，因此无产阶级专政的概念不能准确、恰当地涵盖人民民主专政的一些新内涵
	人民民主专政比较直观地反映了我国政权对人民民主、对敌人专政两方面

三、我国人民民主专政的主要特色

1. 中国共产党领导的多党合作和政治协商制度	地位：人民民主专政突出的特点和优点
	中共是社会主义事业的领导核心，是执政党；各民主党派是接受领导的、同中共通力合作、共同致力于社会主义事业的亲密友党，是参政党。 【注意】各民主党派不是反对党、在野党。
	中共是政治领导，即政治原则、政治方向和重大方针政策的领导
	合作的**政治基础**：坚持党的领导、坚持四项基本原则
	合作的**基本方针**：长期共存、互相监督、肝胆相照、荣辱与共
2. 爱国统一战线	构成：由中共领导，各民主党派和人民团体参加，包括全体社会主义劳动者、社会主义事业的建设者、拥护社会主义的爱国者、拥护祖国统一和致力于中华民族伟大复兴的爱国者。
	任务：1. 建设富强民主文明和谐美丽的社会主义现代化强国；2. 完成统一大业；3. 维护世界和平。
	组织形式：中国人民政治协商会议

四、中国人民政治协商会议

政协是党领导下的多党合作和政治协商制度的重要机构，是爱国统一战线的组织形式。人民政协不是国家机关，它由党派团体和界别代表组成，政协委员不是由选举产生，而是由各党派团体协商产生。我国在长期的政治实践中，形成了人民代表大会和人民政协会议同期召开大会各级政协委员被邀请列席人大全体会议的惯例，也就是通常所称的"两会"。

政协设全国委员会和地方委员会。前者指导后者，上级委员会指导下级委员会。下级委员会对上级委员会的全地区的决议，都有遵守和履行的义务。

【注意】从本质上讲，政协不是国家机关，但是，政协也不同于一般的人民团体，它同我国国家权力机关的活动有着极为密切的联系。全国人民代表大会召开会议的时候，一般均吸收中国人民政治协商会议全国委员会的委员列席，听取政府工作报告或参加对某项问题的讨论；在必要的时候，全国人大常委会和政协全国常委会可以举行联席会议商讨有关事项；等等。

五、《国家安全法》

1. 全人常通过，属于非基本法律；
2. 国家安全是指国家政权、主权、统一和领土完整、人民福祉、经济社会可持续发展和国家其他重大利益相对处于没有危险和不受内外威胁的状态，以及保障持续安全状态的能力。
3. 每年 4 月 15 日为全民国家安全教育日。
4. 国家安全涉及到经济安全、金融安全、能源安全、粮食安全，文化安全、科技安全、网络与信息安全，维护民族团结、反对民族分裂，宗教事务，打击恐怖主义，公共安全，生态环境安全，核安全，外层空间、国际海底区域和极地的安全，海外中国公民、组织和机构的安全，等等。同时，维护国家安全任务也需要不断完善。

续表

5. 国家安全机关、公安机关依法搜集涉及国家安全的情报信息，在国家安全工作中依法行使侦查、拘留、预审和执行逮捕以及法律规定的其他职权。
6. 对可能即将发生或者已经发生的危害国家安全的事件，县级以上地方人民政府及其有关主管部门应当立即按照规定向上一级人民政府及其有关主管部门报告，必要时可以越级上报。
7. 国家建立国家安全审查和监管的制度和机制，对影响或者可能影响国家安全的外商投资、特定物项和关键技术、网络信息技术产品和服务、涉及国家安全事项的建设项目，以及其他重大事项和活动，进行国家安全审查，有效预防和化解国家安全风险。
8. 国家加强国家安全新闻宣传和舆论引导，通过多种形式开展国家安全宣传教育活动，将国家安全教育纳入国民教育体系和公务员教育培训体系，增强全民国家安全意识。
9. 公民和组织因支持、协助国家安全工作，本人或者其近亲属的人身安全面临危险的，可以向公安机关、国家安全机关请求予以保护。公安机关、国家安全机关应当会同有关部门依法采取保护措施。
10. 公民和组织因支持、协助国家安全工作导致财产损失的，按照国家有关规定给予补偿；造成人身伤害或者死亡的，按照国家有关规定给予抚恤优待。

第二节　国家的基本经济制度

一、经济制度的概念

1. 经济制度是指一国通过宪法和法律调整以生产资料所有制形式为核心的各种基本经济关系的规则、原则和政策的总称，包括生产资料所有制形式、各种经济成分的相互关系及其宪法地位、国家发展经济的基本方针、基本原则等内容。

2. **自德国魏玛宪法以来，经济制度成为现代宪法的重要内容之一。**

【注意】1918 年的苏俄宪法第一次系统规定了经济制度，扩大了宪法的调整范围。《被剥削劳动人民权利宣言》是其第一篇，由列宁起草。

二、社会主义市场经济体制

（一）有中国特色的社会主义市场经济体制

1. 在国家宏观调控下，市场对资源配置起决定作用的经济体制，是社会主义基本制度和市场经济的结合	
2. **有市场经济的共性**：经济活动市场化、企业经营自主化、政府调节间接化、经济运行法制化	
3. 社会主义市场经济的特征	（1）所有制结构：公有制为主体、多种所有制经济平等竞争、共同发展
	（2）分配制度：按劳分配为主体，多种分配方式并存，效率优先，兼顾公平
	（3）宏观调控：国家把当前利益和长远利益、局部利益和整体利益结合起来，发挥计划和市场的各自长处

【相关法条·《宪法》】

第十四条 国家通过提高劳动者的积极性和技术水平，推广先进的科学技术，完善经济管理体制和企业经营管理制度，实行各种形式的社会主义责任制，改进劳动组织，以不断提高劳动生产率和经济效益，发展社会生产力。

国家厉行节约，反对浪费。

国家合理安排积累和消费，兼顾国家、集体和个人的利益，在发展生产的基础上，逐步改善人民的物质生活和文化生活。

国家建立健全同经济发展水平相适应的社会保障制度。

第十五条 国家实行社会主义市场经济。

国家加强经济立法，完善宏观调控。

国家依法禁止任何组织或者个人扰乱社会经济秩序。

第十六条 国有企业在法律规定的范围内有权自主经营。

国有企业依照法律规定，通过职工代表大会和其他形式，实行民主管理。

第十七条 集体经济组织在遵守有关法律的前提下，有独立进行经济活动的自主权。

集体经济组织实行民主管理，依照法律规定选举和罢免管理人员，决定经营管理的重大问题。

（二）社会主义公有制是我国经济制度的基础

1. 所有制结构

以公有制为主体，多种所有制经济平等竞争，共同发展。2013年11月12日，《中共中央关于全面深化改革若干重大问题的决定》强调指出："公有制为主体、多种所有制经济共同发展的基本经济制度，**是中国特色社会主义制度的重要支柱，也是社会主义市场经济体制的根基。**"

社会主义经济制度的基础	生产资料社会主义公有制	
	全民所有制经济（国有经济）	集体所有制经济（城乡合作经济）
地位	国民经济中的**主导力量**	国民经济的**基础力量**
国家政策	保障其巩固和发展	保护合法权益，鼓励、指导和帮助其发展
构成	**主要部分**：国有企业、国有自然资源； **重要组成部分**：全民单位的财产	农村中生产、供销、信用和消费等形式的合作经济；城镇中手工业、工业、建筑业、运输业、商业、服务业等行业的各种形式的合作经济
自然资源	矿藏、水流、城市的土地	宅基地、自留山、自留地
	森林、山岭、草原、荒地、滩涂等；农村和城市郊区的土地	

【注意】《香港特别行政区基本法》第7条规定："香港特别行政区境内的土地和自然资源属于国家所有，由香港特别行政区政府负责管理、使用、开发、出租或批给个人、法人或团体使用或开发，其收入全归香港特别行政区政府支配。"《澳门特别行政区基本法》第7条规定："澳门特别行政区境内的土地和自然资源，除在澳门特别行政区成立前已依法确认的私有土地外，属于国家所有，由澳门特别行政区政府负责管理、使用、开发、出租或批给个人、法人使用或开发，其收入全部归澳门特别行政区政府支配。"

【相关法条·《宪法》】

第六条 中华人民共和国的社会主义经济制度的基础是生产资料的社会主义公有制，即全民所有制和劳动群众集体所有制。社会主义公有制消灭人剥削人的制度，实行各尽所能、按劳分配的原则。

国家在社会主义初级阶段，坚持公有制为主体、多种所有制经济共同发展的基本经济制度，坚持按劳分配为主体、多种分配方式并存的分配制度。

第七条 国有经济，即社会主义全民所有制经济，是国民经济中的主导力量。国家保障国有经济的巩固和发展。

第八条 农村集体经济组织实行家庭承包经营为基础、统分结合的双层经营体制。农村中的生产、供销、信用、消费等各种形式的合作经济，是社会主义劳动群众集体所有制经济。参加农村集体经济组织的劳动者，有权在法律规定的范围内经营自留地、自留山、家庭副业和饲养自留畜。

城镇中的手工业、工业、建筑业、运输业、商业、服务业等行业的各种形式的合作经济，都是社会主义劳动群众集体所有制经济。

国家保护城乡集体经济组织的合法的权利和利益，鼓励、指导和帮助集体经济的发展。

第九条 矿藏、水流、森林、山岭、草原、荒地、滩涂等自然资源，都属于国家所有，即全民所有；由法律规定属于集体所有的森林和山岭、草原、荒地、滩涂除外。

国家保障自然资源的合理利用，保护珍贵的动物和植物。禁止任何组织或者个人用任何手段侵占或者破坏自然资源。

第十条 城市的土地属于国家所有。

农村和城市郊区的土地，除由法律规定属于国家所有的以外，属于集体所有；宅基地和自留地、自留山，也属于集体所有。

国家为了公共利益的需要，可以依照法律规定对土地实行征收或者征用并给予补偿。

任何组织或者个人不得侵占、买卖或者以其他形式非法转让土地。土地的使用权可以依照法律的规定转让。

一切使用土地的组织和个人必须合理地利用土地。

2. **分配制度**

实行以按劳分配为主体，多种分配方式并存，效率优先、兼顾公平。2013年2月3日，国务院批转了《关于深化收入分配制度改革的若干意见》，要求初次分配和再分配都要兼顾效率和公平，初次分配要注重效率，创造机会公平的竞争环境，维护劳动收入的主体地位；再分配要更加注重公平，提高公共资源配置效率，缩小收入差距。

（三）非公有制经济是社会主义市场经济的重要组成部分

1. **构成：** 劳动者个体经济（个体工商户）、私营经济（存在雇佣劳动关系的独资企业、合伙企业和有限责任公司）、三资企业（中外合资、中外合作和外商独资企业）

2. **地位：** 在法律规定范围内的个体经济、私营经济等非公有制经济，是社会主义市场经济的重要组成部分。

3. **国家政策：** 保护个体经济、私营经济等非公有制经济的合法的权利和利益。国家鼓励、支持和引导非公有制经济的发展，并对非公有制经济依法实行监督和管理。

【相关法条·《宪法》】

第十一条　在法律规定范围内的个体经济、私营经济等非公有制经济，是社会主义市场经济的重要组成部分。

国家保护个体经济、私营经济等非公有制经济的合法的权利和利益。国家鼓励、支持和引导非公有制经济的发展，并对非公有制经济依法实行监督和管理。

第十八条　中华人民共和国允许外国的企业和其他经济组织或者个人依照中华人民共和国法律的规定在中国投资，同中国的企业或者其他经济组织进行各种形式的经济合作。

在中国境内的外国企业和其他外国经济组织以及中外合资经营的企业，都必须遵守中华人民共和国的法律。它们的合法的权利和利益受中华人民共和国法律的保护。

三、国家保护社会主义公共财产和公民合法私有财产

在我国，国家对社会主义公共财产和公民合法的私有财产的保护均属于我国经济制度的重要内容。

（一）社会主义公共财产的宪法保障

【相关法条·《宪法》】

第十二条　社会主义的公共财产神圣不可侵犯。

国家保护社会主义的公共财产。禁止任何组织或者个人用任何手段侵占或者破坏国家的和集体的财产。

第九条第二款　国家保障自然资源的合理利用，保护珍贵的动物和植物。禁止任何组织或者个人用任何手段侵占或者破坏自然资源。

（二）公民合法私有财产权的宪法保障

【相关法条·《宪法》】

第十三条　公民的合法的私有财产不受侵犯。

国家依照法律规定保护公民的私有财产权和继承权。

国家为了公共利益的需要，可以依照法律规定对公民的私有财产实行征收或者征用并给予补偿。

宪法中所规定的公民的基本权利，大都属于针对国家公权力而言的防御权。第13条规定"公民的合法的私有财产不受侵犯"，即强调公民的合法的私有财产免于国家的侵犯，是一种防御国家公权力的权利。进而，第13条还规定"国家依照法律规定保护公民的私有财产权和继承权"，指明了国家不仅不能侵犯公民的私有财产权，而且还有义务保护公民的私有财产权免于其他主体的侵犯，此即所谓国家保护义务理论所突出强调的内容。此外，第13条还特别强调，国家"依照法律规定"来保护，即说明相关事项属于法律保留范围。

【注意】征收征用公民的私有财产的三个条件：①为了公共利益需要；②法律保留，只能依照法律的规定，不能依据法规、规章；③要给予补偿，不能是无偿的，也不是赔偿。

第三节　国家的基本文化制度

一、文化制度的概念

文化制度是国家通过宪法和法律调整以意识形态为核心的各种基本关系的规则、原则和政

策的综合，主要包括教育事业，科技事业，文学艺术事业，广播电影电视事业，新闻出版事业，文物事业，图书馆事业以及社会意识形态等方面。

二、文化制度的特点

1. 阶级性
2. 历史性
3. 民族性

三、文化制度在各国宪法中的表现

近代意义的宪法产生以来，文化制度便成为宪法不可缺少的重要内容，但各国宪法在不同时期的规定有很大差异。

（一）早期资产阶级宪法对文化制度规定的特点

1. 内容狭窄，只限于著作权、教育等方面；

2. 大多从公民权利角度间接地反映文化制度的某些内容，对国家发展文化的政策规定比较少；

3. 社会意识形态的基本原则大多来自资产阶级启蒙思想家的自然法学说，强调人民主权、天赋人权、人生而平等，鼓吹资产阶级政治哲学和道德理想。

（二）垄断资本主义时期宪法文化制度的特点

1919 年德国魏玛宪法不仅详尽地规定了公民的文化权利，而且还明确地规定了国家的基本文化政策。这部宪法**第一次比较全面系统地规定了文化制度**，后为许多资本主义国家宪法所效仿。这一时期的文化制度的特点体现为：

1. 内容广泛具体，涉及教育、科学、文化、艺术、语言、意识形态、学术等各方面；

2. 直接明确规定国家的基本文化政策；

3. 社会意识形态的基本原则反映了时代特点，因而强调福利国家、全民国家思想。

（三）早期社会主义宪法一般都宣布社会主义文化是大众文化，并重视对公民受教育权和国家教育制度的规定

（四）二战之后，世界各国宪法关于文化制度的规定更加丰富和完善，大体包括了三个类型：资本主义文化制度、社会主义文化制度和民族民主主义的文化制度

四、我国宪法关于基本文化制度的规定

（一）教育事业

【相关法条·《宪法》】

第十九条　国家发展社会主义的教育事业，提高全国人民的科学文化水平。

国家举办各种学校，**普及初等义务教育，发展中等教育、职业教育和高等教育，并且发展学前教育。**

国家发展各种教育设施，扫除文盲，对工人、农民、国家工作人员和其他劳动者进行政治、文化、科学、技术、业务的教育，鼓励自学成才。

国家鼓励集体经济组织、国家企业事业组织和其他社会力量依照法律规定举办各种教育事业。

国家推广全国通用的普通话。

（二）科学事业

【相关法条·《宪法》】

第二十条 国家发展自然科学和社会科学事业，普及科学和技术知识，奖励科学研究成果和技术发明创造。

（三）文学艺术及其他文化事业

【相关法条·《宪法》】

第二十二条 国家发展为人民服务、为社会主义服务的文学艺术事业、新闻广播电视事业、出版发行事业、图书馆博物馆文化馆和其他文化事业，开展群众性的文化活动。

国家保护名胜古迹、珍贵文物和其他重要历史文化遗产。

第二十一条第二款 国家发展体育事业，开展群众性的体育活动，增强人民体质。

（四）国家开展公民道德教育

公民道德教育是国家文化建设的基础，并对整个国家文化制度的发展方向具有决定性的意义。

1. 普及理想、道德、文化、纪律和法制教育，培养"四有"公民；
2. 提倡"五爱"教育，树立和发扬社会公德；
3. 进行马克思主义教育，反对腐朽思想。

【相关法条·《宪法》】

第二十四条 国家通过普及理想教育、道德教育、文化教育、纪律和法制教育，通过在城乡不同范围的群众中制定和执行各种守则、公约，加强社会主义精神文明的建设。

国家倡导社会主义核心价值观，提倡爱祖国、爱人民、爱劳动、爱科学、爱社会主义的公德，在人民中进行爱国主义、集体主义和国际主义、共产主义的教育，**进行辩证唯物主义和历史唯物主义的教育**，反对资本主义的、封建主义的和其他的腐朽思想。

第四节　国家的基本社会制度

社会制度是国家制度中的基本组成部分，是相对于政治制度、经济制度、文化制度、生态制度而言的，为保障社会成员基本的生活权利，以及为营造公平、安全、有序的生活环境而建构的制度体系。

一、社会制度的特征

1. 社会制度以维护平等为基础	
2. 社会制度以保障公平为核心	（1）以其相应的价值体系与规则体系引领与营造公平的社会环境之形成；
	（2）以其弱势群体扶助制度体系的建构促进社会实质公平的形成；
	（3）以其相应的收入再分配调节机制，在一定程度上缩小差别，促进相对分配公平的实现。

续表

3. 社会制度以捍卫和谐稳定的法治秩序为关键	（1）对社会治安、社会安全的捍卫；
	（2）对社会人口及其结构的调节；
	（3）对社会矛盾的引导和化解；
	（4）社会公平正义的环境的形成。

二、我国宪法关于基本社会制度的规定

1. 社会保障制度（狭义的社会制度）	（1）国家建立健全同经济发展水平相适应的社会保障制度。
	（2）公民在年老、疾病或者丧失劳动能力的情况下，有从国家和社会获得物质帮助的权利。国家发展为公民享受这些权利所需要的社会保险、社会救济和医疗卫生事业。
	（3）国家和社会保障残废军人的生活，抚恤烈士家属，优待军人家属。
	（4）国家和社会帮助安排盲、聋、哑和其他有残疾的公民的劳动、生活和教育。
	（5）妇女在政治的、经济的、文化的、社会的和家庭的生活等各方面享有同男子平等的权利；国家保护妇女的权利和利益，实行男女同工同酬，培养和选拔妇女干部。
	（6）婚姻、家庭、母亲和儿童受国家的保护。
2. 医疗卫生事业	国家发展医疗卫生事业，发展现代医药和我国传统医药，鼓励和支持农村集体经济组织、国家企业事业组织和街道组织举办各种医疗卫生设施，开展群众性的卫生活动，保护人民健康。
3. 劳动保障制度	（1）国家通过各种途径，创造劳动就业条件，加强劳动保护，改善劳动条件，并在发展生产的基础上，提高劳动报酬和福利待遇。
	（2）国家提倡社会主义劳动竞赛，奖励劳动模范和先进工作者。国家提倡公民从事义务劳动。
	（3）国家对就业前的公民进行必要的劳动就业训练。
4. 社会人才培养制度	国家培养为社会主义服务的各种专业人才，扩大知识分子的队伍，创造条件，充分发挥他们在社会主义现代化建设中的作用。
5. 计划生育制度	国家推行计划生育，使人口的增长同经济和社会发展计划相适应。
6. 社会秩序及安全维护制度	（1）国家维护社会秩序，镇压叛国和其他危害国家安全的犯罪活动，制裁危害社会治安、破坏社会主义经济和其他犯罪的活动，惩办和改造犯罪分子。
	（2）武装力量属于人民。它的任务是巩固国防，抵抗侵略，保卫祖国，保卫人民的和平劳动，参加国家建设事业，努力为人民服务。国家加强武装力量的革命化、现代化、正规化的建设，增强国防力量。

第四章　国家的基本制度（下）

第一节　人民代表大会制度

码上揭秘

一、政权组织形式的概念与种类

政权组织形式是指掌握国家权力的阶级组织国家机关以实现其阶级统治的形式。

（一）资本主义国家的政权组织形式

政权组织形式的类型		特点	典型国家
君主制	1. 二元君主立宪制	以君主为核心，君主在国家机关体系中发挥主导作用；君主的权力受到宪法和议会的限制虽然存在，但是限制力很小。君主可任命部分议员；法律需经其同意才能生效；内阁只是其咨询机构；等等。	约旦、沙特阿拉伯等极少数国家
	2. 议会君主立宪制	君主权力受到宪法和议会的严格限制，君主只行使一些形式上的或者礼仪性的职权，对其他机构没有实际控制能力。	英国、西班牙和日本
共和制	1. 总统制	总统既是国家元首，又是政府首脑；由选举产生、对选民负责；议会无权通过不信任投票迫使总统辞职，总统也无权解散议会。	美国
	2. 议会共和制	议员由选举产生，获得议会多数席位的政党组织政府，议会和政府相互渗透，政府成员一般由议员兼任；议会以不信任投票迫使政府辞职，政府可以解散议会。	意大利
	3. 委员会制	最高国家行政机关是一个委员会，成员由众议院选举产生，总统（行政首长）由委员会成员轮流担任，任期一年，不得连任；议会不能提出不信任案，委员会也无权解散议会。	瑞士
	4. 半总统半议会制	总统是国家元首，拥有任免总理、主持内阁会议、颁布法律、统帅武装部队等大权；总理是政府首脑，对议会负责；议会可通过不信任投票迫使总理向总统提出政府辞职。	1958 年后的法国

（二）社会主义国家的政权组织形式

社会主义国家普遍采取**人民代表制**的政权组织形式，即由选民选举代表组成行使国家权力的人民代表机关；各级国家行政机关和其他国家机关由同级人民代表机关选举产生，对它负责，受它监督；人民代表机关在整个国家机关体系中居于主导地位。

各个社会主义国家在人民代表制的具体细节上差别很大：

1. 在名称上，有的称苏维埃，有的称议会，有的称人民代表会议，有的称人民代表大会。

2. 在组织机构上，有的采一院制，有的采两院制；

3. 在常设机构的职权上，有的没有立法权，有的可以行使部分立法权；

4. 在国家元首制度上，有的采个人元首制，有的采集体元首制。

二、我国的政权组织形式

（一）人民代表大会制度的基本内容

1. 逻辑起点是主权在民，人民主权构成人民代表大会制度最核心的基本原则
2. 人民掌握和行使国家权力的组织形式和制度：各级人民代表大会
3. 人大代表由人民选举、受人民监督
4. 各级人大是国家权力机关，其他国家机关由人大选举产生，对其负责、受其监督

【相关法条·《宪法》】

第二条 中华人民共和国的一切权力属于人民。

人民行使国家权力的机关是全国人民代表大会和地方各级人民代表大会。

人民依照法律规定，通过各种途径和形式，管理国家事务，管理经济和文化事业，管理社会事务。

第三条 中华人民共和国的国家机构实行民主集中制的原则。

全国人民代表大会和地方各级人民代表大会都由民主选举产生，对人民负责，受人民监督。

国家行政机关、监察机关、审判机关、检察机关都由人民代表大会产生，对它负责，受它监督。

中央和地方的国家机构职权的划分，遵循在中央的统一领导下，充分发挥地方的主动性、积极性的原则。

（二）人民代表大会制度的性质

1. **我国的根本政治制度**	（1）组成：各级人大都由人民代表组成，而代表都是根据人民的意志选举产生
	（2）职权：人大代表人民行使广泛的国家权力
	（3）责任：向人民负责，受人民监督
2. 我国实现社会主义民主的基本形式	（1）人大制度是人民行使当家作主权利、实现社会主义民主的一种基本形式
	（2）在各种实现民主的形式中，人大制度居于最重要地位，其它形式都受限制

第二节　选举制度

一、选举制度的概念

1. 选举制度是一国统治阶级通过法律规定的关于选举国家代议机关代表的原则、程序与方法等各项制度的总称。

2. 近代选举制度的三个特点：

（1）被选举者往往是代议机关的代表或议员；

（2）形式上采用普选制；

（3）有一套比较完整的法律规范。

3. 在我国，选举制度主要指的是选举全国人大和地方各级人大代表的组织、原则、程序以及方式方法的制度。

我国现行《选举法》制定于 1979 年，经过 1982 年、1986 年、1995 年、2004 年、2010 年、2015 年六次修正。其中 1982 年、1995 年和 2010 年三次修正涉及对城乡代表名额分配比例的修改。

【注意】在我国，全国人大和地方各级人大的选举经费，列入财政预算，由国库开支。

【新增考点】公民参加各级人大代表的选举，不得直接或者间接接受境外机构、组织、个人提供的与选举有关的任何形式的资助。否则，不列入代表候选人名单；已经列入代表候选人名单的，从名单中除名；已经当选的，其当选无效。

二、我国选举制度的基本原则

（一）普遍性

1. 基本条件

（1）公民；
（2）年满 18 周岁；
（3）未被剥夺政治权利。

2. 不能行使选举权的情况

（1）精神病患者不能行使选举权利的，经选举委员会确认，不列入选民名单；
（2）因犯危害国家安全罪或其他严重刑事犯罪被羁押、正在受侦查、起诉、审判的人，经法院或检察院决定，在被羁押期间停止行使选举权利。

3. 行使选举权的特别情况

（1）被判处有期徒刑、拘役、管制而未被剥夺政治权利的；	由选举委员会和执行监禁、羁押、拘留的机关共同决定，可以在流动票箱投票，或者委托有选举权的亲属或者其他选民代为投票。**被判处拘役、受拘留处罚的人也可以在选举日回原选区参加选举。**
（2）被羁押，正在受侦查、起诉、审判，法院或检察院未决定停止选举权利的；	
（3）正在取保候审或监视居住的；	
（4）正在受拘留处罚的。	

（二）平等性

除法定的当选条件外，选民平等地享有选举权和被选举权；
每一选民在一次选举中只有一个投票权；
每一代表所代表的选民人数相同；2010 年《选举法》修正，城乡按照相同人口比例选举人大代表；

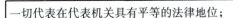

续表

一切代表在代表机关具有平等的法律地位；
各行政区域不论人口多少，都应有相同的基本名额数，都能选举一定数量的代表；
对选举中的弱者选民进行特殊保护，也是平等的体现；我国对特定主体（残疾人、旅居国外的中国公民、少数民族）的选举权加以特别保护。人口再少的民族，也要有一名代表，体现民族平等。

（三）直接间接并用

1. 直接选举：不设区的市、市辖区、县、自治县、乡、民族乡、镇的人大代表，选民直选；
2. 间接选举：全国人大、省级人大、设区的市、自治州的人大代表由下一级人大选出。

（四）秘密投票

各级人大代表的选举，一律采用无记名投票的方法；选举时设秘密写票处；
在选票上不标识身份；
投票时不显露选举意向。

（五）广泛的代表性

全国人大和地方各级人大的代表应当有适当数量的基层代表，特别是工人、农民和知识分子代表。
全国人大和地方各级人大的代表应当有适当数量的妇女代表，并逐步提高妇女代表的比例。
全国人大和归侨人数较多地区的地方人大，应当有适当名额的归侨代表。
旅居国外的中国公民在县级以下人大代表选举期间在国内的，可以参加原籍地或者出国前居住地的选举。

三、选举机构

	直接选举	间接选举
主持机构	1. 选举委员会（主任、副主任和委员） 2. 选举委员会**受县级人大常委会任命和领导**、受省、市两级人大常委会的指导。 【注意】选委会组成人员为候选人的，应辞去选委会职务。	1. 本级人大常委会主持本级人大代表的选举； 2. 县级以上地方人大在选举上一级人大代表时，由各该级人大主席团主持。
职责	划分选区，分配各选区应选代表的名额；选民登记，审查选民资格，公布选民名单；受理对于选民名单不同意见的申诉，并作出决定；确定选举日期；了解核实并组织介绍代表候选人的情况；根据较多数选民的意见，确定和公布正式代表候选人名单；主持投票选举；确定选举结果是否有效，公布当选代表名单。	

【注意】选举委员会应当及时公布选举信息。

四、人大代表名额及其分配

（一）地方各级人大代表名额【新修改】

地方各级人大的代表总额是代表名额基数与按人口数增加的代表数相加之和。

1. 省、自治区、直辖市的代表名额基数为350名，省、自治区每十五万人可以增加一名代表，直辖市每二万五千人可以增加一名代表；但是，代表总名额不得超过一千名；**自治区、聚居的少数民族多的省，经全国人大常委会决定，代表名额可以另加百分之五。**

【注意】省、自治区、直辖市的人民代表大会代表的具体名额，由全国人大常委会依法确定。

2. 设区的市、自治州的代表名额基数为240名，每二万五千人可以增加一名代表；人口超过一千万的，代表总名额不得超过650名。

3. 不设区的市、市辖区、县、自治县的代表名额基数为140名，每五千人可以增加一名代表；人口超过一百五十五万的，代表总名额不得超过450名；人口不足五万的，代表总名额可以少于140名；**聚居的少数民族多或者人口居住分散的县、自治县，经省、自治区、直辖市的人大常委会决定，代表名额可以另加百分之五。**

【注意】设区的市、自治州和县级的人民代表大会代表的具体名额，由省、自治区、直辖市的人民代表大会常务委员会依照本法确定，报全国人大常委会备案。

4. 乡、民族乡、镇的代表名额基数为45名，每一千五百人可以增加一名代表；但是，代表总名额不得超过160名；人口不足二千的，代表总名额可以少于45名。**聚居的少数民族多或者人口居住分散的乡、民族乡，经省、自治区、直辖市的人大常委会决定，代表名额可以另加百分之五。**

【注意】乡级的人民代表大会代表的具体名额，由县级的人民代表大会常务委员会依照本法确定，报上一级人民代表大会常务委员会备案。

【注意】地方各级人大的代表总名额经确定后，不再变动。如果由于行政区划变动或者由于重大工程建设等原因造成人口较大变动的，该级人大的代表总名额依法重新确定。重新确定代表名额后，省、自治区、直辖市的人大常委会应当在三十日内将重新确定代表名额的情况报全国人大常委会备案。

（二）全国人大代表名额

1. 全国人大的代表，由省、自治区、直辖市的人民代表大会和人民解放军选举产生。

2. 全国人大代表的名额不超过三千人。

3. 香港特别行政区、澳门特别行政区应选全国人大代表的名额和代表产生办法，由全国人大另行规定。

（三）代表名额的分配

1. 全国人大代表名额的分配

（1）全国人大代表名额，由全国人大常委会根据各省、自治区、直辖市的人口数，按照每一代表所代表的城乡人口数相同的原则，以及保证各地区、各民族、各方面都有适当数量代表的要求进行分配。

（2）省、自治区、直辖市应选全国人大代表名额，由根据人口数计算确定的名额数、相同的地区基本名额数和其他应选名额数构成。

（3）全国人大代表名额的具体分配，由全国人大常委会决定。

（4）全国少数民族应选全国人大代表，由全国人大常委会参照各少数民族的人口数和分布等情况，分配给各省、自治区、直辖市的人民代表大会选出。人口特少的民族，至少应有代表一人。

2. 地方各级人大代表名额的分配

（1）地方各级人民代表大会代表名额，由本级人民代表大会常务委员会或者本级选举委员会根据本行政区域所辖的下一级各行政区域或者各选区的人口数，按照每一代表所代表的城乡人口数相同的原则，以及保证各地区、各民族、各方面都有适当数量代表的要求进行分配。

（2）在县、自治县的人民代表大会中，人口特少的乡、民族乡、镇，至少应有代表一人。

（3）地方各级人民代表大会代表名额的分配办法，由省、自治区、直辖市人民代表大会常务委员会参照全国人大代表名额分配的办法，结合本地区的具体情况规定。

五、少数民族的选举

【相关法条·《选举法》】

第十九条 有少数民族聚居的地方，每一聚居的少数民族都应有代表参加当地的人民代表大会。

聚居境内同一少数民族的总人口数占境内总人口数百分之三十以上的，每一代表所代表的人口数应相当于当地人民代表大会每一代表所代表的人口数。

聚居境内同一少数民族的总人口数不足境内总人口数百分之十五的，每一代表所代表的人口数可以适当少于当地人民代表大会每一代表所代表的人口数，但不得少于二分之一；实行区域自治的民族人口特少的自治县，经省、自治区的人民代表大会常务委员会决定，可以少于二分之一。人口特少的其他聚居民族，至少应有代表一人。

聚居境内同一少数民族的总人口数占境内总人口数百分之十五以上、不足百分之三十的，每一代表所代表的人口数，可以适当少于当地人民代表大会每一代表所代表的人口数，但分配给该少数民族的应选代表名额不得超过代表总名额的百分之三十。

第二十一条第一款 散居的少数民族应选当地人民代表大会的代表，每一代表所代表的人口数可以少于当地人民代表大会每一代表所代表的人口数。

第二十二条第一款 有少数民族聚居的不设区的市、市辖区、县、乡、民族乡、镇的人民代表大会代表的产生，按照当地的民族关系和居住状况，各少数民族选民可以单独选举或者联合选举。

第二十三条 自治区、自治州、自治县制定或者公布的选举文件、选民名单、选民证、代表候选人名单、代表当选证书和选举委员会的印章等，都应当同时使用当地通用的民族文字。

六、划分选区

1. 只有直接选举划分选区；

2. 县乡两级人大的代表名额分配到选区，按选区进行选举。选区可以按居住状况划分，也可以按生产单位、事业单位、工作单位划分。

3. 选区的大小，按照每一选区选一名至三名代表划分。

4. 本行政区域内各选区每一代表所代表的人口数应大体相等。

七、选民登记

1. **原则：一次登记，长期有效。**
2. 凡年满 18 周岁没有被剥夺政治权利的我国公民都应列入选民名单。
3. 选民登记按选区进行，经登记确认的选民资格长期有效。每次选举前对上次登记后新满 18 周岁的、恢复政治权利的、迁入本选区的选民，予以登记；对迁出本选区、死亡的和依法被剥夺政治权利的，除名。
4. 精神病人不能行使选举权利的，经选举委员会确认，不列入选民名单。
5. 选民名单应在选举日的 20 日以前公布，实行凭选民证参加投票的，应当发给选民证。
6. 对公布的选民名单有不同意见的，可以在名单公布之日起 5 日内向选举委员会提出申诉。选举委员会对申诉意见，应在 3 日内作出处理决定。申诉人如果不服，可以在选举日的 5 日以前向人民法院起诉，人民法院应由审判员组成合议庭，在选举日以前作出判决。人民法院的判决为最后决定。

八、提出代表候选人

1. 推荐代表候选人：
（1）各政党、各人民团体可以联合或单独推荐；
（2）选民或代表 10 人以上联名推荐。
2. 推荐的代表候选人人数不得超过本选区或选举单位应选代表名额。县级以上的地方各级人大在选举上一级人大代表时，代表候选人不限于各该级人大的代表。
3. 各级人大代表实行差额选举，代表候选人的人数应多于应选代表的名额：直接选举的差额为应选人数的 1/3～1，间接选举的差额为应选人数的 1/5～1/2；
4. 直接选举代表候选人名单的公布：
（1）选举委员会汇总后，在选举日的 15 日以前公布，并交各该选区的选民小组讨论、协商，确定正式代表候选人名单；
（2）如超过差额比例的，由选举委员会交各该选区的各选民小组讨论、协商，根据多数选民的意见，确定正式代表候选人名单；不能形成一致意见的，进行预选，根据预选时得票多少的顺序，确定正式候选人名单；
（3）正式代表候选人名单及基本情况应当在选举日的 7 日以前公布。
5. 间接选举代表候选人名单的公布：
（1）提名、酝酿候选人的时间不得少于 2 天；
（2）各该级人大主席团将依法提出的代表候选人名单及其基本情况印发全体代表，由全体代表酝酿、讨论。
（3）如果所提代表候选人的人数符合规定的差额比例，直接进行投票选举。
（4）如果所提代表候选人的人数超过法定的最高差额比例，进行预选，根据预选时得票多少的顺序，再按照法定的具体差额比例，确定正式代表候选人名单，进行投票选举。
6. 介绍代表候选人：
（1）选举委员会或者人大主席团应当向选民或者代表介绍代表候选人的情况。
（2）推荐代表候选人的政党、人民团体和选民、代表可以在选民小组或者代表小组会议上介绍所推荐的代表候选人的情况。

（3）选举委员会根据选民的要求，应当组织代表候选人与选民见面，由代表候选人介绍本人的情况，回答选民的问题。

（4）**但是，在选举日必须停止代表候选人的介绍。**

九、投票

1. 选举委员会应当根据各选区选民分布状况，按照方便选民投票的原则**设立投票站**，进行选举。选民居住比较集中的，可以**召开选举大会**，进行选举；因患有疾病等原因行动不便或者居住分散并且交通不便的选民，可以**在流动票箱投票**。
2. 直接选举时，选民根据选举委员会的规定，凭身份证或者选民证领取选票。
3. 一律采用无记名投票的方法；选举时应当设有秘密写票处。
4. 选民如果是文盲或者因残疾不能写选票的，可以委托他信任的人**代写**。
5. 选民如果在选举期间外出，经选举委员会同意，可以书面**委托其他选民代为投票**。每一选民接受的委托不得超过三人，并应当按照委托人的意愿代为投票。
6. 选举人对于代表候选人可以投赞成票，可以投反对票，可以另选其他任何选民，也可以弃权。
7. 工作人员应统计并宣布出席人数，当众检查票箱，组织选民推选监票、计票人员。
8. 选区全体选民过半数参加投票，选举有效；不足半数，改期选举。

十、计票

1. 投票结束后，由选民或者代表推选的监票、计票人员和选举委员会或者人民代表大会主席团的人员将投票人数和票数加以核对，作出记录，并由监票人签字。
2. 代表候选人的近亲属不得担任监票人、计票人。
3. 每次选举所投的票数，多于投票人数的无效，等于或者少于投票人数的有效。
4. 每一选票所选的人数，多于规定应选代表人数的作废，等于或者少于规定应选代表人数的有效。

十一、当选

1. **直接选举采双过半制**：在选民直接选举人民代表大会代表时，选区全体选民的过半数参加投票，选举有效。代表候选人获得参加投票的选民过半数的选票时，始得当选。
2. **间接选举**：代表候选人获得全体代表过半数的选票时，始得当选。
3. 获得过半数选票的代表候选人的人数超过应选代表名额时，以得票多的当选。如遇票数相等不能确定当选人时，应当就票数相等的候选人再次投票，以得票多的当选。
4. 获得过半数选票的当选代表的人数少于应选代表的名额时，不足的名额另行选举。另行选举时，根据在第一次投票时得票多少的顺序，按照法定的差额比例，确定候选人名单。如果只选一人，候选人应为二人。另行选举后，直接选举的，得票多的当选，但是得票数不得少于选票的1/3；间接选举的，代表候选人获得全体代表过半数的选票，始得当选。

十二、确认和宣布

1. 当选代表名单由选举委员会或者人民代表大会主席团予以公布；
2. 公民**不得同时担任两个无隶属关系的行政区域的人大代表**。

十三、代表资格审查委员会

（1）县级以上的地方各级人民代表大会常务委员会设立代表资格审查委员会；乡镇人大不设常委会，其代表资格审查委员会由乡镇每届人大的第一次会议通过。

（2）乡镇人大的代表资格审查委员会行使职权至本届人大任期届满为止；

（3）各级人大的代表资格审查委员会依法对当选代表的资格进行审查，提出代表当选是否有效的意见，向本级人民代表大会常务委员会或者乡、民族乡、镇的人民代表大会主席团报告。

（4）县级以上的各级人大常委会或者乡镇的人大主席团根据代表资格审查委员会的报告，确认代表的资格或者确定代表的当选无效，在每届人民代表大会第一次会议前公布代表名单。

（5）县级以上的各级人大代表资格的终止，由代表资格审查委员会报本级人大常委会，由本级人大常委会予以公告。

（6）乡镇的人大代表资格的终止，由代表资格审查委员会报本级人大，由本级人大予以公告。

（7）县级以上人大的代表资格审查委员会的主任委员、副主任委员和委员的人选，由常务委员会主任会议在常务委员会组成人员中提名，常务委员会会议通过。

（8）对补选产生的代表，依法进行代表资格审查。

【特别注意】代表资格审查委员会只负责审查并提出意见，最终确认当选或者确定当选无效的权力归于县级以上的各级人大常委会或者乡、民族乡、镇的人大主席团。

十四、代表的罢免

直选	1. 提出主体：对县级代表，原选区选民50人以上联名；对乡级代表，原选区选民30人以上联名。 2. 提出对象：向县级人大常委会书面提出罢免要求，并写明罢免理由；被提出罢免的代表有权在选民会议上提出申辩意见，也可以书面提出申辩意见。 3. 罢免条件：须经原选区过半数选民通过。
间选	1. 提出主体：选举他的人大会议期间，主席团或1/10以上代表联名；在人大闭会期间，常委会主任会议或1/5以上人员联名，可提出对该级人大选出的上一级人大代表的罢免案。罢免案应当写明罢免理由。 2. 申辩：被提出罢免的代表有权在主席团会议和大会全体会议上提出申辩意见，或者书面提出申辩意见。 3. 罢免条件：经选举他的人大过半数代表或者常委会组成人员的过半数（人大闭会期间）通过。 4. 罢免决议报送上一级人大常委会备案、公告。

续表

- 罢免代表采用无记名的表决方式。
- 罢免的后果：
1. 县级以上的各级人大常委会组成人员，县级以上的各级人大专门委员会成员的代表职务被罢免的，其常委会组成人员或者专门委员会成员的职务相应撤销，由主席团或者常委会予以公告。
2. 乡、民族乡、镇的人大主席、副主席的代表职务被罢免的，其主席、副主席的职务相应撤销，由主席团予以公告。

【注意】受理罢免要求之后，相应主体都应当把罢免要求和被提出罢免的代表的书面申辩意见印发选民或全体会议。

【相关法条·《选举法》】

第四十九条 全国和地方各级人民代表大会的代表，受选民和原选举单位的监督。选民或者选举单位都有权罢免自己选出的代表。

十五、代表的辞职

1. 县级代表可向本级人大常委会书面辞职；县级人大常委会经组成人员的过半数通过；应公告。
2. 乡镇代表可向本级人大书面辞职；乡级人大经代表的过半数通过；应公告。
3. 间接选举的代表，可向选举他的人大的常委会书面提出辞职；该常委会经其组成人员的过半数通过，并将决议报送上一级人大常委会备案、公告。

十六、代表的补选

1. 代表在任期内出缺，由原选区或者原选举单位补选。
2. 代表在任期内调离或者迁出本行政区域的，其代表资格自行终止，缺额另行补选。
3. 间接选举的代表，在人大闭会期间，可由本级人大常委会补选上一级人大代表。
4. 补选出缺的代表时，代表候选人的名额可以多于应选代表的名额，也可以同应选代表的名额相等。

十七、对破坏选举的制裁

违法行为	处理步骤一	处理步骤二	处理步骤三
以金钱或者其他财物贿赂选民或者代表，妨害选民和代表自由行使选举权和被选举权的（贿选人）	如若当选，其当选无效	违反治安管理规定的，依法给予治安管理处罚；构成犯罪的，依法追究刑事责任	国家工作人员有这些行为的，还应当依法给予行政处分
以暴力、威胁、欺骗或者其他非法手段妨害选民和代表自由行使选举权和被选举权的			
伪造选举文件、虚报选举票数或者有其他违法行为的			
对于控告、检举选举中违法行为的人，或者对于提出要求罢免代表的人进行压制、报复的			

【新增】国家工作人员有上列行为的，还应当由监察机关给予政务处分或者由所在机关、

单位给予处分。

【注意】主持选举的机构（县乡两级选举委员会；省、市人大的主席团）发现有破坏选举的行为或者收到对破坏选举行为的举报，应当及时依法调查处理；需要追究法律责任的，及时移送有关机关予以处理，不能直接追究法律责任。

十八、特别行政区全国人大代表的选举

1. 首先在特区成立全国人大代表选举会议。选举会议名单由全国人大常委会公布。
2. 选举会议的第一次会议由全国人大常委会主持。
3. 会议选举会议成员组成主席团；主席团主持特区全国人大代表的选举。
4. 代表候选人由选举会议成员十人以上提名；联名提名不得超过应选人数；候选人应多于应选名额，进行差额选举。
5. 参选人在参选人登记表中应当声明拥护中华人民共和国宪法和香港特别行政区基本法，拥护"一国两制"方针政策，效忠中华人民共和国和香港特别行政区；应当声明未直接或者间接接受外国机构、组织、个人提供的与选举有关的任何形式的资助。
6. 选举采用无记名投票方式；每一选票所选的人数，等于应选代表名额的有效，多于或者少于应选代表名额的作废；代表候选人获得参加投票的选举会议成员过半数的选票时，始得当选。
7. 选举结果由主席团依法宣布，报全国人大常委会代表资格审查委员会进行资格确认后，公布代表名单。

第三节 国家结构形式

一、国家结构形式概述

国家结构形式是指特定国家的统治阶级根据一定原则采取的调整国家整体与部分、中央与地方相互关系的形式。

1. 现代国家的国家结构形式主要有**单一制和联邦制两大类**。二者的区别主要在于主权结构是否单一，具体表现为：有几部宪法；立法、行政、司法系统是否唯一；地方权力的来源和独立性（**能否分离出去**）；几个国际法主体；公民是否具有统一的国籍；等等。

2. 决定国家结构形式的因素：**统治阶级的统治需要（主要并起决定作用）**；历史因素；民族因素。

二、我国是单一制的国家结构形式

1. 我国现行宪法序言规定："中华人民共和国是全国各族人民共同缔造的统一的多民族国家。"这一规定表明，单一制是我国的国家结构形式。

2. 具体表现：

（1）在法律制度方面，只有一部宪法、只有一套以宪法为基础的法律体系，维护宪法的权威和法制的统一是国家的基本国策；

（2）在国家机构方面，只有一套中央国家机关体系；

（3）在中央与地方的关系方面，各种地方都是中央政府领导下的地方行政区域，不得脱离中央而独立；

（4）在对外关系方面，中华人民共和国是一个统一的国际法主体，公民具有统一的国籍。

3. 采取单一制的原因：

（1）**历史原因：**大一统的文化观念；中央集权的政治传统；民族国家的凝聚力；封闭的地理环境；抵抗外侮的团结需要。

（2）**民族原因：**各族人民共同心愿；单一制有利于民族团结；资源分布和经济发展不平衡，有利于共同繁荣；国家统一。

4. 我国单一制国家结构形式的主要特点：

（1）通过建立民族区域自治制度解决单一制下的民族问题；

（2）通过建立特别行政区制度解决单一制下的历史遗留问题。

三、我国的行政区域划分

行政区划是根据宪法和法律的规定，结合政治、经济、民族状况以及地理历史条件，将国家的领土划分为不同的区域，以便管理的制度。**行政区划是国家主权的体现，属于国家内政，国际社会应予以尊重，任何国家都不得干涉他国的行政区划。**

（一）我国行政区域划分的原则

1. **宗旨：**促进民族平等和民族团结，便利广大人民群众参加国家管理和适应经济发展。

2. **原则：**

（1）有利于人民参加国家管理（行政区域的大小适当）；

（2）有利于经济发展（社会经济因素的综合配置）；

（3）有利于巩固国防；

（4）有利于民族团结；

（5）照顾自然条件和历史状况。

（二）我国宪法规定的行政区划

根据不同区域所实行的不同地方制度，可将我国行政区划分为：普通行政区划、民族自治地方区划和特别行政区划三种。

1. 全国分为省、自治区、直辖市，国家在必要时设立的特别行政区。省级行政区共 34 个其中：23 个省、5 个自治区、4 个（直辖）市、2 个特别行政区；

2. 省、自治区分为自治州、县、自治县、市；直辖市和设区的市分为区、县。自治州分为县、自治县、市；

3. 县、自治县分为乡、民族乡、镇。

【**注意** 1】在中国省、县、乡三级为基本行政区。

【**注意** 2】直辖市下不设自治州、市。

各级人民政府民政部门负责本行政区域行政区划的具体管理工作。人民政府其他有关部门按照各自职责做好本行政区域行政区划相关的管理工作。

（三）行政区域变更的法律程序

审批主体	审批权限
1. 全国人大	（1）省、自治区和直辖市的建置（设立、撤销和更名）；
	（2）特别行政区的设立及其制度。
2. 国务院	（1）省、自治区、直辖市的区域划分（行政区域界限变更），人民政府驻地的迁移，简称、排列顺序的变更；
	（2）自治州、县、自治县、市、市辖区的建置（设立、撤销、更名）和隶属关系的变更以及自治州、自治县、设区的市人民政府驻地的迁移；
	（3）自治州、自治县的行政区域界线的变更，县、市、市辖区的行政区域界线的重大变更；
	（4）凡涉及海岸线、海岛、边疆要地、湖泊、重要资源地区及特殊情况地区的隶属关系或者行政区域界线的变更。
3. 省级人民政府	（1）乡、民族乡、镇的建置和区域划分（设立、撤销、更名，行政区域界线的变更，人民政府驻地的迁移）；
	（2）根据国务院的授权，审批县、市、市辖区的部分行政区域界线的变更；批准变更时，同时报送国务院备案；
	（3）根据国务院的授权，审批县、不设区的市、市辖区人民政府驻地的迁移；批准变更时，同时报送国务院备案。

【注意1】依照法律、国家有关规定设立的地方人民政府的派出机关的撤销、更名、驻地迁移、管辖范围的确定和变更，由批准设立该派出机关的人民政府审批。

【注意2】报送国务院备案的事项，径送国务院民政部门。

【注意3】有关地方人民政府应当自审批机关批准行政区划变更之日起12个月内完成变更；情况复杂，12个月内不能完成变更的，经审批机关批准，可以延长6个月；完成变更时，同时向审批机关报告。

（四）行政区域边界争议的处理

【相关法条·《行政区域边界争议处理条例》】

第六条 民政部是国务院处理边界争议的主管部门。

县级以上的地方各级人民政府的民政部门是本级人民政府处理边界争议的主管部门。

第十一条第二款 国务院受理的省、自治区、直辖市之间的边界争议，由民政部会同国务院有关部门调解；经调解未达成协议的，由民政部会同国务院有关部门提出解决方案，**报国务院决定。**

第十二条 省、自治区、直辖市境内的边界争议，由争议双方人民政府协商解决；经协商未达成协议的，双方应当将各自的解决方案并附边界线地形图，报双方的上一级人民政府处理。

争议双方的上一级人民政府受理的边界争议，由其民政部门会同有关部门调解；经调解未达成协议的，由民政部门会同有关部门提出解决方案，**报本级人民政府决定。**

第四节　民族区域自治制度

【相关法条·《宪法》】

第四条　中华人民共和国各民族一律平等。国家保障各少数民族的合法的权利和利益，维护和发展各民族的平等团结互助和谐关系。禁止对任何民族的歧视和压迫，禁止破坏民族团结和制造民族分裂的行为。

国家根据各少数民族的特点和需要，帮助各少数民族地区加速经济和文化的发展。

各少数民族聚居的地方实行区域自治，设立自治机关，行使自治权。各民族自治地方都是中华人民共和国不可分离的部分。

各民族都有使用和发展自己的语言文字的自由，都有保持或者改革自己的风俗习惯的自由。

一、民族区域自治制度的概念

民族区域自治制度是指在国家的统一领导下，以少数民族聚居区为基础，建立相应的自治地方，设立自治机关，行使自治权，实行区域自治的民族的人民自主地管理本民族的地方性事务的制度。

1. 各民族自治地方都是中华人民共和国不可分离的部分，各民族自治地方的自治机关都是中央统一领导下的地方政权机关；

2. 民族区域自治必须以少数民族聚居区为基础，是**民族自治与区域自治的结合**；

3. 在民族自治地方设立自治机关，民族自治机关除行使宪法规定的地方国家政权机关的职权外，还可以依法行使广泛的自治权。

【相关法条·《宪法》】

第一百一十五条　自治区、自治州、自治县的自治机关行使宪法第三章第五节规定的地方国家机关的职权，同时依照宪法、民族区域自治法和其他法律规定的权限行使自治权，根据本地方实际情况贯彻执行国家的法律、政策。

二、民族自治地方的自治机关

1. 民族自治地方包括自治区、自治州和自治县（旗）。

【注意】民族乡不是民族自治地方，其人大可以依法定权限采取一些适合本民族特点的具体措施。

2. 民族自治地方的自治机关是自治区、自治州和自治县的**人民代表大会和人民政府**。

【注意】不包括法院和检察院，也不包括人大常委会。

3. 民族自治地方的**人大常委会**中应当由实行区域自治的民族的公民担任主任或副主任。**自治区主席、自治州州长、自治县县长由实行区域自治的民族的公民担任**。人民政府的其他组成人员以及自治机关所属工作部门的干部，法院和检察院的领导成员和工作人员中，也应当有实行区域自治的民族的人员。

4. 民族自治地方的自治机关根据本地方的情况，在不违背宪法和法律的原则下，有权采取特殊政策和灵活措施，加速民族自治地方经济、文化建设事业的发展。

5. 民族自治地方的自治机关要把国家的整体利益放在首位，积极完成上级国家机关交给的各项任务。

6. 民族自治地方的自治机关保障本地方各民族都有使用和发展自己的语言文字的自由，都有保持或者改革自己的风俗习惯的自由。

三、民族自治地方的自治权

（一）制定自治条例和单行条例

【相关法条·《民族区域自治法》】

第十九条　民族自治地方的人民代表大会有权依照当地民族的政治、经济和文化的特点，制定自治条例和单行条例。自治区的自治条例和单行条例，报全国人民代表大会常务委员会批准后生效。自治州、自治县的自治条例和单行条例报省、自治区、直辖市的人民代表大会常务委员会批准后生效，并报全国人民代表大会常务委员会和国务院备案。

（二）根据当地民族的实际情况，贯彻执行国家的法律和政策

【相关法条·《民族区域自治法》】

第二十条　上级国家机关的决议、决定、命令和指示，如有不适合民族自治地方实际情况的，自治机关可以报经该上级国家机关批准，变通执行或者停止执行；该上级国家机关应当在收到报告之日起六十日内给予答复。

（三）自主地管理地方财政

【相关法条·《民族区域自治法》】

第三十二条　民族自治地方的财政是一级财政，是国家财政的组成部分。

民族自治地方的自治机关有管理地方财政的自治权。凡是依照国家财政体制属于民族自治地方的财政收入，都应当由民族自治地方的自治机关自主地安排使用。

民族自治地方在全国统一的财政体制下，通过国家实行的规范的财政转移支付制度，享受上级财政的照顾。

民族自治地方的财政预算支出，按照国家规定，设机动资金，预备费在预算中所占比例高于一般地区。

民族自治地方的自治机关在执行财政预算过程中，自行安排使用收入的超收和支出的节余资金。

第三十三条　民族自治地方的自治机关对本地方的各项开支标准、定员、定额，根据国家规定的原则，结合本地方的实际情况，可以制定补充规定和具体办法。自治区制定的补充规定和具体办法，报国务院**备案**；自治州、自治县制定的补充规定和具体办法，须报省、自治区、直辖市人民政府**批准**。

第三十四条　民族自治地方的自治机关在执行国家税法的时候，除应由国家统一审批的减免税收项目以外，对属于地方财政收入的某些需要从税收上加以照顾和鼓励的，可以实行减税或者免税。**自治州、自治县决定减税或者免税，须报省、自治区、直辖市人民政府批准。**

第三十五条　民族自治地方根据本地方经济和社会发展的需要，可以依照法律规定设立地方商业银行和城乡信用合作组织。

（四）自主地管理地方性经济建设。

【相关法条·《民族区域自治法》】

第二十七条 民族自治地方的自治机关根据法律规定，确定本地方内草场和森林的所有权和使用权。

民族自治地方的自治机关保护、建设草原和森林，组织和鼓励植树种草。禁止任何组织或者个人利用任何手段破坏草原和森林。严禁在草原和森林毁草毁林开垦耕地。

第三十一条 民族自治地方依照国家规定，可以开展对外经济贸易活动，经国务院批准，可以开辟对外贸易口岸。

与外国接壤的民族自治地方经国务院批准，开展边境贸易。

民族自治地方在对外经济贸易活动中，享受国家的优惠政策。

（五）对外交流

【相关法条·《民族区域自治法》】

第四十二条 民族自治地方的自治机关积极开展和其他地方的教育、科学技术、文化艺术、卫生、体育等方面的交流和协作。

自治区、自治州的自治机关依照国家规定，可以和国外进行教育、科学技术、文化艺术、卫生、体育等方面的交流。

（六）组织公安部队

【相关法条·《民族区域自治法》】

第二十四条 民族自治地方的自治机关依照国家的军事制度和当地的实际需要，经国务院批准，可以组织本地方维护社会治安的公安部队。

（七）使用本民族的语言文字

【相关法条·《宪法》】

第一百三十九条 各族民公民都有用本民族语言文字进行诉讼的权利。人民法院和人民检察院对于不通晓当地通用的语言文字的诉讼参与人，应当为他们翻译。

在少数民族聚居或者多民族共同居住的地区，应当用当地通用的语言进行审理；起诉书、判决书、布告和其他文书应当根据实际需要使用当地通用的一种或者几种文字。

【相关法条·《民族区域自治法》】

第二十一条 民族自治地方的自治机关在执行职务的时候，依照本民族自治地方自治条例的规定，使用当地通用的一种或者几种语言文字；同时使用几种通用的语言文字执行职务的，可以以实行区域自治的民族的语言文字为主。

第四十七条 民族自治地方的人民法院和人民检察院应当用当地通用的语言审理和检察案件，并合理配备通晓当地通用的少数民族语言文字的人员。对于不通晓当地通用的语言文字的诉讼参与人，应当为他们提供翻译。法律文书应当根据实际需要，使用当地通用的一种或者几种文字。保障各族民公民都有使用本民族语言文字进行诉讼的权利。

【要点释义】

1. 少数民族语言不等于地方方言；

2. 对于诉讼参与人而言，是什么民族的人，就有权说什么民族的语言；

3. 对于公检法等国家机关来说，在什么地区，审讯就用自己本地区的通用语言，发布自己地区通用语言的诉讼文书；也就是说，一个少数民族的犯罪嫌疑人在汉族地区犯罪，审讯时应当使用汉语；而一个汉族人在少数民族地区犯罪，审讯时使用当地通用的少数民族语言；

4. 只要存在读不懂、听不懂的情况，就应当为其提供翻译，翻译费用由公检法等国家机关负担。

（八）其他自治权

【相关法条·《民族区域自治法》】

第二十二条第二款 民族自治地方的自治机关录用工作人员的时候，对实行区域自治的民族和其他少数民族的人员应当给予适当的照顾。

第二十三条 民族自治地方的企业、事业单位依照国家规定招收人员时，优先招收少数民族人员，并且可以从农村和牧区少数民族人口中招收。

第三十条 民族自治地方的自治机关自主地管理隶属于本地方的企业、事业。

第六十八条 上级国家机关非经民族自治地方自治机关同意，不得改变民族自治地方所属企业的隶属关系。

第四十四条 民族自治地方实行计划生育和优生优育，提高各民族人口素质。

民族自治地方的自治机关根据法律规定，结合本地方的实际情况，制定实行计划生育的办法。

第五节 特别行政区制度

【相关法条·《宪法》】

第三十一条 国家在必要时得设立特别行政区。在特别行政区内实行的制度按照具体情况由全国人民代表大会以法律规定。

一、特别行政区的概念和特点

1. 特别行政区是根据我国宪法和法律设立的，享有高度自治权的地方行政区域，直辖于中央政府。

2. 特别行政区原有的法律基本不变：除属于**殖民统治性质或带有殖民色彩**，以及除**同基本法相抵触或经特别行政区立法机关作出修改者**外，原有法律予以保留。

二、特别行政区的法律制度

1. **特别行政区基本法：**

（1）由全国人大制定，属于社会主义性质；

（2）体现的是包括港澳同胞在内的全国人民的意志；

（3）既是我国社会主义法律体系的组成部分（地位仅低于宪法），也是特别行政区法律体系的组成部分（处于最高的法律地位，特区立法机关制定的任何法律，均不得与该基本法律相抵触）；

2. **予以保留的原有法律**

（1）香港原有法律，即普通法、衡平法、条例、附属立法和习惯法，除同本法相抵触或经香港特别行政区的立法机关作出修改者外，予以保留。

（2）凡属殖民统治性质或带有殖民主义色彩、有损我国主权的法律，都应废止或者修改。

3. **特区立法机关制定的法律**

4. **适用于特区的全国性法律**

（1）全国性法律一般不在特区实施；

（2）有些体现国家主权和统一的全国性法律有必要在特区实施：《关于中华人民共和国国都、纪年、国歌、国旗的决议》《关于中华人民共和国国庆日的决议》《国歌法》《国旗法》《国徽法》《国籍法》《外交特权与豁免条例》《领事特权与豁免条例》《特别行政区驻军法》《专属经济区和大陆架法》《领海及毗连区法》《中华人民共和国政府关于领海的声明》《外国中央银行财产司法强制措施豁免法》。

【注意】《中华人民共和国政府关于领海的声明》不适用于澳门。

【注意】 附件三所列法律限于国防、外交和其他依基本法规定不属于特区自治范围的法律。全国人大常委会在征询其所属的特区基本法委员会和特区政府的意见后，可对附件三的法律作出增减。

4. **正式语文**：中文、英文（葡文）。

三、中央与特别行政区的关系

（一）涉外事务

中央	（1）中央政府负责管理与特区有关的**外交事务**；外交部在特区设立机构处理外交事务； （2）外国在特别行政区设立领事机构或其他官方、半官方机构，须经中央人民政府批准。
特别 行政区	（1）中央政府授权特区依照基本法自行处理有关的**对外事务**； （2）在非政治领域以"中国香港"、"中国澳门"的名义，单独同世界各国、各地区及有关国际组织保持和发展关系，签订和履行有关协议； （3）签发护照和其他旅行证件；实行出入境管制；参与和特区有关的外交谈判；对国际协议是否适用于特区发表意见； （4）以中国香港、中国澳门的名义参加不以国家为单位的国际组织和国际会议； （5）对世界各国或各地区的人入境、逗留和离境，特别行政区政府可以实行出入境管制。

（二）武装力量

中央	中央政府负责管理特区的**防务**；驻军费用由中央政府负担。
特别行政区	特区政府负责维持特区的**社会治安**。

【注意】 驻港部队不干预香港特别行政区的地方事务；特别行政区政府在必要时，可向中央人民政府请求驻军协助维持社会治安和救助灾害。驻军人员除须遵守全国性的法律外，还须遵守特区的法律。

（三）人事任免

中央	1. 任命行政长官和行政机关的主要官员（正副司长、廉政专员、审计署长、警务处长、海关关长，香港还包括各局局长、入境处长）； 2. 澳门检察长由澳门永久性居民中的中国公民担任，由行政长官提名，报中央人民政府任命。 **【口诀】行政加一长，中央任命。**

特别 行政区	1. 所有法官都要根据当地法官和法律界及其它方面知名人士组成的独立委员会推荐，由行政长官任命。符合标准的外籍法官也可聘用。 2. 香港**终审法院法官**和**高等法院首席法官**的任免，还须行政长官征得立法会同意，并报全国人大常委会备案。 3. 澳门终审法院法官的免职由行政长官根据立法会议员组成的审议委员会的建议决定。澳门终审法院法官的任命和免职须报全国人大常委会备案。 4. 澳门的检察官经检察长提名，由行政长官任命。 【口诀】长官任命法官检察官。

（四）立法

中央	全国人大常委会**决定宣布战争状态**或因特别行政区内发生特区政府不能控制的危及国家统一或安全的动乱而决定特别行政区**进入紧急状态**，中央政府可发布命令将有关全国性法律在特别行政区实施。
特别行政区	（1）特区立法机关制定的法律须报全国人大常委会备案。备案不影响该法律的生效。 （2）全国人大常委会在征询其所属的相应基本法委员会的意见后，如认为特区立法机关制定的任何法律不符合基本法关于中央管理的事务及中央和特别行政区关系的条款，**可将有关法律发回，但不作修改**。 （3）经全国人大常委会**发回**的法律立即**失效**。该法律的失效，除特别行政区的法律另有规定外，无溯及力。 （4）自行立法禁止危害国家安全的犯罪，禁止外国政治组织在特区进行政治活动，禁止特区的政治组织与外国的政治组织建立联系。 【口诀】特区立法要报备，不改不撤只发回；一经发回去，立即失效不溯及。

（五）司法权

中央	特别行政区法院对国防、外交等国家行为无管辖权。在审理案件中遇到有涉及国防、外交等国家行为的事实问题，应取得行政长官就该等问题发出的证明文件，上述文件对法院有约束力。行政长官在发出证明文件前，须取得中央政府的证明书。
特别行政区	**独立的司法权和终审权**

（六）基本法解释

中央	全国人大常委会**解释基本法**；解释前，征询其所属的特别行政区基本法委员会的意见。
特别行政区	1. 全国人大常委会授权特区法院在审理案件时对基本法关于特区自治范围内的条款自行解释。 2. **法院在审理案件时对基本法的其他条款也可解释**。但如需对**基本法关于中央政府管理的事务或中央和特别行政区关系的条款进行解释，而该条款的解释又影响到案件的判决**，在对该案件作出不可上诉的**终局判决前**，应由特区终审法院提请全国人大常委会对有关条款作出解释。如全国人大常委会作出解释，特区法院在引用该条款时，应以该解释为准。但此前作出的判决不受影响。 【口诀】中央条款很麻烦：终局判决前，终审法院提，常委会来解。

【注意】法院在审理案件时行使的基本法解释权来自于基本法的授权，法院无权审查全国人大及其常委会的立法行为和对基本法的解释。

【知识总结】根据《香港特别行政区基本法》的规定，全国人大常委会在从事下列四种活动之前需要征询其所属的香港基本法委员会的意见：

（1）决定将报送备案的有关法律发回；

（2）对列于基本法附件三的法律作出增减；

（3）解释基本法；

（4）提出基本法的修改议案。

【新增考点】全国人大常委会解释基本法

根据《基本法》第104条的规定，立法会议员在就职时必须依法宣誓拥护中华人民共和国香港特别行政区基本法，效忠中华人民共和国香港特别行政区。

由委员长会议提请审议，全国人大常委会在征询全国人大常委会香港特别行政区基本法委员会的意见后，于2016年11月7日就《中华人民共和国香港特别行政区基本法》第一百零四条作出解释决定，相关知识点如下：

1. 解释对象：

《基本法》第一百零四条：香港特别行政区行政长官、主要官员、行政会议成员、立法会议员、各级法院法官和其他司法人员在就职时必须依法宣誓拥护中华人民共和国香港特别行政区基本法，效忠中华人民共和国香港特别行政区。

2. 解释内容：

（1）"拥护中华人民共和国香港特别行政区基本法，效忠中华人民共和国香港特别行政区"，既是该条规定的宣誓必须包含的法定内容，也是参选或者出任该条所列公职的法定要求和条件。

（2）宣誓是上列公职人员就职的法定条件和必经程序；未进行合法有效宣誓或者拒绝宣誓，不得就任相应公职，不得行使相应职权和享受相应待遇。

（3）宣誓必须符合法定的形式和内容要求。宣誓人必须真诚、庄重地进行宣誓，必须准确、完整、庄重地宣读包括"拥护中华人民共和国香港特别行政区基本法，效忠中华人民共和国香港特别行政区"内容的法定誓言。

（4）宣誓人拒绝宣誓，即丧失就任该条所列相应公职的资格。

（5）宣誓人故意宣读与法定誓言不一致的誓言或者以任何不真诚、不庄重的方式宣誓，也属于拒绝宣誓，所作宣誓无效，宣誓人即丧失就任该条所列相应公职的资格。

（6）宣誓必须在法律规定的监誓人面前进行，监誓人负有确保宣誓合法进行的责任，对不符合本解释和香港特别行政区法律规定的宣誓，应确定为无效宣誓，并不得重新安排宣誓。

（7）宣誓是相关公职人员对中华人民共和国及其香港特别行政区作出的法律承诺，具有法律约束力。宣誓人必须真诚信奉并严格遵守法定誓言。宣誓人作虚假宣誓或者在宣誓之后从事违反誓言行为的，依法承担法律责任。

3. 解释效力：

释法有追溯力，只要是未审或仍可上诉的案件，都要根据释法后的解释。

【特别注意】澳门特区公职人员就职宣誓

1. 澳门行政长官、主要官员、行政会委员、立法会议员、法官和检察官，必须拥护中华人民共和国澳门基本法，尽忠职守、廉洁奉公，效忠中华人民共和国澳门特别行政区，并依法宣誓。

2. 澳门行政长官、主要官员、立法会主席、终审法院院长、检察长在就职时，除按前述规定宣誓外，还必须宣誓效忠中华人民共和国。

（七）基本法修改

中央	1. 全国人大有权修改基本法。 2. 修改提案权属于全国人大常委会、国务院和特别行政区。 3. 修改议案在列入全国人大的议程前，先由特别行政区基本法委员会研究并提出意见。 4. 任何修改，均不得同国家对特别行政区既定的基本方针政策相抵触。
特别 行政区	**特区修改提案权的行使**：修改议案须经特区的全国人大代表 2/3 多数、特区立法会全体议员 2/3 多数和特区行政长官同意后，交由特区出席全国人大的代表团向全国人大提出。 **【口诀】特区提案不容易：代表议员三二数，长官同意后，代表团提出。**

（八）财政

特别行政区	特别行政区**通用自己的货币，财政独立，收入全部用于自身需要，不上缴中央政府**。

【注意】中央政府所属各部门、各省、自治区、直辖市如需在特区设立机构，须征得特区政府同意并经中央政府批准；所设立的一切机构及其人员均须遵守特区的法律。

【注意】其他地区的人进入特区须办理批准手续，其中进入特别行政区定居的人数由中央政府主管部门征求特区政府的意见后确定。

四、居民的基本权利和义务

1. **与大陆宪法相同或类似者**：平等权；选举权和被选举权；言论出版集会结社游行示威、人身自由；住宅不受侵犯；通讯自由和通讯秘密；信仰自由；婚姻自由；社会福利权利。

2. **规定特别者**：新闻自由；组织和参加工会、罢工的权利和自由；禁止酷刑；迁徙自由；旅行和出入境自由；公开传教的自由；选择职业的自由；诉讼权利；自愿生育的权利。

【注意】澳门特别规定了罪刑法定原则和无罪推定原则。

【注意】选举权和被选举权只能由特别行政区永久性居民依法享有，其他基本权利均可由全体居民（包括永久性居民和非永久性居民）享有。

五、特别行政区的政治体制

（一）行政长官

1. **地位**：特别行政区首长，代表特区，对中央人民政府和特别行政区负责；

2. **任职条件**：（1）年满 40 周岁；（2）通常居住连续满 20 年；（3）特区永久性居民中的中国公民；（4）香港还要求无外国居留权（**澳门行政长官在任期内不得具有外国居留权**）。

3. 协商或选举产生，由中央政府任命；任期为 5 年，均可以连选连任一次。就任时向终审法院的首席法官（院长）申报财产，记录在案。

【注意 1】补选的行政长官任期为前任余下的任期。

【注意 2】2015 年 6 月 18 日，香港特别行政区行政长官普选法案被立法会否决。依据全国人大常委会的决定，2017 **年香港特别行政区第五任行政长官选举**继续沿用现行的由行政长官选举委员会选举产生的办法，**不实行普选**。

4. 行政长官的职权

（1）签署并公布法律；
（2）任免公职人员、各级法院法官；
（3）批准向立法会提出有关财政收入或支出的动议；
（4）根据安全和重大公共利益的考虑，决定政府官员或其他负责政府公务的人员是否向立法会或其下属的委员会作证和提供证据；
（5）赦免或减轻刑事罪犯的刑罚；
（6）处理请愿、申诉事项。

5. 香港行政长官短期不能履职，由政务司长、财政司长、律政司长依次临时代理。

【口诀】蒸菜是绿色的。

6. **必须辞职**的情形

（1）因严重疾病或其他原因无力履行职务；
（2）因两次拒绝签署立法会通过的法案而解散立法会，重选的立法会仍以全体议员三分之二多数通过所争议的原案，而行政长官仍拒绝签署（澳门规定30日内）；
（3）因立法会拒绝通过财政预算案或其他重要法案而解散立法会，重选的立法会继续拒绝通过所争议的原案。

（二）行政会议

1. **职能**：协助行政长官决策。
2. **组成**：由行政长官从行政机关主要官员、立法会议员、社会人士中委任。**澳门规定，行政会委员的人数为七至十一人。**
3. **任期**：不超过委任他的行政长官的任期。澳门规定：新的行政长官就任前，原行政会委员暂时留任。
4. **会议**：行政长官主持，每月至少举行一次。
5. 行政长官在作出重要决策、向立法会提交法案、制定行政法规和解散立法会前，须征询行政会的意见，但人事任免、纪律制裁和紧急情况下采取的措施除外。
6. 行政长官如不采纳行政会多数委员的意见，应将具体理由记录在案。

（三）立法会

1. 任职条件

（1）香港立法会由**在外国无居留权**的永久性居民中的**中国公民**组成。但非中国籍的香港特别行政区永久性居民和在外国有居留权的香港特别行政区永久性居民也可以当选为香港特别行政区立法会议员，其所占比例不得超过立法会全体议员的20%。澳门特区立法会议员不要求有"无外国居留权"和"中国公民"的限制。

【注意】必须是永久性居民，方才有资格担任立法会议员，是否中国籍、是否在外国有居留权在所不问。

【注意】特别行政区立法会除第一届另有规定外，每届任期四年。

（1）香港要求立法会主席由年满40周岁，连续居住满20年，在外国无居留权的永久性居民中的中国居民担任；澳门要求正副主席由连续居住满 15 年的永久性居民中的中国居民担任。

2. **职权：**

（1）立法权：制定的法律须由行政长官签署、公布方有法律效力，并须报全国人大常委会备案；
（2）监督权：有权听取行政长官的施政报告并进行辩论；对政府工作提出质询；就公共利益问题进行辩论；行政长官如有严重违法或渎职行为而不辞职，可以进行弹劾；
（3）财政权：根据政府的提案，审核、通过财政预算；有权批准税收和公共开支。但立法会通过的财政预算案须由行政长官签署并由行政长官报送中央人民政府备案；
（4）其他职权：接受当地居民的申诉并进行处理。

3. **举行会议**

（1）立法会举行会议的法定人数为不少于全体议员的二分之一。

（2）议员提出法律草案，凡不涉及公共开支或政治体制或政府运作者，可由立法会议员个别或联名提出。凡涉及政府政策者，在提出前必须得到行政长官的书面同意。

4. **丧失议员资格**（立法会主席宣告）

（1）因严重疾病或其他情况无力履行职务；

（2）未得到立法会主席的同意，多次不出席会议而无合理解释者（香港是连续三个月；澳门是连续 5 次或间断 15 次缺席）；

（3）接受政府的委任而出任公务人员；

（4）被判犯有刑事罪行，判处监禁一个月（澳门 30 日）以上（香港还要求经立法会出席会议的议员三分之二通过解除其职务）；

（5）违反誓言（香港要求经立法会出席会议的议员三分之二通过谴责）；

除此之外，香港还规定了特别情况：

（6）丧失或放弃特别行政区永久性居民的身份；

（7）破产或经法庭裁定偿还债务而不履行；

（8）行为不检，经立法会出席会议的议员三分之二通过谴责。

【新增考点】《全国人大常委会关于香港特别行政区立法会议员资格问题的决定》（202011 月 11 日）

1. 香港特别行政区立法会议员，因宣扬或者支持"港独"主张、拒绝承认国家对香港拥有并行使主权、寻求外国或者境外势力干预香港特别行政区事务，或者具有其他危害国家安全等行为，不符合拥护中华人民共和国香港特别行政区基本法、效忠中华人民共和国香港特别行政区的法定要求和条件，一经依法认定，即时丧失立法会议员的资格。

2. 依据上述规定丧失立法会议员资格的，由香港特别行政区政府宣布。

（四）行政机关

1. 行政长官是特区政府的首长；

2. 特区政府设政务司、财政司、律政司和各厅、局、处、署，主要官员由行政长官提名报请中央政府任命；**澳门还要求主要官员就任时向终审法院院长申报财产**；

3. **特别行政区设立廉政公署和审计署，独立工作，对行政长官负责**（澳门规定廉政专员和审计长对行政长官负责）；

4. **特区政府**向立法会负责并定期向其做施政报告，同时答复立法会议员质询；

5. 香港律政司主管刑事检察工作。

（五）司法机关

1. 任职：

（1）所有法官都要根据当地法官和法律界及其它方面知名人士组成的独立委员会推荐，由行政长官任命。符合标准的外籍法官也可聘用。

（2）香港终审法院和高等法院的首席法官，应由在**外国无居留权**的香港特别行政区**永久性居民**中的**中国公民担任**；其他法官未作要求。

（3）澳门特区的检察长由澳门永久性居民中的中国公民担任，由行政长官提名，报中央人民政府任命。检察官经检察长提名，由行政长官任命。

2. 免职：

（1）法官只有在**无力履行职责或行为不检**的情况下，**行政长官才可根据终审法院首席法官（终审法院院长）任命的不少于 3 名当地法官组成的审议庭**的建议，予以免职。

（2）**香港终审法院的首席法官只有在无力履行职责或行为不检**的情况下，行政长官才可**任命不少于 5 名当地法官组成的审议庭**进行审议，并可根据其建议，依照本法规定的程序，予以免职。

（3）**澳门终审法院法官的免职由行政长官根据澳门立法会议员组成的审议委员会**的建议决定。

3. 法院体系

（1）香港体系：终审法院、高等法院、区域法院、裁判署法庭和其他专门法庭。

（2）澳门法院分三级：终审法院、中级法院、初级法院、行政法院。

【注意】澳门行政法院地位等同于初级法院，是管辖行政诉讼和税务诉讼的法院；不服行政法院裁决者，可向中级法院上诉。

【注意】澳门检察院也是司法机关，独立行使职权。

六、行政长官和立法会之间的关系

【注意】行政长官在解散立法会前，须征询行政会议的意见。**行政长官在其一任任期内只能解散立法会一次。**被解散后，须于三个月内（澳门 90 日内）重选。

（一）行政长官对立法会通过的法案的制约（相对否决权）

1. 立法会通过的法案须经行政长官的签署、公布，方能生效；

2. **行政长官如认为立法会通过的法案不符合特别行政区的整体利益，可在三个月内（澳门是 90 日内）将法案发回立法会重议；**

3. **立法会如以不少于全体议员 2/3 多数再次通过原案，行政长官必须在一个月（澳门 30 日）内签署公布或解散立法会；**

4. 解散立法会后，重选的立法会仍以全体议员 2/3 多数通过所争议的原案，而行政长官仍拒绝签署，**则行政长官必须辞职。**

（二）立法会对于政府提出的财政预算案或其他重要法案的制约

1. 政府提出财政预算案或其他重要法案，立法会拒绝通过，经协商仍不能取得一致意见，行政长官可解散立法会。

2. 解散立法会后，重选的立法会继续拒绝通过所争议的原案，**行政长官必须辞职。**

（三）立法会对行政长官的弹劾

1. 立法会全体议员的 1/4 联合动议（澳门是 1/3 联合动议），指控行政长官有严重违法或渎职行为而不辞职，立法会通过进行调查。

2. 立法会可委托**终审法院首席法官**负责组成独立的调查委员会，并担任主席。

3. 调查委员会负责进行调查，并向立法会提出报告。

4. 如该调查委员会认为有足够证据构成上述指控，立法会以全体议员 2/3 多数通过，可提出弹劾案。

5. **报请中央人民政府决定。**

七、《全国人大关于建立健全香港特别行政区维护国家安全的法律制度和执行机制的决定》

1. 维护国家主权、统一和领土完整是香港特别行政区的宪制责任。香港特别行政区应当尽早完成香港特别行政区基本法规定的维护国家安全立法。香港特别行政区行政机关、立法机关、司法机关应当依据有关法律规定有效防范、制止和惩治危害国家安全的行为和活动。

2. 中央人民政府维护国家安全的有关机关根据需要在香港特别行政区设立机构，依法履行维护国家安全相关职责。

3. 香港特别行政区行政长官应当就香港特别行政区履行维护国家安全职责、开展国家安全教育、依法禁止危害国家安全的行为和活动等情况，定期向中央人民政府提交报告。

4. 授权全国人大常委会就建立健全香港特别行政区维护国家安全的法律制度和执行机制制定相关法律。全国人大常委会决定将上述相关法律列入《中华人民共和国香港特别行政区基本法》附件三，由香港特别行政区在当地公布实施。

八、《香港维护国家安全法》

（一）概论

1. 中央人民政府对香港有关的国家安全事务负有根本责任。

2. 行政长官应当就香港维护国家安全事务向中央人民政府负责，并就香港特别行政区履行维护国家安全职责的情况提交年度报告。如中央人民政府提出要求，行政长官应当就维护国家安全特定事项及时提交报告。

3. 经行政长官批准，香港特别行政区政府财政司长应当从政府一般收入中拨出专门款项支付关于维护国家安全的开支并核准所涉及的人员编制，不受香港特别行政区现行有关法律规定的限制。财政司长须每年就该款项的控制和管理向立法会提交报告。

4. 本法的解释权属于全国人民代表大会常务委员会。

（二）维护国家安全委员会

（1）负责香港特别行政区维护国家安全事务，承担维护国家安全的主要责任，并接受中央人民政府的监督和问责。

（2）由行政长官担任主席，成员包括政务司长、财政司长、律政司长、保安局局长、警务处处长、警务处维护国家安全部门的负责人、入境事务处处长、海关关长和行政长官办公室主任。

（3）下设秘书处，由秘书长领导。秘书长由行政长官提名，报中央人民政府任命。

（4）职责：

分析研判香港特别行政区维护国家安全形势，规划有关工作，制定香港特别行政区维护国家安全政策；
推进香港特别行政区维护国家安全的法律制度和执行机制建设；
协调香港特别行政区维护国家安全的重点工作和重大行动。

（5）工作不受香港任何其他机构、组织和个人的干涉，工作信息不予公开。作出的决定不受司法复核。

（6）设立国家安全事务顾问，由中央人民政府指派，就维护国家安全委员会履行职责相关事务提供意见，有权列席委员会会议。

（三）警务处维护国家安全的部门

（1）负责人由行政长官任命，行政长官任命前须书面征求维护国家安全公署的意见。负责人在就职时应当宣誓拥护中华人民共和国香港特别行政区基本法，效忠中华人民共和国香港特别行政区，遵守法律，保守秘密。

（2）可以从香港特别行政区以外聘请合格的专门人员和技术人员，协助执行维护国家安全相关任务。

（3）职责：

收集分析涉及国家安全的情报信息；
部署、协调、推进维护国家安全的措施和行动；
调查危害国家安全犯罪案件；
进行反干预调查和开展国家安全审查；
承办香港特别行政区维护国家安全委员会交办的维护国家安全工作。

（四）律政司国家安全犯罪案件检控部门

（1）负责危害国家安全犯罪案件的检控工作和其他相关法律事务。

（2）检控官由律政司长征得维护国家安全委员会同意后任命。

（3）负责人由行政长官任命，行政长官任命前须书面征求维护国家安全公署的意见。负责人在就职时应当宣誓拥护中华人民共和国香港特别行政区基本法，效忠中华人民共和国香港特别行政区，遵守法律，保守秘密。

（4）香港管辖危害国家安全犯罪案件的立案侦查、检控、审判和刑罚的执行等诉讼程序事宜，适用《香港维护国家安全法》和香港特别行政区本地法律；未经律政司长书面同意，任何人不得就危害国家安全犯罪案件提出检控，但该规定不影响就有关犯罪依法逮捕犯罪嫌疑人并将其羁押，也不影响该等犯罪嫌疑人申请保释。

（五）指定法官

行政长官应当从裁判官、区域法院法官、高等法院原讼法庭法官、上诉法庭法官以及终审法院法官中指定若干名法官，也可从暂委或者特委法官中指定若干名法官，负责处理危害国家安全犯罪案件。行政长官在指定法官前可征询维护国家安全委员会和终审法院首席法官的意见。

（1）指定法官任期一年。

（2）凡有危害国家安全言行的，不得被指定为审理危害国家安全犯罪案件的法官。在获任指定法官期间，如有危害国家安全言行的，终止其指定法官资格。

（3）在裁判法院、区域法院、高等法院和终审法院就危害国家安全犯罪案件提起的刑事检控程序应当分别由各该法院的指定法官处理。

（六）审理和定罪

1. 对犯罪嫌疑人、被告人，除非法官有充足理由相信其不会继续实施危害国家安全行为的，不得准予保释。

2. 对高等法院原讼法庭进行的就危害国家安全犯罪案件提起的刑事检控程序，律政司长可基于保护国家秘密、案件具有涉外因素或者保障陪审员及其家人的人身安全等理由，发出证书指示相关诉讼毋须在有陪审团的情况下进行审理。凡律政司长发出上述证书，高等法院原讼法庭应当在没有陪审团的情况下进行审理，并由三名法官组成审判庭。

3. 审判应当公开进行。因为涉及国家秘密、公共秩序等情形不宜公开审理的，禁止新闻界和公众旁听全部或者一部分审理程序，但判决结果应当一律公开宣布。

4. 罪行和处罚

（1）分裂国家罪；

（2）颠覆国家政权罪；

（3）恐怖活动罪；

（4）勾结外国或者境外势力危害国家安全罪。

【相关法条·《香港维护国家安全法》】

第二十九条 为外国或者境外机构、组织、人员窃取、刺探、收买、非法提供涉及国家安全的国家秘密或者情报的；请求外国或者境外机构、组织、人员实施，与外国或者境外机构、组织、人员串谋实施，或者直接或者间接接受外国或者境外机构、组织、人员的指使、控制、资助或者其他形式的支援实施以下行为之一的，均属犯罪：

（一）对中华人民共和国发动战争，或者以武力或者武力相威胁，对中华人民共和国主权、统一和领土完整造成严重危害；

（二）对香港特别行政区政府或者中央人民政府制定和执行法律、政策进行严重阻挠并可能造成严重后果；

（三）对香港特别行政区选举进行操控、破坏并可能造成严重后果；

（四）对香港特别行政区或者中华人民共和国进行制裁、封锁或者采取其他敌对行动；

（五）通过各种非法方式引发香港特别行政区居民对中央人民政府或者香港特别行政区政府的憎恨并可能造成严重后果。

犯前款罪，处三年以上十年以下有期徒刑；罪行重大的，处无期徒刑或者十年以上有期徒刑。

本条第一款规定涉及的境外机构、组织、人员，按共同犯罪定罪处刑。

（七）中央人民政府驻香港特别行政区维护国家安全公署

（1）人员由中央人民政府维护国家安全的有关机关联合派出。

（2）职责：

分析研判香港特别行政区维护国家安全形势，就维护国家安全重大战略和重要政策提出意见和建议；
监督、指导、协调、支持香港特别行政区履行维护国家安全的职责；
收集分析国家安全情报信息；
依法办理危害国家安全犯罪案件。

（3）人员除须遵守全国性法律外，还应当遵守香港特别行政区法律。

（4）人员依法接受国家监察机关的监督。

（5）经费由中央财政保障。

（6）驻香港特别行政区维护国家安全公署及其人员执行职务的行为，不受香港特别行政区管辖；持有驻香港特别行政区维护国家安全公署制发的证件或者证明文件的人员和车辆等在执行职务时不受香港特别行政区执法人员检查、搜查和扣押。

（八）维护国家安全公署行使管辖权

（1）有以下情形之一的，经香港特别行政区政府或者驻香港特别行政区维护国家安全公署提出，并报中央人民政府批准，由驻香港特别行政区维护国家安全公署对本法规定的危害国家安全犯罪案件行使管辖权：

案件涉及外国或者境外势力介入的复杂情况，香港特别行政区管辖确有困难的；
出现香港特别行政区政府无法有效执行本法的严重情况的；
出现国家安全面临重大现实威胁的情况的。

（2）此类案件，由驻香港特别行政区维护国家安全公署负责立案侦查，最高人民检察院指定有关检察机关行使检察权，最高人民法院指定有关法院行使审判权；

（3）诉讼程序事宜，适用《中华人民共和国刑事诉讼法》等相关法律的规定；

（4）犯罪嫌疑人自被驻香港特别行政区维护国家安全公署第一次讯问或者采取强制措施之日起，有权委托律师作为辩护人。

九、《全国人大关于完善香港特别行政区选举制度的决定》

1. 《中华人民共和国宪法》和《中华人民共和国香港特别行政区基本法》共同构成香港特别行政区的宪制基础。

2. 香港特别行政区实行的选举制度，包括行政长官和立法会的产生办法，是香港特别行政区政治体制的重要组成部分。

3. **选举委员会**

（1）香港特别行政区设立一个具有广泛代表性、符合香港特别行政区实际情况、体现社会整体利益的选举委员会。

（2）选举委员会负责选举行政长官候任人、立法会部分议员，以及提名行政长官候选人、立法会议员候选人等事宜。

（3）选举委员会由工商、金融界，专业界，基层、劳工和宗教等界，立法会议员、地区组织代表等界，香港特别行政区全国人大代表、香港特别行政区全国政协委员和有关全国性团体香港成员的代表界等五个界别共1500名委员组成。

4. 设立香港特别行政区候选人资格审查委员会，负责审查并确认选举委员会委员候选人、行政长官候选人和立法会议员候选人的资格。

5. 授权全国人民代表大会常务委员会根据本决定修改《中华人民共和国香港特别行政区基本法》附件一《香港特别行政区行政长官的产生办法》和附件二《香港特别行政区立法会的产生办法和表决程序》。

十、香港基本法附件一：《香港特区行政长官的产生办法》

1. 香港特别行政区行政长官由选举委员会选出，由中央人民政府任命。

2. 选举委员会的组成：五个界别各300人；委员必须由永久性居民担任；每届任期五年。

3. 香港全国人大代表、全国政协委员、香基委中的香港委员、立法会议员、大学校长或学校董事会或校务委员会的主席，本人直接就是选举委员会委员。

【注意】香港全国人大代表、全国政协委员可以在其他界别分组登记为委员；一旦登记，该界别相应名额减少，且在任期内维持不变。

4. 选举委员会设召集人制度，负责必要时召集选举委员会会议，办理有关事宜。总召集人由担任国家领导职务的选举委员会委员担任，总召集人在选举委员会每个界别各指定若干名召集人。

5. 行政长官候选人须获得选举委员会不少于 188 名委员联合提名，且上述五个界别中每个界别参与提名的委员不少于 15 名。

6. 选举委员会根据提名的名单，经一人一票无记名投票选出行政长官候任人，行政长官候任人须获得超过 750 票。

7. 资格审查：★★★★★

（1）候选人资格审查委员会既负责审查并确认行政长官候选人的资格，也审查选举委员会委员候选人资格；

（2）香港维护国安委根据警务处维护国安部门的审查情况，就上述候选人是否符合法定要求和条件作出判断，并就不符合上述法定要求和条件者向候选人资格审查委员会出具审查意见书。

（3）对候选人资格审查委员会作出的候选人资格确认的决定，不得提起诉讼。

8. 全国人民代表大会常务委员会依法行使本办法的修改权。

十一、香港基本法附件二：《香港立法会的产生办法和表决程序》

1. 立法会每届 90 名议员，其中选举委员会选 40 人，功能团体选 30 人，分区直选 20 人。

2. 选举委员会选举的议员：★★★

（1）候选人须获得不少于 10 名、不多于 20 名委员的提名；

（2）每个界别参与提名的委员不少于 2 名、不多于 4 名；

（3）每名委员只可提出一名候选人；

（4）无记名投票；

（5）每一选票所选的人数等于应选议员名额的有效，得票多的 40 名候选人当选。

3. 功能团体选举的议员：

（1）28 个界别：劳工界选 3 名议员，其他界别各选 1 名；

（2）候选人须获得所在界别不少于 10 个、不多于 20 个选民和选举委员会每个界别不少于 2 名、不多于 4 名委员的提名；

【注意】每名选举委员会委员在功能团体选举中只可提出一名候选人。

（3）九个界别的议员由个人选民选出，其他界别的议员由合资格团体选民选举产生；

（4）各界别选民根据提名的名单，以无记名投票选举产生该界别立法会议员。

4. 分区直选的议员：

（1）10 个选区，每个选区选 2 名议员；

（2）候选人须获得所在选区不少于 100 个、不多于 200 个选民和选举委员会每个界别不少于 2 名、不多于 4 名委员的提名。

【注意】每名选举委员会委员在功能团体选举中只可提出一名候选人。

（3）选民以无记名投票选择一名候选人，得票多的两名候选人当选。

5. 立法会表决法案和议案的程序：

（1）政府提出的法案：获得出席会议的全体议员的过半数票，即为通过；

（2）立法会议员个人提出的议案、法案和对政府法案的修正案：须分别经选举委员会选举产生的议员和功能团体选举、分区直接选举产生的议员两部分出席会议议员各过半数通过。

第六节　基层群众性自治组织

【相关法条·《宪法》】

第一百一十一条第一款　城市和农村按居民居住地区设立的居民委员会或者村民委员会是基层群众性自治组织。居民委员会、村民委员会的主任、副主任和委员由居民选举。居民委员会、村民委员会同基层政权的相互关系由法律规定。

基层群众性自治组织首次出现是在 1982 年宪法中，是指依据法律规定，以城乡居民（村民）一定的居住地为基础设立，并由居民（村民）选举产生的成员组成的，实行自我管理、自我教育、自我服务的社会组织。具体包括**居民委员会和村民委员会两种。**

【注意】在性质上，基层群众性自治组织不是一级政权机关。

城市和农村按居民居住地区设立的居民委员会或者村民委员会是基层群众性自治组织。

一、村民委员会

（一）设置

1. 村民委员会根据居住状况、人口多少，按照便于群众自治，有利于经济发展和社会管理的原则设立，未必每个自然村都设置村委会。人口较少的几个自然村可以设一个村委会；人口较多、规模较大的自然村可以设置多个村委会。

2. 村民委员会的设立、撤销、范围调整，由乡、民族乡、镇的政府提出，经村民会议讨论同意后，报县级人民政府批准。

（二）乡镇人民政府与村委会的关系

指导、支持和帮助，但不干预自治范围内的事项。后者协助前者开展工作。

乡、民族乡、镇的人民政府干预依法属于村民自治范围事项的，由上一级人民政府责令改正。

（三）组成和选举

1. 村民委员会由**主任、副主任和委员**共 3～7 人组成。应有妇女成员、人数较少民族的成员。村民委员会向村民会议、村民代表会议负责并报告工作。

2. 村民委员会成员由年满 18 周岁未被剥夺政治权利的村民直接选举产生。任何组织或者个人不得指定、委派或者撤换村民委员会成员。

3. **选举工作由村民选举委员会主持**。村民选举委员会由主任和委员组成，由村民会议、村民代表会议或者各村民小组会议推选产生。村民选举委员会成员被提名为村民委员会成员候选人，应当退出村民选举委员会。

4. 登记参加选举的村民名单应当在选举日的二十日前由村民选举委员会公布。对登记参加选举的村民名单有异议的，应当自名单公布之日起五日内向村民选举委员会申诉，村民选举委员会应当自收到申诉之日起三日内作出处理决定，并公布处理结果。

【注意】村民委员会选举前，应当对下列人员进行登记，列入参加选举的村民名单：（1）户籍在本村并且在本村居住的村民；（2）户籍在本村，不在本村居住，本人表示参加选举的村民；（3）户籍不在本村，在本村居住一年以上，本人申请参加选举，并且经村民会议或者村民代表会议同意参加选举的公民。此外，已在户籍所在村或者居住村登记参加选举的村民，不得再参加其他地方村民委员会的选举。

5. 选举村民委员会，**由登记参加选举的村民直接提名候选人**。村民提名候选人，应当从全体村民利益出发，推荐奉公守法、品行良好、公道正派、热心公益、具有一定文化水平和工作能力的村民为候选人。**候选人的名额应当多于应选名额**。村民选举委员会应当组织候选人与村民见面，由候选人介绍履行职责的设想，回答村民提出的问题。

6. 选举实行无记名投票、公开计票的方法，选举结果应当当场公布。选举时，应当设立秘密写票处。

7. 登记参加选举的村民，选举期间外出不能参加投票的，可以书面委托本村有选举权的近亲属代为投票。村民选举委员会应当公布委托人和受委托人的名单。

8. **选举采"双过半制"**：选举村民委员会，有登记参加选举的村民过半数投票，选举有效；候选人获得参加投票的村民过半数的选票，始得当选。

【注意】当选人数不足应选名额的，不足的名额另行选举。另行选举的，第一次投票未当选的人员得票多的为候选人，候选人以得票多的当选，但是所得票数不得少于已投选票总数的三分之一。

9. 村民委员会应当自新一届村民委员会产生之日起十日内完成工作移交。工作移交由村民选举委员会主持，由乡、民族乡、镇的人民政府监督。

10. **以暴力、威胁、欺骗、贿赂、伪造选票、虚报选举票数等不正当手段当选村民委员会成员的，当选无效。对以不正当手段，妨害村民行使选举权、被选举权，破坏村民委员会选举的行为，村民有权向乡、民族乡、镇的人民代表大会和人民政府或者县级人民代表大会常务委员会和人民政府及其有关主管部门举报，由乡级或者县级人民政府负责调查并依法处理。**

【注意】对于村民举报破坏选举的行为，负责调查处理的机关与受理举报的机关的范围不同。负责调查处理的机关限于乡级或县级人民政府，而受理举报的机关除乡级或者县级人民政府之外，还包括乡镇人大、县级人大常委会或县级人民政府主管部门。之所以受理举报的机关范围相对较宽，主要是为了扩宽村民举报的渠道；而负责调查处理的机关相对集中，则有利于明确调查处理机关的职责，避免有关机关相互推诿。

11. 村民委员会根据需要设人民调解、治安保卫、公共卫生与计划生育等委员会。村民委员会成员可以兼任下属委员会的成员。人口少的村的村民委员会可以不设下属委员会，由村民委员会成员分工负责人民调解、治安保卫、公共卫生与计划生育等工作。

12. 村民委员会**任期 5 年，可连选连任**。

13. 村民委员会成员出缺，可以由村民会议或者村民代表会议进行补选。补选的村民委员会成员的任期到本届村民委员会任期届满时止。

（四）罢免与职务终止

（1）本村 1/5 以上有选举权的村民或者 1/3 以上的村民代表联名，可以提出罢免村民委员会成员的要求，并说明要求罢免的理由。被提出罢免的成员有权提出申辩意见。

（2）罢免村民委员会成员也采**"双过半制"**：须有登记参加选举的村民过半数投票，并须经投票的村民过半数通过。

（3）**村民委员会成员丧失行为能力或者被判处刑罚的，其职务自行终止。**

（五）村务监督

1. 村务监督机构

（1）村应当建立村务监督委员会或者其他形式的村务监督机构，负责村民民主理财，监督村务公开等制度的落实，其成员由村民会议或者村民代表会议在村民中推选产生，其中应有具备财会、管理知识的人员。

（2）村民委员会成员及其近亲属不得担任村务监督机构成员。

（3）村务监督机构成员向村民会议和村民代表会议负责，可以列席村民委员会会议。

2. 村务档案

村民委员会和村务监督机构应当建立村务档案。村务档案包括：选举文件和选票，会议记录，土地发包方案和承包合同，经济合同，集体财务账目，集体资产登记文件，公益设施基本资料，基本建设资料，宅基地使用方案，征地补偿费使用及分配方案等。村务档案应当真实、准确、完整、规范。

3. 民主评议

村民委员会成员以及由村民或者村集体承担误工补贴的聘用人员，应当接受村民会议或者村民代表会议对其履行职责情况的民主评议。民主评议每年至少进行一次，由村务监督机构主持。村民委员会成员连续两次被评议不称职的，其职务终止。

4. 经济责任审计

村民委员会成员实行任期和离任经济责任审计，由县级政府农业部门、财政部门或者乡级政府负责组织，审计结果应公布，其中离任审计结果应当在下一届村委会选举之前公布。审计包括下列事项：

（1）本村财务收支情况；

（2）本村债权债务情况；

（3）政府拨付和接受社会捐赠的资金、物资管理使用情况；

（4）本村生产经营和建设项目的发包管理以及公益事业建设项目招标投标情况；

（5）本村资金管理使用以及本村集体资产、资源的承包、租赁、担保、出让情况，征地补偿费的使用、分配情况；

（6）本村五分之一以上的村民要求审计的其他事项。

（六）村务公开

1. 村民委员会应当**实行少数服从多数的民主决策机制**和公开透明的工作原则，建立健全各种工作制度。

2. 村民委员会**实行村务公开制度**，应当及时公布下列事项，接受村民的监督：

（1）法定的由村民会议、村民代表会议讨论决定的事项及其实施情况；

（2）国家计划生育政策的落实方案；

（3）政府拨付和接受社会捐赠的救灾救助、补贴补助等资金、物资的管理使用情况；

（4）村民委员会协助人民政府开展工作的情况；

（5）涉及本村村民利益，村民普遍关心的其他事项。

3. **一般事项至少每季度公布一次；集体财务往来较多的，财务收支情况应当每月公布一次；涉及村民利益的重大事项应当随时公布。**

4. 村民委员会不及时公布应当公布的事项或者公布的事项不真实的，村民有权向乡、民族乡、镇的人民政府或者县级人民政府及其有关主管部门反映，有关人民政府或者主管部门应当负责调查核实，责令依法公布；经查证确有违法行为的，有关人员应当依法承担责任。

（七）违法行为的纠正

1. 村民委员会或者村民委员会成员作出的决定侵害村民合法权益的，受侵害的村民可以申请人民法院予以撤销，责任人依法承担法律责任。

【注意】 根据最高人民法院《关于适用〈中华人民共和国民事诉讼法〉的解释》第六十八条，村民委员会或者村民小组与他人发生民事纠纷的，村民委员会或者有独立财产的村民小组为当事人。

2. 村民委员会不依照法律、法规的规定履行法定义务的，由乡、民族乡、镇的人民政府责令改正。

二、村民会议

1. 村民会议是**由本村 18 周岁以上的村民组成**的村民群众自治的最高组织形式。

2. 村民会议由村民委员会召集，有 1/10 以上的村民提议或 1/3 以上村民代表提议，应当召集村民会议。召集村民会议，应当提前十天通知村民。

3. 召开村民会议，应当有本村十八周岁以上村民的过半数，或者本村三分之二以上的户的代表参加，村民会议所作决定应当经到会人员的过半数通过。涉及全村村民利益的问题，村民委员会必须提请村民会议讨论决定，到会人员过半数通过。

4. 召开村民会议，根据需要可以邀请驻本村的企业、事业单位和群众组织派代表列席。

5. 村民会议审议村民委员会的年度工作报告，评议村民委员会成员的工作；有权撤销或者变更村民委员会不适当的决定；有权撤销或者变更村民代表会议不适当的决定。

【注意】村民会议可以授权村民代表会议审议村民委员会的年度工作报告，评议村民委员会成员的工作，撤销或者变更村民委员会不适当的决定。

6. 村民会议可以制定和修改村民自治章程、村规民约，并报乡、民族乡、镇的人民政府备案。

【相关法条 · 《村民委员会组织法》】
第二十四条 涉及村民利益的下列事项，经村民会议讨论决定方可办理：
（一）本村享受误工补贴的人员及补贴标准；
（二）从村集体经济所得收益的使用；
（三）本村公益事业的兴办和筹资筹劳方案及建设承包方案；
（四）土地承包经营方案；
（五）村集体经济项目的立项、承包方案；
（六）宅基地的使用方案；
（七）征地补偿费的使用、分配方案；
（八）以借贷、租赁或者其他方式处分村集体财产；
（九）村民会议认为应当由村民会议讨论决定的涉及村民利益的其他事项。
村民会议可以授权村民代表会议讨论决定前款规定的事项。
法律对讨论决定村集体经济组织财产和成员权益的事项另有规定的，依照其规定。

三、村民代表会议

1. 人数较多或者居住分散的村，可以设立村民代表会议，讨论决定村民会议授权的事项。

2. 村民代表会议由村民委员会成员和村民代表组成，村民代表应当占村民代表会议组成人员的 4/5 以上，妇女村民代表应当占村民代表会议组成人员的 1/3 以上。

3. 村民代表由村民按每 5 户至 15 户推选一人，或者由各村民小组推选若干人。村民代表的任期 5 年，可以连选连任。村民代表应当向其推选户或者村民小组负责，接受村民监督。

4. 村民代表会议由村民委员会召集。每季度召开一次。有 1/5 以上的村民代表提议，应当召集村民代表会议。

5. 村民代表会议有 2/3 以上的组成人员参加方可召开，所作决定应当经到会人员的**过半数**

同意。

四、村民小组

1. 村民委员会可以根据村民居住状况、集体土地所有权关系等分设若干村民小组。

2. 组长由村民小组会议推选。村民小组组长任期与村民委员会的任期相同，可以连选连任。

3. 召开村民小组会议，应当有本村民小组十八周岁以上的村民 2/3 以上，或者本村民小组 2/3 以上的户的代表参加，所作决定应当经到会人员的过半数同意。

4. 属于村民小组的集体所有的土地、企业和其他财产的经营管理以及公益事项的办理，由村民小组会议依照有关法律的规定讨论决定，所作决定及实施情况应当及时向本村民小组的村民公布。

五、错误决定的纠正与救济

1. 村民委员会或者村民委员会成员作出的决定侵害村民合法权益的，受侵害的村民可以申请人民法院予以撤销，责任人依法承担法律责任。

2. 村民委员会不依照法律、法规的规定履行法定义务的，由乡、民族乡、镇的人民政府责令改正。

3. 乡、民族乡、镇的人民政府干预依法属于村民自治范围事项的，由上一级人民政府责令改正。

4. 村民自治章程、村规民约以及村民会议或者村民代表会议的决定不得与宪法、法律、法规和国家的政策相抵触，不得有侵犯村民的人身权利、民主权利和合法财产权利的内容。村民自治章程、村规民约以及村民会议或者村民代表会议的决定违反前款规定的，由乡、民族乡、镇的人民政府责令改正。

5. 村民会议有权撤销或者变更村民委员会不适当的决定；有权撤销或者变更村民代表会议不适当的决定。

6. 村民会议可以授权村民代表会议撤销或者变更村民委员会不适当的决定。

六、居民委员会

（一）设置

1. 以 100～700 户的范围设立。
2. 居民委员会的设立、撤销、规模调整，由不设区的市、市辖区的人民政府决定。
3. 不设区的市、市辖区的人民政府或者它的派出机关对居民委员会的工作给予指导、支持和帮助。后者协助前者开展工作。

（二）组织

1. 居民委员会由主任、副主任和委员共 5～9 人组成。
2. 多民族居住地区，居民委员会中应当有人数较少的民族的成员。

3. 居民委员会主任、副主任和委员，由本居住地区全体有选举权的居民或者由每户派代表选举产生；根据居民意见，也可以由每个居民小组选举代表二至三人选举产生。居民委员会**每届任期 5 年**，其成员可以连选连任。
4. 居民委员会根据需要设人民调解、治安保卫、公共卫生等委员会。居民委员会成员可以兼任下属的委员会的成员。居民较少的居民委员会可以不设下属的委员会，由居民委员会的成员分工负责有关工作。
5. 居民委员会办理本居民区公益事业所需费用，经居民会议讨论决定，可以根据自愿原则向居民筹集，也可以向本居民区的受益单位筹集，但是必须经受益单位同意，收支账目应当及时公布，接受居民监督。

（三）居民会议

1. 居民会议是由居住地范围内 18 周岁以上的居民组成的居民自治的民主决策机构。
2. **居民公约由居民会议讨论制定，报不设区的市、市辖区的人民政府或者它的派出机关备案**，由居民委员会监督执行。
3. 居民会议由居民委员会召集和主持。有 1/5 以上的十八周岁以上的居民、1/5 以上的户或者 1/3 以上的居民小组提议，应当召集居民会议。
4. 居民委员会向居民会议负责并报告工作。居民会议有权撤换和补选居民委员会成员。
5. 涉及全体居民利益的重要问题，居民委员会必须提请居民会议讨论决定。

第五章　公民的基本权利与义务

第一节　公民基本权利与义务概述

一、基本权利和基本义务的概念与特点

码上揭秘

（一）基本权利
是指由宪法规定的公民享有的主要的、必不可少的权利。
1. 基本权利决定了公民在国家生活中的法律地位；
2. 基本权利是公民在社会生活中最主要、最基本而又不可缺少的权利；
3. 基本权利具有母体性，派生出具体的法律权利；
4. 基本权利具有稳定性和排他性，与人的公民资格不可分。
（二）基本义务
也称宪法义务，是指由宪法规定的公民必须遵守和应尽的法律责任。

二、基本权利的主体

（一）主要是公民
【注意】有些国家的宪法规定，法人和外国人也可以成为基本权利的主体。但在我国，法人并非基本权利的一般主体。
（二）公民和人民的区别

比较项	公民	人民
1. 性质	与外国人和无国籍人相对	与敌人相对
2. 范围	公民包括人民和敌对分子	只是公民中的一部分
3. 后果	其中的敌人不能享有全部权利	享有法定全部权利，履行全部义务
4. 概念属性	个体概念	群体概念

三、基本权利的效力

基本权利的效力是指基本权利对社会生活领域产生的拘束力，其目的在于保障宪法规定的人权价值的实现。

（一）基本权利效力的特点

1. 广泛性	拘束一切国家权力活动与社会生活领域。
2. 具体性	通常在具体的事件中得到实现；特定主体在具体的活动中感受到权利的价值，并通过具体事件解决围绕效力而发生的宪法争议。
3. 现实性	对立法活动提供法律基础；本质上是调整现实社会中主体活动的具体权利形态，一旦规定在宪法上便具有直接的规范效力。

（二）基本权利效力的体现

1. 对立法权的制约	（1）立法者通过一定形式制定反映民意的法律，推动基本权利价值的具体化。 （2）基本权利直接约束立法者与立法过程，以防止立法者制定侵害人权的法律。
2. 对行政权的制约	对行政权的活动产生直接的约束力，有关行政的一切活动都要体现基本权利的价值，以保障行政权的合宪性。
3. 对司法权的制约	直接约束一切司法权的活动；司法活动是保障人权的最后堡垒。

【注意】法律对基本权利的具体化只是基本权利实现的一种形式，但并非唯一形式。

四、基本权利的限制

所谓限制基本权利，是指确定基本权利的范围，使之不超过一定的限度，超过限度则构成权利的滥用。

（一）具体表现

1. 剥夺一部分主体的基本权利	一般作为刑罚的附加刑采用，即剥夺政治权利
2. 停止行使某种基本权利	暂时限制，条件恢复再准予行使
3. 出于社会公益，限制特殊主体的活动	如限制公务员的政治活动；限制军人的政治权利

（二）限制基本权利的目的

1. 维护社会秩序；
2. 保障国家安全；
3. 维护公共利益。

【相关法条·《宪法》】
第五十一条　中华人民共和国公民在行使自由和权利的时候，不得损害国家的、社会的、集体的利益和其他公民的合法的自由和权利。

（三）限制基本权利的基本形式

1. 内在限制	（1）基本权利本身的限制，宪法规定的基本权利概念本身对其范围和界限进行了必要的限定。
	（2）通过具体附加的文句对其范围进行了限定，如规定"任何人不得利用宗教进行破坏社会秩序、损害公民身体健康、妨碍国家教育制度的活动"。

续表

| 2. 宪法和法律的限制 | 宪法为基本权利的行使确定了总的原则与程序（我国宪法第 51 条） |
| | 通过法律的限制：（1）一般保留：法律规定的保留适用于所有基本权利；（2）个别保留：根据法律的具体条文而对基本权利进行限制。 |

（四）我国的规定

根据《宪法》第 51 条的规定，限制基本权利只能基于维护公共利益和他人的基本权利的目的才具有正当性。同时，限制公民基本权利应当体现合理原则，不超过必要的限度。

在这方面，十二届全国人大常委会第十五次会议通过、2015 年 7 月 1 日起施行的新《**国家安全法**》第 83 条规定："在国家安全工作中，需要采取限制公民权利和自由的特别措施时，应当依法进行，**并以维护国家安全的实际需要为限度。**"

现实生活中最为普遍的乃是在紧急状态下对基本权利实施限制。所谓紧急状态，是指在一定范围和时间内由于突发重大事件而严重威胁和破坏公共秩序、公共安全、公共卫生、国家统一等公共利益和国家利益，需要紧急予以专门应对的社会生活状态。在紧急状态下，为了保障公民的基本权利和社会公共利益、迅速恢复经济与社会的正常状态，有必要赋予国家机关一定的紧急权力。实践中，发生**突发事件**和**恐怖主义活动**是导致紧急状态的重要原因。

1.《突发事件应对法》（2007）

（1）突发事件的概念	本法所称突发事件，是指突然发生，造成或者可能造成严重社会危害，需要采取应急处置措施予以应对的自然灾害、事故灾难、公共卫生事件和社会安全事件。
（2）政府的应对	（1）自然灾害、事故灾难或者公共卫生事件发生后，履行统一领导职责的人民政府可以采取一项或多项应急处置措施，如：实行交通管制以及其他控制措施，禁止或者限制使用有关设备、设施，关闭或者限制使用有关场所，中止人员密集的活动或者可能导致危害扩大的生产经营活动等。
	（2）社会安全事件发生后，组织处置工作的人民政府应当立即组织有关部门并由公安机关采取下列一项或多项应急处置措施，如：强制隔离使用器械相互对抗或者以暴力行为参与冲突的当事人，对特定区域内的建筑物、交通工具、设备、设施以及燃料、燃气、电力、水的供应进行控制，封锁有关场所、道路，查验现场人员的身份证件，限制有关公共场所内的活动等。

2.《反恐怖主义法》（2018）

| （1）恐怖主义的概念 | 本法所称恐怖主义，是指通过暴力、破坏、恐吓等手段，制造社会恐慌、危害公共安全、侵犯人身财产，或者胁迫国家机关、国际组织，以实现其政治、意识形态等目的的主张和行为。 |
| （2）恐怖活动的预防：物流运营单位的安全查验制度 | 铁路、公路、水上、航空的货运和邮政、快递等物流运营单位应当实行安全查验制度，对客户身份进行查验，依照规定对运输、寄递物品进行安全检查或者开封验视。对禁止运输、寄递，存在重大安全隐患，或者客户拒绝安全查验的物品，不得运输、寄递。 |

（3）恐怖活动的预防：特定业务经营者、服务提供者的身份查验制度	电信、互联网、金融、住宿、长途客运、机动车租赁等业务经营者、服务提供者，应当对客户身份进行查验。对身份不明或者拒绝身份查验的，不得提供服务。
（4）恐怖事件发生后的应急处置措施	恐怖事件发生后，相关职权部门可以采取在特定区域内实施互联网、无线电、通讯管制，以及在特定区域内或者针对特定人员实施出入境入境管制等处置措施。
（5）国家对恐怖活动的立场	①国家不向任何恐怖活动组织和人员作出妥协，不向任何恐怖活动人员提供庇护或者给予难民地位。 ②网信、电信、公安、国家安全等主管部门对含有恐怖主义、极端主义内容的信息，应当及时责令有关单位停止传输、删除相关信息，或者关闭相关网站、关停相关服务。对互联网上跨境传输的含有恐怖主义、极端主义内容的信息，电信主管部门应当采取技术措施，阻断传播。
（6）特定业者的技术支持和协助义务	①电信业务经营者、互联网服务提供者应当为公安机关、国家安全机关依法进行防范、调查恐怖活动提供技术接口和解密等技术支持和协助。 ②电信业务经营者、互联网服务提供者应当依照法律、行政法规规定，落实网络安全、信息内容监督制度和安全技术防范措施，防止含有恐怖主义、极端主义内容的信息传播；发现含有恐怖主义、极端主义内容的信息的，应当立即停止传输，保存相关记录，删除相关信息，并向公安机关或者有关部门报告。

五、基本权利与人权

1. 人权是基本权利的来源，基本权利是人权宪法化的具体表现。

2. 二者的区别包括：

（1）人权是一种自然权，而基本权利是实定法上的权利；

（2）人权具有道德和价值上的效力，而基本权利是法律和制度上保障的权利，其效力与领域受到限制；

（3）人权表现为价值体系，而基本权利具有具体权利性；

（4）人权源于自然法，而基本权利源于人权。

3. 宪法文本中的人权需要法定化，并转化为具有具体权利内容的基本权利形态。

六、"国家尊重和保障人权"的重要意义

1. 为未列举基本权利提供了规范基础；

2. 对于理解基本权利具有指导作用；

3. 为国家设定了义务；

4. 有利于推动人与社会、环境、资源的协调发展。

【相关法条·《宪法》·2004 年修正案】
第三十三条第三款　国家尊重和保障人权。

七、我国公民基本权利与义务的主要特点

1. 广泛性	（1）享有主体非常广泛。
	（2）享有的范围非常广泛。
2. 平等性	（1）公民在享有权利和履行义务方面一律平等。
	（2）司法机关在适用法律上一律平等。
3. 现实性	（1）权利和义务的内容具有现实性，从实际出发：有客观需要、非规定不可的才规定；能做到的才规定；能做到什么程度的就规定到什么程度。
	（2）既有物质保障又有法律保障，是可以实现的。
4. 一致性	（1）享有权利和承担义务的主体是一致的。
	（2）**某些权利和义务是相互结合的，如劳动、受教育既是公民的基本权利，又是公民的基本义务。**
	（3）基本权利和义务相互促进，相辅相成。

八、基本权利的分类【增补考点】

1. 积极（受益）权和消极（受益）权都是从国家获取收益的权利，即国家有义务提供条件，帮助权利实现。

2. 二者的区别

（1）对于积极权利，公民可主动向国家提出请求；

（2）对于消极权利，公民不能主动提出请求，而是强调权利行使免于国家干涉。

第二节　我国公民的基本权利

【特别说明】除私有财产权和继承权位于现行宪法第一章总纲部分之外，其余基本权利都位于第二章公民的基本权利与义务的部分。

【特别说明】宪法明确列举的基本权利包括：财产权、继承权；法律面前一律平等；国家尊重与保障人权；选举权和被选举权；言论、出版、集会、结社、游行、示威的自由；宗教信仰自由；人身自由；人格尊严；住宅不受侵犯；通信自由和通信秘密；对国家机关及其工作人员提出批评、建议的权利；对于国家机关及其工作人员的违法失职行为，向有关国家机关提出申诉、控告或检举的权利；劳动的权利和义务；劳动者有休息权；退休制度；获得物质帮助的权利；受教育的权利；科学研究、文学艺术和其他文化活动的自由；男女平等；婚姻家庭制度；华侨、归侨的权益。

一、平等权

平等权指公民依法平等地享有权利，不受任何不合理的差别对待，要求国家给予同等保护的权利。平等权是公民行使其他权利的基础，是贯穿于其他权利的一种权利，也是社会主义法制的一项基本原则。

（一）基本内容

1. 法律面前一律平等；

2. 禁止不合理的差别对待：反对歧视和反对特权；

3. 允许合理的差别。

（二）判断差别是否合理的基本原则：

1. 是否符合作为宪法核心价值的人的尊严原则；

2. 确定差别措施的目的是否符合公共利益；

3. 采取的手段与目的之间是否存在着合理的联系等。

（三）我国宪法保护的特定主体

（1）妇女；（2）退休人员和军烈属；（3）婚姻、家庭、母亲、儿童和老人；（4）青少年和儿童；（5）华侨、归侨和侨眷。

【概念说明】归侨是指回国定居的华侨。华侨是指定居在国外的中国公民。侨眷是指华侨、归侨在国内的眷属。

【相关法条·《宪法》】

第四十四条 国家依照法律规定实行企业事业组织的职工和国家机关工作人员的退休制度。退休人员的生活受到国家和社会的保障。

第四十五条 中华人民共和国公民在年老、疾病或者丧失劳动能力的情况下，有从国家和社会获得物质帮助的权利。国家发展为公民享受这些权利所需要的社会保险、社会救济和医疗卫生事业。

国家和社会保障残废军人的生活，抚恤烈士家属，优待军人家属。

国家和社会帮助安排盲、聋、哑和其他有残疾的公民的劳动、生活和教育。

第四十六条第二款 国家培养青年、少年、儿童在品德、智力、体质等方面全面发展。

第四十八条 中华人民共和国妇女在政治的、经济的、文化的、社会的和家庭的生活等各方面享有同男子平等的权利。

国家保护妇女的权利和利益，实行男女同工同酬，培养和选拔妇女干部。

第四十九条 婚姻、家庭、母亲和儿童受国家的保护。

夫妻双方有实行计划生育的义务。

父母有抚养教育未成年子女的义务，成年子女有赡养扶助父母的义务。

禁止破坏婚姻自由，禁止虐待老人、妇女和儿童。

第五十条 中华人民共和国保护华侨的正当的权利和利益，保护归侨和侨眷的合法的权利和利益。

二、政治权利和自由

政治权利和自由是公民依法享有的参加国家政治生活的权利和自由。包括公民的选举权、被选举权，以及言论、出版、集会、结社、游行和示威的自由。

（一）选举权和被选举权

【相关法条·《宪法》】

第三十四条 中华人民共和国年满十八周岁的公民，不分民族、种族、性别、职业、家庭出身、宗教信仰、教育程度、财产状况、居住期限，都有选举权和被选举权；但是依照法律被剥夺政治权利的人除外。

（二）政治自由

【相关法条·《宪法》】

第三十五条　中华人民共和国公民有言论、出版、集会、结社、游行、示威的自由。

1. **言论自由**

（1）在政治自由中居于首要地位，世界各国宪法普遍承认。

（2）表现形式多样，包括口头、书面形式和电视广播等传播媒介。

【注意】行使言论自由侵害他人名誉权的，不构成违宪。

2. **出版自由**

（1）通过公开出版物的形式，自由地表达对公共事务的见解和看法。是言论自由的自然延伸。

（2）包括著作自由和出版单位的设立和管理制度。

（3）世界出版物管理有两种制度：事前审查制和追惩制。我国《出版管理条例》采二者结合。

3. **结社自由**

（1）结社包括营利性结社和非营利性结社（包括政治性结社和非政治性结社）。宪法上的结社自由主要指组织政治性团体。

（2）社团的成立实行**核准登记制度：登记管理机关是民政部门**。2016年2月6日公布并施行的修改后的《社会团体登记管理条例》将社团的"申请筹备"改称"申请登记"，在变更登记等方面也作了修改，进一步理顺了社团成立和管理的程序。

（3）社团不得从事以营利为目的的经营性活动，其活动受到国家管理部门的监督管理。

4. **集会游行示威自由**

（1）集合性权利：多个公民共同行使。
（2）**应当和平进行**，不得携带武器、管制刀具和爆炸物，不得使用暴力或煽动使用暴力。
（3）公民不得在其居住地以外的城市发动、组织、参加当地公民的集会、游行、示威。中央国家机关所在地、国宾下榻处、重要军事设施、海陆空交通站点（航空港、火车站、港口）周边10米内至300米内不得集会游行示威。
（4）主管机关：举行地的市县公安局、城市公安分局。如果路线经过两个以上区县，则所经过区县的共同上一级公安机关为主管机关。
（5）一般要申请许可。不需申请的情况：（1）国家举行纪念庆祝活动；（2）国家机关、政党、社团、企事业组织依法、组织章程举行的集会。
（6）**必须有负责人**。负责人必须在举行日期的**五日前向主管机关递交书面申请**。申请书中应当载明集会、游行、示威的目的、方式、标语、口号、人数、车辆数、使用音响设备的种类与数量、起止时间、地点（包括集合地和解散地）、路线和负责人的姓名、职业、住址。
（7）主管机关应在举行日的**两日前**将决定通知负责人，并说明理由。**逾期不通知，视为许可**。
（8）时间一般限于早上六点到晚上十点。
（9）**国家机关工作人员不得组织或者参加违背有关法律、法规规定的国家机关工作人员职责、义务的集会、游行、示威。**

【注意】根据刑法的规定，剥夺政治权利是指同时剥夺如下四种权利：1.选举权和被选举权；2.言论、出版、集会、结社、游行、示威的自由；3.担任国家机关职务的权利；4.担任

国有公司、企业事业单位和人民团体领导职务的权利。

【注意】1. 在判处管制附加剥夺政治权利的期限与管制的期限相同，与管制期限同时起算、同时执行；2. 判处有期徒刑、拘役附加剥夺政治权利的刑期，从徒刑、拘役执行完毕之日起或从假释之日起开始计算，剥夺的效力当然适用于主刑执行期间；3. 判处死刑、无期徒刑的，应当剥夺政治权利终身。

三、宗教信仰自由

【相关法条·《宪法》】

第三十六条 中华人民共和国公民有宗教信仰自由。

任何国家机关、社会团体和个人不得强制公民信仰宗教或者不信仰宗教，不得歧视信仰宗教的公民和不信仰宗教的公民。

国家保护正常的宗教活动。任何人不得利用宗教进行破坏社会秩序、损害公民身体健康、妨碍国家教育制度的活动。

宗教团体和宗教事务不受外国势力的支配。

宗教信仰自由是指公民根据内心的信念，自愿地信仰宗教的自由。

（一）正面界定

信教或不信教的自由；信这种或信那种宗教的自由；信这个教派或那个教派的自由；过去信现在不信的自由等。

（二）反向界定

1. 不得强制；

2. 不得歧视。

（三）宪法规定宗教自由的目的

宗教是一种历史现象，其存在的条件尚未消失；宗教信仰属于思想范畴，只能说服教育，不能强迫命令、粗暴压制；宗教的存在具有长期性、国际性、民族性和群众性，正确处理对民族团结、国家统一和国际交往有重大意义。

（四）国家对于宗教活动的政策

1. 国家保护正常的宗教活动。任何人不得利用宗教进行破坏社会秩序、损害公民身体健康、妨碍国家教育制度的活动。

2. 宗教团体必须坚持自主、自办、自传的"三自"原则。宗教团体和宗教事务不受外国势力支配。

3. 外国人不得在中国境内成立宗教组织，设立宗教机构，设立宗教活动场所或者开办宗教院校，不得在中国公民中发展教徒，委任宗教教职人员和进行其他传教活动。

四、广义的人身自由

广义的人身自由包括与狭义人身自由相关联的生命权、人格尊严、住宅不受侵犯、通信自由和通信秘密等与公民个人生活有关的权利和自由。人身自由是公民具体参加各种社会活动和实际享受其他权利的前提。

【相关法条·《宪法》】

第三十七条 中华人民共和国公民的人身自由不受侵犯。

任何公民，非经人民检察院批准或者决定或者人民法院决定，并由公安机关执行，不受逮捕。

禁止非法拘禁和以其他方法非法剥夺或者限制公民的人身自由，禁止非法搜查公民的身体。

第三十八条 中华人民共和国公民的人格尊严不受侵犯。禁止用任何方法对公民进行侮辱、诽谤和诬告陷害。

第三十九条 中华人民共和国公民的住宅不受侵犯。禁止非法搜查或者非法侵入公民的住宅。

第四十条 中华人民共和国公民的通信自由和通信秘密受法律的保护。除因国家安全或者追查刑事犯罪的需要，由公安机关或者检察机关依照法律规定的程序对通信进行检查外，任何组织或者个人不得以任何理由侵犯公民的通信自由和通信秘密。

（一）生命权

1. 具有自然法性质，**现行宪法没有明确规定**；国家和社会的最高价值；基本权利价值体系的基础和出发点
2. 主体只能是自然人，包括本国人、外国人和无国籍人。
3. 基本内容包括：（1）防御权；（2）享受生命的权利；（3）生命保护请求权；（4）生命权的不可处分性。

（二）人身自由

1. 人的身体不受非法限制、搜查、拘留、逮捕的自由；			
2. **公民最起码的权利，但并非绝对权，可以依法限制**；			
3. 非经**检察院批准或者决定**或者**法院决定**，并由公安机关执行，不受逮捕	（1）侦查阶段	①公安机关侦查的案件：公安机关如果认为需要逮捕犯罪嫌疑人的，会向同级检察机关移送审查，请求批准逮捕；	无论是批准逮捕还是决定逮捕，都由公安机关负责执行。**【注意】** 此处的公安机关包括了狭义的公安机关、国家安全机关、军队保卫部门、监狱、海关缉私局等。
		②检察机关自侦案件：省级以下（不含省级）检察机关如果需要逮捕犯罪嫌疑人的，需要报请上一级检察机关审查决定逮捕；	
	（2）审查起诉阶段：无论公诉案件还是自诉案件，检察机关如果发现犯罪嫌疑人需要逮捕，有权作出逮捕决定；		
	（3）审判阶段：无论公诉案件还是自诉案件，审判机关如果发现被告人需要逮捕，有权作出逮捕决定；		
4. 禁止非法拘禁和以其他方法非法剥夺或者限制公民的人身自由，禁止非法搜查身体。			

（三）人格尊严

1. 人格尊严不受侵犯。禁止用任何方法对公民进行侮辱、诽谤和诬告陷害。**这是我国宪法第一次写入人格尊严的内容。**
2. **法律表现**：公民的人格权，包括姓名权、肖像权、名誉权、荣誉权、隐私权

（四）住宅自由

1. 住宅不受侵犯。禁止非法搜查或者非法侵入公民的住宅
2. 涉及到公民的财产权、人身自由、居住安全和生活安定

【增补考点】人身自由、住宅自由的限制

【相关法条·《治安管理处罚法》】

第八十七条 公安机关对与违反治安管理行为有关的场所、物品、人身可以进行检查。检查时，人民警察不得少于二人，并应当出示工作证件和县级以上人民政府公安机关开具的检查证明文件。对确有必要立即进行检查的，人民警察经出示工作证件，可以当场检查，但检查公民住所应当出示县级以上人民政府公安机关开具的检查证明文件。

检查妇女的身体，应当由女性工作人员进行。

（五）通信自由和通信秘密

1. 公民之间信息传递不受国家非法限制；公民通信内容不得隐匿、毁弃、拆阅和窃听；
2. 因国家安全或追查刑事犯罪的需要，**公安或检察机关**可依法对公民的通信进行检查；
3. 公安机关或检察机关批准，可通知邮电机关将有关邮件、电报检交扣押。

【说明】根据刑诉法和有关司法解释的规定，技术侦查权（包括跟踪、窃听、截留邮件、卧底、诱惑侦查、化妆侦查、控制下交付等）只能由公安机关、国家安全机关或者检察机关行使，军队保卫部门和监狱无权实施技术侦查措施。

五、社会经济权利和文化教育权利

除财产权和继承权外，社会经济权利和文化教育权利都属于公民的积极受益权，公民可积极主动地向国家提出请求，国家也应积极加以保障。

（一）财产权

财产权是实现自由的基本要求，是人作为有尊严存在的社会物质基础。

【相关法条·《宪法》】

第十三条 公民的合法的私有财产不受侵犯。

国家依照法律规定保护公民的私有财产权和继承权。

国家为了公共利益的需要，可以依照法律规定对公民的私有财产实行征收或者征用并给予补偿。

（二）劳动权

1. 劳动既是权利又是义务，是人们生存的基础；
2. 劳动权是指有劳动能力的公民有从事劳动并取得相应报酬的权利。

【相关法条·《宪法》】

第四十二条　中华人民共和国公民有劳动的权利和义务。

国家通过各种途径，创造劳动就业条件，加强劳动保护，改善劳动条件，并在发展生产的基础上，提高劳动报酬和福利待遇。

劳动是一切有劳动能力的公民的光荣职责。国有企业和城乡集体经济组织的劳动者都应当以国家主人翁的态度对待自己的劳动。国家提倡社会主义劳动竞赛，奖励劳动模范和先进工作者。国家提倡公民从事义务劳动。

国家对就业前的公民进行必要的劳动就业训练。

（三）劳动者休息权

| 1. 中华人民共和国**劳动者有休息的权利**； |
| 2. 每日工作时间不超过 8 小时；平均每周不超 44 小时；每周至少休息一日。 |

【说明】宪法规定劳动者有休息的权利。这并不排除普通人休息的机会，而仅是意指国家有义务以立法、行政、司法等多种方式为劳动者充分之休息机会的获得提供法的保障，如建立休假制度、确定法定假日等。

【相关法条·《宪法》】

第四十三条　中华人民共和国劳动者有休息的权利。

国家发展劳动者休息和休养的设施，规定职工的工作时间和休假制度。

（四）获得物质帮助权

【相关法条·《宪法》】

第四十五条第一款　中华人民共和国公民在年老、疾病或者丧失劳动能力的情况下，有从国家和社会获得物质帮助的权利。国家发展为公民享受这些权利所需要的社会保险、社会救济和医疗卫生事业。

（五）教育文化权利

| 1. 公民有受教育的权利和义务； |
| 2. 进行科学研究、文艺创作和其他文化活动的自由。 |
| **【特别注意】**不包括出版自由 |

【相关法条·《宪法》】

第四十六条　中华人民共和国公民有受教育的权利和义务。

国家培养青年、少年、儿童在品德、智力、体质等方面全面发展。

第四十七条　中华人民共和国公民有进行科学研究、文学艺术创作和其他文化活动的自由。国家对于从事教育、科学、技术、文学、艺术和其他文化事业的公民的有益于人民的创造性工作，给以鼓励和帮助。

六、监督权和获得赔偿权

【相关法条·《宪法》】

第四十一条　中华人民共和国公民对于**任何国家机关和国家工作人员**，有提出批评和建议的权利；对于任何国家机关和国家工作人员**违法失职行为**，有向有关国家机关提出申诉、控告或者检举的权利，但是不得捏造或者歪曲事实进行诬告陷害。

对于公民的申诉、控告或者检举，**有关国家机关**必须查清事实，负责处理。任何人不得压制和打击报复。

由于国家机关和国家工作人员侵犯公民权利而受到损失的人，有依照法律规定取得赔偿的权利。

【注意】 我国的国家赔偿分为行政赔偿和司法赔偿或冤狱赔偿两种形式。

【国家赔偿法】 修改后的《国家赔偿法》在归责原则方面**改变了之前采用的严格的违法原则**，第2条第1款规定："国家机关和国家机关工作人员行使职权，有本法规定的侵犯公民、法人和其他组织合法权益的情形，造成损害的，受害人有依照本法取得国家赔偿的权利。"**并首次明确，致人精神损害、造成严重后果的，赔偿义务机关应当支付"精神损害抚慰金"**。在赔偿金标准上，该法第33条规定："**侵犯公民人身自由的，每日赔偿金按照国家上年度职工日平均工资计算。**"根据国家统计局2014年5月27日公布的数据，2013年城镇非私营单位在岗职工年平均工资数额为52379元，日平均工资为200.69元。在受到普遍关注的呼格吉勒图案中，内蒙古自治区高级人民法院2014年12月30日作出国家赔偿决定，赔偿金额总计2059621.40元，其中向赔偿请求人支付死亡赔偿金、丧葬费共计1047580元，支付呼格吉勒图生前被羁押60日的限制人身自由赔偿金12041.40元，向赔偿请求人支付精神损害抚慰金100万元。

第三节 我国公民的基本义务

【相关法条·《宪法》】
第五十二条 中华人民共和国公民有维护国家统一和全国各民族团结的义务。
第五十三条 中华人民共和国公民必须遵守宪法和法律，保守国家秘密，爱护公共财产，遵守劳动纪律，遵守公共秩序，尊重社会公德。
第五十四条 中华人民共和国公民有维护祖国的安全、荣誉和利益的义务，不得有危害祖国的安全、荣誉和利益的行为。
第五十五条 保卫祖国、抵抗侵略是中华人民共和国每一个公民的神圣职责。
依照法律服兵役和参加民兵组织是中华人民共和国公民的光荣义务。
第五十六条 中华人民共和国公民有依照法律纳税的义务。

一、维护国家统一和民族团结

国家统一和民族团结是我国社会主义革命和建设取得胜利的根本保证，也是推进改革开放、建设有中国特色社会主义的根本前提。

二、遵守宪法和法律，保守国家秘密，爱护公共财产，遵守劳动纪律，遵守公共秩序，尊重社会公德

三、维护祖国的安全、荣誉和利益

四、保卫祖国、抵抗侵略；依法服兵役和参加民兵组织

1. 我国的武装力量，由中国人民解放军、中国人民武装警察部队和民兵组成。
2. 我国实行义务兵和志愿兵相结合、民兵和预备役相结合的兵役制度。

（1）不得服兵役：依法被剥夺政治权利的人；外国人；

（2）免服兵役：有严重生理缺陷或者严重残疾不适合服兵役的人；

（3）不征集服兵役：应征公民正在被依法侦查、起诉、审判的或者被判处徒刑、拘役、管制正在服刑的；

（4）缓征：应征公民是维持家庭生活的唯一劳动力的。

3. 每年 12 月 31 日以前，年满 18 周岁的男性公民，应当被征集服现役。当年未被征集的，在 22 周岁之前仍可以被征集，普通高等学校毕业生的征集年龄可以放宽至 24 周岁。根据军队需要，可以按照上述条件征集女性公民服现役。根据军队需要和本人自愿，可以征集当年十二月三十一日以前年满十七周岁未满十八周岁的公民服现役。

4. 国家实行兵役登记制度。每年十二月三十一日以前年满十八周岁的男性公民，都应当在当年六月三十日以前，按照县、自治县、市、市辖区的兵役机关的安排，进行兵役登记。经兵役登记并初步审查合格的，称应征公民。

5. 在征集期间，应征公民被征集服现役，同时被机关、团体、企业事业单位招收录用或者聘用的，应当优先履行服兵役义务；有关机关、团体、企业事业单位应当服从国防和军队建设的需要，支持兵员征集工作。

6. 不履行服兵役义务要承担法律责任：拒绝、逃避兵役登记和体格检查的，拒绝、逃避征集的，由县级人民政府责令限期改正；逾期不改的，由县级人民政府强制其履行兵役义务，并可以处以罚款。

五、依法纳税

1. 纳税义务既包括自然人，又包括法人；外国人在我国拥有财产时，也应纳税。但依照我国法律有关规定应予免税的各国驻华使领馆的外交代表、领事官员和其他人员的所得可免纳个人所得税。

2. 纳税义务具有双重性：一方面，纳税是国家财政的主要来源，具有形成国家财力的属性；也是国家进行宏观调控的重要经济杠杆；**另一方面，纳税义务具有防止国家权力侵犯其财产权的属性**。与纳税义务相对的是国家的课税权。依法纳税是保护公民财产权的重要保证。

3. 首先要贯彻纳税平等与公平原则：国家在确定公民纳税义务时，要保证税制的科学合理和税收负担的公平；既要保证国家财政需要，又要使纳税人有实际的承受能力。

4. 纳税义务的履行，实际上为纳税人带来相应的权利。从某种意义上说，纳税义务的履行是纳税者享有权利的基础和条件。纳税人有权享有政府提供的各种公共和服务设施，并有权要求政府积极改善这些条件并提供优质服务，有权了解、监督税款的使用情况，监督政府工作。

六、其他方面的基本义务

劳动的义务、受教育的义务、夫妻双方计划生育的义务、父母抚养教育未成年子女的义务、成年子女赡养扶助父母的义务。这些义务既具有社会伦理和道德的性质，也具有一定形式的法律性质。

第六章　国家机构

第一节　国家机构概述

码上揭秘

国家机构是国家为实现其职能而建立起来的一整套有机联系的国家机关的总和。

我国国家机构的组织和活动的原则包括：

（一）民主集中制原则

1. 民主集中制，一种民主与集中相结合的制度，是在民主基础上的集中和集中指导下的民主的结合。其实质上是社会主义民主制。

2. 我国国家机构贯彻民主集中制的体现：

（1）国家权力来自人民，由人民组织国家机构；

（2）在同级国家机构中，国家权力机关居于主导地位；

（3）在中央和地方国家机构的关系中，遵循在中央的统一领导下，充分发挥地方的主动性、积极性的原则；

（4）国家机关内部作出决策和决定时，都在不同程度上实行民主集中制。

【相关法条·《宪法》】

第三条　中华人民共和国的国家机构实行民主集中制的原则。

全国人民代表大会和地方各级人民代表大会都由民主选举产生，对人民负责，受人民监督。

国家行政机关、监察机关、审判机关、检察机关都由人民代表大会产生，对它负责，受它监督。

中央和地方的国家机构职权的划分，遵循在中央的统一领导下，充分发挥地方的主动性、积极性的原则。

（二）社会主义法治原则

1. 基本要求：有法可依、有法必依、执法必严、违法必究。

2. 具体体现：

（1）所有机关的设立有法上的依据；

（2）职权有法上的依据；

（3）工作程序符合法的要求；

（4）任何违法行为，都须予以纠正。

（三）责任制原则

1. **体现：**

（1）各级人大向人民负责；

（2）每一代表受原单位监督；

（3）行政、审判、检察机关等向同级人大及其常委会负责。

2. 具体形式：

（1）集体负责制：各级人民代表大会及其常务委员会、监察委员会、人民法院和人民检察院等皆是实行集体负责制的机关；

（2）个人负责制：国务院及其各部、委，中央军委以及地方各级人民政府等都实行个人负责制。

（四）联系群众，为人民服务原则

（五）精简和效率原则

第二节　全国人民代表大会及其常务委员会

一、全国人民代表大会

（一）性质和地位

最高国家权力机关、最高国家立法机关，代表人民统一行使国家最高权力，在国家机构体系中居于首要地位；最高国家行政机关、监察机关、审判机关、检察机关都由它产生，对它负责。

【注意】全国人大及其常委会共同行使国家立法权。

（二）组成和任期

1. 由省、自治区、直辖市、特别行政区和军队选出的代表组成，总额不超过 3000 人。全国人大代表的选举由其常委会主持。

2. 任期

任期制度是人民群众监督人民代表大会的重要方式。[1] 任期以及相应的换届选举——称职的可以连选连任，不称职的则遭遇落选，一方面激励人大代表时刻保持警醒，尽心履职，另一方面亦可通过周期性的代表轮替使得人民代表大会保持血液的更新，及时反映人民新的意志、观念和需要，保证立法的与时俱进。然而，由于选举本身需要付出相当的成本，每次选举均会劳师动众，耗费大量的人力物力，过分密集频繁的换届选举，不仅过度损耗国家财政资源，亦无助于全国人大及其常委会以及与其相匹配的国家行政机关、司法机关等人事、组织、政策和运作的连贯性、稳定性。[2] 故而，在参考世界上各文明国家的议会任期的基础上，我国宪法第60 条规定："全国人民代表大会每届任期五年。"在此基础上，由全国人大选任的全国人大常委会，国家主席、副主席，国务院，中央军事委员会，最高人民法院院长、最高人民检察院检察长的每届任期自然与全国人大保持一致。

（三）选举和会议召集

1. 任期届满的 2 个月以前，常委会必须完成下届人大代表的选举工作；遇非常情况不能选举，常委会以全体组成人员 2/3 多数通过，推迟选举；非常情况结束后 1 年内必须完成选举。

2. 选举完成后两个月内，全国人大常委会召集下一届人大的第一次会议。

3. 到会之后，代表按照选举单位组成代表团，各团**分别推选**团长和副团长。

【注意】全国人大代表团：

---

① 许安标主编：《宪法学习读本》，中国法制出版社 2014 年版，第 117 页。
② 许安标主编：《宪法学习读本》，中国法制出版社 2014 年版，第 117 页。

（1）只有全国人大有代表团；

（2）代表按照选举单位组成代表团；

（3）团长、副团长由各代表团分别推选产生；

（4）代表团的工作：会议前讨论常委会提出的准备事项；会议期间审议议案；团长或推选的代表可以代表代表团对议案发表意见。

4. 全国人大会议设秘书处：

（1）包括秘书长和副秘书长若干人；

（2）主席团决定副秘书长；

（3）受秘书长领导，办理主席团交付的事项，处理会议日常事务工作。

（四）工作程序

1. 会议：最主要的工作方式

（1）常规会议：一年一次，于每年第一季度举行，会议召开的日期由全国人大常委会决定并予以公布。遇有特殊情况，全国人大常委会可以决定适当提前或者推迟召开会议。提前或者推迟召开会议的日期未能在当次会议上决定的，全国人大常委会可以另行决定或者授权委员长会议决定，并予以公布。
（2）临时会议：常委会认为必要，或者1/5以上代表提议，可以临时召集全国人大会议。

【注意1】 所有会议需有三分之二以上的代表出席始得进行。

【注意2】 会议一般公开举行。根据《全国人大议事规则》第19条的规定，全国人大在必要的时候，可以举行秘密会议；举行秘密会议，经主席团征各代表团的意见后，由有各代表团团长参加的主席团会议决定。

2. 主席团

（1）开会时选举主席团主持会议。

（2）主席团常务主席召集并主持主席团会议。主席团第一次会议由全国人民代表大会常务委员会委员长召集并主持，会议推选主席团常务主席后，由主席团常务主席主持。

（3）主席团的职权：

（1）根据会议议程决定会议日程；
（2）决定会议期间代表提出议案的截止时间；
（3）听取和审议关于议案处理意见的报告，决定会议期间提出的议案是否列入会议议程；
（4）听取和审议秘书处和有关专门委员会关于各项议案和报告审议、审查情况的报告，决定是否将议案和决定草案、决议草案提请会议表决；
（5）听取主席团常务主席关于国家机构组成人员人选名单的说明，提名由会议选举的国家机构组成人员的人选，依照法定程序确定正式候选人名单；
（6）提出会议选举和决定任命的办法草案；
（7）组织由会议选举或者决定任命的国家机构组成人员的宪法宣誓；
（8）主席团可以召开大会全体会议进行大会发言，就议案和有关报告发表意见。

3. 常务主席和执行主席

（1）人大会议由主席团主持；

（2）主席团常务主席：

主席团第一次会议推选若干人担任；
召集并主持主席团会议； 【注意】主席团第一次会议由委员长召集并主持；
主席团常务主席就拟提请主席团审议事项，听取秘书处和有关专门委员会的报告，向主席团提出建议；
主席团常务主席可以对会议日程作必要的调整；
常务主席可以召开代表团团长会议；可以召集代表团推选的有关代表讨论重大的专门性问题，国务院有关部门负责人必须参加会议。

（3）执行主席：

主席团第一次会议推选主席团成员若干人分别担任每次大会全体会议的执行主席；
主席团指定其中一人担任会议主持人。

4. 法律议案的审议和通过

（1）提出议案	提案权主体：主席团、常委会、各专门委员会、国务院、中央军委、国监委、最高院、最高检、一个代表团或者30名以上的代表 【注意】提出的议案，在列入会议议程前，可以随时撤回；在列入会议议程之后、交付大会表决之前，提案人要求撤回的，应当说明理由，经主席团同意，并向大会全体会议报告，对该议案的审议即行终止。
（2）审议表决	①表决议案采用无记名按表决器方式；如表决器系统在使用中发生故障，采用举手方式。 ②代表可以赞成，可以反对，也可以弃权。 ③法律议案由全国人大全体代表的过半数通过。
（3）公布	法律议案通过后由国家主席以发布主席令的形式加以公布。

5. 询问和质询：一府一委两院
（1）询问

①各代表团审议议案和有关报告的时候，有关部门应当派负责人员到会，听取意见，回答代表提出的询问。
②各代表团全体会议审议政府工作报告，审查国民经济和社会发展计划、预算草案，审议最高人民法院工作报告、最高人民检察院工作报告的时候，国务院以及国务院各部门负责人、最高人民法院、最高人民检察院负责人或者其委派的人员应当分别参加会议，听取意见，回答询问。
③主席团和专门委员会对议案和有关报告进行审议的时候，国务院或者有关机关负责人应当到会，听取意见，回答询问，并可以对议案或者有关报告作补充说明。

（2）质询案

（1）提出主体：一个代表团或30名以上的全国人大代表联名，可以书面提出
（2）质询对象：国务院、国务院各部委、国家监察委员会、最高人民法院和最高人民检察院

续表

| (3) **处理办法**：由主席团决定交受质询机关**书面答复**，或者由受质询机关的**领导人**在主席团会议、有关的专门委员会会议或者有关的代表团会议上**口头答复**。 |

6. 罢免案

| (1) **提出主体**：全国人大举行会议时，主席团、**三个以上的代表团或 1/10 以上的全国人大代表**可以提出；罢免案应当写明罢免理由，并提供有关的材料。 |
| (2) **罢免对象**：全国人大常委会组成人员、国家主席、副主席、国务院组成人员、中央军委组成人员、国家监察委员会主任、最高人民法院院长、最高人民检察院检察长 |
| (3) **申辩**：罢免案提请大会全体会议表决前，被提出罢免的人员有权在主席团会议和大会全体会议上提出申辩意见，或者书面提出申辩意见，由主席团印发会议。 |
| (4) **处理程序**：①由主席团交各代表团审议后，提请大会全体会议表决；②由主席团提议，经大会全体会议决定，组织调查委员会，由全国人大下次会议根据调查委员会的报告审议决定。 |
| (5) **通过**：经全体代表的过半数同意，才能通过。 |

（五）职权

1. **修改宪法和监督宪法实施**	(1) 宪法的修改由全国人大常委会或者 1/5 以上的全国人大代表提议，并由全国人大以全体代表的 2/3 以上多数通过。 (2) 全国人大还有权监督宪法的实施。
2. **制定和修改基本法律**	(1) 全国人大有权制定刑事、民事、国家机构的和其他的基本法律（主要包括：民事法律、刑事法律、诉讼法、组织法、选举法、立法法、民族区域自治法、有关特别行政区的立法）。 (2) 非基本法律由常委会制定修改，但全国人大有权改变或撤销其常委会不适当的决定。
3. **选举、决定和罢免国家机关的重要领导人**	(1) **选举与罢免**：全国人大常委会组成人员、国家主席和副主席、中央军委主席、国家监察委员会主任、最高院院长和最高检检察长，由大会主席团提名，由大会投票表决。
	(2) **决定和罢免**： ①根据国家主席的提名，决定国务院总理的人选； ②根据国务院总理的提名，决定副总理、国务委员、各部部长、各委员会主任、审计长和秘书长的人选； ③根据中央军事委员会主席的提名，决定中央军事委员会的其他组成人员的人选。
	(3) **选举或决定的程序**： ①全国人民代表大会会议选举或者决定任命，采用无记名投票方式。 ②得票数超过全体代表的半数的，始得当选或者通过。 ③大会全体会议选举或者表决任命案的时候，设秘密写票处。 ④选举或者表决结果，由会议主持人当场宣布；候选人的得票数，应当公布。
	(4) ★★★★★**任免决定的公布**： ①国务院组成人员的任免决定，由国家主席签署主席令加以公布； ②其他领导人员的任免决定，发布全国人大公告予以公布。

续表

4. 决定国家的重大事项	（1）审查和批准国民经济和社会发展计划和计划执行情况的报告； （2）审查和批准国家预算和预算执行情况的报告； （3）批准省、自治区和直辖市的建置；决定特别行政区的设立及其制度； （4）决定战争与和平问题； （5）全国人大及其常委会可以根据改革发展的需要，决定就行政管理等领域的特定事项授权在一定期限内在部分地方暂时调整或者暂时停止适用法律的部分规定。
5. 对其它国家机关予以监督	由全国人大产生的机关都由全国人大来监督。 【注意】听取和审议全国人大常委会、国务院、最高人民法院、最高人民检察院的工作报告，是目前全国人大对这些机关实行监督的基本形式。 【注意】军委主席负责，但不报告工作。 【注意】地方各级人大与全国人大之间没有隶属关系，因此不需要对其负责，只存在监督指导关系。

二、全国人大常委会

（一）性质地位

1. 全国人大常委会是全国人大的常设机关，最高国家权力机关的组成部分，行使国家立法权。

【注意】54年宪法规定的国家立法权的主体只有全国人大。

2. **服从全国人大的领导**和监督，向全国人大负责并报告工作。

（二）组成和任期

1. 由委员长、副委员长若干人、秘书长、委员若干人组成。其中应有适当名额的少数民族代表。

【注意】全国人大常委会委员长：

（1）主持会议与主持工作；

（2）因为健康不能工作或缺位时，常委会在副委员长中推选一人代理。

2. **常委会的组成人员不得担任国家行政机关、监察机关、审判机关和检察机关的职务；如担任，则须向常委会辞去委员职务。**

3. 每届任期都是5年，可连选连任。但委员长、副委员长连续任职不得超过两届。

【注意】秘书长和委员可以连续任职超过两届。

【特别注意】全国人大常委会行使职权至下一届人大常委会选出为止。

4. **全国人大常委会办公厅和副秘书长：**

（1）办公厅在秘书长领导下工作。

（2）常委会设副秘书长若干人，由委员长提请常务委员会任免。

5. **代表资格审查委员会：**

（1）常委会设立；

（2）有主任委员、副主任委员和委员；

（3）从常委会组成人员中提名，委员长会议提请常委会通过。

6. **全国人大常委会工作委员会：**

全国人大常委会下设法制工作委员会、预算工作委员会、香港基本法委员会、澳门基本法委员会、代表资格审查委员会等委员会。

（1）根据需要设立；

（2）由主任、副主任和委员组成，委员长提请常委会任免；

（3）由常委会领导。

（三）会议制度

1. 全体会议

（1）举行会议	全国人大常委会一般是两个月举行一次，由委员长召集和主持。
（2）议案的提出和审议	①**提案**：委员长会议、国务院、中央军委、国监委、最高人民法院、最高人民检察院、全国人大各专门委员会、常委会组成人员 10 人以上联名，可以提出属于常委会会议审议的议案。
	②**审议议案**。
	③**议案的表决**。议案由常委会全体组成人员的过半数通过。

2. 质询案

在常委会会议期间，常委会组成人员 10 人以上联名，可以提出对一府（包括各部委）、一委、两院的质询案。

3. 委员长会议

（1）产生及组成	①全国人大常委会设立委员长会议，处理常委会的重要日常工作。
	②由委员长、副委员长和秘书长组成。 **【注意】**委员长主持常委会工作，召集常委会会议。
（2）主要工作	①决定常务委员会每次会议的会期，拟订会议议程草案，必要时提出调整会议议程的建议；
	②对向常务委员会提出的议案和质询案，决定交由有关的专门委员会审议或者提请常务委员会全体会议审议；
	③决定是否将议案和决定草案、决议草案交付常务委员会全体会议表决，对暂不交付表决的，提出下一步处理意见；
	④通过常务委员会年度工作要点、立法工作计划、监督工作计划、代表工作计划、专项工作规划和工作规范性文件等；
	⑤指导和协调各专门委员会的日常工作；
	⑥处理常务委员会其他重要日常工作。

（四）全国人大常委会的职权

1. 立法权

（1）有权制定和修改基本法律以外的其他法律；在人大闭会期间，对基本法律可以进行部分的补充和修改，但不得同该法律的基本原则相抵触。
（2）规定军人和外交人员的衔级制度和其他专门衔级制度。

2. 解释宪法和法律

全国人大常委会有权解释宪法，其宪法解释与宪法具有同等效力；有权监督宪法实施；有权解释法律，其法律解释和法律具有同等效力。

3. 人事任免权

(1) 在全国人大闭会期间，全国人大常委会有权根据国务院总理的提名，决定国务院副总理、国务委员、各部部长、各委员会主任、审计长、秘书长的人选； 【注意】总理的任免权专属于全国人大。
(2) 在全国人大闭会期间，根据中央军委主席的提名，决定中央军委其他组成人员的人选；
(3) 根据国家监察委员会主任的提请，任免国家监察委员会副主任、委员；
(4) 根据最高法院院长的提请，任免副院长、审判员、审判委员会委员和军事法院院长；
(5) 根据最高检察院检察长的提请，任免副检察长、检察员、检察委员会委员和军事检察院检察长，并且批准省、自治区、直辖市检察院检察长的任免；
(6) 决定驻外全权代表的任免。

【增补专题考点1】全国人大常委会的撤职权：

（1）必须是人大闭会期间；

（2）国务院人员的撤职决定是根据委员长会议、总理提请；中央军委人员的撤职决定是根据军委主席提请；

（3）无权决定撤职总理和军委主席。

【注意】国务院、中央军委除了总理、军委主席外，其他人员在人大闭会期间都可以撤职。

【增补专题考点2】全国人大及其常委会任免人员的辞职

A. 全国人大会议期间的辞职

（1）提出辞职的主体：常委会组成人员，国家主席、副主席，国务院组成人员，中央军委组成人员，国家监察委员会主任，最高法院院长，最高检察院检察长，全国人大专门委员会成员；

（2）处理程序：由主席团将其辞职请求交各代表团审议后，提请大会全体会议决定。

B. 全国人大闭会期间的辞职

（1）处理程序：由委员长会议将其辞职请求提请全国人大常委会审议决定。

（2）特殊附加程序要求：

①【报请人大确认】全国人大常委会接受委员长、副委员长、秘书长，国家主席、副主席，国务院总理、副总理、国务委员，中央军委主席，国家监察委员会主任，最高法院院长，最高检察院检察长辞职的，**应当报请全国人大下次会议确认**；

②【报告义务】全国人大常委会接受常委会委员辞职的，应当**向全国人大下次会议报告**；

③【决定代理人】全国人大闭会期间，总理、中央军委主席、国家监察委员会主任、最高法院院长、最高检察院检察长缺位的，全国人大常委会可以分别在副总理、中央军委副主席、国家监察委员会副主任、最高法副院长、最高检副检察长中决定代理人选。

【规律总结】辞职程序：

（1）开会期间由主席团交各代表团审议后提请大会决定；

（2）闭会期间由委员长会议提请常委会会议审议决定，其中，接受领导人员的辞职，应报请人大下次会议确认；接受常委会委员的辞职，应当向人大下次会议报告；接受国务院正副总理以外的组成人员辞职，不需要报请全国人大下次会议确认；

（3）人大闭会期间，总理、军委主席、国监委主任、最高法院长、最高检检察长缺位，常委会有权在副职中决定代理人选。

4. 审查与监督行政法规、地方性法规的合宪性和合法性

（1）有权撤销国务院制定的同宪法、法律相抵触的行政法规、决定和命令；
（2）有权撤销省级国家权力机关制定的同宪法、法律和行政法规相抵触的地方性法规和决议。

5. 监督国家机关的工作

（1）有权监督国务院、中央军事委员会、国家监察委员会、最高法院和最高检察院的工作；
（2）国务院、最高法院、最高检察院在常委会会议上，围绕本单位职权范围内的事务向常委会作工作汇报；
（3）听取和审议本级监察委员会的专项工作报告；
（4）对法律实施工作进行执法检查。

6. 审批国民经济和社会发展计划、国家预算部分调整方案和国家决算草案等

（1）在全国人大闭会期间，审查和批准国民经济和社会发展计划、国家预算**在执行过程中所必须作的部分调整方案**；
（2）国务院需向全国人大常委会报告本年度上一阶段国民经济和社会发展计划、预算的执行情况；
（3）有权审查和批准国家决算草案，在每年审查和批准决算的同时，还有权听取和审议国务院提出的审计机关关于上一年度国家预算执行和其他财政收支的审计工作报告。

【注意】政府的全部收入和支出都应当纳入预算。

7. 重大事项的决定权

（1）决定同外国缔结的条约和重要协定的批准或废除；
（2）决定特赦； 【注意】决定特赦是全国人大常委会的职权。特赦是赦免的一种形式。一般来说，大赦既赦其刑也赦其罪，特赦只赦其刑不赦其罪。我国1954年宪法曾规定大赦与特赦两种赦免形式，但从未有过大赦的实践。1975年宪法没有规定赦免，1978年宪法和1982年宪法均只规定了特赦。新中国成立以来已经进行了九次特赦。
（3）在全国人大闭会期间，如果遇到国家遭受武装侵犯或者必须履行国家间共同防止侵略的条约的情况，决定战争状态的宣布；
（4）决定全国总动员和局部动员；
（5）决定全国或者个别省、自治区和直辖市进入紧急状态；
（6）全国人大及其常委会可以根据改革发展的需要，决定就行政管理等领域的特定事项授权在一定期限内在部分地方暂时调整或者暂时停止适用法律的部分规定；
（7）规定和决定授予国家的勋章和荣誉称号。

【专题】《中华人民共和国国家勋章和国家荣誉称号法》

（一）性质	国家勋章和国家荣誉称号为**国家最高荣誉**
（二）类型	1. "共和国勋章"：授予在中国特色社会主义建设和保卫国家中作出巨大贡献、建立卓越功勋的杰出人士。
	2. "友谊勋章"：授予在我国社会主义现代化建设和促进中外交流合作、维护世界和平中作出杰出贡献的**外国人**。
	3. 国家荣誉称号：授予在经济、社会、国防、外交、教育、科技、文化、卫生、体育等各领域各行业作出重大贡献、享有崇高声誉的杰出人士。
（三）针对对象	1. 在世者；
	2. 生前作出突出贡献符合本法规定授予国家勋章、国家荣誉称号条件的人士，本法施行后去世的，可以向其追授国家勋章、国家荣誉称号。
（四）一般程序	1. 提案：全国人大常委会委员长会议（根据各方面的建议）、国务院、中央军事委员会向全国人大常委会提出授予国家勋章、国家荣誉称号的议案。
	2. 决定：全国人大常委会决定授予国家勋章和国家荣誉称号。
	3. 授予：国家主席根据全国人大常委会的决定，向获得者授予国家勋章、国家荣誉称号奖章，签发证书。
	4. 颁授时间：国家在国庆日或者其他重大节日、纪念日，举行颁授国家勋章、国家荣誉称号的仪式；必要时，也可以在其他时间举行颁授国家勋章、国家荣誉称号的仪式。
（五）特别程序	国家主席进行国事活动，可以直接授予外国政要、国际友人等人士"友谊勋章"。
（六）权利	1. 国家功勋簿上记载姓名及其功绩；获得国家和社会多种形式的宣传；
	2. 应当受到国家和社会的尊重，享有受邀参加国家庆典和其他重大活动等崇高礼遇和国家规定的待遇；
	3. 除非依法被撤销，国家勋章和国家荣誉称号为其获得者终身享有。
（七）义务	1. 按照规定佩带国家勋章、国家荣誉称号奖章，妥善保管勋章、奖章及证书。
	2. 珍视并保持国家给予的荣誉，模范地遵守宪法和法律，努力为人民服务，自觉维护国家勋章和国家荣誉称号的声誉。
	3. 奖章及证书不得出售、出租或者用于从事其他营利性活动。
（八）延续	获得者去世的，其获得的勋章、奖章及证书由其继承人或者指定的人保存；没有继承人或者被指定人的，可以由国家收存。
（九）撤销	获得者因犯罪被依法判处刑罚或者有其他严重违法、违纪等行为，继续享有国家勋章、国家荣誉称号将会严重损害国家最高荣誉的声誉的，全国人大常委会决定撤销并予以公告。

三、全国人大各委员会

（一）专门委员会

专门委员会是全国人大的辅助性的工作机构，不是具体办事机构。目前全国人大设有民族委员会、宪法和法律委员会、财政经济委员会、教育科学文化卫生委员会、外事委员会、华侨委员会、监察和司法委员会、环境与资源保护委员会、农业与农村委员会和社会建设委员会。

1. **产生和任期**

由主席团从代表中提名，大会表决产生；每届任期 5 年。

2. **组成**

（1）各委员会由主任 1 人、副主任和委员若干人组成；

（2）人选由主席团从代表中提名，大会通过。在全国人大闭会期间，常委会可以补充任命专门委员会的个别副主任委员和部分委员；

（3）常委会可根据需要为其任免一定数量的非代表的专家作顾问，列席专门委员会会议，发表意见。

3. **工作**

在全国人大及其常委会的领导下，研究、审议、拟订有关议案。人大闭会期间，受常委会领导。

➤ 审议全国人大主席团或者全国人大常委交会交付的议案、质询案；
➤ 向全国人大主席团或者全国人大常委会提出议案；
➤ 审议常委会交付的被视为同宪法法律相抵触的行政法规、地方性法规、决定和命令，提出报告；
➤ 对属于同本委员会有关的问题，进行调查研究，提出建议；
➤ 民族委员会还可以对加强民族团结问题进行调查研究，提出建议；审议自治区由全国人大常委会批准的自治法规，向全国人大常委会提出报告；
➤ 宪法和法律委员会统一审议向全国人大或其常委会提出的法律草案；其他委员会提出意见。

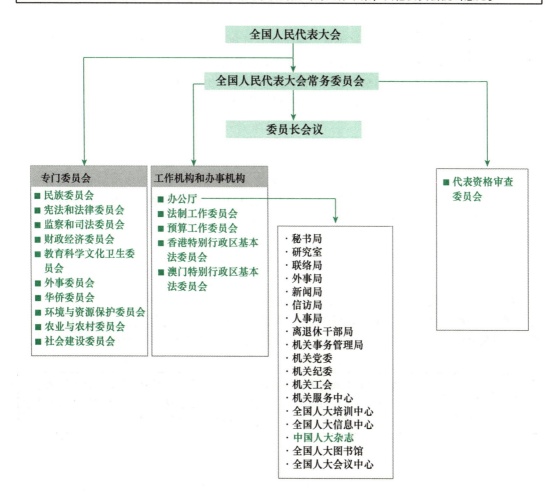

【专题】全国人大宪法和法律委员会

1. 2018 年宪法修改，将"法律委员会"更名为"宪法和法律委员会"；

2. 宪法和法律委员会继续承担统一审议法律草案等原法律委员会的工作；

3. 宪法和法律委员会有推动宪法实施、开展宪法解释、推进合宪性审查、加强宪法监督、配合宪法宣传等工作职责；

4. 宪法和法律委员会在法律草案和法律修改草案的审议中发挥着合宪性审查的功能。

（二）调查委员会：关于特定问题的调查委员会

全国人大和全国人大常委会认为必要的时候，可以组织关于特定问题的调查委员会，并且根据调查委员会的报告，作出相应的决议。

1. 全国人大的调查委员会

（1）**组织**：主席团、3 个以上的代表团或者 1/10 以上的代表联名，可以向全国人大提议组织关于特定问题的调查委员会，由主席团提请大会全体会议决定。

（2）**组成**：调查委员会由主任委员、副主任委员若干人和委员若干人组成，由主席团在代表中提名，提请大会全体会议通过。

（3）**工作报告**：调查委员会应当向全国人大提出调查报告。

（4）**决议**：全国人大根据调查委员会的报告，可以作出相应的决议。

2. 全国人大常委会的调查委员会

（1）**组织**：委员长会议、1/5 以上常委会组成人员书面联名，可以向全国人大常委会提议组织关于特定问题的调查委员会。

（2）**组成**：调查委员会由主任委员、副主任委员和委员组成，由委员长会议在全国人大常委会组成人员和全国人大代表中提名，提请常委会审议通过。

（3）**工作报告**：调查委员会应当向全国人大常委会提出调查报告。

（4）**决议**：全国人大常委会根据报告，可以作出相应的决议、决定。

3. 调查委员会开展工作

（1）调查委员会可以聘请有关专家参加调查工作。

（2）与调查的问题有利害关系的人员不得参加调查委员会。

（3）调查委员会进行调查时，有关的国家机关、社会团体、企业事业组织和公民都有义务向其提供必要的材料。提供材料的公民要求对材料来源保密的，调查委员会应当予以保密。

（4）调查委员会在调查过程中，可以不公布调查的情况和材料。

四、宪法宣誓制度

（一）概念

我国现行宪法规定："国家工作人员就职时应当依照法律规定公开进行宪法宣誓。"宪法宣誓制度是指经过合法、正当的选举程序后，被选举为国家元首或其他国家公职人员在正式就职时，以公开向宪法宣誓的方式，誓言遵守并效忠宪法，恪尽职守，为选民服务的一项制度。

（二）功能

1. 有利于树立宪法权威，全面推进依法治国	宪法是社会共同体的基本规则，凝聚着基本共识和价值观，是人民意志的最高体现。任何组织和个人都必须尊重宪法权威，在宪法和法律范围内活动，自觉接受并主动服从，真正将宪法作为其行为准则。

续表

2. 有利于增强公职人员的宪法观念，激励其忠于和维护宪法	向选民或者代表机关宣誓，对国家法律和权力赋予者郑重承诺，能够使国家工作人员明确权力来源于宪法，按照宪法法律的规定行使权力，产生神圣的使命感和强烈的责任感，时刻受到誓言的约束。
3. 有利于提高公民的宪法意识，培养宪法意识	庄严的就职宣誓仪式，可以使宣誓者本人和广大公民同时经历神圣的体验。宪法在人们内心深处是否具有神圣的地位同宪法权威具有密切联系，这种情感是宪法权威的渊源之一。宣誓仪式本身就是很好的宪法教育，有助于公民从内心产生对宪法的情感寄托，使尊重和维护宪法权威成为公民的心理基础。
4. 有利于在全社会传播宪法理念，树立法治信仰	宪法宣誓制度，有助于普及宪法知识，是以宪法凝聚社会共识的有效手段。每一个人对宪法产生认同感、归属感和依赖感，有助于培育和塑造宪法文化，使全社会尊重宪法、热爱宪法和信仰宪法。

（三）《全国人大常委会关于实行宪法宣誓制度的决定》

1. 宣誓主体	各级人大以及县级以上各级人大常委会选举或者决定任命的国家工作人员，以及各级政府、**监察委员会**、法院、检察院任命的国家工作人员，在就职时应当公开进行宪法宣誓。
2. 誓词内容	"我宣誓：忠于中华人民共和国宪法，维护宪法权威，履行法定职责，忠于祖国、忠于人民，恪尽职守、廉洁奉公，接受人民监督，为建设富强民主文明和谐美丽的社会主义现代化强国努力奋斗！"
3. 组织机构中宣誓的人员	（1）全国人大主席团：国家主席、副主席，全国人大常委会委员长、副委员长、秘书长、委员，国务院总理、副总理、国务委员、各部部长、各委员会主任、中国人民银行行长、审计长、秘书长，**国家监察委员会主任**，中央军事委员会主席、副主席、委员，最高人民法院院长，最高人民检察院检察长，以及全国人大专门委员会主任委员、副主任委员、委员等；
	（2）全国人大常委会委员长会议： ①在全国人大闭会期间，全人常任命或者决定任命的全国人大专门委员会个别副主任委员、委员，国务院部长、委员会主任、中国人民银行行长、审计长、秘书长，中央军事委员会副主席、委员； ②全国人大常委会任命的全人常副秘书长，全国人大常委会工作委员会主任、副主任、委员，全国人大常委会代表资格审查委员会主任委员、副主任委员、委员等；
	（3）**国家监察委员会：全国人大常委会任命或者决定任命的国家监察委员会副主任、委员；**
	（4）最高人民法院：全国人大常委会任命或者决定任命的最高人民法院副院长、审判委员会委员、庭长、副庭长、审判员和军事法院院长；
	（5）最高人民检察院：全国人大常委会任命或者决定任命的最高人民检察院副检察长、检察委员会委员、检察员和军事检察院检察长；

续表

	（6）外交部：全国人大常委会任命或者决定任命的中华人民共和国驻外全权代表；
	（7）任命机关组织：国务院及其各部门、国家监察委员会、最高人民法院、最高人民检察院任命的国家工作人员；
	（8）地方各级人大及县级以上地方各级人大常委会选举或者决定任命的国家工作人员，以及地方各级政府、法院、检察院任命的国家工作人员，在依照法定程序产生后，进行宪法宣誓。宣誓的具体组织办法由省、自治区、直辖市人大常委会参照本决定制定，报全国人大常委会备案。
4. **宣誓方式**	（1）可以采取单独宣誓或者集体宣誓的形式。 ①单独宣誓时，宣誓人应当左手抚按《中华人民共和国宪法》，右手举拳，诵读誓词。 ②集体宣誓时，由一人领誓，领誓人左手抚按《中华人民共和国宪法》，右手举拳，领诵誓词；其他宣誓人整齐排列，右手举拳，跟诵誓词。 （2）宣誓场所应当庄重、严肃，悬挂中华人民共和国国旗或者国徽。 （3）宣誓仪式应当奏唱中华人民共和国国歌。

五、全国人大代表

【注意】代表受原选举单位的监督，原选举单位有权依法定程序罢免选出的代表。

（一）权利

1. 提出对主席团及其提名的人选（常委会组成人员、国家正副主席、军委主席、国家监察委员会主任、两院院长）的意见；
2. 信息、物质等保障权：出席会议和执行其他代表职务时，享有适当补贴和物质便利的权利；
3. **人身受特别保护权：在全国人大开会期间，未经主席团的许可；在全国人大闭会期间，未经常委会的许可，全国人大代表不受逮捕或者刑事审判。如果因为全国人大代表是现行犯而被拘留的，执行拘留的公安机关必须立即向全国人大主席团或者全国人大常委会报告；** 【注意】县级以上人大代表与此相同，唯独乡级人大代表，如果被逮捕、受刑事审判或者被采取法律规定的其他限制人身自由的措施，执行机关应当立即报告乡、民族乡、镇的人民代表大会。
4. "言论免责"权：在人大各种会议上发言和表决不受法律追究；
5. 间接选举的人大代表列席原选举单位的人大会议，并可以应邀列席原选举单位的常委会会议；
6. 县级以上的人大代表可以应邀列席本级常委会会议、专门委员会会议；
7. 参加县级以上人大常委会或者乡级人大主席团组织的执法检查或者其他活动。

【相关法条·《宪法》】

第七十二条 全国人民代表大会代表和全国人民代表大会常务委员会组成人员,有权依照法律规定的程序分别提出属于全国人民代表大会和全国人民代表大会常务委员会职权范围内的议案。

第七十三条 全国人民代表大会代表在全国人民代表大会开会期间,全国人民代表大会常务委员会组成人员在常务委员会开会期间,有权依照法律规定的程序提出对国务院或者国务院各部、各委员会的质询案。受质询的机关必须负责答复。

第七十四条 全国人民代表大会代表,非经全国人民代表大会会议主席团许可,在全国人民代表大会闭会期间非经全国人民代表大会常务委员会许可,不受逮捕或者刑事审判。

第七十五条 全国人民代表大会代表在全国人民代表大会各种会议上的发言和表决,不受法律追究。

(二)义务

1. 按时出席会议,认真审议议案,发表意见;
2. 积极参加统一组织的视察、专题调研、执法检查等活动;
3. 密切联系群众和原选举单位,听取其意见和要求,努力为人民服务。

(三)代表资格终止的情形

1. 地方各级人民代表大会代表迁出或者调离本行政区域的;
2. 辞职被接受的;
3. 被罢免的;
4. 丧失中华人民共和国国籍的;
5. 依照法律被剥夺政治权利的;
6. 丧失行为能力的;
7. 未经批准两次不出席本级人民代表大会会议的。

(四)暂时停止执行代表职务

1. 因刑事案件被羁押正在受侦查、起诉、审判的;
2. 被依法判处管制、拘役或者有期徒刑而没有附加剥夺政治权利,正在服刑的。

【注意】上述情形在代表任期内消失后,恢复其执行代表职务,但代表资格终止者除外。

第三节 中华人民共和国主席

一、性质和地位

中华人民共和国主席是我国的国家元首,是国家机构的重要组成部分,也是国家对内对外的最高代表。

【注意】在 1954 年宪法中，国家主席和全国人大常委会结合起来共同行使国家元首职权①；1975 年宪法和 1978 年宪法未设国家主席；1982 年宪法恢复了国家主席设置。

二、产生和任期

1. 主席、副主席由全国人大选举产生；
2. 任职资格：有选举权和被选举权；年满 45 周岁；公民；
3. 具体程序：

（1）主席团提出国家主席和副主席的候选人名单；
（2）各代表团酝酿协商；
（3）会议主席团根据多数代表的意见确定候选人名单，交付大会表决；
（4）由大会选举产生国家主席和副主席。

4. 任期 5 年。

三、国家主席的职权

1. **公布法律**；根据常委会的决定，宣布批准或废除条约和重要协定；
2. **发布命令**：根据全国人大及其常委会的决定，发布特赦令、动员令、宣布进入紧急状态、宣布战争状态等；
3. **宣布国务院的组成人员（人大或其常委会决定）和驻外全权代表（常委会决定）的任免**；
4. **固有职权，不需常委会决定：进行国事活动，接受外国使节**；
5. **荣典权**：根据常委会决定，向对国家贡献重大的人授予勋章和荣誉称号。

四、国家副主席的职权

1. 协助主席工作；
2. 受主席委托，可代行主席部分职权；
3. 在主席缺位时，自己继任。

五、缺位处理

1. 主席缺位时，由副主席继任。副主席缺位时，由全国人大补选。
2. 正副主席都缺位时，由全国人大补选；在补选之前，由全国人大常委会委员长暂时代理主席职位。

【注意】继任不同于暂时代理。

---

① 参见韩大元：《1954 年宪法制定过程》，法律出版社 2014 年版，第 399 页。

第四节　国务院

一、性质和地位

1. 国务院，即中央人民政府，是最高国家权力机关的执行机关，是最高国家行政机关；
2. 从属于最高权力机关，对其负责并报告工作；
3. 对内统一领导各部委和地方各级政府。

二、组成和任期

1. **组成人员**：总理、副总理若干人、国务委员若干人、各部部长、各委员会主任、审计长、秘书长。
2. **产生**：总理由主席提名，全国人大决定；其他人员，总理提名，全国人大决定；闭会期间，常委会可决定部委首长、审计长和秘书长的人选。
3. **任期**：5 年，总理、副总理、国务委员连续任职不得超过两届。

三、领导体制：首长负责制

1. 总理领导国务院的工作，副总理、国务委员协助总理工作，其他人员都在总理领导下工作，向总理负责；
2. 总理召集和主持召开常务会议和全体会议，**总理拥有最后决定权**，并对决定的后果承担全部责任；
3. 国务院发布的决定、命令、行政法规、提出的议案，**都由总理签署**。

【注意】新中国成立以来最高国家行政机关的领导体制总体上说都是集体负责制，1982 年宪法改为首长负责制：总理负责制和部长、主任负责制。

四、会议制度

1. 国务院全体会议①：由总理、副总理、国务委员、各部部长、各委员会主任、人民银行行长、审计长、秘书长组成，由总理召集和主持，一般每半年召开一次；
2. 国务院常务会议：总理、副总理、国务委员、秘书长组成，一般每周一次。

五、国务院的职权

1. 行政法规的制定和发布权（**54 年宪法规定为：行政措施的规定权**）；
2. 编制和执行国民经济和社会发展计划和国家预算；
3. 提出议案权；

---

① 内容根据国务院 2018 年 6 月 25 日修订印发的《国务院工作规则》调整。

4. 对所属部、委和地方各级行政机关的领导权及监督权：改变或撤销各部委、地方行政机关发布的不适当的决定和命令；统一领导各部委和全国各级地方行政机关的工作；规定中央和省级行政机关职权的具体划分；
5. 对国防、民政、文教、民族事务、华侨事务等各项工作的领导权和管理权；
6. **领导和管理经济工作、城乡建设、生态文明建设；**
7. 审定行政机构的编制，依法任免、培训、考核、奖惩行政人员；
8. 管理对外事务，同外国缔结条约和协定；
9. 批准省、自治区、直辖市的区域划分；批准自治州、县、自治县、市的建置和区域划分；
10. 决定省、自治区、直辖市的范围内部分地区进入紧急状态。

六、国务院的组成部门

国务院各部委是主管某一方面行政事务的职能部门。

（一）组成部门构成

1. 部

外交部　　国防部　　教育部　　科学技术部　　工业和信息化部　　公安部
国家安全部　　民政部　　司法部　　财政部　　人力资源和社会保障部
自然资源部　　生态环境部　　住房和城乡建设部　　交通运输部
水利部　　农业农村部　　商务部　　文化和旅游部　　退役军人事务部　　应急管理部

2. 委员会

国家发展和改革委员会　　国家卫生健康委员会　　国家民族事务委员会

3. 其他

中国人民银行　　审计署

（二）设立和撤销

国务院各部委的设立、撤销或者合并，经总理提出，由全国人大决定；人大闭会期间，由常委会决定。

（三）领导体制：首长负责制

1. 各部、各委员会实行部长、主任负责制。
2. 部长、委员会主任领导本部门工作，召集和主持会议，决定重大问题，签署文件。

（四）职权

1. 主要是通过发布命令、指示和规章来管理本部门的工作；
2. 必须在本部门的权限范围内进行领导、组织和管理；
3. 发布的命令、指示、规章，不得与法律和国务院的行政法规、决定、命令相抵触。

（五）审计机关

1. 国务院领导下的职能部门，审计长是国务院的组成人员。
2. 对国务院各部门和地方各级人民政府的财政收支、对国家的财政金融机构和企业事业组织的财务收支，实行审计监督。
3. 在国务院总理领导下，依法独立行使审计监督权，不受其他行政机关、社会团体和个人的干涉。
4. 县级以上地方政府设立审计机关，依法独立行使审计监督权，**对本级人民政府和上一级审计机关负责**。

第五节　中央军事委员会

一、性质和地位

中央军委领导全国武装力量（包括军队、武警部队、民兵），是国家最高军事领导机关，享有决策权和指挥权。

二、组成和任期

1. 中央军委由主席、副主席若干人、委员若干人组成。	
2. **任免**	军委主席由全国人大选举产生，并向它负责。全国人大根据军委主席的提名，决定其他组成人员的人选。
	全国人大有权罢免中央军委会主席和中央军委其他组成人员。
	在人大闭会期间，常委会根据军委主席提名，决定其他组成人员人选。
3. **任期**：中央军委的每届任期与全国人大相同，为 5 年。	

三、领导体制

1. 主席负责制；
2. 军委主席对全国人大及其常委会负责。

第六节　地方各级人民代表大会和地方各级人民政府

省、自治区、直辖市、自治州、县、自治县、市、市辖区、乡、民族乡、镇设立人大和人民政府。县级以上的地方各级人大设立常委会。

一、地方各级人大

（一）性质

地方各级人大都是地方国家权力机关。

（二）产生和任期

1. 省、自治区、直辖市、自治州、设区的市的人大代表由下一级的人大选举；

2. 县、自治县、不设区的市、市辖区、乡、民族乡、镇的人大代表由选民直接选举；

3. 地方各级人大每届任期五年。

（三）地方立法权

1. 省级人大根据本行政区域的具体情况和实际需要，在不同宪法、法律、行政法规相抵触的前提下，可以制定和颁布地方性法规，报全国人大常委会和国务院备案。

2. 设区的市的人大根据本市的具体情况和实际需要，在不同宪法、法律、行政法规和本省、自治区的地方性法规相抵触的前提下，可以制定地方性法规，报省、自治区的人大常委会批准后施行，并由省、自治区的人大常委会报全国人大常委会和国务院备案。

（四）县级以上的地方各级人大的职权

1. 在本行政区域内，保证宪法、法律、行政法规和上级人大及其常委会决议的遵守和执行，保证国家计划和国家预算的执行；
2. 审查和批准本行政区域内的国民经济和社会发展计划、预算以及它们执行情况的报告；
3. 讨论、决定本行政区域内的政治、经济、教育、科学、文化、卫生、环境和资源保护、民政、民族等工作的重大事项；
4. 选举和罢免本级人大常委会的组成人员；
5. 选举和罢免省长、副省长，自治区主席、副主席，市长、副市长，州长、副州长，县长、副县长，区长、副区长；罢免本级人民政府的其他组成人员；
6. 选举和罢免本级监察委员会主任、人民法院院长和人民检察院检察长；选出的人民检察院检察长，须报经上一级人民检察院检察长提请该级人大常委会批准；
7. 选举上一级人大代表；
8. 听取和审查本级人大常委会的工作报告；
9. 听取和审查本级人民政府和人民法院、人民检察院的工作报告；
10. 改变或者撤销本级人大常委会的不适当的决议；
11. 撤销本级人民政府的不适当的决定和命令；
12. 保护社会主义的全民所有的财产和劳动群众集体所有的财产，保护公民私人所有的合法财产，维护社会秩序，保障公民的人身权利、民主权利和其他权利；
13. 保护各种经济组织的合法权益；
14. 保障少数民族的权利；
15. 保障宪法和法律赋予妇女的男女平等、同工同酬和婚姻自由等各项权利。

（五）乡镇人大的职权

1. 在本行政区域内，保证宪法、法律、行政法规和上级人大及其常委会决议的遵守和执行；
2. 在职权范围内通过和发布决议；
3. 根据国家计划，决定本行政区域内的经济、文化事业和公共事业的建设计划；
4. 审查和批准本行政区域内的财政预算和预算执行情况的报告；

续表

5. 决定本行政区域内的民政工作的实施计划;
6. **选举本级人大主席、副主席;**
7. **选举乡长、副乡长,镇长、副镇长;罢免本级人民政府的组成人员;**
8. 听取和审查乡、民族乡、镇的人民政府的工作报告;
9. **撤销乡、民族乡、镇的人民政府的不适当的决定和命令;**
10. 保护社会主义的全民所有的财产和劳动群众集体所有的财产,保护公民私人所有的合法财产,维护社会秩序,保障公民的人身权利、民主权利和其他权利;
11. 保护各种经济组织的合法权益;
12. 保障少数民族的权利;
13. 保障宪法和法律赋予妇女的男女平等、同工同酬和婚姻自由等各项权利。

【注意】少数民族聚居的乡、民族乡、镇的人大在行使职权的时候,应当采取适合民族特点的具体措施。

(六) 县级以上地方人大会议

1. 每年至少举行一次。经过五分之一以上代表提议,可以临时召集本级人大会议。

2. 由本级人大常委会召集。每届人大的第一次会议,在本届人大代表选举完成后的两个月内,由上届本级人大常委会召集。

3. 每次会议举行预备会议:

(1) 预备会议由本级人大常委会主持。每届人大第一次会议的预备会议,由上届本级人大常委会主持。

(2) 工作:选举本次会议的主席团和秘书长,通过本次会议的议程和其他准备事项的决定。

4. 各级人大举行会议的时候,由主席团主持会议。

【注意】县级以上的地方各级人大会议设副秘书长若干人;副秘书长的人选由主席团决定。

5. 各级人民政府组成人员和人民法院院长、人民检察院检察长列席本级人大会议;其他有关机关、团体负责人,经本级人大常委会决定,可以列席本级人大会议。

(七) 乡镇人大会议

1. 每年至少举行一次。

2. 会议的召集

(1) 乡镇人大每届第一次会议,在本届人大代表选举完成后的两个月内,由乡、民族乡、镇的上次人大主席团召集;

(2) 除第一次会议以外的各次会议,由本届人大的主席团召集;

(3) 经过五分之一以上代表提议,可以临时召集本级人大会议。

3. 乡镇人大的主席和副主席

(1) 乡、民族乡、镇的人大设主席,并可以设副主席一至二人。主席、副主席由本级人大从代表中选出,任期同本级人大每届任期相同。

(2) 主席、副主席不得担任国家行政机关的职务;如果担任国家行政机关的职务,必须向本级人大辞去主席、副主席的职务。

（3）主席、副主席在本级人大闭会期间负责联系本级人大代表，根据主席团的安排组织代表开展活动，反映代表和群众对本级人民政府工作的建议、批评和意见，并负责处理主席团的日常工作。

4. 乡镇人大主席团

（1）乡、民族乡、镇的人大举行会议的时候，选举主席团。乡、民族乡、镇的人大主席、副主席为主席团的成员。

（2）主席团主持会议，并负责召集下一次的本级人大会议。

（3）主席团在本级人大闭会期间，每年选择若干关系本地区群众切身利益和社会普遍关注的问题，有计划地安排代表听取和讨论本级人民政府的专项工作报告，对法律、法规实施情况进行检查，开展视察、调研等活动；听取和反映代表和群众对本级人民政府工作的建议、批评和意见。

【注意】 主席团在闭会期间的工作，向本级人大报告。

5. 乡级的人民政府领导人员列席本级人大会议。

（八）各级人大会议的提案程序

1. 地方各级人大举行会议的时候，主席团、常委会、各专门委员会、本级人民政府，可以向本级人大提出**属于本级人大职权范围内的**议案，由主席团决定提交人大会议审议，或者并交有关的专门委员会审议、提出报告，再由主席团审议决定提交大会表决。

2. 县级以上的地方各级人大代表十人以上联名，乡、民族乡、镇的人大代表五人以上联名，可以向本级人大提出属于本级人大职权范围内的议案，由主席团决定是否列入大会议程，或者先交有关的专门委员会审议，提出是否列入大会议程的意见，再由主席团决定是否列入大会议程。

3. 列入会议议程的议案，在交付大会表决前，提案人要求撤回的，经主席团同意，会议对该项议案的审议即行终止。

县级以上地方人大（5个）	乡镇人大（3个）
主席团、常委会、各专门委员会、本级人民政府，代表10人以上联名	主席团、乡镇政府，代表5人以上联名

4. 地方各级人大进行选举和通过决议，以全体代表的过半数通过。

（九）人事任免权

1. 提名

（1）提名主体

职位	提名主体
县级以上人大常委会组成人员，人民政府领导人员，监察委员会主任，人民法院院长，人民检察院检察长的候选人	本级人大主席团；人大代表联名（省级人大代表30人以上书面联名，设区的市和自治州的人大代表20人以上书面联名，县级人大代表10人以上书面联名）。
乡镇人大主席、副主席，人民政府领导人员的候选人	人大主席团；代表10人以上书面联名。 【注意】不同选区或者选举单位选出的代表可以酝酿、联合提出候选人。

（2）主席团提名的候选人人数，每一代表与其他代表联合提名的候选人人数，均不得超过应选名额。

（3）提名人应当如实介绍所提名的候选人的情况。

2. 候选人

（1）差额选举

①人大常委会主任、秘书长，乡、民族乡、镇的人大主席，人民政府正职领导人员，人民法院院长，人民检察院检察长的候选人数一般应多一人，进行差额选举；如果提名的候选人只有一人，也可以等额选举。

②人大常委会副主任，乡、民族乡、镇的人大副主席，人民政府副职领导人员的候选人数应比应选人数多一人至三人，人大常委会委员的候选人数应比应选人数多十分之一至五分之一，由本级人大根据应选人数在选举办法中规定具体差额数，进行差额选举。

【**注意**】正职首长可以差额，也可以等额；而副职首长只能差额。

（2）确定正式候选人

①如果提名的候选人数符合选举办法规定的差额数，由主席团提交代表酝酿、讨论后，进行选举。

②如果提名的候选人数超过选举办法规定的差额数，由主席团提交代表酝酿、讨论后，进行预选，根据在预选中得票多少的顺序，按照选举办法规定的差额数，确定正式候选人名单，进行选举。

【**注意**】县级以上的地方各级人大换届选举本级国家机关领导人员时，提名、酝酿候选人的时间不得少于两天。

3. 选举程序

（1）选举采用无记名投票方式。

（2）代表对于确定的候选人，可以投赞成票，可以投反对票，可以另选其他任何代表或者选民，也可以弃权。

4. 当选

（1）地方各级人大选举本级国家机关领导人员，获得过半数选票的候选人人数超过应选名额时，以得票多的当选。如遇票数相等不能确定当选人时，应当就票数相等的人再次投票，以得票多的当选。

（2）获得过半数选票的当选人数少于应选名额时，不足的名额另行选举。

①另行选举时，可以根据在第一次投票时得票多少的顺序确定候选人，也可以依照本法规定的程序另行提名、确定候选人。

②经本级人大决定，不足的名额的另行选举可以在本次人大会议上进行，也可以在下一次人大会议上进行。

③另行选举人大常委会副主任、委员，乡、民族乡、镇的人大副主席，人民政府副职领导人员时，依照法定的差额比例，确定差额数，进行差额选举。

5. 补选

地方各级人大补选常委会主任、副主任、秘书长、委员，乡、民族乡、镇的人大主席、副主席，省长、副省长，自治区主席、副主席，市长、副市长，州长、副州长，县长、副县长，区长、副区长，乡长、副乡长，镇长、副镇长，人民法院院长，人民检察院检察长时，候选人数可以多于应选人数，也可以同应选人数相等。选举办法由本级人大决定。

6. 罢免

(1) 县级以上的地方各级人大举行会议的时候，主席团、常委会或者十分之一以上代表联名，可以提出对本级人大常委会组成人员、人民政府组成人员、人民法院院长、人民检察院检察长的罢免案，由主席团提请大会审议。

(2) 乡、民族乡、镇的人大举行会议的时候，主席团或者五分之一以上代表联名，可以提出对人大主席、副主席，乡长、副乡长，镇长、副镇长的罢免案，由主席团提请大会审议。

(3) 罢免案应当写明罢免理由。

(4) 被提出罢免的人员有权在主席团会议或者大会全体会议上提出申辩意见，或者书面提出申辩意见。在主席团会议上提出的申辩意见或者书面提出的申辩意见，由主席团印发会议。

(5) 向县级以上的地方各级人大提出的罢免案，由主席团交会议审议后，提请全体会议表决；或者由主席团提议，经全体会议决定，组织调查委员会，由本级人大下次会议根据调查委员会的报告审议决定。

7. 辞职

(1) 县级以上的地方各级人大常委会组成人员和人民政府领导人员、人民法院院长、人民检察院检察长，可以向本级人大提出辞职，由大会决定是否接受辞职。

(2) 县级以上地方各级人大闭会期间，可以向本级人大常委会提出辞职，由常委会决定是否接受辞职。常委会决定接受辞职后，报本级人大备案。

(3) 人民检察院检察长的辞职，须报经上一级人民检察院检察长提请该级人大常委会批准。

(4) 乡、民族乡、镇的人大主席、副主席，乡长、副乡长，镇长、副镇长，可以向本级人大提出辞职，由大会决定是否接受辞职。

（十）质询和询问

1. 质询案的提出

地方各级人大举行会议的时候，代表十人以上联名可以书面提出对本级人民政府和它所属各工作部门、监察委员会、人民法院和人民检察院的质询案。质询案必须写明质询对象、质询的问题和内容。

2. 质询案的处理

质询案由主席团决定交由受质询机关在主席团会议、大会全体会议或者有关的专门委员会会议上口头答复，或者由受质询机关书面答复。

(1) 质询案以口头答复的，应当由受质询机关的负责人到会答复；

【注意】 在主席团会议或者专门委员会会议上答复的，提质询案的代表有权列席会议，发表意见；主席团认为必要的时候，可以将答复质询案的情况报告印发会议。

(2) 质询案以书面答复的，应当由受质询机关的负责人签署，由主席团印发会议或者印发提质询案的代表。

3. 询问

在地方各级人大审议议案的时候，代表可以向有关地方国家机关提出询问，由有关机关派人说明。

（十一）专门委员会

县级以上各级人大根据需要，可以设法制委员会、财政经济委员会等专门委员会。

1. 各专门委员会的主任委员、副主任委员和委员的人选，由主席团在代表中提名，大会通过。在大会闭会期间，常委会可以任免专门委员会的个别副主任委员和部分委员，由主任会议提名，常委会会议通过。

2. 各专门委员会受本级人大领导；在大会闭会期间，受本级人大常委会领导。

3. 各专门委员会在本级人大及其常委会领导下，研究、审议和拟订有关议案；对属于本级人大及其常委会职权范围内同本委员会有关的问题，进行调查研究，提出建议。

（十二）调查委员会

县级以上的地方各级人大可以组织关于特定问题的调查委员会。

1. 组织

主席团或者十分之一以上代表书面联名，可以向本级人大提议组织关于特定问题的调查委员会，由主席团提请全体会议决定。

2. 组成

调查委员会由主任委员、副主任委员和委员组成，由主席团在代表中提名，提请全体会议通过。

3. 报告工作

（1）调查委员会应当向本级人大提出调查报告。人大根据调查委员会的报告，可以作出相应的决议。

（2）人大可以授权它的常委会听取调查委员会的调查报告，常委会可以作出相应的决议，报人大下次会议备案。

（十三）代表的任期

1. 地方各级人大代表任期，从每届本级人大举行第一次会议开始，到下届本级人大举行第一次会议为止。

2. 乡、民族乡、镇的每届人大第一次会议通过的代表资格审查委员会，行使职权至本届人大任期届满为止。

（十四）代表的权利和义务

1. 言论免责权

地方各级人大代表、常委会组成人员，在人大和常委会会议上的发言和表决，不受法律追究。

2. 人身受保障权

（1）县级以上的地方各级人大代表，非经本级人大主席团许可，在大会闭会期间，非经本级人大常委会许可，不受逮捕或者刑事审判。

（2）如果因为是现行犯被拘留，执行拘留的公安机关应当立即向该级人大主席团或者常委会报告。

3. 物质保障

地方各级人大代表在出席人大会议和执行代表职务的时候，国家根据需要给予往返的旅费和必要的物质上的便利或者补贴。

4. 列席原选举单位的人大会议

省、自治区、直辖市、自治州、设区的市的人大代表可以列席原选举单位的人大会议。

5. 分工联系选民

县、自治县、不设区的市、市辖区、乡、民族乡、镇的人大代表分工联系选民，有代表三人以上的居民地区或者生产单位可以组织代表小组。

6. 接受监督

（1）省、自治区、直辖市、自治州、设区的市的人大代表受原选举单位的监督；县、自治县、不设区的市、市辖区、乡、民族乡、镇的人大代表受选民的监督。

（2）地方各级人大代表的选举单位和选民有权随时罢免自己选出的代表。代表的罢免必须由原选举单位以全体代表的过半数通过，或者由原选区以选民的过半数通过。

（十五）建议、批评和意见

1. 县级以上的地方各级人大代表向本级人大及其常委会提出的对各方面工作的建议、批评和意见，由本级人大常委会的办事机构交有关机关和组织研究处理并负责答复。

2. 乡、民族乡、镇的人大代表向本级人大提出的对各方面工作的建议、批评和意见，由本级人大主席团交有关机关和组织研究处理并负责答复。

二、县级以上的地方各级人大常委会

省、自治区、直辖市、自治州、县、自治县、市、市辖区的人大设立常委会，是本级人大的常设机关，对本级人大负责并报告工作。

（一）组成

1. 省、自治区、直辖市、自治州、设区的市的人大常委会由本级人大在代表中选举主任、副主任若干人、秘书长、委员若干人组成。

2. 县、自治县、不设区的市、市辖区的人大常委会由本级人大在代表中选举主任、副主任若干人和委员若干人组成。

【注意】县级人大常委会的组成人员中没有秘书长。

（二）常委会的名额

1. 省、自治区、直辖市三十五人至六十五人，人口超过八千万的省不超过八十五人；每届常委会组成人员的名额，由省级人大按人口多少确定。

2. 设区的市、自治州十九人至四十一人，人口超过八百万的设区的市不超过五十一人；每届具体的名额，由省级人大常委会按人口多少确定。

3. 县、自治县、不设区的市、市辖区十五人至三十五人，人口超过一百万的县、自治县、不设区的市、市辖区不超过四十五人；每届具体的名额，由省级人大常委会按人口多少确定。

【注意】每届人大常委会组成人员的名额经确定后，在本届人大的任期内不再变动。

（三）兼职禁止

常委会的组成人员不得担任国家行政机关、审判机关和检察机关的职务；如果担任上述职务，必须向常委会辞去常委会的职务。

（四）任期

县级以上的地方各级人大常委会每届任期同本级人大每届任期相同，它行使职权到下届本级人大选出新的常委会为止。

（五）职权

1. 决定授予地方的荣誉称号；

2. 领导或者主持本级人大代表的选举；

3. 召集本级人大会议；

4. 讨论、决定本行政区域内的政治、经济、教育、科学、文化、卫生、环境和资源保护、民政、民族等工作的重大事项；

5. 根据本级人民政府的建议，决定对本行政区域内的国民经济和社会发展计划、预算的部分变更；

6. 监督本级人民政府、人民法院和人民检察院的工作，联系本级人大代表，受理人民群众对上述机关和国家工作人员的申诉和意见；

7. 撤销下一级人大及其常委会的不适当的决议；

8. 撤销本级人民政府的不适当的决定和命令；

9. 人事任免权

（1）在本级人大闭会期间，决定副省长、自治区副主席、副市长、副州长、副县长、副区长的个别任免；

（2）在省长、自治区主席、市长、州长、县长、区长和人民法院院长、人民检察院检察长因故不能担任职务的时候，从本级人民政府、人民法院、人民检察院副职领导人员中决定代理的人选。

【注意】决定代理检察长，须报上一级人民检察院和人大常委会备案。

（3）根据省长、自治区主席、市长、州长、县长、区长的提名，决定本级人民政府秘书长、厅长、局长、委员会主任、科长的任免，报上一级人民政府备案；

（4）按照人民法院组织法的规定，任免人民法院副院长、庭长、副庭长、审判委员会委员、审判员；

【注意】省、自治区、直辖市的人大常委会根据主任会议的提名，决定在省、自治区内按地区设立的和在直辖市内设立的中级人民法院院长的任免；

（5）按照人民检察院组织法的规定，任免人民检察院副检察长、检察委员会委员、检察员，批准任免下一级人民检察院检察长；

【注意】省、自治区、直辖市的人大常委会根据省、自治区、直辖市的人民检察院检察长的提名，决定人民检察院分院检察长的任免。

（6）按照监察法的规定，任免监察委员会副主任、委员；

（7）在本级人大闭会期间，决定撤销个别副省长、自治区副主席、副市长、副州长、副县长、副区长的职务；决定撤销由它任命的本级人民政府其他组成人员和人民法院副院长、庭长、副庭长、审判委员会委员、审判员，人民检察院副检察长、检察委员会委员、检察员，中级人民法院院长，人民检察院分院检察长的职务；

（8）在本级人大闭会期间，补选上一级人大出缺的代表和罢免个别代表。

10. 地方性法规的制定权

（1）省级人大常委会在本级人大闭会期间，根据本行政区域的具体情况和实际需要，在不同宪法、法律、行政法规相抵触的前提下，可以制定和颁布地方性法规，报全国人大常委会和国务院备案。

（2）设区的市的人大常委会在本级人大闭会期间，根据本市的具体情况和实际需要，在不同宪法、法律、行政法规和本省、自治区的地方性法规相抵触的前提下，可以制定地方性法规，报省、自治区的人大常委会批准后施行，并由省、自治区的人大常委会报全国人大常委会和国务院备案。

（六）常委会会议

1. 常委会会议由主任召集，每两个月至少举行一次。

2. 一般议案的提案

（1）县级以上的地方各级人大常委会主任会议可以向本级人大常委会提出属于常委会职权范围内的议案，由常委会会议审议。

（2）县级以上的地方各级人民政府、人大各专门委员会，可以向本级人大常委会提出属于常委会职权范围内的议案，由主任会议决定提请常委会会议审议，或者先交有关的专门委员会审议、提出报告，再提请常委会会议审议。

（3）省、自治区、直辖市、自治州、设区的市的人大常委会组成人员五人以上联名，县级的人大常委会组成人员三人以上联名，可以向本级常委会提出属于常委会职权范围内的议案，由主任会议决定是否提请常委会会议审议，或者先交有关的专门委员会审议、提出报告，再决定是否提请常委会会议审议。

3. **质询**

（1）在常委会会议期间，省、自治区、直辖市、自治州、设区的市的人大常委会组成人员五人以上联名，县级的人大常委会组成人员三人以上联名，可以向常委会书面提出对本级人民政府、监察委员会、人民法院、人民检察院的质询案。

（2）质询案必须写明质询对象、质询的问题和内容。

（3）质询案由主任会议决定交由受质询机关在常委会全体会议上或者有关的专门委员会会议上口头答复，或者由受质询机关书面答复。

①质询案以书面答复的，应当由受质询机关的负责人签署，由主任会议印发会议或者印发提质询案的常委会组成人员。

②质询案以口头答复的，应当由受质询机关的负责人到会答复。

【注意】在专门委员会会议上答复的，提质询案的常委会组成人员有权列席会议，发表意见；主任会议认为必要的时候，可以将答复质询案的情况报告印发会议。

4. 常委会的决议，由常委会以全体组成人员的过半数通过。

（七）主任会议

主任会议处理常委会的重要日常工作。

1. 省、自治区、直辖市、自治州、设区的市的人大常委会主任、副主任和秘书长组成主任会议；

2. 县、自治县、不设区的市、市辖区的人大常委会主任、副主任组成主任会议。

【注意】常委会主任因为健康情况不能工作或者缺位的时候，由常委会在副主任中推选一人代理主任的职务，直到主任恢复健康或者人大选出新的主任为止。

（八）代表资格审查委员会

1. 县级以上的地方各级人大常委会设立代表资格审查委员会。

2. 代表资格审查委员会的主任委员、副主任委员和委员的人选，由常委会主任会议在常委会组成人员中提名，常委会会议通过。

3. 代表资格审查委员会审查代表的选举是否符合法律规定。

（九）调查委员会

1. 主任会议或者五分之一以上的常委会组成人员书面联名，可以向本级人大常委会提议组织关于特定问题的调查委员会，由全体会议决定。

2. 调查委员会由主任委员、副主任委员和委员组成，由主任会议在常委会组成人员和其他代表中提名，提请全体会议通过。

3. 调查委员会应当向本级人大常委会提出调查报告。

4. 常委会根据调查委员会的报告，可以作出相应的决议。

（十）办事机构和其他工作机构

常委会根据工作需要，设立办事机构和其他工作机构。

1. 省、自治区的人大常委会可以在地区设立工作机构。

2. 市辖区、不设区的市的人大常委会可以在街道设立工作机构。工作机构负责联系街道辖区内的人大代表，组织代表开展活动，反映代表和群众的建议、批评和意见，办理常委会交办的监督、选举以及其他工作，并向常委会报告工作。

三、地方各级人民政府

（一）性质和地位

地方各级人民政府是地方各级人大的执行机关，是地方各级国家行政机关。

1. 地方各级人民政府对本级人大和上一级国家行政机关负责并报告工作。县级以上的地方各级人民政府在本级人大闭会期间，对本级人大常委会负责并报告工作。

2. 全国地方各级人民政府都是国务院统一领导下的国家行政机关，都服从国务院。

（二）组成和任期

1. 省、自治区、直辖市、自治州、设区的市的人民政府分别由省长、副省长，自治区主席、副主席，市长、副市长，州长、副州长和秘书长、厅长、局长、委员会主任等组成。

2. 县、自治县、不设区的市、市辖区的人民政府分别由县长、副县长，市长、副市长，区长、副区长和局长、科长等组成。

3. 乡、民族乡的人民政府设乡长、副乡长。民族乡的乡长由建立民族乡的少数民族公民担任。镇人民政府设镇长、副镇长。

【注意】新的一届人民政府领导人员依法选举产生后，应当在两个月内提请本级人大常委会任命人民政府秘书长、厅长、局长、委员会主任、科长。

4. 地方各级人民政府每届任期五年。

（三）县级以上人民政府的职权

1. 执行本级人大及其常委会的决议，以及上级国家行政机关的决定和命令，规定行政措施，发布决定和命令；

2. 领导所属各工作部门和下级人民政府的工作；

3. 改变或者撤销所属各工作部门的不适当的命令、指示和下级人民政府的不适当的决定、命令；

4. 依照法律的规定任免、培训、考核和奖惩国家行政机关工作人员；

5. 执行国民经济和社会发展计划、预算，管理本行政区域内的经济、教育、科学、文化、卫生、体育事业、环境和资源保护、城乡建设事业和财政、民政、公安、民族事务、司法行政、监察、计划生育等行政工作；

6. **规章制定权**

（1）省、自治区、直辖市的人民政府可以根据法律、行政法规和本省、自治区、直辖市的地方性法规，制定规章，报国务院和本级人大常委会备案。

（2）设区的市的人民政府可以根据法律、行政法规和本省、自治区的地方性法规，制定规章，报国务院和省、自治区的人大常委会、人民政府以及本级人大常委会备案。

【注意】制定规章，须经各该级政府常务会议或者全体会议讨论决定。

（四）乡、民族乡、镇的人民政府的职权

1. 执行本级人大的决议和上级国家行政机关的决定和命令，发布决定和命令；

2. 执行本行政区域内的经济和社会发展计划、预算，管理本行政区域内的经济、教育、科学、文化、卫生、体育事业和财政、民政、公安、司法行政、计划生育等行政工作；

3. 保护社会主义的全民所有的财产和劳动群众集体所有的财产，保护公民私人所有的合法财产，维护社会秩序，保障公民的人身权利、民主权利和其他权利；

4. 保护各种经济组织的合法权益；

5. 保障少数民族的权利和尊重少数民族的风俗习惯；

6. 保障宪法和法律赋予妇女的男女平等、同工同酬和婚姻自由等各项权利；

7. 办理上级人民政府交办的其他事项。

（五）决策机制：首长负责制

1. 地方各级人民政府分别实行省长、自治区主席、市长、州长、县长、区长、乡长、镇长负责制。

2. 省长、自治区主席、市长、州长、县长、区长、乡长、镇长分别主持地方各级人民政府的工作。

（六）会议

县级以上的地方各级人民政府会议分为全体会议和常务会议，由省长、自治区主席、市长、州长、县长、区长召集和主持。

1. 全体会议由本级人民政府全体成员组成。

2. 省、自治区、直辖市、自治州、设区的市的人民政府常务会议，分别由省长、副省长，自治区主席、副主席，市长、副市长，州长、副州长和秘书长组成。

3. 县、自治县、不设区的市、市辖区的人民政府常务会议，分别由县长、副县长，市长、副市长，区长、副区长组成。

【注意】政府工作中的重大问题，须经政府常务会议或者全体会议讨论决定。

（七）县级以上地方政府的工作部门

1. 县级以上地方各级人民政府根据工作需要和精干的原则，设立必要的工作部门。县级以上地方政府的厅、局、委员会、科等工作部门的设立、增加、减少、合并或者变更规格、名称，由本级人民政府报请上一级政府批准，并报本级人大常委会备案。具体程序如下：

（1）本级政府提出方案；

（2）上一级政府机构编制管理机关审核；

（3）审核后，报上一级政府批准；

（4）依法报本级人大常委会备案。

【注意1】乡镇政府内部不设工作部门，因此只有县级以上（包括县级）政府内部才设置工作部门。

【注意2】县级以上的地方各级人民政府设立审计机关。地方各级审计机关依照法律规定独立行使审计监督权，对本级人民政府和上一级审计机关负责。

2. 各厅、局、委员会、科分别设厅长、局长、主任、科长，在必要的时候可以设副职。

办公厅、办公室设主任，在必要的时候可以设副主任。

3. 省、自治区、直辖市、自治州、设区的市的人民政府设秘书长一人，副秘书长若干人。

【注意】县乡两级人民政府不设秘书长。

4. 地方政府的各工作部门受本级政府统一领导，并且依照法律或者行政法规的规定受上级政府主管部门的业务指导或者领导。

（八）内设机构

1. 乡镇政府内设机构的设立、撤销、合并或者变更规格、名称，由本级政府提出方案，经上一级政府机构编制管理机关审核后，报上一级政府批准。

2. 县级以上地方各级政府的工作部门可以根据工作需要和精干的原则，设立必要的内设机构。这些内设机构的设立、撤销、合并或者变更规格、名称，应由该工作部门报本级政府机构编制管理机关审批。

（九）派出机关

1. 行政公署	**省、自治区人民政府**在必要时，经国务院批准，可以设立若干的派出机关。
2. 区公所	县、自治县的人民政府在必要时，经省、自治区、直辖市的人民政府批准，可以设立若干区公所，作为它的派出机关。
3. 街道办事处	市辖区、不设区的市的人民政府，经上一级人民政府批准，可以设立若干街道办事处，作为它的派出机关。

【注意】派出机关不是一级政权机关，只是作为政府的代表在本辖区内执行上级的决议、指示和命令，监督检查和指导下级政府的工作。

【注意】县级和市辖区级的公安机关是基层公安机关，其正局长是最低的公安机关负责人；在街道办和乡镇设立公安派出所，是基层公安机关的派出工作机构，履行基层公安机关的部分职责，但不是一级公安机关，派出所的所长也不是公安机关负责人。

第七节 人民法院与人民检察院

【相关法条·《宪法》】

第一百二十八条 中华人民共和国人民法院是国家的审判机关。

第一百三十一条 人民法院依照法律规定独立行使审判权，不受行政机关、社会团体和个人的干涉。

第一百三十二条 最高人民法院是最高审判机关。

最高人民法院监督地方各级人民法院和专门人民法院的审判工作，上级人民法院监督下级人民法院的审判工作。

第一百三十三条 最高人民法院对全国人民代表大会和全国人民代表大会常务委员会负责。地方各级人民法院对产生它的国家权力机关负责。

第一百三十四条 中华人民共和国人民检察院是国家的法律监督机关。

第一百三十六条 人民检察院依照法律规定独立行使检察权，不受行政机关、社会团体和个人的干涉。

第一百三十七条 最高人民检察院是最高检察机关。

最高人民检察院领导地方各级人民检察院和专门人民检察院的工作，上级人民检察院领导下级人民检察院的工作。

第一百四十条 人民法院、人民检察院和公安机关办理刑事案件，应当分工负责，互相配合，互相制约，以保证准确有效地执行法律。

【要点释义】

1. 检察权、审判权具有专属性和排他性：审判权只能由人民法院行使；检察权只能由人民检察院行使；

【特别注意】法院具有专属定罪权；公安机关、检察机关无权定罪，但是有权认定一个人无罪。比如公安机关可以撤销案件、检察机关可以不起诉。

2. 在我国，独立行使审判权、检察权的主体是人民法院、人民检察院，而不是某个审判员、检察官的个人独立；

3. 检察权、审判权的独立行使，主要是独立于行政机关、社会团体和个人，但仍然要接受党的领导，接受人大、人民群众和媒体的监督；

4. 人民法院上下级之间是监督与被监督的关系，各个法院在具体案件的审判过程中独立行使审判权，上级法院和其他法院均无权干涉。上级法院不能对下级法院正在审理的具体案件发布指示命令，指令下级法院执行，尽管上级法院有权通过法定程序监督下级法院对具体案件的审理。下级法院也不应将案件在判决之前报送上级法院，请求审查批示；

5. 人民检察院上下级之间是领导与被领导的关系，上级检察院有权就具体案件对下级检察院作出命令、指示，因此检察权的独立实质上是指整个检察系统作为一个整体的独立，这就是所谓的检察一体原理；

6. 分工负责、互相配合、互相制约的原则体现的是公检法三机关之间的相互关系，不是上下级法院之间、上下级检察院之间、上下级公安机关之间的关系。

一、人民法院

（一）概述

人民法院是国家的审判机关，通过审判刑事案件、民事案件、行政案件以及法律规定的其他案件，惩罚犯罪，保障无罪的人不受刑事追究，解决民事、行政纠纷，保护个人和组织的合法权益，监督行政机关依法行使职权，维护国家安全和社会秩序，维护社会公平正义，维护国家法制统一、尊严和权威，保障中国特色社会主义建设的顺利进行。

1. **审判独立**：人民法院依照法律规定独立行使审判权，不受行政机关、社会团体和个人的干涉。

2. **司法公正**：

（1）人民法院审判案件在适用法律上一律平等，不允许任何组织和个人有超越法律的特权，禁止任何形式的歧视。

（2）人民法院坚持司法公正，以事实为根据，以法律为准绳，遵守法定程序，依法保护个人和组织的诉讼权利和其他合法权益，尊重和保障人权。

（3）人民法院实行司法公开，法律另有规定的除外。

3. **司法责任**：人民法院实行司法责任制，建立健全权责统一的司法权力运行机制。

【注意】审判权必须由人民法院统一行使，其他任何主体都无权行使审判权。在刑事诉讼活动中，这一点体现在称谓上就是：公诉前称为犯罪嫌疑人；公诉后称为被告人；法院定罪之后方才称为罪犯。

（二）设置和职权

人民法院依照宪法、法律和全国人大常委会的决定设置。

1. **组织体系**

> （1）我国人民法院的组织体系由以下法院组成：全国设立最高人民法院、地方各级人民法院和专门人民法院；
> ①地方各级人民法院分为高级人民法院、中级人民法院、基层人民法院；
> ②专门人民法院包括军事法院和海事法院、知识产权法院、金融法院等。

（2）上下级人民法院之间的关系不是领导关系，而是监督关系：最高人民法院监督地方各级人民法院和专门人民法院的审判工作，上级人民法院监督下级人民法院的审判工作。

【注意】在新疆生产建设兵团设立的人民法院的组织、案件管辖范围和法官任免，专门人民法院的设置、组织、职权和法官任免，由全国人大常委会规定。

2. 最高人民法院

（1）最高人民法院是最高审判机关。

（2）最高人民法院的职权

①**一审管辖权**：法律规定由其管辖的和其认为应当由自己管辖的第一审案件；
②**上诉管辖权**：对高级人民法院判决和裁定的上诉、抗诉案件；按照全国人大常委会的规定提起的上诉、抗诉案件；
③**审判监督权**：按照审判监督程序提起的再审案件；
④**司法解释权和发布指导性案例权**：对在审判过程中如何具体应用法律的问题，进行司法解释；可以发布指导性案例。
⑤**死刑核准权**：高级人民法院报请核准的死刑案件； 【注意】死刑除依法由最高人民法院判决的以外，应当报请最高人民法院核准。
⑥**设立巡回法庭的权力**：最高人民法院可以设巡回法庭，审理最高人民法院依法确定的案件。

（3）最高人民法院的巡回法庭

设立	最高人民法院设立巡回法庭	
设置	第一巡回法庭（深圳市）	广东、广西、海南、湖南三省区
	第二巡回法庭（沈阳市）	辽宁、吉林、黑龙江三省
	第三巡回法庭（重庆市）	重庆、四川、贵州、云南、西藏五省区
	第四巡回法庭（郑州市）	河南、山西、湖北、安徽四省
	第五巡回法庭（南京市）	江苏、上海、浙江、福建、江西五省市
	第六巡回法庭（西安市）	陕西、甘肃、青海、宁夏、新疆五省区
	最高人民法院本部直接受理北京、天津、河北、山东、内蒙古五省区市有关案件	
性质	最高人民法院派出的常设性的审判机构，是最高人民法院的组成部分。	
地位	巡回法庭作出的判决、裁定和决定，是最高人民法院的判决、裁定和决定，均为终审判决，具有最高的司法效力。	

续表

管辖	①全国范围内重大、复杂的第一审行政案件； ②在全国有重大影响的第一审民商事案件； ③不服高级人民法院作出的第一审行政或者民商事判决、裁定提起上诉的案件； ④对高级人民法院作出的已经发生法律效力的行政或者民商事判决、裁定、调解书申请再审的案件； ⑤刑事申诉案件； ⑥依法定职权提起再审的案件； ⑦不服高级人民法院作出的罚款、拘留决定申请复议的案件； ⑧高级人民法院因管辖权问题报请最高人民法院裁定或者决定的案件； ⑨高级人民法院报请批准延长审限的案件； ⑩涉港澳台民商事案件和司法协助案件； ⑪最高人民法院认为应当由巡回法庭审理或者办理的其他案件。 【注意】知识产权、涉外商事、海事海商、死刑复核、国家赔偿、执行案件和最高人民检察院抗诉的案件暂由最高人民法院本部审理或者办理。 【注意】巡回法庭依法办理巡回区内向最高人民法院提出的来信来访事项。
工作方式	巡回法庭根据审判工作需要，可以在巡回区内巡回审理案件、接待来访。
积极意义	①有利于审判机关重心下移，就地解决纠纷，方便当事人诉讼； ②有利于避免地方保护主义干扰，保证案件审判更加公平公正； ③有利于最高法院本部集中精力制定司法政策和司法解释，审理对统一法律适用有重大指导意义的案件。

3. 高级人民法院

（1）高级人民法院包括：省高级人民法院；自治区高级人民法院；直辖市高级人民法院。

（2）高级人民法院审理下列案件：

①一审管辖权：法律规定由其管辖的第一审案件；下级人民法院报请审理的第一审案件；最高人民法院指定管辖的第一审案件；
②上诉、抗诉管辖权：对中级人民法院判决和裁定的上诉、抗诉案件；
③审判监督权：按照审判监督程序提起的再审案件；
④死刑复核权：中级人民法院报请复核的死刑案件。

4. 中级人民法院

（1）中级人民法院包括：省、自治区辖市的中级人民法院；在直辖市内设立的中级人民法院；自治州中级人民法院；在省、自治区内按地区设立的中级人民法院。

（2）中级人民法院审理下列案件：

①一审管辖权：法律规定由其管辖的第一审案件；基层人民法院报请审理的第一审案件；上级人民法院指定管辖的第一审案件；
②上诉、抗诉管辖权：对基层人民法院判决和裁定的上诉、抗诉案件；
③审判监督权：按照审判监督程序提起的再审案件。

5. 基层人民法院

（1）基层人民法院包括：县、自治县人民法院；不设区的市人民法院；市辖区人民法院。

（2）基层人民法院审理第一审案件，法律另有规定的除外。

（3）基层人民法院对人民调解委员会的调解工作进行业务指导。

（4）基层人民法院根据地区、人口和案件情况，可以设立若干人民法庭。人民法庭是基层人民法院的组成部分。人民法庭的判决和裁定即基层人民法院的判决和裁定。

6. 军事法院

（1）军事法院是国家在中国人民解放军中设立的审判机关。
（2）2016年，我国成立中国人民解放军东部、西部、南部、北部、中部等五大战区，军事法院体系相应调整，包括中国人民解放军军事法院（法院层级为高级）、五大战区和总直属军事法院（法院层级为中级）、区域军事法院（法院层级为基层）三级。
（3）军事法院主要负责审判军事人员犯罪的刑事案件，审理军内民事案件。

7. 海事法院

（1）海事法院只设一级，设立在广州、上海、武汉、天津、大连、青岛、宁波、厦门、海口和北海十个港口城市，其建制相当于地方的中级人民法院。
（2）海事法院主要管辖民事主体之间的第一审海事案件和海商案件。
【注意】海事法院以往以受理与海上贸易航运相关的民商事纠纷为主，继2016年最高人民法院将相关海事行政案件纳入海事法院管辖范围之后，2017年2月最高人民法院又指定宁波海事法院试点管辖海事刑事案件。2017年6月5日，宁波海事法院依法受理宁波市人民检察院指控被告人艾伦·门多萨·塔布雷（ALLAN MENDOZA TABLATE）犯交通肇事罪一案。该案是宁波海事法院作为管辖海事刑事案件的试点法院受理的首例海事刑事案件。2016年5月7日，马耳他籍散货船"卡塔利娜"轮从中国连云港驶往印度尼西亚途中，在浙江象山沿海南韭山岛东偏北约72海里附近海域，与中国山东石岛籍渔船"鲁荣渔58398"轮雾中发生碰撞，造成"鲁荣渔58398"轮沉没，该轮上19人中14人死亡5人失踪。经海事部门认定，"卡塔利娜"轮在此次事故中负主要责任。事故发生后，"卡塔利娜"轮当班驾驶员二副艾伦·门多萨·塔布雷经批准被执行逮捕。
（3）对海事法院判决和裁定的上诉案件，由海事法院所在地的高级人民法院管辖。

8. 知识产权法院

（1）在北京、上海、广州设立；其审判庭的设置，由最高人民法院根据知识产权案件的类型和数量确定。
（2）管辖范围 ①有关专利、植物新品种、集成电路布图设计、技术秘密等专业技术性较强的第一审知识产权民事和行政案件。 【注意】知识产权法院对上述案件实行跨区域管辖。在知识产权法院设立的三年内，可以先在所在省（直辖市）实行跨区域管辖。 ②不服国务院行政部门裁定或者决定而提起的第一审知识产权授权、确权行政案件，由北京知识产权法院管辖。 ③知识产权法院所在市的基层人民法院第一审著作权、商标等知识产权民事和行政判决、裁定的上诉案件，由知识产权法院审理。 ④知识产权法院第一审判决、裁定的上诉案件，由知识产权法院所在地的高级人民法院审理。

（3）知识产权法院院长由所在地的市人民代表大会常务委员会主任会议提请本级人民代表大会常务委员会任免。副院长、庭长、审判员和审判委员会委员，由知识产权法院院长提请所在地的市人民代表大会常务委员会任免。
（4）知识产权法院对所在地的市人民代表大会常务委员会负责并报告工作。

9. 森林法院

（1）**基层森林法院**一般设置在某些特定林区的一些林业局（包括木材水运局）的所在地；

（2）在地区（盟）林业管理局所在地或国有森林集中连片地区设立**森林中级法院**。

（三）内部机构

1. 人民法院根据审判工作需要，可以设必要的专业审判庭。

【注意】法官员额较少的中级人民法院和基层人民法院，可以设综合审判庭或者不设审判庭。

2. 人民法院根据审判工作需要，可以设综合业务机构。法官员额较少的中级人民法院和基层人民法院，可以不设综合业务机构。

3. 人民法院根据工作需要，可以设必要的审判辅助机构和行政管理机构。

（四）人民法院的审判组织

人民法院审理案件，由合议庭或者法官一人独任审理。合议庭和法官独任审理的案件范围由法律规定。

1. 合议庭

（1）**组成**：合议庭由法官组成，或者由法官和人民陪审员组成，成员为三人以上单数。

（2）**审判长**：合议庭由一名法官担任审判长；院长或者庭长参加审理案件时，由自己担任审判长；审判长主持庭审、组织评议案件，评议案件时与合议庭其他成员权利平等。

（3）**评议案件**：合议庭评议案件应当按照多数人的意见作出决定，少数人的意见应当记入笔录；评议案件笔录由合议庭全体组成人员签名。

（4）**裁判文书**：合议庭或者法官独任审理案件形成的裁判文书，经合议庭组成人员或者独任法官签署，由人民法院发布。

（5）**责任分配**：合议庭审理案件，法官对案件的事实认定和法律适用负责；法官独任审理案件，独任法官对案件的事实认定和法律适用负责。

2. 赔偿委员会

（1）**设立**：中级以上人民法院设赔偿委员会，依法审理国家赔偿案件。

（2）**组成**：赔偿委员会由三名以上法官组成，成员应当为单数，按照多数人的意见作出决定。

3. 审判委员会

（1）各级人民法院设审判委员会。

（2）审判委员会履行下列职能：

①总结审判工作经验；
②讨论决定重大、疑难、复杂案件的法律适用；
③讨论决定本院已经发生法律效力的判决、裁定、调解书是否应当再审；

续表

④讨论决定其他有关审判工作的重大问题。

【注意1】 最高人民法院对属于审判工作中具体应用法律的问题进行解释，应当由审判委员会全体会议讨论通过；发布指导性案例，可以由审判委员会专业委员会会议讨论通过。

【注意2】 合议庭认为案件需要提交审判委员会讨论决定的，由审判长提出申请，院长批准。

（3）审判委员会由院长、副院长和若干资深法官组成，成员应当为单数。

（4）审判委员会会议分为全体会议和专业委员会会议。中级以上人民法院根据审判工作需要，可以按照审判委员会委员专业和工作分工，召开刑事审判、民事行政审判等专业委员会会议。

（5）审判委员会的会议

①审判委员会召开全体会议和专业委员会会议，应当有其组成人员的过半数出席。

②审判委员会会议由院长或者院长委托的副院长主持。

③审判委员会实行民主集中制。

④审判委员会举行会议时，同级人民检察院检察长或者检察长委托的副检察长可以列席。

（6）责任分配

审判委员会讨论案件，合议庭对其汇报的事实负责，审判委员会委员对本人发表的意见和表决负责。

（7）审判委员会的决定

①审判委员会的决定，合议庭应当执行。

②审判委员会讨论案件的决定及其理由应当在裁判文书中公开，法律规定不公开的除外。

（五）人民法院的人员组成

人民法院的审判人员由院长、副院长、审判委员会委员和审判员等人员组成。

1. **产生**

（1）最高人民法院院长由全国人民代表大会选举，副院长、审判委员会委员、庭长、副庭长和审判员由院长提请全国人大常委会任免。

（2）最高人民法院巡回法庭庭长、副庭长，由最高人民法院院长提请全国人大常委会任免。

（3）地方各级人民法院院长由本级人民代表大会选举，副院长、审判委员会委员、庭长、副庭长和审判员由院长提请本级人民代表大会常务委员会任免。

（4）在省、自治区内按地区设立的和在直辖市内设立的中级人民法院院长，由省、自治区、直辖市人民代表大会常务委员会根据主任会议的提名决定任免，副院长、审判委员会委员、庭长、副庭长和审判员由高级人民法院院长提请省、自治区、直辖市人民代表大会常务委员会任免。

（5）院长应当具有法学专业知识和法律职业经历。副院长、审判委员会委员应当从法官、检察官或者其他具备法官、检察官条件的人员中产生。

（6）法官从取得法律职业资格并且具备法律规定的其他条件的人员中选任。初任法官应当由法官遴选委员会进行专业能力审核。上级人民法院的法官一般从下级人民法院的法官中择优遴选。

2. 院长

（1）人民法院院长负责本院全面工作，监督本院审判工作，管理本院行政事务。

（2）人民法院院长任期与产生它的人民代表大会每届任期相同。

（3）院长的罢免与撤换

①各级人民代表大会有权罢免由其选出的人民法院院长。

②在地方人民代表大会闭会期间，本级人民代表大会常务委员会认为人民法院院长需要撤换的，应当报请上级人民代表大会常务委员会批准。

（4）人民法院副院长协助院长工作。

3. 人员的分类管理

（1）人民法院的法官、审判辅助人员和司法行政人员实行分类管理。

（2）法官实行员额制。

①法官员额根据案件数量、经济社会发展情况、人口数量和人民法院审级等因素确定。
②最高人民法院法官员额由最高人民法院商有关部门确定。
③地方各级人民法院法官员额，在省、自治区、直辖市内实行总量控制、动态管理。

（3）法官助理

①人民法院的法官助理在法官指导下负责审查案件材料、草拟法律文书等审判辅助事务。

②符合法官任职条件的法官助理，经遴选后可以按照法官任免程序任命为法官。

（4）书记员

人民法院的书记员负责法庭审理记录等审判辅助事务。

（5）司法警察

人民法院的司法警察负责法庭警戒、人员押解和看管等警务事项，依照《中华人民共和国人民警察法》管理。

（6）司法技术人员

人民法院根据审判工作需要，可以设司法技术人员，负责与审判工作有关的事项。

（六）人民法院行使职权的保障

1. 任何单位或者个人不得要求法官从事超出法定职责范围的事务。对于领导干部等干预司法活动、插手具体案件处理，或者人民法院内部人员过问案件情况的，办案人员应当全面如实记录并报告；有违法违纪情形的，由有关机关根据情节轻重追究行为人的责任。

2. 人民法院作出的判决、裁定等生效法律文书，义务人应当依法履行；拒不履行的，依法追究法律责任。

3. 人民法院采取必要措施，维护法庭秩序和审判权威。对妨碍人民法院依法行使职权的违法犯罪行为，依法追究法律责任。

4. 人民法院实行培训制度，法官、审判辅助人员和司法行政人员应当接受理论和业务培训。

5. 人民法院人员编制实行专项管理。

6. 人民法院的经费按照事权划分的原则列入财政预算，保障审判工作需要。

（七）行使审判权的制度

1. 两审终审制。
2. 合议制。
3. 审判委员会制度。
4. 审判监督制度。上级人民法院不能直接指挥命令下级人民法院如何进行审判，只能对下级人民法院在审判活动中是否正确适用法律进行审查监督。
5. 回避制度。

（八）行使审判权的原则

1. 依法独立审判原则。
2. 公民适用法律一律平等的原则。
3. 公开审判原则。
4. 被告人有权获得辩护的原则： （1）针对犯罪嫌疑人、被告人； （2）被害人、附带民事诉讼的当事人委托的律师称为诉讼代理人； （3）辩护有自行辩护、委托辩护和法律援助辩护之分。
5. 对不通晓当地通用的语言文字的诉讼参与人，应当为他们提供翻译。

二、人民检察院

（一）概述

检察院是国家的法律监督机关，通过行使检察权，追诉犯罪，维护国家安全和社会秩序，维护个人和组织的合法权益，维护国家利益和社会公共利益，保障法律正确实施，维护社会公平正义，维护国家法制统一、尊严和权威，保障中国特色社会主义建设的顺利进行。

1. 检察独立

人民检察院依照法律规定独立行使检察权，不受行政机关、社会团体和个人的干涉。

2. 平等原则

人民检察院行使检察权在适用法律上一律平等，不允许任何组织和个人有超越法律的特权，禁止任何形式的歧视。

3. 司法公正

人民检察院坚持司法公正，以事实为根据，以法律为准绳，遵守法定程序，尊重和保障人权。

4. 司法公开

人民检察院实行司法公开，法律另有规定的除外。

5. 司法责任制

人民检察院实行司法责任制，建立健全权责统一的司法权力运行机制。

（1）人民检察院实行检察官办案责任制。检察官对其职权范围内就案件作出的决定负责。

（2）检察长、检察委员会对案件作出决定的，承担相应责任。

（二）与国家权力机关的关系

1. 最高人民检察院对全国人大及其常务委员会负责并报告工作。地方各级人民检察院对本级人民代表大会及其常务委员会负责并报告工作。

2. 各级人民代表大会及其常务委员会对本级人民检察院的工作实施监督。

（三）设置和职权

人民检察院依照宪法、法律和全国人大常委会的决定设置。

1. 组织体系

人民检察院分为最高人民检察院、地方各级人民检察院、军事检察院等专门人民检察院。

（1）地方各级人民检察院分为省级人民检察院（包括省、自治区、直辖市人民检察院）、设区的市级人民检察院（包括省、自治区辖市人民检察院，自治州人民检察院，省、自治区、直辖市人民检察院分院）和基层人民检察院（包括县、自治县、不设区的市、市辖区人民检察院）。

（2）在新疆生产建设兵团设立的人民检察院的组织、案件管辖范围和检察官任免，依照全国人大常委会的有关规定。

（3）专门人民检察院的设置、组织、职权和检察官任免，由全国人大常委会规定。

2. 上下级关系

最高人民检察院领导地方各级人民检察院和专门人民检察院的工作，上级人民检察院领导下级人民检察院的工作。

3. 一般职权

（1）依照法律规定对有关刑事案件行使侦查权；
（2）对刑事案件进行审查，批准或者决定是否逮捕犯罪嫌疑人；
（3）对刑事案件进行审查，决定是否提起公诉，对决定提起公诉的案件支持公诉；
（4）依照法律规定提起公益诉讼；
（5）法律监督权：对诉讼活动、判决裁定等生效法律文书的执行工作以及监狱、看守所的执法活动实行法律监督； 【注意】人民检察院行使法律监督职权，可以进行调查核实，并依法提出抗诉、纠正意见、检察建议；有关单位应当予以配合，并及时将采纳纠正意见、检察建议的情况书面回复人民检察院。 【注意】检察权作为一种监督权，其性质是建议权而非决定权。 【例证】《刑事诉讼法》第95条规定，犯罪嫌疑人、被告人被逮捕后，人民检察院仍应当对羁押的必要性进行审查；对不需要继续羁押的，应当建议予以释放或者变更强制措施。可见，检察院是羁押必要性审查的主体，负责监督，而不能直接决定释放或变更强制措施，只能建议有权机关作出相应的决定。
（6）法律规定的其他职权。

4. 上级检察院对下级检察院可以行使的职权

（1）认为下级人民检察院的决定错误的，指令下级人民检察院纠正，或者依法撤销、变更；
（2）可以对下级人民检察院管辖的案件指定管辖；
（3）可以办理下级人民检察院管辖的案件；
（4）可以统一调用辖区的检察人员办理案件。

【注意1】上级人民检察院的决定，应当以书面形式作出。

【注意2】下级人民检察院应当执行上级人民检察院的决定；有不同意见的，可以在执行的同时向上级人民检察院报告。

5. 最高人民检察院

（1）最高人民检察院是最高检察机关。

（2）最高人民检察院对最高人民法院的死刑复核活动实行监督；对报请核准追诉的案件进行审查，决定是否追诉。

（3）司法解释权：最高人民检察院可以对属于检察工作中具体应用法律的问题进行解释。

（4）最高人民检察院可以发布指导性案例。

6. 派出机构和内设机构

（1）派出检察院

省级人民检察院和设区的市级人民检察院根据检察工作需要，经最高人民检察院和省级有关部门同意，并提请本级人民代表大会常务委员会批准，可以在辖区内特定区域设立人民检察院，作为派出机构。

（2）检察室

人民检察院根据检察工作需要，可以在监狱、看守所等场所设立检察室，行使派出它的人民检察院的部分职权，也可以对上述场所进行巡回检察。

①省级人民检察院设立检察室，应当经最高人民检察院和省级有关部门同意。

②设区的市级人民检察院、基层人民检察院设立检察室，应当经省级人民检察院和省级有关部门同意。

（3）业务机构

人民检察院根据检察工作需要，设必要的业务机构。检察官员额较少的设区的市级人民检察院和基层人民检察院，可以设综合业务机构。

（4）检察辅助机构和行政管理机构

人民检察院根据工作需要，可以设必要的检察辅助机构和行政管理机构。

（四）人民检察院的办案组织

1. 人民检察院办理案件，根据案件情况可以由一名检察官独任办理，也可以由两名以上检察官组成办案组办理。

（1）由检察官办案组办理的，检察长应当指定一名检察官担任主办检察官，组织、指挥办案组办理案件。

（2）检察官在检察长领导下开展工作，重大办案事项由检察长决定；检察长可以将部分职权委托检察官行使，可以授权检察官签发法律文书。

2. 检察委员会

（1）各级人民检察院设检察委员会。

（2）**组成**：检察委员会由检察长、副检察长和若干资深检察官组成，成员应当为单数。

（3）**职能**

①总结检察工作经验；
②讨论决定重大、疑难、复杂案件；
③讨论决定其他有关检察工作的重大问题。

【注意】最高人民检察院对属于检察工作中具体应用法律的问题进行解释、发布指导性案例，应当由检察委员会讨论通过。

【注意】检察官可以就重大案件和其他重大问题，提请检察长决定。检察长可以根据案件情况，提交检察委员会讨论决定。

（4）检察委员会召开会议，应当有其组成人员的过半数出席。

（5）检察委员会会议由检察长或者检察长委托的副检察长主持。

（6）检察委员会实行民主集中制。

【注意】地方各级人民检察院的检察长不同意本院检察委员会多数人的意见，属于办理案件的，可以报请上一级人民检察院决定；属于重大事项的，可以报请上一级人民检察院或者本级人民代表大会常务委员会决定。

（7）责任分配

检察委员会讨论案件，检察官对其汇报的事实负责，检察委员会委员对本人发表的意见和表决负责。

（8）检察委员会的决定，检察官应当执行。

（五）人民检察院的人员组成

1. 人民检察院的检察人员由检察长、副检察长、检察委员会委员和检察员等人员组成。检察长领导本院检察工作，管理本院行政事务；副检察长协助检察长工作。

（1）最高人民检察院检察长由全国人大选举和罢免，副检察长、检察委员会委员和检察员由检察长提请全国人大常委会任免。

（2）地方各级人民检察院检察长由本级人民代表大会选举和罢免，副检察长、检察委员会委员和检察员由检察长提请本级人民代表大会常务委员会任免。

【注意】地方各级人民检察院检察长的任免，须报上一级人民检察院检察长提请本级人民代表大会常务委员会批准。

（3）省、自治区、直辖市人民检察院分院检察长、副检察长、检察委员会委员和检察员，由省、自治区、直辖市人民检察院检察长提请本级人民代表大会常务委员会任免。

（4）人民检察院检察长任期与产生它的人民代表大会每届任期相同。

【特别注意】全国人大常委会和省、自治区、直辖市人民代表大会常务委员会根据本级人民检察院检察长的建议，可以撤换下级人民检察院检察长、副检察长和检察委员会委员。

（5）人事选任

①检察官从取得法律职业资格并且具备法律规定的其他条件的人员中选任。
②初任检察官应当由检察官遴选委员会进行专业能力审核。
③上级人民检察院的检察官一般从下级人民检察院的检察官中择优遴选。
④检察长应当具有法学专业知识和法律职业经历。
⑤副检察长、检察委员会委员应当从检察官、法官或者其他具备检察官、法官条件的人员中产生。

2. 管理制度

（1）人民检察院的检察官、检察辅助人员和司法行政人员实行分类管理。

（2）检察官实行员额制：检察官员额根据案件数量、经济社会发展情况、人口数量和人民检察院层级等因素确定。

【注意】最高人民检察院检察官员额由最高人民检察院商有关部门确定；地方各级人民检

察院检察官员额，在省、自治区、直辖市内实行总量控制、动态管理。

（3）检察官助理

①检察官助理在检察官指导下负责审查案件材料、草拟法律文书等检察辅助事务。

②符合检察官任职条件的检察官助理，经遴选后可以按照检察官任免程序任命为检察官。

（4）书记员

人民检察院的书记员负责案件记录等检察辅助事务。

（5）司法警察

人民检察院的司法警察负责办案场所警戒、人员押解和看管等警务事项。

（6）检察技术人员

人民检察院根据检察工作需要，可以设检察技术人员，负责与检察工作有关的事项。

（六）人民检察院行使职权的保障

1. 任何单位或者个人不得要求检察官从事超出法定职责范围的事务。对于领导干部等干预司法活动、插手具体案件处理，或者人民检察院内部人员过问案件情况的，办案人员应当全面如实记录并报告；有违法违纪情形的，由有关机关根据情节轻重追究行为人的责任。

2. 人民检察院采取必要措施，维护办案安全。对妨碍人民检察院依法行使职权的违法犯罪行为，依法追究法律责任。

3. 人民检察院实行培训制度，检察官、检察辅助人员和司法行政人员应当接受理论和业务培训。

4. 人民检察院人员编制实行专项管理。

5. 人民检察院的经费按照事权划分的原则列入财政预算，保障检察工作需要。

6. 人民检察院应当加强信息化建设，运用现代信息技术，促进司法公开，提高工作效率。

（七）公检法三机关的关系

人民法院、人民检察院和公安机关办理刑事案件，应当分工负责，互相配合，互相制约，以保证准确有效地执行法律。

1. 分工负责是前提：三机关根据法律规定的责任，依照法定程序，各司其职、各尽其责，既不越权代办和干涉，也不互相推诿和不履行职责。

（1）公安机关负责对刑事案件的侦查、拘留、预审，执行逮捕，依法执行判决；

（2）人民检察院负责批准逮捕、审查起诉和出庭支持公诉、抗诉；

（3）人民法院负责审判。

2. 互相配合：三机关在分工负责的基础上，通力合作，密切配合，依法办理刑事案件。

（1）公安机关按照法律的规定完成自己的职责及时移交人民检察院；

（2）人民检察院在完成自己的职责后及时向人民法院提起公诉；

（3）人民法院对该案件进行审判；

（4）公安机关执行经人民法院审判需要执行的刑罚；

（5）逮捕犯罪嫌疑人必须经人民检察院批准或者人民法院决定，由公安机关负责执行。

3. 互相制约：三机关在分工配合的基础上，依照法律的规定，互相监督，防止错案的发生，保证准确有效地执行法律。

（1）公安机关在侦查过程中，需要逮捕犯罪嫌疑人时要经过人民检察院审查批准；对不予批准，公安机关认为有错误的可以要求复议以及向上一级人民检察院提请复核。

（2）人民检察院对公安机关侦查终结移送起诉的案件，进行审查，决定是否起诉；犯罪事实不清、证据不足的，可以退回公安机关补充侦查或者自行侦查；在办理案件中发现公安机关有违法情况，通知公安机关予以纠正。公安机关认为人民检察院的决定有错误的，可以要求复议以及向人民检察院要求复核。

（3）人民法院对人民检察院提起公诉的案件，根据具体情况和法律作出有罪、无罪的判决；人民法院对于人民检察院起诉的案件认为事实不清、证据不足，或者有违法情况时，可以退回人民检察院补充侦查，或者通知人民检察院纠正；人民检察院认为判决有错误的，可以提出抗诉；对发生法律效力的判决和裁定，人民检察院认为有错误的，可以依照审判监督程序抗诉引起再审。

第八节　监察委员会

一、性质和职权

1. 各级监察委员会是行使国家监察职能的专责机关，依法对所有行使公权力的公职人员（以下称公职人员）进行监察，调查职务违法和职务犯罪，开展廉政建设和反腐败工作，维护宪法和法律的尊严。

2. 监察委员会依法履行监督、调查、处置职责：

（1）对公职人员开展廉政教育，对其依法履职、秉公用权、廉洁从政从业以及道德操守情况进行监督检查；

（2）对涉嫌贪污贿赂、滥用职权、玩忽职守、权力寻租、利益输送、徇私舞弊以及浪费国家资财等职务违法和职务犯罪进行调查；

（3）对违法的公职人员依法作出政务处分决定；对履行职责不力、失职失责的领导人员进行问责；对涉嫌职务犯罪的，将调查结果移送人民检察院依法审查、提起公诉；

（4）向监察对象所在单位提出监察建议。

二、组成和任期

1. 国家监察委员会由全国人大产生，负责全国监察工作。国家监察委员会由主任、副主任若干人、委员若干人组成，主任由全国人大选举，副主任、委员由国家监察委员会主任提请全国人大常委会任免。国家监察委员会主任每届任期同全国人大相同，即 5 年；连续任职不得超过两届。

2. 地方各级监察委员会由本级人大产生，负责本行政区域内的监察工作。地方各级监察委员会由主任、副主任若干人、委员若干人组成，主任由本级人大选举，副主任、委员由主任提请本级人大常委会任免。地方各级监察委员会主任每届任期同本级人大相同，即 5 年。

三、派驻或派出机构、人员

各级监察委员会可以向本级中国共产党机关、国家机关、法律法规授权或者委托管理公共事务的组织和单位以及所管辖的行政区域、国有企业等派驻或者派出监察机构、监察专员。

1. 监察机构、监察专员对派驻或者派出它的监察委员会负责。

2. 派驻或者派出的监察机构、监察专员根据授权，按照管理权限依法对公职人员进行监督，提出监察建议，依法对公职人员进行调查、处置。

四、领导体制

1. 国家监察委员会是最高监察机关，对全国人大和全国人大常委会负责。

2. 地方各级监察委员会对产生它的国家权力机关和上一级监察委员会负责。

3. 国家权力机关与监察委员会的关系，主要体现在人大及其常委会选举、罢免或者任免监察委员会的组成人员，以及进行各种形式的监督。

4. 国家监察委员会领导地方各级监察委员会的工作，上级监察委员会领导下级监察委员会的工作，地方各级监察委员会要对上一级监察委员会负责。

五、监察范围和管辖

1. 监察机关对下列公职人员和有关人员进行监察：

（1）中国共产党机关、人民代表大会及其常务委员会机关、人民政府、监察委员会、人民法院、人民检察院、中国人民政治协商会议各级委员会机关、民主党派机关和工商业联合会机关的公务员，以及参照《中华人民共和国公务员法》管理的人员；

（2）法律、法规授权或者受国家机关依法委托管理公共事务的组织中从事公务的人员；

（3）国有企业管理人员；

（4）公办的教育、科研、文化、医疗卫生、体育等单位中从事管理的人员；

（5）基层群众性自治组织中从事管理的人员；

（6）其他依法履行公职的人员。

2. 管辖

（1）各级监察机关按照管理权限管辖本辖区内监察事项。

（2）上级监察机关可以办理下一级监察机关管辖范围内的监察事项，必要时也可以办理所辖各级监察机关管辖范围内的监察事项。

（3）监察机关之间对监察事项的管辖有争议的，由其共同的上级监察机关确定。

（4）上级监察机关可以将其所管辖的监察事项指定下级监察机关管辖，也可以将下级监察机关有管辖权的监察事项指定给其他监察机关管辖。

（5）监察机关认为所管辖的监察事项重大、复杂，需要由上级监察机关管辖的，可以请求移送上级监察机关管辖。

六、监察权限

1. 监察机关行使监督、调查职权，有权依法向有关单位和个人了解情况，收集、调取证据。有关单位和个人应当如实提供。

（1）监察机关及其工作人员对监督、调查过程中知悉的国家秘密、商业秘密、个人隐私，应当保密。

（2）任何单位和个人不得伪造、隐匿或者毁灭证据。

2. 对可能发生职务违法的监察对象，监察机关按照管理权限，可以直接或者委托有关机关、人员进行谈话或者要求说明情况。

3. 在调查过程中，对涉嫌职务违法的被调查人，监察机关可以要求其就涉嫌违法行为作出陈述，必要时向被调查人出具书面通知。

4. 讯问

对涉嫌贪污贿赂、失职渎职等职务犯罪的被调查人，监察机关可以进行讯问，要求其如实供述涉嫌犯罪的情况。

5. 询问

在调查过程中，监察机关可以询问证人等人员。

6. 留置

被调查人涉嫌贪污贿赂、失职渎职等严重职务违法或者职务犯罪，监察机关已经掌握其部分违法犯罪事实及证据，仍有重要问题需要进一步调查，并有下列情形之一的，经监察机关依法审批，可以将其留置在特定场所：

（1）涉及案情重大、复杂的；

（2）可能逃跑、自杀的；

（3）可能串供或者伪造、隐匿、毁灭证据的；

（4）可能有其他妨碍调查行为的。

【注意】对涉嫌行贿犯罪或者共同职务犯罪的涉案人员，监察机关可以采取留置措施。

7. 查询、冻结

监察机关调查涉嫌贪污贿赂、失职渎职等严重职务违法或者职务犯罪，根据工作需要，可以依照规定查询、冻结涉案单位和个人的存款、汇款、债券、股票、基金份额等财产。有关单位和个人应当配合。

【注意】冻结的财产经查明与案件无关的，应当在查明后三日内解除冻结，予以退还。

8. 搜查

监察机关可以对涉嫌职务犯罪的被调查人以及可能隐藏被调查人或者犯罪证据的人的身体、物品、住处和其他有关地方进行搜查。

（1）在搜查时，应当出示搜查证，并有被搜查人或者其家属等见证人在场。

（2）搜查女性身体，应当由女性工作人员进行。

（3）监察机关进行搜查时，可以根据工作需要提请公安机关配合。公安机关应当依法予以协助。

9. 调取、查封、扣押

监察机关在调查过程中，可以调取、查封、扣押用以证明被调查人涉嫌违法犯罪的财物、文件和电子数据等信息。

（1）采取调取、查封、扣押措施，应当收集原物原件，会同持有人或者保管人、见证人，当面逐一拍照、登记、编号，开列清单，由在场人员当场核对、签名，并将清单副本交财物、文件的持有人或者保管人。

（2）对调取、查封、扣押的财物、文件，监察机关应当设立专用账户、专门场所，确定专门人员妥善保管，严格履行交接、调取手续，定期对账核实，不得毁损或者用于其他目的。对价值不明物品应当及时鉴定，专门封存保管。

（3）查封、扣押的财物、文件经查明与案件无关的，应当在查明后三日内解除查封、扣押，予以退还。

10. 勘验检察

监察机关在调查过程中，可以直接或者指派、聘请具有专门知识、资格的人员在调查人员主持下进行勘验检查。勘验检查情况应当制作笔录，由参加勘验检查的人员和见证人签名或者盖章。

11. 鉴定

监察机关在调查过程中，对于案件中的专门性问题，可以指派、聘请有专门知识的人进行鉴定。鉴定人进行鉴定后，应当出具鉴定意见，并且签名。

12. 技术调查措施

监察机关调查涉嫌重大贪污贿赂等职务犯罪，根据需要，经过严格的批准手续，可以采取技术调查措施，按照规定交有关机关执行。

（1）批准决定应当明确采取技术调查措施的种类和适用对象，自签发之日起三个月以内有效；

（2）对于复杂、疑难案件，期限届满仍有必要继续采取技术调查措施的，经过批准，有效期可以延长，每次不得超过三个月；

（3）对于不需要继续采取技术调查措施的，应当及时解除。

【注意】讯问、搜查和技术调查措施只能针对涉嫌职务犯罪的情形。

13. 决定通缉

依法应当留置的被调查人如果在逃，监察机关可以决定在本行政区域内通缉，由公安机关发布通缉令，追捕归案。通缉范围超出本行政区域的，应当报请有权决定的上级监察机关决定。

14. 限制出境措施

监察机关为防止被调查人及相关人员逃匿境外，经省级以上监察机关批准，可以对被调查人及相关人员采取限制出境措施，由公安机关依法执行。

【注意】对于不需要继续采取限制出境措施的，应当及时解除。

15. 建议从宽处罚

（1）涉嫌职务犯罪的被调查人主动认罪认罚，有下列情形之一的，监察机关经领导人员集体研究，并报上一级监察机关批准，可以在移送人民检察院时提出从宽处罚的建议：

①自动投案，真诚悔罪悔过的；

②积极配合调查工作，如实供述监察机关还未掌握的违法犯罪行为的；

③积极退赃，减少损失的；

④具有重大立功表现或者案件涉及国家重大利益等情形的。

（2）职务违法犯罪的涉案人员揭发有关被调查人职务违法犯罪行为，查证属实的，或者提供重要线索，有助于调查其他案件的，监察机关经领导人员集体研究，并报上一级监察机关批准，可以在移送人民检察院时提出从宽处罚的建议。

16. 收集的证据材料的效力

监察机关依法规定收集的物证、书证、证人证言、被调查人供述和辩解、视听资料、电子数据等证据材料，在刑事诉讼中可以作为证据使用。

（1）监察机关在收集、固定、审查、运用证据时，应当与刑事审判关于证据的要求和标准相一致。

（2）以非法方法收集的证据应当依法予以排除，不得作为案件处置的依据。

七、监察程序

1. 监察机关对于报案或者举报，应当接受并按照有关规定处理。对于不属于本机关管辖的，应当移送主管机关处理。

2. 监察机关应当严格按照程序开展工作，建立问题线索处置、调查、审理各部门相互协调、相互制约的工作机制。监察机关应当加强对调查、处置工作全过程的监督管理，设立相应的工作部门履行线索管理、监督检查、督促办理、统计分析等管理协调职能。

3. 监察机关对监察对象的问题线索，应当按照有关规定提出处置意见，履行审批手续，进行分类办理。线索处置情况应当定期汇总、通报，定期检查、抽查。

4. 初步核实和分类处理

（1）需要采取初步核实方式处置问题线索的，监察机关应当依法履行审批程序，成立核查组。

（2）初步核实工作结束后，核查组应当撰写初步核实情况报告，提出处理建议。

（3）承办部门应当提出分类处理意见。

（4）初步核实情况报告和分类处理意见报监察机关主要负责人审批。

5. 立案

（1）经过初步核实，对监察对象涉嫌职务违法犯罪，需要追究法律责任的，监察机关应当按照规定的权限和程序办理立案手续。

（2）监察机关主要负责人依法批准立案后，应当主持召开专题会议，研究确定调查方案，决定需要采取的调查措施。

（3）立案调查决定应当向被调查人宣布，并通报相关组织。涉嫌严重职务违法或者职务犯罪的，应当通知被调查人家属，并向社会公开发布。

6. 调查

（1）监察机关对职务违法和职务犯罪案件，应当进行调查，收集被调查人有无违法犯罪以及情节轻重的证据，查明违法犯罪事实，形成相互印证、完整稳定的证据链。

（2）严禁以威胁、引诱、欺骗及其他非法方式收集证据，严禁侮辱、打骂、虐待、体罚或者变相体罚被调查人和涉案人员。

（3）调查人员采取讯问、询问、留置、搜查、调取、查封、扣押、勘验检查等调查措施，均应当依照规定出示证件，出具书面通知，由二人以上进行，形成笔录、报告等书面材料，并由相关人员签名、盖章。

（4）调查人员进行讯问以及搜查、查封、扣押等重要取证工作，应当对全过程进行录音录像，留存备查。

（5）调查人员应当严格执行调查方案，不得随意扩大调查范围、变更调查对象和事项。

对调查过程中的重要事项，应当集体研究后按程序请示报告。

7. 采取留置措施的特别要求

（1）监察机关采取留置措施，应当由监察机关领导人员集体研究决定。设区的市级以下监察机关采取留置措施，应当报上一级监察机关批准。省级监察机关采取留置措施，应当报国家监察委员会备案。

（2）留置时间不得超过三个月。在特殊情况下，可以延长一次，延长时间不得超过三个月。省级以下监察机关采取留置措施的，延长留置时间应当报上一级监察机关批准。监察机关发现采取留置措施不当的，应当及时解除。

（3）监察机关采取留置措施，可以根据工作需要提请公安机关配合。公安机关应当依法予以协助。

（4）对被调查人采取留置措施后，应当在二十四小时以内，通知被留置人员所在单位和家属，但有可能毁灭、伪造证据，干扰证人作证或者串供等有碍调查情形的除外。有碍调查的情形消失后，应当立即通知被留置人员所在单位和家属。

（5）监察机关应当保障被留置人员的饮食、休息和安全，提供医疗服务。讯问被留置人员应当合理安排讯问时间和时长，讯问笔录由被讯问人阅看后签名。

（6）被留置人员涉嫌犯罪移送司法机关后，被依法判处管制、拘役和有期徒刑的，留置一日折抵管制二日，折抵拘役、有期徒刑一日。

8. 监督、调查之后的处置

监察机关根据监督、调查结果，依法作出如下处置：

（1）对有职务违法行为但情节较轻的公职人员，按照管理权限，直接或者委托有关机关、人员，进行谈话提醒、批评教育、责令检查，或者予以诫勉；

（2）对违法的公职人员依照法定程序作出警告、记过、记大过、降级、撤职、开除等政务处分决定；

（3）对不履行或者不正确履行职责负有责任的领导人员，按照管理权限对其直接作出问责决定，或者向有权作出问责决定的机关提出问责建议；

（4）对涉嫌职务犯罪的，监察机关经调查认为犯罪事实清楚，证据确实、充分的，制作起诉意见书，连同案卷材料、证据一并移送人民检察院依法审查、提起公诉；

（5）对监察对象所在单位廉政建设和履行职责存在的问题等提出监察建议；

（6）监察机关经调查，对没有证据证明被调查人存在违法犯罪行为的，应当撤销案件，并通知被调查人所在单位；

（7）监察机关经调查，对违法取得的财物，依法予以没收、追缴或者责令退赔；对涉嫌犯罪取得的财物，应当随案移送人民检察院；

（8）监察机关在调查贪污贿赂、失职渎职等职务犯罪案件过程中，被调查人逃匿或者死亡，有必要继续调查的，经省级以上监察机关批准，应当继续调查并作出结论；

（9）被调查人逃匿，在通缉一年后不能到案，或者死亡的，由监察机关提请人民检察院依照法定程序，向人民法院提出没收违法所得的申请。

9. 复审与复核

（1）监察对象对监察机关作出的涉及本人的处理决定不服的，可以在收到处理决定之日起一个月内，向作出决定的监察机关申请复审，复审机关应当在一个月内作出复审决定；

（2）监察对象对复审决定仍不服的，可以在收到复审决定之日起一个月内，向上一级监察机关申请复核，复核机关应当在二个月内作出复核决定。复审、复核期间，不停止原处理决定的执行。复核机关经审查，认定处理决定有错误的，原处理机关应当及时予以纠正。

八、监察委员会与审判机关、检察机关、执法部门的关系

监察委员会依照法律规定独立行使监察权，不受行政机关、社会团体和个人的干涉。监察机关办理职务违法和职务犯罪案件，应当与审判机关、检察机关、执法部门相互配合、相互制约。

1. 监察委员会依法独立行使监察权是前提。

（1）监察委员会成立后，法院、检察院、公安机关、审计机关等国家机关在工作中发现公职人员涉嫌贪污贿赂、失职渎职等职务违法或者职务犯罪的问题线索，应当移送监察机关，由监察机关依法调查处置。

（2）被调查人既涉嫌严重职务违法或者职务犯罪，又涉嫌其他违法犯罪的，一般应当由监察机关为主调查，其他机关予以协助。

2. 各机关间的互相配合是各机关在各司其职的基础上，通力合作、密切配合，依法办理职务违法犯罪案件。

（1）监察机关在工作中需要协助的，有关机关和单位应当根据监察机关的要求依法予以

协助。

（2）在办理职务违法犯罪案件的程序上，对涉嫌职务犯罪的行为，监察委员会享有监督调查处置权限，监察委员会调查终结后移送检察机关依法审查、提起公诉，由法院审判。

3. 各机关间的互相制约是监督原则的体现，也是监督权依法行使的制度保障。

（1）对监察机关移送的案件，人民检察院依照《刑事诉讼法》对被调查人采取强制措施。

（2）对监察机关移送的案件，检察院认为犯罪事实已经查清，证据确实、充分，依法应当追究刑事责任的，应当作出起诉决定。

（2）检察院经审查后，认为需要补充核实的，应当退回监察机关补充调查，必要时可以自行补充侦查。对于补充调查的案件，应当在一个月内补充调查完毕。补充调查以二次为限。

（3）检察院对于有刑事诉讼法规定的不起诉的情形的，经上一级检察院批准，依法作出不起诉的决定。监察机关认为不起诉的决定有错误的，可以向上一级人民检察院提请复议。

九、对监察机关和监察人员的监督

1. 人大及其常委会的监督

（1）各级监察委员会应当接受本级人民代表大会及其常务委员会的监督。

（2）各级人民代表大会常务委员会听取和审议本级监察委员会的专项工作报告，组织执法检查。

（3）县级以上各级人民代表大会及其常务委员会举行会议时，人民代表大会代表或者常务委员会组成人员可以依照法律规定的程序，就监察工作中的有关问题提出询问或者质询。

2. 监察公开

监察机关应当依法公开监察工作信息，接受民主监督、社会监督、舆论监督。

3. 内部专门的监督机构

监察机关通过设立内部专门的监督机构等方式，加强对监察人员执行职务和遵守法律情况的监督，建设忠诚、干净、担当的监察队伍。

4. 登记备案制度

（1）对于监察人员打听案情、过问案件、说情干预的，办理监察事项的监察人员应当及时报告。有关情况应当登记备案。

（2）发现办理监察事项的监察人员未经批准接触被调查人、涉案人员及其特定关系人，或者存在交往情形的，知情人应当及时报告。有关情况应当登记备案。

5. 回避制度

办理监察事项的监察人员有下列情形之一的，应当自行回避，监察对象、检举人及其他有关人员也有权要求其回避：

（1）是监察对象或者检举人的近亲属的；

（2）担任过本案的证人的；

（3）本人或者其近亲属与办理的监察事项有利害关系的；

（4）有可能影响监察事项公正处理的其他情形的。

6. 离岗离职之后的纪律

（1）监察机关涉密人员离岗离职后，应当遵守脱密期管理规定，严格履行保密义务，不得泄露相关秘密。

（2）监察人员辞职、退休三年内，不得从事与监察和司法工作相关联且可能发生利益冲突的职业。

7. 被调查人及其近亲属的监督

（1）监察机关及其工作人员有下列行为之一的，被调查人及其近亲属有权向该机关申诉：

①留置法定期限届满，不予以解除的；

②查封、扣押、冻结与案件无关的财物的；

③应当解除查封、扣押、冻结措施而不解除的；

④贪污、挪用、私分、调换以及违反规定使用查封、扣押、冻结的财物的；

⑤其他违反法律法规、侵害被调查人合法权益的行为。

（2）受理申诉的监察机关应当在受理申诉之日起一个月内作出处理决定。

（3）申诉人对处理决定不服的，可以在收到处理决定之日起一个月内向上一级监察机关申请复查；

（4）上一级监察机关应当在收到复查申请之日起二个月内作出处理决定，情况属实的，及时予以纠正。

十、法律责任

1. 对调查工作结束后发现立案依据不充分或者失实，案件处置出现重大失误，监察人员严重违法的，应当追究负有责任的领导人员和直接责任人员的责任。

2. 有关单位拒不执行监察机关作出的处理决定，或者无正当理由拒不采纳监察建议的，由其主管部门、上级机关责令改正，对单位给予通报批评；对负有责任的领导人员和直接责任人员依法给予处理。

3. 有关人员违反规定，有下列行为之一的，由其所在单位、主管部门、上级机关或者监察机关责令改正，依法给予处理：

（1）不按要求提供有关材料，拒绝、阻碍调查措施实施等拒不配合监察机关调查的；

（2）提供虚假情况，掩盖事实真相的；

（3）串供或者伪造、隐匿、毁灭证据的；

（4）阻止他人揭发检举、提供证据的；

（5）其他违反《监察法》规定的行为，情节严重的。

4. 监察对象对控告人、检举人、证人或者监察人员进行报复陷害的；控告人、检举人、证人捏造事实诬告陷害监察对象的，依法给予处理。

5. 监察机关及其工作人员有下列行为之一的，对负有责任的领导人员和直接责任人员依法给予处理：

（1）未经批准、授权处置问题线索，发现重大案情隐瞒不报，或者私自留存、处理涉案材料的；

（2）利用职权或者职务上的影响干预调查工作、以案谋私的；

（3）违法窃取、泄露调查工作信息，或者泄露举报事项、举报受理情况以及举报人信息的；

（4）对被调查人或者涉案人员逼供、诱供，或者侮辱、打骂、虐待、体罚或者变相体罚的；

（5）违反规定处置查封、扣押、冻结的财物的；

（6）违反规定发生办案安全事故，或者发生安全事故后隐瞒不报、报告失实、处置不当的；

（7）违反规定采取留置措施的；

（8）违反规定限制他人出境，或者不按规定解除出境限制的；

（9）其他滥用职权、玩忽职守、徇私舞弊的行为。

6. 监察机关及其工作人员行使职权，侵犯公民、法人和其他组织的合法权益造成损害的，依法给予国家赔偿。

第七章　国家象征

码上揭秘

第一节　国　歌

2017 年 9 月 1 日下午，《中华人民共和国国歌法》获十二届全国人大常委会第二十九次会议表决通过，于 2017 年 10 月 1 日起施行。

1. **立法目的：**维护国歌的尊严，规范国歌的奏唱、播放和使用，增强公民的国家观念，弘扬爱国主义精神，培育和践行社会主义核心价值观。

2. **国歌及其规范地位**

（1）中华人民共和国国歌是《义勇军进行曲》。

（2）国歌是中华人民共和国的象征和标志。

（3）一切公民和组织都应当尊重国歌，维护国歌的尊严。

3. **应当奏唱国歌的场合**

（1）全国人大会议和地方各级人大会议的开幕、闭幕；政协全国委员会会议和地方各级委员会会议的开幕、闭幕；

（2）各政党、各人民团体的各级代表大会等；

（3）宪法宣誓仪式；

（4）升国旗仪式；

（5）各级机关举行或者组织的重大庆典、表彰、纪念仪式等；

（6）国家公祭仪式；

（7）重大外交活动；

（8）重大体育赛事；

（9）其他应当奏唱国歌的场合。

4. **可以奏唱国歌的场合**

国家倡导公民和组织在适宜的场合奏唱国歌，表达爱国情感。

5. **奏唱国歌的形式**

（1）奏唱国歌，应当按照《国歌法》附件所载国歌的歌词和曲谱，不得采取有损国歌尊严的奏唱形式。

（2）奏唱国歌时，在场人员应当肃立，举止庄重，不得有不尊重国歌的行为。

（3）国歌不得用于或者变相用于商标、商业广告，不得在私人丧事活动等不适宜的场合使用，不得作为公共场所的背景音乐等。

【注意】鉴于外交活动和军队奏唱国歌的场合和礼仪均有其特殊性，《国歌法》规定：外交活动中奏唱国歌的场合和礼仪，由外交部规定；军队奏唱国歌的场合和礼仪，由中央军事委员会规定。

6. 奏唱国歌的版本

（1）奏唱国歌，应当使用国歌标准演奏曲谱或者国歌官方录音版本。

【注意】国歌标准演奏曲谱、国歌官方录音版本由国务院确定的部门组织审定、录制，并在中国人大网和中国政府网上发布。

（2）外交部及驻外外交机构应当向有关国家外交部门和有关国际组织提供国歌标准演奏曲谱和国歌官方录音版本，供外交活动中使用。

（3）国务院体育行政部门应当向有关国际体育组织和赛会主办方提供国歌标准演奏曲谱和国歌官方录音版本，供国际体育赛会使用。

7. 国歌的教育与宣传

（1）国歌纳入中小学教育。中小学应当将国歌作为爱国主义教育的重要内容，组织学生学唱国歌，教育学生了解国歌的历史和精神内涵、遵守国歌奏唱礼仪。

（2）新闻媒体应当积极开展对国歌的宣传，普及国歌奏唱礼仪知识。

（3）国庆节、国际劳动节等重要的国家法定节日、纪念日，中央和省、自治区、直辖市的广播电台、电视台应当按照国务院广播电视主管部门规定的时点播放国歌。

8. 国歌的保障

（1）县级以上各级人民政府及其有关部门在各自职责范围内，对国歌的奏唱、播放和使用进行监督管理。

（2）在公共场合，故意篡改国歌歌词、曲谱，以歪曲、贬损方式奏唱国歌，或者以其他方式侮辱国歌的，由公安机关处以警告或者十五日以下拘留；构成犯罪的，依法追究刑事责任。

第二节　国　徽

中华人民共和国国徽，中间是五星照耀下的天安门，周围是谷穗和齿轮。国徽是中华人民共和国的象征和标志。一切组织和公民，都应当尊重和爱护国徽。

一、应当悬挂国徽的机构

1. 各级人民代表大会常务委员会；
2. 各级人民政府；
3. 中央军事委员会；
4. 各级监察委员会；
5. 各级人民法院和专门人民法院；
6. 各级人民检察院和专门人民检察院；
7. 外交部；
8. 国家驻外使馆、领馆和其他外交代表机构；
9. 中央人民政府驻香港特别行政区有关机构、中央人民政府驻澳门特别行政区有关机构。

【注意】国徽应当悬挂在机关正门上方正中处。

二、应当悬挂国徽的场所

1. 北京天安门城楼、人民大会堂；
2. 县级以上各级人民代表大会及其常务委员会会议厅，乡、民族乡、镇的人民代表大会会场；

    3. 各级人民法院和专门人民法院的审判庭；

    4. 宪法宣誓场所；

    5. 出境入境口岸的适当场所。

三、印章应当刻有国徽图案的机构

    1. 全国人大常委会，国务院，中央军委，国家监察委员会，最高人民法院，最高人民检察院；

    2. 全国人大各专门委员会和全国人大常委会办公厅、工作委员会，国务院各部、各委员会、各直属机构、国务院办公厅以及国务院规定应当使用刻有国徽图案印章的办事机构，中央军委办公厅以及中央军委规定应当使用刻有国徽图案印章的其他机构；

    3. 县级以上地方各级人大常委会、人民政府、监察委员会、人民法院、人民检察院，专门人民法院，专门人民检察院；

    4. 国家驻外使馆、领馆和其他外交代表机构。

    【注意】上述机构应当在其网站首页显著位置使用国徽图案。网站使用的国徽图案标准版本在中国人大网和中国政府网上发布。

四、应当印有国徽图案的文书、出版物

    1. 全国人大常委会、中华人民共和国主席和国务院颁发的荣誉证书、任命书、外交文书；

    2. 中华人民共和国主席、副主席，全国人大常委会委员长、副委员长，国务院总理、副总理、国务委员，中央军事委员会主席、副主席，国家监察委员会主任，最高人民法院院长和最高人民检察院检察长以职务名义对外使用的信封、信笺、请柬等；

    3. 全国人大常委会公报、国务院公报、最高人民法院公报和最高人民检察院公报的封面；

    4. 国家出版的法律、法规正式版本的封面。

五、可以使用国徽图案的证件、证照、徽章

    1. 国家机关工作人员的工作证件、执法证件等；

    2. 国家机关颁发的营业执照、许可证书、批准证书、资格证书、权利证书等；

    3. 居民身份证，中华人民共和国护照等法定出入境证件；

    4. 国家机关和武装力量的徽章可以将国徽图案作为核心图案；

    5. 公民在庄重的场合可以佩戴国徽徽章，表达爱国情感。

六、使用国徽图案的其他场合

    1. 标示国界线的界桩、界碑和标示领海基点方位的标志碑以及其他用于显示国家主权的标志物可以使用国徽图案。

    2. 中国人民银行发行的法定货币可以使用国徽图案。

七、禁止使用国徽及其图案的场合

    1. 商标、授予专利权的外观设计、商业广告；

    2. 日常用品、日常生活的陈设布置；

    3. 私人庆吊活动；

4. 国务院办公厅规定不得使用国徽及其图案的其他场合。

八、国徽的规格

1. 悬挂的国徽由国家指定的企业统一制作，其直径的通用尺度为三种：一百厘米；八十厘米；六十厘米。

2. 需要悬挂非通用尺度国徽的，应当按照通用尺度成比例适当放大或者缩小，并与使用目的、所在建筑物、周边环境相适应。

【注意】不得悬挂破损、污损或者不合规格的国徽。

第三节 国 旗

中华人民共和国国旗是五星红旗。国旗是中华人民共和国的象征和标志。每个公民和组织，都应当尊重和爱护国旗。国家倡导公民和组织在适宜的场合使用国旗及其图案，表达爱国情感。

一、国旗的尺度

1. 国旗的通用尺度为国旗制法说明中所列明的五种尺度。

2. 特殊情况使用其他尺度的国旗，应当按照通用尺度成比例适当放大或者缩小。

3. 国旗、旗杆的尺度比例应当适当，并与使用目的、周围建筑、周边环境相适应。

二、应当每日升挂国旗的场所或者机构所在地

1. 北京天安门广场、新华门；

2. 中国共产党中央委员会，全国人大常委会，国务院，中央军事委员会，中国共产党中央纪律检查委员会、国家监察委员会，最高人民法院，最高人民检察院；

3. 中国人民政治协商会议全国委员会；

4. 外交部；

5. 出境入境的机场、港口、火车站和其他边境口岸，边防海防哨所。

三、应当在工作日升挂国旗的机构所在地

1. 中国中央各部门和地方各级委员会；

2. 国务院各部门；

3. 地方各级人大常委会；

4. 地方各级人民政府；

5. 中共地方各级纪律检查委员会、地方各级监察委员会；

6. 地方各级人民法院和专门人民法院；

7. 地方各级人民检察院和专门人民检察院；

8. 中国人民政治协商会议地方各级委员会；

9. 各民主党派、各人民团体；

10. 中央人民政府驻香港特别行政区有关机构、中央人民政府驻澳门特别行政区有关机构。

【注意1】学校除寒假、暑假和休息日外，应当每日升挂国旗。有条件的幼儿园参照学校的规定升挂国旗。

【注意2】图书馆、博物馆、文化馆、美术馆、科技馆、纪念馆、展览馆、体育馆、青少年宫等公共文化体育设施应当在开放日升挂、悬挂国旗。

四、节庆日、重要活动升挂国旗的规定

1. 国庆节、国际劳动节、元旦、春节和国家宪法日等重要节日、纪念日，各级国家机关、各人民团体以及大型广场、公园等公共活动场所应当升挂国旗；企业事业组织，村民委员会、居民委员会，居民院（楼、小区）有条件的应当升挂国旗。

2. 民族自治地方在民族自治地方成立纪念日和主要传统民族节日应当升挂国旗。

3. 举行宪法宣誓仪式时，应当在宣誓场所悬挂国旗。

4. 举行重大庆祝、纪念活动，大型文化、体育活动，大型展览会，可以升挂国旗。

五、升挂国旗的仪式

1. 升挂国旗的，应当早晨升起，傍晚降下。

2. 依法应当升挂国旗的，遇有恶劣天气，可以不升挂。

3. 升挂国旗时，可以举行升旗仪式。

4. 举行升旗仪式时，应当奏唱国歌。在国旗升起的过程中，在场人员应当面向国旗肃立，行注目礼或者按照规定要求敬礼，不得有损害国旗尊严的行为。

5. 北京天安门广场每日举行升旗仪式。学校除假期外，每周举行一次升旗仪式。

6. 在直立的旗杆上升降国旗，应当徐徐升降。升起时，必须将国旗升至杆顶；降下时，不得使国旗落地。

7. 下半旗时，应当先将国旗升至杆顶，然后降至旗顶与杆顶之间的距离为旗杆全长的三分之一处；降下时，应当先将国旗升至杆顶，然后再降下。

六、逝世后下半旗致哀的人士

1. 国家主席、全国人大常委会委员长、国务院总理、中央军委主席；

2. 全国政协主席；

3. 对中国作出杰出贡献的人（由国务院有关部门或者省级政府报国务院决定）；

4. 对世界和平或者人类进步事业作出杰出贡献的人（由国务院有关部门或者省级政府报国务院决定）。

【注意】

1. 举行国家公祭仪式或者发生严重自然灾害、突发公共卫生事件以及其他不幸事件造成特别重大伤亡的，可以在全国范围内下半旗志哀，也可以在部分地区或者特定场所下半旗志哀；具体由国务院有关部门或者省级政府报国务院决定。

2. 下半旗的日期和场所，由国家成立的治丧机构或者国务院决定。

七、逝世后覆盖国旗的人士

下列人士逝世，举行哀悼仪式时，其遗体、灵柩或者骨灰盒可以覆盖国旗：

1. 国家主席、全国人大常委会委员长、国务院总理、中央军委主席；

2. 全国政协主席；

3. 对中华人民共和国作出杰出贡献的人；

4. 烈士；

5. 国家规定的其他人士。

【注意】覆盖国旗时，国旗不得触及地面，仪式结束后应当将国旗收回保存。

【对话问答】

【问】有同学问我：在遗体告别仪式上，可否在袁隆平先生的遗体上覆盖国旗？

【白老师答】根据修订后的《国旗法》的规定，下列五种人士逝世，举行哀悼仪式时，其遗体、灵柩或者骨灰盒可以覆盖国旗：

（一）中华人民共和国主席、全国人民代表大会常务委员会委员长、国务院总理、中央军事委员会主席；

（二）中国人民政治协商会议全国委员会主席；

（三）对中华人民共和国作出杰出贡献的人；

（四）烈士；

（五）国家规定的其他人士。

根据《国家勋章和国家荣誉称号法》的规定，国家设立"共和国勋章"，授予在中国特色社会主义建设和保卫国家中作出巨大贡献、建立卓越功勋的杰出人士。而袁隆平先生于2019年9月29日被授予"共和国勋章"。

可见，袁隆平先生属于《国旗法》规定的第三类，即对中华人民共和国作出杰出贡献的人。在其逝世，举行哀悼仪式时，其遗体、灵柩或者骨灰盒可以覆盖国旗。

只不过需要注意，覆盖国旗时，国旗不得触及地面，仪式结束后应当将国旗收回保存。

八、国旗的地位

1. 升挂国旗，应当将国旗置于显著的位置。

2. 列队举持国旗和其他旗帜行进时，国旗应当在其他旗帜之前。

3. 国旗与其他旗帜同时升挂时，应当将国旗置于中心、较高或者突出的位置。

4. 在外事活动中同时升挂两个以上国家的国旗时，应当按照外交部的规定或者国际惯例升挂。

九、国旗使用的禁止

1. 不得升挂或者使用破损、污损、褪色或者不合规格的国旗，不得倒挂、倒插或者以其他有损国旗尊严的方式升挂、使用国旗。

2. 不得随意丢弃国旗。破损、污损、褪色或者不合规格的国旗应当按照国家有关规定收回、处置。大型群众性活动结束后，活动主办方应当收回或者妥善处置活动现场使用的国旗。

3. 国旗及其图案不得用作商标、授予专利权的外观设计和商业广告，不得用于私人丧事活动等不适宜的情形。

【注意】公民和组织在网络中使用国旗图案，应当遵守相关网络管理规定，不得损害国旗尊严。网络使用的国旗图案标准版本在中国人大网和中国政府网上发布。

十、侮辱国旗的行为及其后果

在公共场合故意以焚烧、毁损、涂划、玷污、践踏等方式侮辱中华人民共和国国旗的，依法追究刑事责任；情节较轻的，由公安机关处以十五日以下拘留。

第四编　司法制度与法律职业道德

第一章　概　述

码上揭秘

一、一般知识点

1. 司法以解决社会冲突为己任，与社会冲突相伴相随；任何社会、任何时代都有解决纠纷的司法活动，可能是民间的调解、仲裁活动，也可能是以国家暴力强制为后盾的官方行为；直到近代，司法才从行政等制度中独立出来。
2. 司法与行政都是执行法律的个别化或具体化的行为，属于法律实施的具体形式，均为广义的执法。行政是实现国家目的的直接活动，而**司法是实现国家目的的间接活动**。

3. 司法的功能	（1）应然功能：司法机关的法定职能；定分止争；惩恶扬善；矫正正义；等等；
	（2）实然功能：不同的国家千差万别。

4. 司法的功能中，**只有解决纠纷属于直接功能**，其他功能比如惩罚犯罪、保障人权、调整社会关系、解释和补充法律、形成公共政策、维持秩序、文化支持等均是间接功能；解决纠纷是司法的主要功能，它构成司法制度产生的基础、运作的主要内容和直接任务，也是其他功能发挥的先决条件。
5. 在法治社会里，公民的权利只要受到侵犯，就应允许其通过司法途径寻求救济，这是司法最终解决原则的基本要求。
6. 形成公共政策的功能：司法机关的裁判，一旦获得公认，会促进有关主体调整或形成公共政策。

二、司法区别于行政的特点

1. 独立性	（1）组织技术上，司法机关只服从法律，不受上级机关、行政机关的干涉；
	（2）司法机关独立于行政机关，其在司法活动中所发表的言论、所做的职务行为不被追究责任。
2. 法定性	（1）司法活动由宪法、法律专门授权，按照法定的手段，依照法定的程序进行；
	（2）法定性决定了司法权的有限性。
3. 交涉性	（1）整个过程离不开多方利益主体的诉讼参与；
	（2）在受判决直接影响的有关各方参与下，通过提出证据并进行理性说服和辩论；而不像行政那般通过单方面调查取证而形成决定。
4. 程序性	司法必须依照程序法进行；法定程序保证司法机关正确、合法、及时地适用法律。

续表

5. 普遍性	（1）案件的司法解决意味着个别性事件获得普遍性；
	（2）司法也可以解决其他机关所不能解决的一切纠纷；司法在现代社会成为各种纠纷解决体系中最普适性的方式。
6. 终极性	司法是解决纠纷、处理冲突的最后环节，司法结果是最终性的决定。

三、中国特色社会主义司法制度

1. 中国特色社会主义司法制度是一个科学系统，不仅包括了一系列独具中国特色的司法规范、司法组织、司法机构、司法程序、司法机制、司法制度和司法人力资源体系，而且包括司法理论、司法理念、司法文化、司法政策、司法保障等丰富内容。

2. 中国特色社会主义司法制度已经建成，主要包括：（1）司法规范体系；（2）司法组织体系；（3）司法人员管理体系；（4）司法制度体系，主要包括六大制度：侦查制度、检察制度、审判制度、监狱制度、公证制度和律师制度；此外还包括人民调解制度、人民陪审员制度等。

3. 与其他国家司法制度比较，中国特色社会主义司法制度的根本特色是坚持党的领导、人民当家作主和依法治国有机统一。

四、司法公正

司法公正是法治的灵魂和核心，既包括实体公正，也包括程序公正。

（一）司法活动的合法性

1. 司法活动严格按照法律规定的权限和程序办事；

2. 不仅要按照实体法，而且要按照程序法。

（二）司法人员的中立性

1. 司法人员要和平理性司法，以平和的心态和情绪，理性、客观、平等地对待和保护社会的每个组织和成员；

2. 司法人员同争议事项没有利益关联。

（三）司法活动的公开性

1. 以看得见的方式进行司法活动；

2. 扩大司法民主，深化司法公开，保障知情权、参与权、表达权、监督权。

（四）当事人地位的平等性

1. 当事人享有平等的诉讼权利；

2. 平等地保护当事人的司法权利的行使。

（五）司法程序的参与性

1. 司法程序应有争议主体充分参与机会；
2. 当事人有机会提出自己的主张、举证、辩论。

（六）司法结果的正确性

1. 事实要清楚，证据要可靠；
2. 对案件的定性要准确；
3. 处理要适当，合法合情合理。

（七）司法人员的廉洁性

1. 司法人员在案件办理过程中，应当在工作场所、工作时间接待当事人、律师、特殊关系人、中介组织。因办案需要，确实需要在非工作场所、非工作时间接触的，应当依照相关规定办理审批手续并获批准；
2. 如果在办案过程中因不明情况或其他原因在非工作时间或非工作场所接触的，应当在 3 日内向本单位纪检监察部门报告有关情况。

五、司法效率

1. 司法机关和司法人员应具备高度的责任感，不断改进工作，**迅速及时进行司法活动，在司法的各个环节都遵循法定的时限**；
2. 司法程序的设计应当使当事人以最少的耗费利用诉讼制度；
3. 司法效率大致包括**司法的时间效率、司法资源利用效率和司法活动的成本效率**三个方面；
4. 提高司法效率要求合理进行诉讼程序的制度设计，不断提高司法人员的职业素养和工作作风，不断改善外部的司法环境；
5. 司法的价值取向上，**"公正优先，兼顾效率"**。

六、审判独立和检察独立

1. 这种独立性不意味着法官、检察官可以根据个人主张做决定，而是表明他们可以依法裁决。
2. 独立的意义：（1）维护国家法制统一；（2）保障主体合法权益；（3）正确发挥司法机关专门职能；（4）防止特权，抵制不正之风，防止权力滥用。
3. 我国的审判独立、检察独立主要包括三层含义： （1）审判权和检察权只能分别由法院和检察院依法统一行使，其他机关、团体或个人无权行使这项权力；不允许在司法机关之外另设特别法庭； （2）法院、检察院依照法律规定独立行使审判权、检察权，不受行政机关、社会团体和个人的干涉； （3）司法机关在司法活动中必须依照法律规定，正确地适用法律。
4. 法官在审判活动中应当独立思考；应当尊重其他法官对审判职权的独立行使，一审法官不得向上级人民法院就二审案件提出个人的处理建议和意见。

七、法律职业

1. 在我国，法律职业**主要是指**律师、法官、检察官、公证员、法律顾问、法律类仲裁员以及政府部门中从事行政处罚决定审核、行政复议、行政裁决的人员。此外，还包括立法工作者、其他行政执法人员、法学教育研究工作者等。
2. 法律职业具有政治性、法律性、行业性、专业性等特征。其中，专业性是法律职业高层次的重要因素；法律职业人员专业水平的高低与职业道德水平的高低密切联系。
3. 法律职业人员具有共同的政治素养、业务能力、职业伦理和从业资格要求。

八、法律职业道德

1. 法律职业道德的特征	（1）政治性（首要道德）：忠于党、忠于人民、忠于法律。
	（2）职业性：道德的内容与法律职业实践活动紧密相连，反映着法律职业活动对职业人员的道德要求。
	（3）实践性：职业道德调整职业关系、规范职业行为。
	（4）正式性：职业道德的表现形式较为正式，除了通过规章制度、工作守则、服务公约、劳动规程、行为须知等表现出来，还通过法律、法规、规范性文件等形式表现出来。
	（5）更高性：要求更高、更明确，约束力和强制力也更为明显。
2. 法律职业道德的基本原则：（1）忠于党、忠于国家、忠于人民、忠于法律；（2）以事实为依据、以法律为准绳；（3）严明纪律、保守秘密；（4）互相尊重、互相配合；（5）恪尽职守、勤勉尽责；（6）清正廉洁、遵纪守法。	

第二章　审判制度和法官职业道德

第一节　审判制度概述

码上揭秘

一、我国审判制度的特征

1. 人民法院由国家权力机关产生并受其监督——体现审判制度的政治性、人民性。

2. 人民法院统一设立并独立行使审判权——体现审判制度的统一性、单一性。

（1）一套法院系统，不设独立的行政法院；虽设有专门人民法院，但不是独立设置的法院系统。

【注意】法国、德国、日本等许多国家建立全国统一的法院机构，而美国等一些国家则建立联邦和州两套法院机构。

（2）人民法院独立行使审判权，而不是合议庭独立审判，更不是法官独立审判。人民法院作为一个有机整体在行使审判权的时候是完全独立的，不受行政机关、社会团体和个人的干涉。

3. 以事实为依据、以法律为准绳的审判原则，专门机关与群众路线相结合的审判原则，人民陪审员制度、法院调解制度、死刑复核制度、审判监督制度等具有中国特色的原则和制度——体现审判制度的民族性、特殊性。

二、《法官法》

法官包括各级各类法院的院长、副院长、审判委员会委员、庭长、副庭长和审判员。

（一）法官的职责、义务和权利

1. 法官的职责

（1）依法参加合议庭审判或者独任审判刑事、民事、行政诉讼以及国家赔偿等案件；
（2）依法办理引渡、司法协助等案件；
（3）法官在职权范围内对所办理的案件负责。

2. 法官的义务

（1）保守国家秘密和审判工作秘密，对履行职责中知悉的商业秘密和个人隐私予以保密；
（2）通过依法办理案件以案释法，增强全民法治观念，推进法治社会建设。

3. 法官的权利

（1）非因法定事由、非经法定程序，不被调离、免职、降职、辞退或者处分；

续表

（2）履行法官职责应当享有的职业保障和福利待遇；
（3）人身、财产和住所安全受法律保护；
（4）提出申诉或者控告。

（二）法官的条件和遴选

1. 担任法官（检察官）的条件

（1）具有中国国籍；
（2）具有正常履行职责的身体条件；
（3）具备普通高等学校法学类本科学历并获得学士及以上学位；或者普通高等学校非法学类本科及以上学历并获得法律硕士、法学硕士及以上学位；或者普通高等学校非法学类本科及以上学历，获得其他相应学位，并具有法律专业知识； 【注意】适用上述规定的学历条件确有困难的地方，经最高法（或最高检）审核确定，在一定期限内，可以将担任法官（或检察官）的学历条件放宽为高等学校本科毕业。
（4）从事法律工作满五年。其中获得法律硕士、法学硕士学位，或者获得法学博士学位的，从事法律工作的年限可以分别放宽至四年、三年；
（5）初任法官（检察官）应当通过国家统一法律职业资格考试取得法律职业资格。

2. 初任法官（检察官）采用考试、考核的办法，按照德才兼备的标准，从具备条件的人员中择优提出人选。

3. 法院（检察院）可以根据审判工作需要，从律师或者法学教学、研究人员等从事法律职业的人员中公开选拔。其中，参加公开选拔的律师应当实际执业不少于五年，执业经验丰富，从业声誉良好；参加公开选拔的法学教学、研究人员应当具有中级以上职称，从事教学、研究工作五年以上，有突出研究能力和相应研究成果。

4. 不得担任法官（检察官）的人员

（1）因犯罪受过刑事处罚的；
（2）被开除公职的；
（3）被吊销律师、公证员执业证书或者被仲裁委员会除名的。

5. 法官遴选委员会

（1）省、自治区、直辖市设立法官遴选委员会，负责初任法官人选专业能力的审核；
（2）组成人员应当包括地方各级人民法院法官代表、其他从事法律职业的人员和有关方面代表，其中法官代表不少于三分之一；
（3）日常工作由高级法院的内设职能部门承担。

【注意】遴选最高法院法官应当设立最高人民法院法官遴选委员会，负责法官人选专业能力的审核。

6. 法官的遴选

（1）初任法官一般到基层人民法院任职；	
（2）上级法院法官一般逐级遴选；	
（3）最高法院和高级法院法官可以从下两级人民法院遴选；	
（4）参加上级法院遴选的法官应当在下级法院担任法官一定年限，并具有遴选职位相关工作经历。	

（三）法官的任免
1. 法官的产生

（1）最高院	院长	全国人大选举和罢免
	副院长、审判委员会委员、正副庭长、审判员；巡回法庭庭长、副庭长	院长提请全国人大常委会任免
（2）地方法院	院长	本级人大选举和罢免
	副院长、审判委员会委员、正副庭长、审判员	院长提请本级人大常委会任免
（3）在省、自治区内按地区设立的和在直辖市内设立的中级法院	院长	由省级人大常委会根据主任会议的提名决定任免
	副院长、审判委员会委员、庭长、副庭长和审判员	由高院院长提请省级人大常委会任免

【特别提示】

1. 法官从取得法律职业资格并且具备法律规定的其他条件的人员中选任。初任法官应当由法官遴选委员会进行专业能力审核。上级人民法院的法官一般从下级人民法院的法官中择优遴选。

2. 下列人员不得担任法官、检察官：（1）曾因犯罪受过刑事处罚的；（2）曾被开除公职的。

3. 院长应当具有法学专业知识和法律职业经历。副院长、审判委员会委员应当从法官、检察官或者其他具备法官、检察官条件的人员中产生。

4. 人民陪审员和人民监督员的任期都是五年，不是临时的。

2. 应当依法提请免除其法官（检察官）职务的情形

（1）丧失国籍的；
（2）调出所任职法院（检察院）的；
（3）职务变动不需要保留法官（检察官）职务的，或者本人申请免除法官（检察官）职务经批准的；
（4）经考核不能胜任法官（检察官）职务的；
（5）因健康原因长期不能履行职务的；
（6）退休的；
（7）辞职或者依法应当予以辞退的；
（8）因违纪违法不宜继续任职的。

3. 撤销任命

（1）发现违反《法官法》规定的条件任命法官的，任命机关应当撤销该项任命；

（2）上级法院发现下级法院法官的任命违反规定的条件的，应当**建议**下级法院依法提请任命机关撤销该项任命。

4. 法官（检察官）的兼职禁止

（1）不得兼任人大常委会的组成人员；
（2）不得兼任行政机关、监察机关、检察机关（审判机关）的职务；
（3）不得兼任企业或者其他营利性组织、事业单位的职务；
（4）不得兼任律师、仲裁员和公证员。

【注意】法官因工作需要，经单位选派或者批准，可以在高等学校、科研院所协助开展实践性教学、研究工作，并遵守国家有关规定。

5. 法官（检察官）职务回避

法官	检察官
有夫妻关系、直系血亲关系、三代以内旁系血亲以及近姻亲关系的，不得同时担任的职务	
（1）同一法院的院长、副院长、审判委员会委员、庭长、副庭长；	（1）同一检察院的检察长、副检察长、检察委员会委员；
（2）同一法院的院长、副院长和审判员；	（2）同一检察院的检察长、副检察长和检察员；
（3）同一审判庭的庭长、副庭长、审判员；	（3）同一业务部门的检察员；
（4）上下相邻两级法院的院长、副院长。	（4）上下相邻两级检察院的检察长、副检察长。

6. 法官（检察官）其他回避的情形

（1）其配偶、父母、子女担任其所任职法院（检察院）辖区内律师事务所的合伙人或者设立人的；
（2）其配偶、父母、子女在其所任职法院（检察院）辖区内以律师身份担任诉讼代理人、辩护人，或者为诉讼案件当事人提供其他有偿法律服务的；
（3）法官（检察官）从法院（检察院）离任后两年内，不得以律师身份担任诉讼代理人或者辩护人；
（4）法官（检察官）从法院（检察院）离任后，不得担任原任职法院（检察院）办理案件的诉讼代理人或者辩护人，但是作为当事人的监护人或者近亲属代理诉讼或者进行辩护的除外；
（5）法官（检察官）被开除后，不得担任诉讼代理人或者辩护人，但是作为当事人的监护人或者近亲属代理诉讼或者进行辩护的除外。

（四）法官的管理

1. 法官（检察官）实行员额制管理。

（1）法官（检察官）员额根据案件数量、经济社会发展情况、人口数量和层级等因素确定，在省、自治区、直辖市内实行总量控制、动态管理，优先考虑基层法院（检察院）和案件数量多的法院（检察院）办案需要。
（2）员额出现空缺的，应当按照程序及时补充。

续表

(3) 最高法院法官员额由最高人民法院商有关部门确定；最高检检察官员额由最高检商有关部门确定。

2. 法官（检察官）实行单独职务序列管理。

法官	检察官
(1) 法官等级分为十二级，依次为首席大法官、一级大法官、二级大法官、一级高级法官、二级高级法官、三级高级法官、四级高级法官、一级法官、二级法官、三级法官、四级法官、五级法官。	(1) 检察官等级分为十二级，依次为首席大检察官、一级大检察官、二级大检察官、一级高级检察官、二级高级检察官、三级高级检察官、四级高级检察官、一级检察官、二级检察官、三级检察官、四级检察官、五级检察官。
(2) 最高人民法院院长为首席大法官。	(2) 最高人民检察院检察长为首席大检察官。
(3) 法官等级的确定，以法官德才表现、业务水平、审判工作实绩和工作年限等为依据。	(3) 检察官等级的确定，以检察官德才表现、业务水平、检察工作实绩和工作年限等为依据。
(4) 法官等级晋升采取按期晋升和择优选升相结合的方式，特别优秀或者工作特殊需要的一线办案岗位法官可以特别选升。	(4) 检察官等级晋升采取按期晋升和择优选升相结合的方式，特别优秀或者工作特殊需要的一线办案岗位检察官可以特别选升。

3. 法官（检察官）的培训
（1）初任法官（或检察官）实行统一职前培训制度。
（2）对其应当有计划地进行政治、理论和业务培训。
（3）培训应当理论联系实际、按需施教、讲求实效。
（4）培训情况作为任职、等级晋升的依据之一。

4. 法官（检察官）的辞职和辞退

(1) 法官（检察官）申请辞职，应当由本人书面提出，经批准后，依照法律规定的程序免除其职务。
(2) 辞退法官（检察官）应当依照法律规定的程序免除其职务。辞退应当按照管理权限决定。辞退决定应当以书面形式通知被辞退者，并列明作出决定的理由和依据。

（五）法官的考核、奖励和惩戒

1. 法官（检察官）考评委员会

法官考评委员会	检察官考评委员会
(1) 法院设立法官考评委员会，负责对本院法官的考核工作。	(1) 检察院设立检察官考评委员会，负责对本院检察官的考核工作。
(2) 组成人员为五至九人。	(2) 组成人员为五至九人。
(3) 主任由本院院长担任。	(3) 主任由本院检察长担任。

2. 法官（检察官）的考核

(1) 考核原则：全面、客观、公正；平时考核和年度考核相结合。
(2) 考核内容：工作实绩（重点）、职业道德、专业水平、工作能力、工作作风。

续表

| （3）年度考核结果：优秀、称职、基本称职和不称职。 |
| （4）考核结果作为调整等级、工资以及奖惩、免职、降职、辞退的依据。 |
| （5）考核结果以书面形式通知本人。本人对考核结果如果有异议，可以申请复核。 |

3. 应当给予法官（检察官）奖励的情形

| （1）公正司法，成绩显著的； |
| （2）总结工作实践经验成果突出，对审判（检察）工作有指导作用的； |
| （3）在办理重大案件、处理突发事件和承担专项重要工作中，做出显著成绩和贡献的； |
| （4）对审判（检察）工作提出改革建议被采纳，效果显著的； |
| （5）提出司法建议（检察建议）被采纳或者开展法治宣传、指导调解组织调解各类纠纷（解决各类纠纷），效果显著的； |
| （6）有其他功绩的。 |

4. 惩戒委员会

法官惩戒委员会	检察官惩戒委员会
（1）最高法院和省、自治区、直辖市设立法官惩戒委员会，其日常工作由相关人民法院的内设职能部门承担。	（1）最高检和省、自治区、直辖市设立检察官惩戒委员会，日常工作由相关人民检察院的内设职能部门承担。
（2）法官惩戒委员会由法官代表、其他从事法律职业的人员和有关方面代表组成，其中法官代表不少于半数。	（2）检察官惩戒委员会由检察官代表、其他从事法律职业的人员和有关方面代表组成，其中检察官代表不少于半数。
（3）法官惩戒委员会负责从专业角度审查认定法官是否存在违反审判职责的行为，提出构成故意违反职责、存在重大过失、存在一般过失或者没有违反职责等审查意见。	（3）检察官惩戒委员会负责从专业角度审查认定检察官是否存在违反检察职责的行为，提出构成故意违反职责、存在重大过失、存在一般过失或者没有违反职责等审查意见。
（4）法官惩戒委员会审议惩戒事项时，当事法官有权申请有关人员回避，有权进行陈述、举证、辩解。	（4）检察官惩戒委员会审议惩戒事项时，当事检察官有权申请有关人员回避，有权进行陈述、举证、辩解。
（5）法官惩戒委员会作出的审查意见应当送达当事法官。当事法官对审查意见有异议的，可以向惩戒委员会提出，惩戒委员会应当对异议及其理由进行审查，作出决定。	（5）检察官惩戒委员会作出的审查意见应当送达当事检察官。当事检察官对审查意见有异议的，可以向惩戒委员会提出，惩戒委员会应当对异议及其理由进行审查，作出决定。
（6）法官惩戒委员会提出审查意见后，人民法院依照有关规定作出是否予以惩戒的决定，并给予相应处理。	（6）检察官惩戒委员会提出审查意见后，人民检察院依照有关规定作出是否予以惩戒的决定，并给予相应处理。

（六）法官（检察官）职业保障

1. 人民法院设立法官权益保障委员会，维护法官合法权益，保障法官依法履行职责；检察院设立检察官权益保障委员会，维护检察官合法权益，保障检察官依法履行职责。

2. 可以将法官（检察官）调离审判岗位（检察业务岗位）的情形

（1）按规定需要任职回避的；
（2）按规定实行任职交流的；
（3）因机构调整、撤销、合并或者缩减编制员额需要调整工作的；
（4）因违纪违法不适合在原岗位工作的。

3. 法官（检察官）实行与其职责相适应的工资制度，按照其等级享有国家规定的工资待遇，并建立与公务员工资同步调整机制。

4. 法官（检察官）实行定期增资制度。

5. 经年度考核确定为优秀、称职的，可以按照规定晋升工资档次。

6. 对法官（检察官）及其近亲属实施报复陷害、侮辱诽谤、暴力侵害、威胁恐吓、滋事骚扰等违法犯罪行为的，应当依法从严惩治。

7. 法官（检察官）因依法履行职责，本人及其近亲属人身安全面临危险的，人民法院（检察院）、公安机关应当对其本人及其近亲属采取人身保护、禁止特定人员接触等必要保护措施。

三、《陪审员法》

1. 公民有依法担任人民陪审员的权利和义务。

2. 人民陪审员的权利

（1）依法参加人民法院的审判活动，除法律另有规定外，同法官有同等权利。
（2）依法享有参加审判活动、独立发表意见、获得履职保障等权利。
（3）依法参加审判活动，受法律保护。人民法院应当依法保障人民陪审员履行审判职责。人民陪审员所在单位、户籍所在地或者经常居住地的基层群众性自治组织应当依法保障人民陪审员参加审判活动。
（4）人民陪审员的人身和住所安全受法律保护。任何单位和个人不得对人民陪审员及其近亲属打击报复。对报复陷害、侮辱诽谤、暴力侵害人民陪审员及其近亲属的，依法追究法律责任。
（5）人民陪审员参加审判活动期间，所在单位不得克扣或者变相克扣其工资、奖金及其他福利待遇。人民陪审员所在单位违反前款规定的，基层人民法院应当及时向人民陪审员所在单位或者所在单位的主管部门、上级部门提出纠正意见。
（6）人民陪审员参加审判活动期间，由人民法院依照有关规定按实际工作日给予补助。人民陪审员因参加审判活动而支出的交通、就餐等费用，由人民法院依照有关规定给予补助。

【注意】人民陪审员因参加审判活动应当享受的补助、人民法院和司法行政机关为实施人民陪审员制度所必需的开支，列入人民法院和司法行政机关业务经费，由相应政府财政予以保障。具体办法由最高人民法院、国务院司法行政部门会同国务院财政部门制定。

3. 人民陪审员的义务

（1）人民陪审员应当忠实履行审判职责，保守审判秘密，注重司法礼仪，维护司法形象。
（2）人民陪审员的回避，适用审判人员回避的法律规定。

4. 担任人民陪审员的任职条件

（1）拥护中华人民共和国宪法；
（2）年满二十八周岁；
（3）遵纪守法、品行良好、公道正派；
（4）具有正常履行职责的身体条件；
（5）一般应当具有高中以上文化程度。

5. 不能担任人民陪审员的人员

（1）人民代表大会常务委员会的组成人员，监察委员会、人民法院、人民检察院、公安机关、国家安全机关、司法行政机关的工作人员；
（2）律师、公证员、仲裁员、基层法律服务工作者；
（3）其他因职务原因不适宜担任人民陪审员的人员。

6. 不得担任人民陪审员的情形

（1）受过刑事处罚的；
（2）被开除公职的；
（3）被吊销律师、公证员执业证书的；
（4）被纳入失信被执行人名单的；
（5）因受惩戒被免除人民陪审员职务的；
（6）其他有严重违法违纪行为，可能影响司法公信的。

7. 陪审员的名额

（1）人民陪审员的名额，由基层人民法院根据审判案件的需要，提请同级人民代表大会常务委员会确定。
（2）人民陪审员的名额数不低于本院法官数的三倍。

8. 陪审员的任命

（1）司法行政机关会同基层人民法院、公安机关，从辖区内的常住居民名单中随机抽选拟任命人民陪审员数五倍以上的人员作为人民陪审员候选人，对人民陪审员候选人进行资格审查，征求候选人意见。司法行政机关会同基层人民法院，从通过资格审查的人民陪审员候选人名单中随机抽选确定人民陪审员人选，由基层人民法院院长提请同级人民代表大会常务委员会任命。

（2）因审判活动需要，可以通过个人申请和所在单位、户籍所在地或者经常居住地的基层群众性自治组织、人民团体推荐的方式产生人民陪审员候选人，经司法行政机关会同基层人民法院、公安机关进行资格审查，确定人民陪审员人选，由基层人民法院院长提请同级人民代表大会常务委员会任命。依照此种途径产生的人民陪审员，不得超过人民陪审员名额数的五分之一。

9. 就职宣誓

人民陪审员经人民代表大会常务委员会任命后，应当公开进行就职宣誓。宣誓仪式由基层人民法院会同司法行政机关组织。

10. 任期任届

人民陪审员的任期为五年，一般不得连任。

11. 陪审员参加的案件

（1）人民陪审员和法官组成合议庭审判案件，由法官担任审判长，可以组成三人合议庭，也可以由法官三人与人民陪审员四人组成七人合议庭。

（2）人民法院审判第一审刑事、民事、行政案件，有下列情形之一的，由人民陪审员和法官组成合议庭进行：

| ①涉及群体利益、公共利益的； |
| ②人民群众广泛关注或者其他社会影响较大的； |
| ③案情复杂或者有其他情形，需要由人民陪审员参加审判的。 |

【注意】人民法院审判上述案件，法律规定由法官独任审理或者由法官组成合议庭审理的，从其规定。

（3）人民法院审判下列第一审案件，由人民陪审员和法官组成七人合议庭进行：

| ①可能判处十年以上有期徒刑、无期徒刑、死刑，社会影响重大的刑事案件； |
| ②根据民事诉讼法、行政诉讼法提起的公益诉讼案件； |
| ③涉及征地拆迁、生态环境保护、食品药品安全，社会影响重大的案件； |
| ④其他社会影响重大的案件。 |

（4）第一审刑事案件被告人、民事案件原告或者被告、行政案件原告申请由人民陪审员参加合议庭审判的，人民法院可以决定由人民陪审员和法官组成合议庭审判。

（5）基层人民法院审判案件需要由人民陪审员参加合议庭审判的，应当在人民陪审员名单中随机抽取确定。中级人民法院、高级人民法院审判案件需要由人民陪审员参加合议庭审判的，在其辖区内的基层人民法院的人民陪审员名单中随机抽取确定。

12. 参加审判工作

| （1）审判长应当履行与案件审判相关的指引、提示义务，但不得妨碍人民陪审员对案件的独立判断。 |
| （2）合议庭评议案件，审判长应当对本案中涉及的事实认定、证据规则、法律规定等事项及应当注意的问题，向人民陪审员进行必要的解释和说明。 |
| （3）人民陪审员参加三人合议庭审判案件，对事实认定、法律适用，独立发表意见，行使表决权。 |
| （4）人民陪审员参加七人合议庭审判案件，对事实认定，独立发表意见，并与法官共同表决；对法律适用，可以发表意见，但不参加表决。 |
| （5）合议庭评议案件，实行少数服从多数的原则。人民陪审员同合议庭其他组成人员意见分歧的，应当将其意见写入笔录。 |
| （6）合议庭组成人员意见有重大分歧的，人民陪审员或者法官可以要求合议庭将案件提请院长决定是否提交审判委员会讨论决定。 |

13. 陪审员的日常管理

（1）人民法院应当结合本辖区实际情况，合理确定每名人民陪审员年度参加审判案件的数量上限，并向社会公告。
（2）人民陪审员的培训、考核和奖惩等日常管理工作，由基层人民法院会同司法行政机关负责。
（3）对人民陪审员应当有计划地进行培训。人民陪审员应当按照要求参加培训。
（4）对于在审判工作中有显著成绩或者有其他突出事迹的人民陪审员，依照有关规定给予表彰和奖励。

14. 陪审员的免职

人民陪审员有下列情形之一，经所在基层人民法院会同司法行政机关查证属实的，由院长提请同级人民代表大会常务委员会免除其人民陪审员职务：

①本人因正当理由申请辞去人民陪审员职务的；
②具有不得担任陪审员的情形之一的；
③无正当理由，拒绝参加审判活动，影响审判工作正常进行的；
④违反与审判工作有关的法律及相关规定，徇私舞弊，造成错误裁判或者其他严重后果的。

第二节　法官职业道德

一、法官职业道德的特征

（一）主体的特定性	1. 主体是法官和法院内的相关工作人员； 2. 法官职业道德调整法官职业内部法官之间的关系以及法官与社会各方面的关系； 3. 法官职业道德特别强调法官独立、中立地位和审判职责要求的特殊方面。
（二）内容的全面性	法官职业道德的内涵十分丰富，包括忠诚司法事业，保证司法公正，确保司法廉洁，坚持司法为民，维护司法形象，内容全面，涉及观念、意识、规范等。
（三）约束的广泛性	1. 法官职业道德的要求比其他职业道德更高、更严格； 2. 法官职业道德既规范职业内活动，也规范职业外活动。

二、法官职业道德的依据

1.《法官法》；

2.《法官职业道德基本准则》：2001年发布、2010年修订；

3.《法官行为规范》：2005年发布，2010年修订；

4. "五个严禁"规定：最高法院2009年公布；

（1）严禁接受案件当事人及相关人员的请客送礼；

（2）严禁违反规定与律师进行不正当交往；

（3）严禁插手过问他人办理的案件；

（4）严禁在委托评估、拍卖等活动中徇私舞弊；

（5）严禁泄露审判工作秘密。

5.《关于人民法院落实廉政准则防止利益冲突的若干规定》：最高法院 2012 年发布；

6.《中共中央关于全面推进依法治国若干重大问题的决定》。

三、法官职业道德的内容

1. 忠诚司法事业	（1）牢固树立社会社会主义法治理念，忠于党和国家、人民、法律，建设和捍卫中国特色社会主义事业；
	（2）坚持和维护我国司法制度，贯彻落实依法治国基本方略，信仰法律；
	（3）珍惜法官荣誉，坚持职业操守，恪守法官良知；
	（4）维护国家利益，遵守政治纪律，保守国家秘密和审判工作秘密，不发表有损国家利益和司法权威的言论；不参加旨在反对国家的集会、游行、示威等活动；**不得参加罢工**。
2. 保证司法公正（公正是司法工作的本质特征和生命线）	★（1）维护审判独立： ①**外部独立**（与司法体系以外的其他国家权力、其他影响相独立）； ②**内部独立**（法官应当尊重其他法官对于审判职权的独立行使，排除法院系统内部力量对于审判独立的干涉和影响）； ③**内心独立**（具有独立意识，排除不当影响，坚持自己认为正确的观点）；
	（2）确保案件裁判结果公平公正；
	（3）实体公正和程序公正并重：法官必须遵循法定的程序，保证所有当事人在诉讼中的平等地位；
	（4）提高司法效率：严格遵守法定办案时限，提高审判执行效率，及时化解纠纷，节约司法资源，监督当事人及时完成诉讼活动； ★法官应当遵守相应的案件审理期限；遇到特殊情况不能在法定审限内结案的，应当按照法定程序办理延长手续；未经批准，不得超期审理；
	（5）公开审判：尊重群众的知情权、自觉接受监督；
	（6）遵守回避规定，保持中立： ①禁止单方面接触：法院工作人员不得私下接触本人审理案件的案件当事人及其亲属、代理人、辩护人或者其他关系人； ②法官不得以言语和行动表现出任何歧视，并有义务制止和纠正诉讼参与人和其他人员的任何歧视性言行；
	（7）抵制关系案、人情案、金钱案：**尊重其他法官对审判职权的依法行使，除履行工作职责或者通过正当程序外，不过问、不干预、不评论其他法官正在审理的案件。**

续表

3. 确保司法廉洁	（1）自重、自省、自警、自励，坚守廉洁底线；
	（2）不得接受诉讼当事人的钱物和其他利益：不论利益大小，均应拒绝； ★人民法院工作人员不得接受可能影响公正执行公务的礼金、礼品、宴请以及旅游、健身、娱乐等活动安排；
	（3）不得从事或参与营利性的经营活动：不在企业及营利性组织中兼任法律顾问等； ★不就未决案件或再审案件给当事人及其他诉讼参与人提供咨询意见，不论有偿还是无偿。 【注意】此处的咨询意见，仅仅是指实体内容，提供形式性、技术性看法的应被允许。
	（4）不得以其身份谋取特殊利益：妥善处理个人和家庭事务，不利用法官身份寻求特殊利益。按规定如实报告个人有关事项，教育督促家庭成员不利用法官的职权、地位谋取不正当利益。
4. 坚持司法为民	（1）以人为本：重视群众诉求、维护群众利益；
	（2）发挥司法的能动作用：积极寻求有利于案结事了的纠纷解决办法，努力实现法律效果和社会效果的统一；
	（3）司法便民：提供必要诉讼便利，尽可能降低其成本；
	（4）尊重当事人和其他诉讼参与人：认真、耐心听取当事人和其他诉讼参与人发表意见；除因维护法庭秩序和庭审的需要，**不得随意打断或者制止当事人和其他诉讼参与人的发言。** 【注意】最高人民法院、公安部联合制定并下发了《关于刑事被告人或上诉人出庭受审时着装问题的通知》，其中明确要求，法院开庭时，刑事被告人或上诉人不再穿着看守所的识别服出庭受审；以后，刑事被告人或上诉人穿着正装或便装出庭受审，既不需要其主动提出申请，也不需要任何机构或个人批准。人民法院到看守所提解在押刑事被告人或上诉人的，看守所应当将穿着正装或便装的在押刑事被告人或上诉人移交人民法院。因监管需要在看守所内穿着识别服的在押刑事被告人或上诉人，应在看守所内将识别服更换为正装或者便装。
5. 维护司法形象	（1）坚持学习，精研业务；
	（2）坚持文明司法，遵守司法礼仪：穿着法官袍或者法官制服、佩戴徽章，并保持整洁；准时出庭，不缺席、迟到、早退，不随意进出；专注庭审，不做与审判活动无关的事；
	（3）加强自身修养，约束业外活动：严禁乘警车、穿制服出入营业性娱乐场所；不得参加营利性社团组织或者可能借法官影响力营利的社团组织；**发表文章或者接受媒体采访时，应当保持谨慎的态度，不得针对具体案件和当事人进行不适当的评论；** ★法官在职务外活动中，**不得披露或者使用非公开的审判信息和在审判过程中获得的商业秘密、个人隐私以及其他非公开的信息。** ★**可以参加有助于法制建设和司法改革的学术研究和其他社会活动。**
	（4）退休法官谨慎行为：继续保持自身的良好形象，**不利用自己的原有身份和便利条件过问、干预执法办案。** ★人民法院工作人员在离职或者退休后的规定年限内，不得具有下列行为：（1）接受与本人原所办案件和其他业务相关的企业、律师事务所、中介机构的聘任；（2）担任原任职法院所办案件的诉讼代理人或者辩护人；（3）以律师身份担任诉讼代理人、辩护人。

【相关法条·《人民法院落实〈司法机关内部人员过问案件的记录和责任追究规定〉的实施办法》】

第二条 人民法院工作人员遇有案件当事人及其关系人请托过问案件、说情打招呼或者打探案情的，应当予以拒绝。

第三条 人民法院工作人员遇有案件当事人及其关系人当面请托不按正当渠道转递涉案材料等要求的，应当告知其直接递交办案单位和办案人员，或者通过人民法院诉讼服务大厅等正当渠道递交。

对于案件当事人及其关系人通过非正当渠道邮寄的涉案材料，收件的人民法院工作人员应当视情退回或者销毁，不得转交办案单位或者办案人员。

第四条 人民法院工作人员遇有案件当事人及其关系人请托打听案件办理进展情况的，应当告知其直接向办案单位和办案人员询问，或者通过人民法院司法信息公开平台或者诉讼服务平台等正当渠道进行查询。案件当事人及其关系人反映询问、查询无果的，可以建议案件当事人及其关系人向人民法院监察部门投诉。

第五条 人民法院工作人员因履行法定职责需要过问案件或者批转、转递涉案材料的，应当依照法定程序或相关工作程序进行，并且做到全程留痕，永久保存。

人民法院工作人员非因履行法定职责或者非经法定程序或相关工作程序，不得向办案单位和办案人员过问正在办理的案件，不得向办案单位和办案人员批转、转递涉案材料。

第六条 人民法院领导干部和上级人民法院工作人员因履行法定职责，需要对正在办理的案件提出监督、指导意见的，应当依照法定程序或相关工作程序以书面形式提出，口头提出的，应当由办案人员如实记录在案。

第七条 人民法院办案人员应当将人民法院领导干部和上级人民法院工作人员因履行法定职责提出监督、指导意见的批示、函文、记录等资料存入案卷备查。

第八条 其他司法机关工作人员因履行法定职责，需要了解人民法院正在办理的案件有关情况的，人民法院办案人员应当要求对方出具法律文书或者公函等证明文件，将接洽情况记录在案，并存入案卷备查。对方未出具法律文书或者公函等证明文件的，可以拒绝提供情况。

第九条 人民法院应当在案件信息管理系统中设立司法机关内部人员过问案件信息专库，明确录入、存储、报送、查看和处理相关信息的责任权限和工作流程。人民法院监察部门负责专库的维护和管理工作。

第十条 人民法院办案人员在办案工作中遇有司法机关内部人员在法定程序或相关工作程序之外过问案件情况的，应当及时将过问人的姓名、单位、职务以及过问案件的情况全面、如实地录入司法机关内部人员过问案件信息专库，并留存相关资料，做到有据可查。

第十一条 人民法院监察部门应当每季度对司法机关内部人员过问案件信息专库中录入的内容进行汇总分析。若发现司法机关内部人员违反规定过问案件的问题线索，应当按照以下方式进行处置：

（一）涉及本院监察部门管辖对象的问题线索，由本院监察部门直接调查处理；

（二）涉及上级人民法院监察部门管辖对象的问题线索，直接呈报有管辖权的上级人民法院监察部门调查处理；

（三）涉及下级人民法院监察部门管辖对象的问题线索，可以逐级移交有管辖权的人民法院监察部门调查处理，也可以直接进行调查处理；

（四）涉及其他司法机关人员的问题线索，直接移送涉及人员所在司法机关纪检监察部门调查处理。

人民法院纪检监察部门接到其他人民法院或者其他司法机关纪检监察部门移送的问题线索后，应当及时调查处理，并将调查处理结果通报移送问题线索的纪检监察部门。

第十二条 人民法院工作人员具有下列情形之一的，属于违反规定过问案件的行为，应当依照《人民法院工作人员处分条例》第三十三条规定给予纪律处分；涉嫌犯罪的，移送司法机关处理：

（一）为案件当事人及其关系人请托说情、打探案情、通风报信的；

（二）邀请办案人员私下会见案件当事人及其关系人的；

（三）不依照正当程序为案件当事人及其关系人批转、转递涉案材料的；

（四）非因履行职责或者非经正当程序过问他人正在办理的案件的；

（五）其他违反规定过问案件的行为。

【**相关法条**·《关于规范法官和律师相互关系维护司法公正的若干规定》】

第二条 法官应当严格依法办案，不受当事人及其委托的律师利用各种关系、以不正当方式对案件审判进行的干涉或者施加的影响。

律师在代理案件之前及其代理过程中，不得向当事人宣称自己与受理案件法院的法官具有亲朋、同学、师生、曾经同事等关系，并不得利用这种关系或者以法律禁止的其他形式干涉或者影响案件的审判。

第三条 法官不得私自单方面会见当事人及其委托的律师。

律师不得违反规定单方面会见法官。

第四条 法官应当严格执行回避制度，如果与本案当事人委托的律师有亲朋、同学、师生、曾经同事等关系，可能影响案件公正处理的，应当自行申请回避，是否回避由本院院长或者审判委员会决定。

律师因法定事由或者根据相关规定不得担任诉讼代理人或者辩护人的，应当谢绝当事人的委托，或者解除委托代理合同。

第五条 法官应当严格执行公开审判制度，依法告知当事人及其委托的律师本案审判的相关情况，但是不得泄露审判秘密。

律师不得以各种非法手段打听案情，不得违法误导当事人的诉讼行为。

第六条 法官不得为当事人推荐、介绍律师作为其代理人、辩护人，或者暗示更换承办律师，或者为律师介绍代理、辩护等法律服务业务，并且不得违反规定向当事人及其委托的律师提供咨询意见或者法律意见。

律师不得明示或者暗示法官为其介绍代理、辩护等法律服务业务。

第七条 法官不得向当事人及其委托律师索取或者收取礼品、金钱、有价证券等；不得借婚丧喜庆事宜向律师索取或者收取礼品、礼金；不得接受当事人及其委托律师的宴请；不得要求或者接受当事人及其委托律师出资装修住宅、购买商品或者进行各种娱乐、旅游活动；不得要求当事人及其委托的律师报销任何费用；不得向当事人及其委托的律师借用交通工具、通讯工具或者其他物品。

当事人委托的律师不得借法官或者其近亲属婚丧喜庆事宜馈赠礼品、金钱、有价证券等；不得向法官请客送礼、行贿或者指使、诱导当事人送礼、行贿；不得为法官装修住宅、购买商品或者出资邀请法官进行娱乐、旅游活动；不得为法官报销任何费用；不得向法官出借交通工具、通讯工具或者其他物品。

第八条　法官不得要求或者暗示律师向当事人索取财物或者其他利益。

当事人委托的律师不得假借法官的名义或者以联络、酬谢法官为由，向当事人索取财物或者其他利益。

第九条　法官应当严格遵守法律规定的审理期限，合理安排审判事务，遵守开庭时间。

律师应当严格遵守法律规定的提交诉讼文书的期限及其他相关程序性规定，遵守开庭时间。

法官和律师均不得借故延迟开庭。法官确有正当理由不能按期开庭，或者律师确有正当理由不能按期出庭的，人民法院应当在不影响案件审理期限的情况下，另行安排开庭时间，并及时通知当事人及其委托的律师。

【相关法条·《关于人民法院落实廉政准则防止利益冲突的若干规定的通知》】

第三条　人民法院工作人员不得从事下列营利性活动：

（一）本人独资或者与他人合资、合股经办商业或者其他企业；

（二）以他人名义入股经办企业；

（三）以承包、租赁、受聘等方式从事经营活动；

（四）违反规定拥有非上市公司（企业）的股份或者证券；

（五）本人或者与他人合伙在国（境）外注册公司或者投资入股；

（六）以本人或者他人名义从事以营利为目的的民间借贷活动；

（七）以本人或者他人名义从事可能与公共利益发生冲突的其他营利性活动。

第四条　人民法院工作人员不得为他人的经济活动提供担保。

第五条　人民法院工作人员不得利用职权和职务上的影响，买卖股票或者认股权证；不得利用在办案工作中获取的内幕信息，直接或者间接买卖股票和证券投资基金，或者向他人提出买卖股票和证券投资基金的建议。

第六条　人民法院工作人员在审理相关案件时，以本人或者他人名义持有与所审理案件相关的上市公司股票的，应主动申请回避。

第七条　人民法院工作人员不得违反规定在律师事务所、中介机构及其他经济实体、社会团体中兼职，不得违反规定从事为案件当事人或者其他市场主体提供信息、介绍业务、开展咨询等有偿中介活动。

第九条　人民法院工作人员不得利用职权和职务上的影响，指使他人提拔本人的配偶、子女及其配偶、以及其他特定关系人。

第十条　人民法院工作人员不得利用职权和职务上的影响，为本人的配偶、子女及其配偶、以及其他特定关系人支付、报销学习、培训、旅游等费用。

第十一条　人民法院工作人员不得利用职权和职务上的影响，为本人的配偶、子女及其配偶、以及其他特定关系人出国（境）定居、留学、探亲等向他人索取资助，或者让他人支付、报销上述费用。

第十二条　人民法院工作人员不得利用职权和职务上的影响妨碍有关机关对涉及本人的配偶、子女及其配偶、以及其他特定关系人案件的调查处理。

第十三条　人民法院工作人员不得利用职权和职务上的影响进行下列活动：

（一）放任本人的配偶、子女及其配偶、以及其他特定关系人收受案件当事人及其亲属、代理人、辩护人、执行中介机构人员以及其他关系人的财物；

（二）为本人的配偶、子女及其配偶、以及其他特定关系人经商、办企业提供便利条件；

（三）放任本人的配偶、子女及其配偶、以及其他特定关系人以本人名义谋取私利。

第十四条 人民法院领导干部和审判执行岗位法官不得违反规定放任配偶、子女在其任职辖区内开办律师事务所、为案件当事人提供诉讼代理或者其他有偿法律服务。

第十五条 人民法院领导干部和综合行政岗位人员不得放任配偶、子女在其职权和业务范围内从事可能与公共利益发生冲突的经商、办企业、有偿中介服务等活动。

第十六条 人民法院工作人员不得违反规定干预和插手市场经济活动，从中收受财物或者为本人的配偶、子女及其配偶、以及其他特定关系人谋取利益。

第十七条 人民法院工作人员不得违反规定干扰妨碍有关机关对建设工程招投标、经营性土地使用权出让、房地产开发与经营等市场经济活动进行正常监管和案件查处。

第三节　法官职业责任

法官职业责任包括法官执行职务中**违纪行为的责任**和法官执行职务中**犯罪的刑事责任**两类。

【注意】法院工作人员的职务行为和日常生活行为均应进行规范。

【小提示】只要题干中提示造成了不良影响，均应给予纪律处分。

（一）法官执行职务中犯罪行为的刑事责任

根据刑法分则贪污贿赂罪、渎职罪的有关规定，追究其刑事责任。

（二）法官执行职务中违纪行为的责任

法官执行职务中有违反法律、职业道德准则和审判、执行工作纪律的，应当承受纪律处分。

1. 违纪行为责任的形式

（1）警告：期间为 6 个月；

（2）记过：期间为 12 个月；

（3）记大过：期间为 18 个月；

（4）降级：期间为 24 个月；

（5）撤职：期间为 24 个月；

（6）开除：最严重的纪律处分；一旦被开除，自处分决定生效之日起，解除与人民法院的人事关系，不得再担任公务员职务。

【注意】受处分期间不得晋升职务、级别；

【注意】受记过、记大过、降级、撤职处分，不得晋升工资档次；

【注意】对违纪违法取得的财物和用于违纪违法的财物，应当没收、追缴或者责令退赔。没收、追缴的财物，一律上缴国库；对违纪违法获得的职务、职称、学历、学位、奖励、资格等，应当建议有关单位、部门按规定予以纠正或者撤销。

2. **违纪行为责任的内容**

（1）免予处分

①违纪违法行为情节轻微，经过批评教育后改正的，可以免予处分。

②法官退休之后违纪违法，或者在任职期间违纪违法、在处分决定作出之前已经退休的，不再给予纪律处分；但是应当给予降级、撤职、开除处分的，应当按照规定相应降低或者取消其享受的待遇。

（2）应当在《人民法院工作人员处分条例》分则规定的处分幅度以内从重处分的情况：

①在共同违纪违法行为中起主要作用的；

②隐匿、伪造、销毁证据的；

③串供或者阻止他人揭发检举、提供证据材料的；

④包庇同案人员的。

（3）应当在《人民法院工作人员处分条例》分则规定的处分幅度以内从轻处分的情况：

①主动交待违纪违法行为的；

②主动采取措施，有效避免或者挽回损失的；

③检举他人重大违纪违法行为，情况属实的。

（4）应当在《人民法院工作人员处分条例》分则规定的处分幅度以外减轻处分的情况：

①主动交待违纪违法行为，并主动采取措施有效避免或者挽回损失的，应当在处分幅度以外降低一个档次给予减轻处分；

②应当给予警告处分，又有减轻处分情形的，免予处分。

（5）处分的解除、变更和撤销

①受开除以外处分的，在受处分期间有悔改表现，并且没有再发生违纪违法行为的，处分期满后应当解除处分。解除处分后，晋升工资档次、级别、职务不再受原处分的影响。但是，解除降级、撤职处分的，不视为恢复原级别、原职务。

②应当变更或者撤销处分决定的情形：

➢ 适用法律、法规或者本条例规定错误的；

➢ 对违纪违法行为的事实、情节认定有误的；

➢ 处分所依据的违纪违法事实证据不足的；

➢ 调查处理违反法定程序，影响案件公正处理的；

➢ 作出处分决定超越职权或者滥用职权的；

➢ 有其他处分不当情形的。

③处分决定被变更，需要调整被处分人员的职务、级别或者工资档次的，应当按照规定予以调整；处分决定被撤销的，应当恢复其级别、工资档次，按照原职务安排相应的职务，并在适当范围内为其恢复名誉。因变更而减轻处分或者被撤销处分人员的工资福利受到损失的，应当予以补偿。

3. 违纪行为责任的适用

（1）违反政治纪律的行为

①散布有损国家声誉的言论	给予记大过处分；情节较重的，给予降级或者撤职处分；情节严重的，给予开除处分。	因不明真相被裹挟参加这种活动，经批评教育后确有悔改表现的，可以减轻或者免予处分。
②参加旨在反对国家的集会、游行、示威等活动		
③参加非法组织或者参加罢工的		
④违反国家的民族宗教政策，造成不良后果的		
⑤在对外交往中损害国家荣誉和利益的		
⑥非法出境，或者违反规定滞留境外不归的		
⑦未经批准获取境外永久居留资格，或者取得外国国籍的		
⑧有其他违反政治纪律行为的，给予警告、记过或者记大过处分；情节较重的，给予降级或者撤职处分；情节严重的，给予开除处分。		

（2）违反办案纪律的行为

违反办案纪律的行为	处分
①违反规定，擅自对应当受理的案件不予受理，或者对不应当受理的案件违法受理的	给予警告、记过或者记大过处分；情节较重的，给予降级或者撤职处分；情节严重的，给予开除处分。
②违反规定插手、干预、过问案件，或者为案件当事人通风报信、说情打招呼的	
③故意违反规定采取强制措施的	
④违反规定私自办理案件的	
⑤阻挠、干扰外地人民法院依法在本地调查取证或者采取相关财产保全措施、执行措施、强制措施的	
⑥故意拖延或者拒不执行合议庭决议、审判委员会决定以及上级人民法院判决、裁定、决定、命令的	
⑦故意违反规定拖延办案的	
⑧因徇私而违反规定迫使当事人违背真实意愿撤诉、接受调解、达成执行和解协议并损害其利益的	
⑨故意向合议庭、审判委员会隐瞒主要证据、重要情节或者提供虚假情况的	
⑩故意违反规定选定审计、鉴定、评估、拍卖等中介机构，或者串通、指使相关中介机构在审计、鉴定、评估、拍卖等活动中徇私舞弊、弄虚作假的	
⑪依照规定应当采取财产保全措施或者执行措施而故意不采取，或者依法应当委托有关机构审计、鉴定、评估、拍卖而故意不委托，造成不良后果的	
⑫依照规定应当调查收集相关证据而故意不予收集，造成不良后果的	
⑬违反规定应当回避而不回避，造成不良后果的	
⑭依照规定应当采取鉴定、勘验、证据保全等措施而故意不采取，造成不良后果的	
⑮违反规定采取或者解除财产保全措施，造成不良后果的	

⑯明知诉讼代理人、辩护人不符合担任代理人、辩护人的规定，仍准许其担任代理人、辩护人，造成不良后果的，给予警告、记过或者记大过处分；情节较重的，给予降级处分；情节严重的，给予撤职处分。

⑰指使、帮助他人作伪证或者阻止他人作证的，给予降级或者撤职处分；情节严重的，给予开除处分。

⑱故意泄露合议庭、审判委员会评议、讨论案件的具体情况或者其他审判执行工作秘密的，给予记过或者记大过处分；情节较重的，给予降级或者撤职处分；情节严重的，给予开除处分。

⑲故意违背事实和法律枉法裁判的，给予降级或者撤职处分；情节严重的，给予开除处分。

⑳内外勾结制造假案的，给予降级、撤职或者开除处分。

㉑送达诉讼、执行文书故意不依照规定，造成不良后果的，给予警告、记过或者记大过处分。

㉒违反规定将案卷或者其他诉讼材料借给他人的，给予警告处分；造成不良后果的，给予记过或者记大过处分。

㉓对外地人民法院依法委托的事项拒不办理或者故意拖延办理，造成不良后果的，给予警告、记过或者记大过处分；情节严重的，给予降级或者撤职处分。

续表

㉔违反规定会见案件当事人及其辩护人、代理人、请托人的。	给予警告处分；造成不良后果的，给予记过或者记大过处分。
㉕违反规定为案件当事人推荐、介绍律师或者代理人，或者为律师或者其他人员介绍案件的。	
㉖故意毁弃、篡改、隐匿、伪造、偷换证据或者其他诉讼材料的。	给予记大过处分；情节较重的，给予降级或者撤职处分；情节严重的，给予开除处分。
㉗故意违反规定对具备执行条件的案件暂缓执行、中止执行、终结执行或者不依法恢复执行，造成不良后果的。	
㉘伪造诉讼、执行文书，或者故意违背合议庭决议、审判委员会决定制作诉讼、执行文书的。	
㉙私放被羁押人员的。	
㉚故意违反规定采取执行措施，造成案件当事人、案外人或者第三人财产损失。	

（3）违反廉政纪律的行为

①利用职务便利，采取侵吞、窃取、骗取等手段非法占有诉讼费、执行款物、罚没款物、案件暂存款、赃款赃物及其孳息等涉案财物或者其他公共财物的	给予记大过处分；情节较重的，给予降级或者撤职处分；情节严重的，给予开除处分。
②利用司法职权或者其他职务便利，索取他人财物及其他财产性利益的，或者非法收受他人财物及其他财产性利益，为他人谋取利益的	
③利用司法职权或者其他职务便利为他人谋取利益，以低价购买、高价出售、收受干股、合作投资、委托理财、赌博等形式非法收受他人财物，或者以特定关系人"挂名"领取薪酬或者收受财物等形式，非法收受他人财物，或者违反规定收受各种名义的回扣、手续费归个人所有的	
④利用司法职权，以单位名义向公民、法人或者其他组织索要赞助或者摊派、收取财物的	给予记过或者记大过处分；情节较重的，给予降级或者撤职处分；情节严重的，给予开除处分。
⑤行贿或者介绍贿赂的（向审判、执行人员行贿或者介绍贿赂的，从重处分）	
⑥利用司法职权或者其他职务便利，为特定关系人谋取不正当利益，或者放任其特定关系人、身边工作人员利用本人职权谋取不正当利益的	
⑦违反规定从事或者参与营利性活动，在企业或者其他营利性组织中兼职的	
⑧挪用诉讼费、执行款物、罚没款物、案件暂存款、赃款赃物及其孳息等涉案财物或者其他公共财物的	
⑨以单位名义集体截留、使用、私分诉讼费、执行款物、罚没款物、案件暂存款、赃款赃物及其孳息等涉案财物或者其他公共财物的	给予警告、记过或者记大过处分；情节较重的，给予降级或者撤职处分；情节严重的，给予开除处分。
⑩故意违反规定设置收费项目、扩大收费范围、提高收费标准的	
⑪接受案件当事人、相关中介机构及其委托人的财物、宴请或者其他利益的	
⑫违反规定向案件当事人、相关中介机构及其委托人借钱、借物的	给予警告、记过或者记大过处分。

（4）违反组织人事纪律的行为

①违反议事规则，个人或者少数人决定重大事项，或者改变集体作出的重大决定，造成决策错误的	给予警告、记过或者记大过处分；情节较重的，给予降级或者撤职处分；情节严重的，给予开除处分。
②在人员录用、招聘、考核、晋升职务、晋升级别、职称评定以及岗位调整等工作中徇私舞弊、弄虚作假的	
③以不正当方式谋求本人或者特定关系人用公款出国，或者擅自延长在国外、境外期限，或者擅自变更路线，造成不良后果的	
④拒不执行机关的交流决定，或者在离任、辞职、被辞退时，拒不办理公务交接手续或者拒不接受审计的	
⑤旷工或者因公外出、请假期满无正当理由逾期不归，造成不良后果的	
⑥弄虚作假，骗取荣誉，或者谎报学历、学位、职称的	
⑦故意拖延或者拒不执行上级依法作出的决定、决议的	
⑧对职责范围内发生的重大事故、事件不按规定报告、处理的	给予记过或者记大过处分；情节较重的，给予降级或者撤职处分；情节严重的，给予开除处分。
⑨压制批评，打击报复，扣压、销毁举报信件，或者向被举报人透露举报情况的	
⑩对职责范围内发生的违纪违法问题隐瞒不报、压案不查、包庇袒护的，或者对上级交办的违纪违法案件故意拖延或者拒不办理的	给予记大过处分；情节较重的，给予降级或者撤职处分；情节严重的，给予开除处分。

（5）违反财经纪律的行为

①违反规定进行物资采购或者工程项目招投标，造成不良后果的	给予警告、记过或者记大过处分；情节较重的，给予降级或者撤职处分；情节严重的，给予开除处分。
②伪造、变造、隐匿、毁弃财务账册、会计凭证、财务会计报告的	
③违反规定擅自开设银行账户或者私设小金库的	给予警告处分，情节较重的，给予记过或者记大过处分；情节严重的，给予降级或者撤职处分。
④违反规定挥霍浪费国家资财的	

（6）失职行为

①因过失导致依法应当受理的案件未予受理，或者不应当受理的案件被违法受理，造成不良后果的	给予警告、记过或者记大过处分。
②因过失导致诉讼、执行文书内容错误，造成严重后果的	
③因过失导致所办案件严重超出规定办理期限，造成严重后果的	
④因过失导致错误裁判、错误采取财产保全措施、强制措施、执行措施，或者应当采取财产保全措施、强制措施、执行措施而未采取，造成不良后果的	给予警告、记过或者记大过处分；造成严重后果的，给予降级、撤职或者开除处分。

⑤因过失导致被羁押人员脱逃、自伤、自杀或者行凶伤人的	给予记过或者记大过处分；造成严重后果的，给予降级、撤职或者开除处分。
⑥因过失导致案卷或者证据材料损毁、丢失的	给予警告、记过或者记大过处分；造成严重后果的，给予降级或者撤职处分。
⑦因过失导致国家秘密、审判执行工作秘密及其他工作秘密、履行职务掌握的商业秘密或者个人隐私被泄露，造成不良后果的	给予警告、记过或者记大过处分；情节较重的，给予降级或者撤职处分；情节严重的，给予开除处分。
⑧因过失导致职责范围内发生刑事案件、重大治安案件、重大社会群体性事件或者重大人员伤亡事故，使公共财产、国家和人民利益遭受重大损失的	给予记过或者记大过处分；情节较重的，给予降级或者撤职处分；情节严重的，给予开除处分。

（7）违反管理秩序和社会道德的行为

①因工作作风懈怠、工作态度恶劣，造成不良后果的	给予警告、记过或者记大过处分。
②参与迷信活动，造成不良影响的	
③参与赌博的，给予警告或者记过处分；情节较重的，记大过或者降级；情节严重的，撤职或者开除。	
④在工作时间赌博的，给予记过、记大过或者降级；屡教不改的，给予撤职或开除处分。	
⑤组织迷信活动的	给予降级处分；情节较重的，给予撤职处分；情节严重的，给予开除处分。
⑥违反规定超计划生育的	
⑦故意泄露国家秘密、工作秘密，或者故意泄露因履行职责掌握的商业秘密、个人隐私的	给予记过或者记大过处分；情节较重的，给予降级或者撤职处分；情节严重的，给予开除处分。
⑧以殴打、辱骂、体罚、非法拘禁或者诽谤、诬告等方式侵犯他人人身权利的（体罚、虐待被羁押人员，或者殴打、辱骂诉讼参与人、涉诉上访人的，从重处分）	
⑨妨碍执行公务或者违反规定干预执行公务的	
⑩弄虚作假，误导、欺骗领导和公众，造成不良后果的	给予警告、记过或者记大过处分；情节较重的，给予降级或者撤职处分；情节严重的，给予开除处分。
⑪因酗酒影响正常工作或者造成其他不良后果的	
⑫与他人通奸，造成不良影响的（与所承办案件的当事人或者当事人亲属发生不正当两性关系的，从重处分）	
⑬为赌博活动提供场所或者其他便利条件的	
⑭拒不承担赡养、抚养、扶养义务，或者虐待、遗弃家庭成员的	
⑮违反公务车管理使用规定，发生严重交通事故或者造成其他不良后果的	
⑯违反规定保管、使用枪支、弹药、警械等特殊物品，造成不良后果的	
⑰吸食、注射毒品或者参与嫖娼、卖淫、色情淫乱活动的	给予撤职或者开除处分。
⑱挪用公款赌博的	
⑲重婚或者包养情人的	

第三章　检察制度和检察官职业道德

第一节　检察制度概述

码上揭秘

检察是一种由特定机关代表国家向法院提起诉讼及维护法律事实的司法职能。

1. 检察制度最早起源于13世纪的英国（前身是为国王办理财产诉讼的律师）和法国（由封建庄园的管家演变而来）。

2. 世界上有三种类型的检察制度：以英美为代表的英美法系检察制度、以德法为代表的大陆法系检察制度，以中国为代表的社会主义国家的检察制度。

一、我国检察制度的特征

1. 检察机关是人民代表大会制度下与行政机关、审判机关平行的国家机关，具有独立的宪法地位。

2. 检察机关是国家的法律监督机关，通过履行批捕起诉、查办和预防职务犯罪、诉讼监督等职能，维护国家法制的统一。

3. 检察机关实行检察一体原则：

检察一体原则，又称为检察权统一行使原则，是指各级检察机关、检察官依法构成统一的整体，上下级检察机关、检察官之间存在着上命下从的领导关系；各地各级检察机关之间具有职能协助的义务；检察官之间和检察院之间在职务上可以发生相互承继、移转、代理关系；等等。

【注意】检察官独立行使检察权，要受到检察一体原则的限制。

【小资料】检察机关的领导体制

1954年人民检察院组织法确立的是垂直领导体制，即检察机关上下级之间是领导与被领导的关系。1978年宪法将检察机关的领导体制改为检察机关与同级人大和革命委员会之间是领导与被领导关系，检察体制内部上下级之间则是监督与被监督关系。

彭真认为，检察机关实行什么样的领导体制，是由检察机关的性质决定的。检察机关必须通过行使检察权维护国家法制的统一，而要完成这一任务，上级检察机关对下级检察机关，特别是最高人民检察院对下级人民检察院之间，如果没有保证统一和高效运作的领导与被领导关系是不可思议的。

——《彭真传》（第四卷）第1319页

二、检察制度的基本原则

检察权统一行使原则	1. 上下级检察机关、检察官之间存在着上命下从的领导关系； 2. 各地各级检察机关之间具有职能协助的义务； 3. 检察官之间和检察院之间在职务上可以发生相互承继、移转、代理关系。
检察权独立行使原则	检察机关依法独立行使检察权，只服从法律，不受其他行政机关、团体和个人的干涉。
对诉讼活动实行法律监督原则	检察机关依法对各种诉讼的进行，以及诉讼中国家专门机关和诉讼参与人的诉讼活动的合法性进行监督，重点是对诉讼活动中国家机关及其工作人员行为和事项的合法性进行监督。

三、主要检察制度

检务公开制度	依法向社会和诉讼参与人公开与检察职权相关的不涉及国家秘密和个人隐私等有关的活动和事项。
立案监督制度	检察机关依法对公安机关的立案活动是否合法进行的监督。
侦查监督制度	检察机关依法对有关机构的侦查活动是否合法进行监督的制度，是抑制国家权力与保障个人自由的制衡配置。
刑事审判监督制度	检察机关对法院的刑事审判工作实行的监督，包括对法院所进行的审判活动是否合法的监督，以及对其所作判决、裁定是否正确的监督。
刑罚执行与监所监督制度	检察机关依照法律规定对人民法院已经生效的判决、裁定的执行和对监狱、看守所等执行机关执行刑罚的活动是否合法进行的监督。
民事行政检察制度	人民检察院依照法律规定对人民法院的民事审判与行政诉讼活动以及相关的诉讼活动是否合法进行的监督。
人民监督员制度	最高人民检察院为了确保职务犯罪侦查、起诉权的正确行使，根据有关法律结合实际制定的一种社会民主监督制度。

四、《人民监督员选任管理办法》

1. 立法目的	为了规范人民监督员选任和管理工作，完善人民监督员制度，健全检察权行使的**外部监督制约机制**。
2. 选任原则	坚持依法民主、公开公正、科学高效的原则，建设一支具备较高政治素质，具有广泛代表性和扎实群众基础的人民监督员队伍。
3. 工作机关	人民监督员的选任和培训、考核等管理工作由司法行政机关负责，人民检察院予以配合协助。 （1）人民监督员由省级和设区的市级司法行政机关负责选任管理。 （2）县级司法行政机关按照上级司法行政机关的要求，协助做好本行政区域内人民监督员选任和管理具体工作。 （3）司法行政机关应当会同人民检察院，确定人民监督员的名额及分布，辖区内每个县（市、区）人民监督员名额不少于3名。

续表

4. 类型与职责	人民监督员分为省级人民检察院人民监督员和设区的市级人民检察院人民监督员。 （1）省级人民检察院人民监督员监督省级和设区的市级人民检察院办理直接受理立案侦查的案件。其中，直辖市人民检察院人民监督员监督直辖市各级人民检察院办理直接受理立案侦查的案件。 （2）设区的市级人民检察院人民监督员监督县级人民检察院办理直接受理立案侦查的案件。
5. 任期	人民监督员每届任期五年，连续担任人民监督员不超过两届。
6. 兼职禁止	人民监督员不得同时担任两个以上人民检察院人民监督员。
7. 任职条件	（1）拥护中华人民共和国宪法、品行良好、公道正派、身体健康的年满23周岁的中国公民，可以担任人民监督员。 （2）人民监督员应当具有高中以上文化学历。 （3）因犯罪受过刑事处罚的或者被开除公职的人员，不得担任人民监督员。
8. 选任	（1）司法行政机关应当发布人民监督员选任公告，接受公民自荐报名，商请有关单位和组织推荐人员报名参加人民监督员选任。 【注意】人民代表大会常务委员会组成人员，人民法院、人民检察院、公安机关、国家安全机关、司法行政机关的在职工作人员和人民陪审员不参加人民监督员选任。 【注意】人民监督员人选中具有公务员或者事业单位在编工作人员身份的人员，一般不超过选任名额的50%。 （2）司法行政机关应当采取到所在单位、社区实地走访了解、听取群众代表和基层组织意见、组织进行面谈等多种形式，考察确定人民监督员人选，并进行公示。 （3）人民监督员人选经过公示无异议或者经审查异议不成立的，由司法行政机关作出人民监督员选任决定、颁发证书，向社会公布。
9. 信息公开	（1）司法行政机关应当建立人民监督员信息库，与人民检察院实现信息共享。 （2）司法行政机关、人民检察院应当公开人民监督员的姓名和联系方式，畅通群众向人民监督员反映情况的渠道。
10. 监督案件	（1）人民检察院办理的案件需要人民监督员进行监督评议的，人民检察院应当在开展监督评议三个工作日前将需要的人数、评议时间、地点以及其他有关事项通知司法行政机关。 （2）司法行政机关从人民监督员信息库中随机抽选，联络确定参加监督评议的人民监督员，并通报检察机关。 （3）人民监督员是监督案件当事人近亲属、与监督案件有利害关系或者担任过监督案件诉讼参与人的，应当自行回避。 （4）人民检察院发现人民监督员有需要回避情形的，应当及时通知司法行政机关决定人民监督员回避，或者要求人民监督员自行回避。

【注意】《中共中央关于全面推进依法治国若干重大问题的决定》：完善人民监督员制度，重点监督检察机关查办职务犯罪的立案、羁押、扣押冻结财物、起诉等环节的执法活动。

第二节　检察官

一、检察官的职责、义务和权利

1. 检察官的职责

（1）对法律规定由人民检察院直接受理的刑事案件进行侦查；
（2）对刑事案件进行审查逮捕、审查起诉，代表国家进行公诉；
（3）开展公益诉讼工作；
（4）开展对刑事、民事、行政诉讼活动的监督工作。

2. 检察官的权利

（1）非因法定事由、非经法定程序，不被调离、免职、降职、辞退或者处分；
（2）履行检察官职责应当享有的职业保障和福利待遇；
（3）人身、财产和住所安全受法律保护；
（4）提出申诉或者控告。

二、检察官遴选

1. 省级检察官遴选委员会

（1）省、自治区、直辖市设立检察官遴选委员会，负责初任检察官人选专业能力的审核。

（2）组成人员应当包括地方各级人民检察院检察官代表、其他从事法律职业的人员和有关方面代表，其中检察官代表不少于三分之一。

（3）日常工作由省级人民检察院的内设职能部门承担。

2. 最高检检察官遴选委员会

遴选最高人民检察院检察官应当设立最高人民检察院检察官遴选委员会，负责检察官人选专业能力的审核。

3. 具体遴选工作

（1）初任检察官一般到基层人民检察院任职；
（2）上级人民检察院检察官一般逐级遴选；
（3）最高检察院和省级检察院检察官可以从下两级人民检察院遴选；
（4）参加上级检察院遴选的检察官应当在下级检察院担任检察官一定年限，并具有遴选职位相关工作经历。

三、检察官的任免

最高检	检察长	由全国人大选举和罢免
	副检察长、检察委员会委员和检察员	由检察长提请全国人大常委会任免
地方检察院	检察长	由本级人大选举和罢免，须报上一级检察院检察长提请本级人大常委会批准
	副检察长、检察委员会委员和检察员	由检察长提请本级人大常委会任免
省级检察院分院	检察长、副检察长、检察委员会委员和检察员	由省级检察院检察长提请本级人大常委会任免
省级检察院和设区的市级检察院依法设立作为派出机构的检察院的检察长、副检察长、检察委员会委员和检察员		由派出的检察院检察长提请本级人大常委会任免

【注意1】新疆生产建设兵团各级人民检察院、专门人民检察院的检察长、副检察长、检察委员会委员和检察员，依照全国人大常委会的有关规定任免。

【注意2】对于不具备法定条件或者违反法定程序被选举为检察长的，上一级检察院检察长有权提请本级人大常委会不批准。

【注意3】发现违反规定的条件任命检察官的，任命机关应当撤销该项任命；上级检察院发现下级检察院检察官的任命违反法定条件的，应当要求下级检察院依法提请任命机关撤销该项任命。

第三节　检察官职业道德

一、概念和特征

1. 检察官职业道德，是指检察官在履行检察职能的活动中，应当遵守的行为准则和规范，是检察官的职业义务、职业责任以及职业行为上的道德准则的体现。

2. 检察官职业道德既调整检察机关内部关系，加强检察机关内部人员的凝聚力，培养检察官的共同体意识；也用来调整检察机关及检察官与其服务对象即与民众之间的关系，塑造检察机关和检察官的形象。

二、检察官职业道德的依据

1. 《检察官法》

2. 《检察官职业道德基本准则》（2016年11月4日）

（1）检察机关成立以来第一部坚持正面倡导、面向全体检察官的职业道德规范；

（2）全体检察官遵照执行，检察辅助人员参照执行。

3. 《关于加强和改进新形势下检察队伍建设的意见》

（1）把职业道德教育作为经常性思想教育的重要内容；

（2）开展职业精神、职业信仰教育，强化职业素质培育，建立和完善检察机关树立良好执法形象和加强执法公信力建设的措施制度；

（3）完善检察职业道德教育培训、监督制约、考核评价等长效机制，推动检察职业道德建设制度化、常态化。

4.《最高人民检察院关于加强执法办案活动内部监督防止说情等干扰的若干规定》（2014）

要求检察机关进一步加强检察机关执法办案活动内部监督，严肃办案纪律，保障检察人员依法履行职责，维护司法公正和检察机关形象。

5.《最高人民检察院机关严肃纪律作风的规定》（2015）

从严肃政治纪律作风、办案纪律作风、工作纪律作风、生活纪律作风和廉政纪律作风等方面提出禁止性要求。

（1）严禁违反规定向案件当事人推荐特定的律师作为本人办理案件的诉讼代理人；

（2）严禁要求或暗示当事人更换律师；

（3）严禁私自会见当事人或其辩护人、代理人、申诉人、亲友及特定利害关系人；

（4）严禁违反规定过问、干预其他检察官、其他人民检察院或者其他司法机关正在办理的案件；

（5）严禁为案件当事人说情。

6.《中共中央关于全面推进依法治国若干重大问题的决定》

把思想政治建设摆在首位，加强理想信念教育，深入开展社会主义核心价值观和社会主义法治理念教育，坚持党的事业、人民利益和宪法法律至上，加强司法队伍建设。

三、检察官职业道德基本内容

（一）忠诚：坚持忠诚品格，永葆政治本色

忠诚是对检察官政治品性方面的要求，彰显了我国检察官的政治本色。

1. 忠于党、忠于国家	（1）检察官要做中国特色社会主义事业的建设者、捍卫者和社会公平正义的守护者；
	（2）不得散布有损国家声誉的言论，不得参加非法组织，不得参加旨在反对国家的集会、游行、示威等活动，**也不得参加罢工**；
	（3）维护国家安全、荣誉和利益，维护国家统一和民族团结，严守国家秘密和检察工作秘密；
	（4）保持高度的政治警觉，严守政治纪律，不参加危害国家安全、带有封建迷信、邪教性质等非法组织及其活动；
	（5）加强政治理论学习，提高对政策的理解、把握和运用能力，提高从政治上、全局上观察问题、分析问题和解决问题的能力。
2. 忠于人民	（1）忠实执行宪法和法律，全心全意为人民服务；
	（2）**坚持"立检为公、执法为民"**的宗旨，维护最广大人民的根本利益，保障民生，服务群众，亲民、为民、利民、便民。
3. 忠于宪法和法律	（1）尊崇宪法和法律，严格执行宪法和法律的规定，自觉维护宪法和法律的统一、权威和尊严；
	（2）在履行职务过程中，检察官应当坚持"以事实为依据，以法律为准绳"的原则，实事求是，依法办案。

续表

4. 忠于检察事业	（1）热爱检察事业，珍惜检察官荣誉，忠实履行法律监督职责，自觉接受监督制约，维护检察机关的形象和检察权的公信力；
	（2）恪尽职守，乐于奉献，勤勉敬业，尽心竭力，**不因个人事务及其他非公事由影响职责的正常履行**。

（二）为民：坚持为民宗旨，保障人民权益

"为民"突出强调让人民群众在每一个司法案件中都感受到检察机关在维护公平正义。

1. 坚持以人民利益为重的理念	（1）理论基础：检察权来源于人民，其行使必须始终坚持执法为民，维护人民权益；
	（2）从思想深处打牢维护人民权益的根基，始终坚持执法为民的理念，自觉从人民最满意的事情做起，从人民最不满意的问题改起，更好地尊重和保障人权，维护公平正义。
2. 坚持严格、规范、公正、文明执法	（1）检察工作承担着对整个诉讼活动进行法律监督的职责，因而对保证每个司法案件得到依法公正办理具有重要作用；
	（2）必须确保检察职能依法、客观、公正履行，深入查找并认真解决检察官在执法办案中存在的不严格执法、执法不规范的具体问题。
3. 坚持融入群众、倾听群众呼声、解决群众诉求、接受群众监督	检察工作虽然专业性较强，但是其人民性决定了检察工作必须紧密依靠人民，离开了人民群众的信任、支持、监督，检察工作将成为无源之水、无本之木。

（三）担当：坚持担当精神，强化法律监督

担当突出敢于对司法执法活动的监督、坚守防止冤假错案的底线。

1. 敢于担当，坚决打击犯罪	（1）坚决打击发生在群众身边损害群众利益的各类犯罪，增强群众安全感和满意度；
	（2）严肃查处职务犯罪案件，对于重大案件特别是群众高度关注的案件，果断决策、坚决查办；
	（3）对于群众反映的执法不严、司法不公的现象，敢于监督、善于监督，提高执法公信力。
2. 敢于担当，执法公开，依法办案	（1）坚守良知，公正执法，执法公开，自觉接受群众和社会的监督，以公开促公正；
	（2）善于运用法治思维和法治方式，将不公平、不公正的现象纳入法治轨道来解决。
3. 敢于担当，直面矛盾，正视问题	（1）善于发现、勇于承认工作中存在的问题，在深入分析问题症结中找到化解矛盾的办法；
	（2）对工作出现的失误和错误，主动承担，认真汲取教训；
	（3）坚持从严治检，对违法违纪人员要以零容忍的态度严肃查处，坚决清除害群之马。

（四）公正：坚持公正理念，维护法制统一

公正突出维护法制的统一、权威和尊严。公正是检察工作的核心目标。

1. 独立履职	（1）**坚持法治理念，坚决维护法律的效力和权威；**
	（2）依法履行检察职责，独立于行政机关、企业事业单位、社会团体、其他社会成员个人以及新闻媒体、公众舆论之外行使检察权，敢于监督、善于监督，不为金钱所诱惑，不为人情所动摇，不为权势所屈服；
	（3）恰当处理好内部工作关系，既独立办案，又相互支持；★**不能非法干预他人办理案件。**
2. 理性履职	（1）以事实为依据，以法律为准绳，不偏不倚，不滥用职权和漠视法律，正确行使检察裁量权；
	（2）客观、理性地履行职务，不主观意气办事，避免滥用职权的行为发生。
3. 履职回避	（1）**任职回避；**
	（2）**诉讼回避；**
	（3）**对法定回避事由以外可能引起公众对办案公正产生合理怀疑的，应当主动请求回避。**
4. 重视证据	（1）树立证据意识，依法全面客观地收集、审查证据，不伪造、隐瞒、毁损证据；
	（2）不先入为主、主观臆断，严格把好事实关、证据关；
	（3）依法搜集能够证实犯罪嫌疑人、被告人有罪、无罪、犯罪情节轻重的各种证据；不得妨碍作证，帮助当事人毁灭、伪造证据。
5. 遵循程序	树立程序意识，坚持程序公正与实体公正并重，严格遵循法定程序，维护程序正义。
6. 保障人权	树立人权保护意识，尊重当事人、参与人及其他人员的人格，维护其合法权益。
7. 尊重律师法官	（1）尊重律师的职业尊严，支持律师履行法定职责，依法保障和维护律师参与诉讼活动的权利；
	（2）应当出席法庭审理活动，尊重庭审法官，遵守出庭规则，维护法庭审判的严肃性和权威性。
8. 遵守纪律	（1）不违反规定过问、干预其他检察官、其他人民检察院或者其他司法机关正在办理的案件；
	（2）不私自探询其他检察官、其他人民检察院或者其他司法机关正在办理的案件情况和有关信息；
	（3）★**不泄露案件的办理情况及案件承办人的有关信息；**
	（4）不违反规定会见案件当事人、诉讼代理人、辩护人及其他与案件有利害关系的人员。
9. 提高效率	（1）严守法定办案时限，提高办案效率，节约司法资源；
	（2）提高责任心，在确保准确办案的前提下，尽快办结案件，禁止拖延办案，避免贻误工作；
	（3）严格执行检察人员执法过错责任追究制度，对于执法过错行为，要实事求是，敢于及时纠正，勇于承担责任。

（五）廉洁：坚持廉洁操守，自觉接受监督

"廉洁"突出监督者更要自觉接受监督。"廉洁"是检察官的职业本色，体现了检察官的浩然正气。

1. 坚持廉洁操守	（1）怀有朴实的平常心，树立正确的价值观、权利观、金钱观、名利观；
	（2）不以权谋私，以案谋利，借办案插手经济纠纷；
	（3）不利用职务便利或者检察官的身份、声誉及影响，为自己、家人或者他人谋取不正当利益；
	（4）不从事、参与经商、办企业、违法违规营利活动，以及其他可能有损检察官廉洁形象的商业、经营活动；
	（5）不参加营利性或者可能借检察官影响力营利的社团组织；
	（6）不收受案件当事人及其亲友、案件利害关系人或者单位及其所委托的人以任何名义馈赠的礼品礼金、有价证券、购物凭证以及干股等；不参加其安排的宴请、娱乐休闲、旅游度假等可能影响公正办案的活动；不接受其提供的各种费用报销，出借的钱款、交通通讯工具、贵重物品及其他利益。
2. 避免不当影响	（1）不兼任律师、法律顾问等职务，不私下为所办案件的当事人介绍辩护人或者诉讼代理人；
	（2）退休检察官应当继续保持良好操守，不再延用原检察官身份、职务，不利用原地位、身份形成的影响和便利条件，过问、干预执法办案活动，为承揽律师业务或者其他请托事宜打招呼、行便利，避免因不当言行给检察机关带来不良影响。
3. 妥善处理个人事务	检察官应当慎微慎独，妥善处理个人事务，按照有关规定报告个人有关事项，如实申报收入；保持与合法收入、财产相当的生活水平和健康的生活情趣。

第四节　检察官职业责任

检察官职业责任，是指检察官违反法律、职业道德规范和检察工作纪律所应当承担的责任，包括检察官执行职务中**违纪行为的责任**和检察官执行职务中**犯罪行为的刑事责任**两类。

一、检察官执行职务中违纪行为的责任

（一）违纪行为责任的形式

纪律处分的种类：**警告，6 个月；记过，12 个月；记大过，18 个月；降级、撤职，24 个月；开除。**

(1) **警告**			
(2) **记过**		在处分期内不得晋升工资档次。	1. 在处分期内不得晋升职务、级别。
(3) **记大过**			
(4) **降级**	自处分的下个月起降低一个级别；如果受处分人为最低级别的，按降低一个工资档次处理；如果受处分人为最低级别最低档次的，给予记大过处分。		2. 对于违纪行为所获得的经济利益，应当收缴或者责令退赔。
(5) **撤职**	➢ 受撤职处分的，同时降低工资和等级。		3. 对于违纪行为所获得的职务、职称、学历、学位、奖励等其他利益，应当建议有关组织、部门、单位按规定予以纠正。
	➢ 受撤职处分的，撤销所有行政职务，在处分期间不得担任领导职务，自处分的下个月起按降低一个以上的职务层次另行确定非领导职务。		
	➢ 办事员应当给予撤职处分的，给予降级处分。		
(6) **开除**	自处分决定生效之日起解除其人事关系，其职务、级别自然撤销，不得再被录用为检察机关工作人员。		
	受开除处分人具有法律职务的，依法罢免或者免除其法律职务。		

（二）违纪行为责任的适用

非因法定事由、非经法定程序，检察官不受纪律处分。

情节轻微，经批评教育确已认识错误的，可以免予处分；

情节显著轻微，不认为构成违纪的，不予处分；

应当给予警告或者记过处分，又有减轻处分情形的，可以免予处分。

1. 纪律处分的作出

检察人员有贪污贿赂、渎职侵权等刑法规定的行为，涉嫌犯罪的，应当给予撤职或者开除处分。

检察人员有刑法规定的行为，虽不构成犯罪或者不以犯罪论处，但须追究纪律责任的，应当视具体情节给予警告直至开除处分。

检察人员受到纪律追究，涉嫌违法犯罪的，应当及时移送有关国家机关依法处理；需要给予党纪处分的，应当向有关党组织提出建议。

因犯罪被判处刑罚的，应当给予开除处分。因犯罪情节轻微，被检察院依法作出不起诉决定的，或者被法院免予刑事处罚的，给予降级、撤职或者开除处分。根据司法机关生效裁判、决定及其认定的事实、性质和情节，给予纪律处分。

受到党纪处分或者行政处罚，应当追究纪律责任的，可以根据生效的党纪处分决定、行政处罚决定认定的事实、性质和情节，经核实后依照《检察人员纪律处分条例》规定给予纪律处分。

纪律处分决定作出后，党组织、司法机关、行政机关等改变原生效决定、裁判对原处分决定产生影响的，应当根据改变后的生效决定裁判重新作出相应处理。

纪律处分决定作出后，应当在一个月内向受处分人所在单位及其本人宣布，并由干部人事管理部门按照干部管理权限将处分决定材料归入受处分人档案；对于受到降级以上处分的，还应当在一个月内办理职务、工资等相应变更手续。

2. 从轻或者减轻处分的情况

有下列情形之一的，依照《检察人员纪律处分条例》，可以从轻或者减轻处分：

（1）主动交代本人应当受到纪律处分的问题的；

（2）检举他人应当受到纪律处分或者法律追究的问题，经查证属实的；

（3）主动挽回损失，消除不良影响或者有效阻止危害结果发生的；

（4）主动上交违纪所得的；

（5）有其他立功表现的。

《检察人员纪律处分条例》规定的只有开除处分一个档次的违纪行为，不适用减轻处分的规定。

3. 从重、加重处分的情况

有下列情形之一的，依照《检察人员纪律处分条例》，应当从重或者加重处分：

（1）在集中整治过程中不收敛、不收手的；

（2）强迫他人违纪的；

（3）本条例另有规定的。

故意违纪受处分后又因故意违纪应当受到纪律处分的，应当从重处分。

4. 纪律处分的变更和解除

受处分人在处分期间获得三等功以上奖励的，可以缩短处分期间，但缩短后的期间不得少于原处分期间的 1/2，受处分人在处分期间，发现其另有应当受到纪律处分的违纪行为，应当根据新发现违纪行为的事实、性质、情节和已经作出的处分，重新作出处分决定，处分期间依照《检察人员纪律处分条例》第 14 条的规定重新计算，已经执行的处分期间应当从重新确定的处分期间中扣除。

受处分人在处分期间又犯应当受到纪律处分的违纪行为，应当依照前述规定重新作出处分决定，处分期间为原处分期间尚未执行的期间与新处分期间之和。

受处分人在处分期间确有悔改表现，处分期满后经所在单位或者部门提出建议，由处分决定机关作出解除处分的决定。

解除处分决定应当在一个月内书面通知受处分人，并在一定范围内宣布。

解除处分决定应当在作出后的一个月内，由干部人事管理部门归入受处分人档案。

解除降级、撤职处分，不得恢复原职务、级别和工资档次，但以后晋升职务、级别、工资档次不受原处分的影响。

（三）检察官执行职务中违纪行为责任的内容

《检察人员纪律处分条例》中间规定了 17 种违反政治纪律的行为，16 种违反组织纪律的行为，25 种违反办案纪律的行为，24 种违反廉洁纪律的行为，7 种违反群众纪律的行为，19 种违反工作纪律的行为，6 种违反生活纪律的行为。

二、检察官执行职务中犯罪行为的刑事责任

根据我国刑法分则第四章侵犯公民人身权利、民主权利罪，第八章贪污贿赂罪和第九章渎职罪的有关规定，检察官执行职务行为构成犯罪的，依法追究其刑事责任。

第四章　律师制度与律师职业道德

第一节　律师制度概述

码上揭秘

我国律师制度的社会主义性质决定了其应当维护当事人的合法权益，维护法律的正确实施，维护社会公平正义。

一、世界各国的律师管理体制

日本、法国	律师协会行业管理模式
德国	司法行政机关监督、指导下的律师协会行业管理模式
美国、英国	律师协会行业管理与法院监督结合的管理模式

二、我国律师制度的管理体制

司法行政机关行政管理和律师协会行业管理相结合的管理体制。

（一）行政管理

1. **司法行政部门对律师、律所和律协进行监督、指导。**

2. **行政管理的主要内容：**

（1）颁发律师执业证书；

（2）处罚律师和律师事务所的违法行为；

（3）处罚没有取得律师执业证书而从事律师业务的行为；

（4）批准律师事务所的设立并颁发律师事务所执业证书；

（5）审查律师事务所分所的设立和律师事务所名称、住所、章程、合伙人的变更或律师事务所的解散。

（二）行业管理

1. **律师协会是社团法人，是律师的自律性组织：中华全国律师协会（全国，1986 年 7 月成立）和地方律师协会（省级地方必须设立；设区的市根据需要设立）。**

2. 律师和律所应当加入所在地的地方律协；一旦加入，同时便是全国律协的会员。律师应当按时缴纳会费。

3. **律师协会的职责**：维护律师合法权益；总结交流律师工作经验；**制定行业规范和惩戒规则**；组织律师业务培训和职业道德、纪律教育，对其执业活动进行考核；组织管理申请律师执业人员的实习及考核；**对律师、律师事务所实施奖励和惩戒**；受理对律师的投诉、举报，调解律师执业过程中发生的纠纷，受理律师的申诉。

4. 律师参加国际性律师组织并成为其会员的，以及以中国律师身份参加境外会议等活动的，应当报律师协会备案。

5. 律师和律所因执业行为成为刑、民事被告，或者受到行政机关调查、处罚的，应当向律师协会书面报告。

第二节 律 师

【注意】一般认为律师起源于古罗马时期。近代的律师制度发展完善是17、18世纪资产阶级革命的积极产物。律师不同于我国古代的讼师、状师。

一、律师的特征

1. 专业性	受过法律专业训练，具有法律专业知识。
2. 服务性	为当事人提供法律服务，通过自身的专业知识和法律技能获得报酬。
3. 受托性	律师接受委托或指定，为当事人提供法律服务，因此其业务不是基于权力，其不属于国家法律工作人员，而是自由职业者。

二、律师执业的资格条件

1. 正常条件	（1）拥护我国宪法；
	（2）通过国家统一法律职业资格考试取得法律职业资格； 【注意】实行国家统一法律职业资格考试前取得的国家统一司法考试合格证书、律师资格凭证，与国家统一法律职业资格证书具有同等效力。
	（3）在律师事务所实习满1年（参加律协组织的集中培训和律所安排的实务训练，实习期满接受律协的考核）；
	（4）**品行良好。**
2. 特殊条件	具有高等院校本科以上学历，在法律服务人员紧缺领域从事专业工作满15年，具有高级职称或者同等专业水平并具有相应的专业法律知识的人员，申请专职律师执业的，经国务院司法行政部门考核合格，准予执业。
3. 禁止条件	申请人有下列情形之一的，不予颁发律师执业证书： （1）无民事行为能力或者限制民事行为能力的； （2）受过刑事处罚的，但过失犯罪的除外； （3）被开除公职或者被吊销律师、公证员执业证书的。 【注意】过失犯罪受刑罚，不影响当律师。
4. 限制条件	（1）公务员不能兼任执业律师； （2）律师可兼任人大常委会组成人员，但任职期间不得从事诉讼代理或辩护业务； （3）法官（检察官）离任后二年内，不得以律师身份担任诉讼代理人或者辩护人。离任后不得担任原任职单位办理案件的诉讼代理人或者辩护人； （4）律师只能在一个律师事务所执业。

三、申请律师执业证书的程序

【注意】我国实行法律职业资格证书与律师执业证书相分离的制度，即取得法律职业资格证书后，只有同时满足其他条件，且本人提出执业申请，经司法行政机关批准并颁发律师执业证书，方可担任律师，从事律师业务；如果取得法律职业资格后，不从事律师工作的，可以继续保留法律职业资格。

【注意】没有取得律师执业证书的人员，不得以律师名义从事法律服务业务；除法律另有规定外，不得从事诉讼代理或者辩护业务。

（一）申领证书的条件和程序

1. 申请	受理：向设区的市级或者直辖市的区政府司法行政部门书面申请
	提交（1）执业申请书；（2）法考合格证书；（3）律协出具的实习考核合格材料；（4）本人身份证明；（5）律所出具的同意接收证明。 【注意】申请兼职执业的，还应提交（1）在高校、科研机构从事法学教育、研究工作的经历及证明材料；（2）所在单位同意的证明。
	由律师事务所统一报送住所地的司法行政机关
2. 审查	受理申请的部门应自受理之日起 20 日内审查；
	将审查意见和全部申请材料报送省级政府司法行政部门。
3. 批准发证	省级司法行政部门应自收到报送材料之日起 10 日内审核；
	作出是否准予执业的决定 — 准予执业的，决定之日起 10 日内颁发律师执业证书； 不准予执业的，向申请人书面说明理由。

（二）律师执业证

1. 律师执业证书包括适用于专职、兼职律师的"律师执业证"和适用于香港特别行政区、澳门特别行政区、台湾地区居民在内地（大陆）从事律师职业的"律师执业证"两种。
2. 律师执业应当出示律师执业证书。
3. 律师应当妥善保管执业证书，不得变造、涂改、抵押、出借、出租和故意毁损。

四、律师宣誓制度

【注意】律师执业宣誓和入会宣誓一并举行。
1. **根据**：全国律协 2018 年 10 月 26 日通过的《律师宣誓规则（试行）》。
2. **宣誓主体**：首次取得或者重新申请取得律师执业证书的执业律师应当进行律师宣誓。
3. **组织**：宣誓仪式由地市一级律师协会或者省级律师协会组织实施。
4. **宣誓时间**：律师协会应当在律师取得执业证书之日起三个月内组织律师宣誓。
5. **律师宣誓誓词**：

我宣誓：我是中华人民共和国律师，忠于宪法，忠于祖国，忠于人民，维护当事人合法权益，维护法律正确实施，维护社会公平正义，恪尽职责，勤勉敬业，为建设社会主义法治国家努力奋斗！

6. **宣誓仪式要求**

（1）宣誓场所应当庄重、严肃，悬挂中华人民共和国国旗；

（2）宣誓仪式由律师协会负责人或受邀的司法行政机关负责人主持，领誓人由律师协会会长或者副会长担任；

（3）宣誓仪式设监誓人，由司法行政机关和律师协会各派一名相关负责人担任；

（4）宣誓人宣誓时，应呈立正姿势，面向国旗。

【注意】律师宣誓仪式应当公开进行，可以邀请人大代表、政协委员、法官、检察官等代表参加。

7. 宣誓仪式的程序

（1）领誓人、宣誓人面向国旗列队站立，宣誓人在领誓人身后整齐站立，监誓人在宣誓人侧前方面向宣誓人站立；

（2）主持人宣布宣誓仪式开始；

（3）奏唱国歌；

（4）宣诵誓词；

（5）监誓人确认宣誓效力；

（6）宣誓人在誓词上签署姓名、宣誓日期。

8. 宣誓形式

（1）宣誓仪式可以采取单独宣誓或者集体宣誓的形式。

（2）单独宣誓可不设领誓人。单独宣誓时，宣誓人应当左手抚按《中华人民共和国宪法》，右手举拳，拳心朝前，置于耳旁，诵读誓词。

（3）集体宣誓时，领誓人左手抚按《中华人民共和国宪法》，右手举拳，拳心朝前，置于耳旁，逐句领诵誓词；其他宣誓人整齐排列，左手自然下垂，右手举拳，拳心朝前，置于耳旁，逐句跟诵誓词。领誓人领诵完誓词、诵毕"宣誓人"后，宣誓人依次自报姓名。

（4）肢体残疾或者患病等原因不能按照规定的立正姿势宣誓的，可以其他适当、庄重的姿势进行宣誓。

9. 宣誓时的着装

（1）宣誓人宣誓，应免冠，内着浅色衬衣，领口系戴深红色领巾，外着律师出庭服装，律师出庭服装胸前佩戴律师徽章，穿着深色正装裤和深色皮鞋；女律师可着深色正装裙。

（2）律师出庭服装应当洁净、平整、无破损，律师出庭服装外不得穿着、覆盖其他衣物，不得佩带其他饰品或者挂戴其他物品。

10. 宣誓用语

（1）宣诵誓词，倡导使用普通话。在少数民族聚居或者多民族共同居住的地区，少数民族律师可以使用本民族语言进行宣誓。

（2）宣誓人、领誓人应当以正常语速完整宣诵誓词，吐字清晰，语音宏亮，并不得对本规则第四条规定的誓词内容进行添加、删减或者歪曲发音。

11. 监誓人

（1）监誓人对符合本规则要求的宣誓，宣布确认有效。

（2）监誓人发现宣誓活动中存在不符合本规则的情形的，应当宣布宣誓无效，要求重新宣誓。

（3）宣誓人拒不宣誓或者重新宣誓仍不符合要求的，由律师协会在律师执业年度考核时审查确定其不称职的考核等次，或者责成所属律师事务所重新进行考核确定其不称职的考核等次。

（4）经确认有效并由宣誓人签署姓名的誓词存入该宣誓人的执业档案。

五、律师的业务范围

我国实行律师业务的法定化原则。

（一）接受自然人、法人或者其他组织的委托，担任法律顾问；

律师担任法律顾问的，应当按照约定为委托人就有关法律问题提供意见，草拟、审查法律文书，代理参加诉讼、调解或者仲裁活动，办理委托的其他法律事务，维护委托人的合法权益。

（二）接受民事案件、行政案件当事人的委托，担任代理人，参加诉讼；

（三）接受刑事案件犯罪嫌疑人、被告人的委托或者依法接受法律援助机构的指派，担任辩护人，接受自诉案件自诉人、公诉案件被害人或者其近亲属的委托，担任代理人，参加诉讼；

★律师担任辩护人的，应当根据事实和法律，维护犯罪嫌疑人、被告人的诉讼权利和其他合法权益。

（四）接受委托，代理各类诉讼案件的申诉；

（五）接受委托，参加调解、仲裁活动；

（六）接受委托，提供非诉讼法律服务；

★律师担任诉讼法律事务代理人或者非诉讼法律事务代理人的，应当在受委托的权限内，维护委托人的合法权益。

（七）解答有关法律的询问、代写诉讼文书（代书）和有关法律事务的其他文书。

【注意1】律师承办业务，必须由律师事务所统一接受委托，与委托人签订书面委托合同，并按照国家规定统一收取费用并如实入账；律师承办业务的依据是委托人与律师事务所签订的委托合同和委托人出具的授权委托书。

【注意2】除法定情况外，律师执业不受地域限制。

【注意3】律师代书，是以当事人名义写的，写完后交给当事人凭它去进行法律行为，当事人自己承担由此引起的法律后果。律师除了按当事人需求书写文书以外，并不进行任何法律行为，对其书写的法律文书引起的后果不负责任。所以，律师代写的法律文书应当反映当事人的意志和要求，不能超越、缩小和曲解当事人的要求。但律师代书只能反映委托人的合法意志，对当事人提出的一些无理、非法的要求，律师应予以说服、规劝，甚至拒绝代书。

六、执业律师的义务

只能在一个律所执业	律师变更执业机构的，应当向拟变更的执业机构所在地设区的市级或直辖市的区（县）司法行政机关申请换发律师执业证书。申请时提交下列材料：（1）原执业机构所在地县级司法行政机关出具的申请人无不得变更执业机构情形的证明；（2）与原执业机构解除聘用关系或者合伙关系以及办结业务、档案、财务等交接手续的证明；（3）拟变更的执业机构同意接收申请人的证明；（4）申请人的执业经历证明材料。 【口诀】一人一所，换所换证。
	律师受到停止执业处罚期间或者受到投诉正在调查处理的，不得申请变更执业机构。
	律所受到停业整顿处罚的期限未满的，其负责人、合伙人和对该处罚负有直接责任的律师不得申请变更执业机构。 【口诀】谁的所，谁不能跑；谁的责任，谁不能跑。

续表

	律所应当终止的，在完成清算、办理注销前，该所负责人、合伙人和对律所被吊销执业许可证负有直接责任的律师不得申请变更执业机构。
	律师正在接受司法机关、司法行政机关、律师协会立案调查期间，不得申请注销执业证书。**【口诀】立案调查，禁止注销。**
	不得以诋毁其他律师或者支付介绍费等不正当手段争揽业务；不得为争揽业务哄骗、唆使当事人提起诉讼，制造、扩大矛盾，影响社会稳定。
	必须加入所在地的地方律师协会，并履行律协章程规定的义务；加入地方律协的律师和律师事务所，同时是全国律协的会员。
	必须按照国家规定承担法律援助义务。
	不得在同一案件中，为双方当事人担任代理人；不得代理与本人或其近亲属有利益冲突的法律事务。
	律师明知当事人已经委托两名诉讼代理人、辩护人的，不得再接受委托担任诉讼代理人、辩护人。
	律师接受犯罪嫌疑人、被告人委托后，不得接受同一案件或者未同案处理但实施的犯罪存在关联的其他犯罪嫌疑人、被告人的委托担任辩护人。
	律师不得担任所在律师事务所其他律师担任仲裁员的案件的代理人。曾经或者仍在担任仲裁员的律师，不得承办与本人担任仲裁员办理过的案件有利益冲突的法律事务。
	不得利用提供法律服务的便利牟取当事人争议的权益，或者接受对方当事人的财物或其他利益，与对方当事人或第三人恶意串通，侵害委托人的权益。
★不得以不正当方式影响依法办案	不得向法官、检察官、仲裁员以及其他有关工作人员**行贿，介绍贿赂或者指使、诱导当事人行贿**，或者以其他不正当方式影响有关工作人员依法办案；
	未经当事人委托或者法律援助机构指派，不得以律师名义为当事人提供法律服务、介入案件，干扰依法办理案件；
	不得对本人或其他律师正在办理的案件**进行歪曲、有误导性的宣传和评论，恶意炒作案件；**
	不得以**串联组团、联署签名、发表公开信、组织网上聚集、声援等方式**或者借个案研讨之名，制造舆论压力，攻击、诋毁司法机关和司法制度；
	不得违反规定**披露、散布不公开审理案件的信息、材料**，或者本人、其他律师**在办案过程中获悉的有关案件重要信息、证据材料。**
★应当遵守法庭、仲裁庭纪律和监管场所规定、行政处理规则	会见在押犯罪嫌疑人、被告人时，不得违反有关规定，**携带犯罪嫌疑人、被告人的近亲属或者其他利害关系人会见，不得将通讯工具提供给在押犯罪嫌疑人、被告人使用**，或者**传递物品、文件；**
	不得在无正当理由的情况下，**拒不按照人民法院通知出庭参与诉讼**，或者**违反法庭规则，擅自退庭；**
	不得**聚众哄闹、冲击法庭，侮辱、诽谤、威胁、殴打司法工作人员或者诉讼参与人，否定国家认定的邪教组织的性质**，或者有其他严重扰乱法庭秩序的行为；
	不得故意向司法机关、仲裁机构或者行政机关**提供虚假证据**或者威胁、利诱他人提供虚假证据，**妨碍对方当事人合法取得证据。**

续表

★不得采取煽动、教唆和组织当事人或者其他人员到司法机关或者其他国家机关<mark>静坐、举牌、打横幅、喊口号、声援、围观</mark>等扰乱公共秩序、危害公共安全的非法手段，聚众滋事，制造影响，向有关部门施加压力。
★律师对案件公开发表言论，<mark>应当依法、客观、公正、审慎，</mark>不得发表、散布否定宪法确立的根本政治制度、基本原则和危害国家安全的言论，不得利用网络、媒体挑动对党和政府的不满，发起、参与危害国家安全的组织或者支持、参与、实施危害国家安全的活动，不得以歪曲事实真相、明显违背社会公序良俗等方式，发表恶意诽谤他人的言论，或者发表严重扰乱法庭秩序的言论。

第三节　律师事务所

一、律师事务所的性质：市场中介组织；律师的执业机构

1. 组织律师从事执业活动，规范律师的行为；
2. 律师执业受律师事务所指派，以律师事务所的名义进行；
3. 律师执业产生的法律责任，由律师事务所承担；
4. 司法行政机关和律协通过对律所的管理来实现对律师的管理。

【注意】律师事务所不得从事法律服务以外的经营活动。

二、律师事务所的分类

1. 合伙律所	由合伙人依照合伙协议约定依法设立的，共同出资、共同管理、共同收益、共担风险的律师执业机构。合伙人按照合伙形式对该律师事务所的债务依法承担责任。**世界各国广泛采用，符合现阶段国情。**
2. 个人律所	由一名律师个人投资设立，财产归其个人所有，开业律师以其个人财产对事务所债务承担无限责任的律师执业机构。
3. 国资律所	由司法行政机关根据国家需要设立，以全部资产对其债务承担责任的律师事务所。

【注意】合作制律所已经在实践中基本消失，律师法未作规定。

三、律所的设立

（一）一般条件

1. 有自己的名称、住所和章程；
2. 有符合《律师法》规定的律师；
3. 设立人应当是具有一定的执业经历并能够专职执业，且在申请设立前 **3 年内未受过停止执业处罚**的律师；
4. 有符合国务院司法行政部门规定数额的资产。

【特别注意】律所的名称

1. 律师事务所只能选择、使用一个名称。

2. 律师事务所名称应当使用符合国家规范的汉字。民族自治地方律师事务所的名称，可以同时使用本民族自治地方通用的民族语言文字。

3. 律师事务所名称应当由"省（自治区、直辖市）行政区划地名、字号、律师事务所"三部分内容依次组成。合伙律师事务所的名称，可以使用设立人的姓名连缀或者姓氏连缀作字号。

4. 律师事务所名称中的字号应当由两个以上汉字组成，并不得含有下列内容和文字：

（1）有损国家利益、社会公共利益或者有损社会主义道德风尚的，不尊重民族、宗教习俗的；

（2）政党名称、党政军机关名称、群众组织名称、社会团体名称及其简称；

（3）国家名称，重大节日名称，县（市辖区）以上行政区划名称或者地名；

（4）外国国家（地区）名称、国际组织名称及其简称；

（5）可能对公众造成欺骗或者误解的；

（6）汉语拼音字母、外文字母、阿拉伯数字、全部由中文数字组成或者带有排序性质的文字；

（7）"中国"、"中华"、"全国"、"国家"、"国际"、"中心"、"集团"、"联盟"等字样；

（8）带有"涉外"、"金融"、"证券"、"专利"、"房地产"等表明特定业务范围的文字或者与其谐音的文字；

（9）与已经核准或者预核准的其他律师事务所名称中的字号相同或者近似的；

（10）字号中包括已经核准或者预核准的其他律师事务所名称中的字号的；

（11）与已经核准在中国内地（大陆）设立代表机构的香港、澳门、台湾地区律师事务所名称中的中文字号相同或者近似的；

（12）与已经核准在中国境内设立代表机构的外国律师事务所名称中的中文译文字号相同或者近似的；

（13）其他不适当的内容和文字。

5. 律师事务所分所名称应当由"总所所在地省（自治区、直辖市）行政区划地名、总所字号、分所所在地的市（含直辖市、设区的市）或者县行政区划地名（地名加括号）、律师事务所"四部分内容依次组成。

6. 设立律师事务所，应当在申请设立许可前，按照本办法的规定办理律师事务所名称预核准。预核准的律师事务所名称，由省、自治区、直辖市司法行政机关在实施律师事务所设立许可时予以核准。

（二）特别条件：除一般条件外，另外还需要具备的条件

合伙律所	合伙人依照合伙协议约定，共同出资、共同管理、共同收益、共担风险。	
	普通合伙	有书面合伙协议；
		有 3 名以上合伙人作为设立人；
		设立人应当是具有 3 年以上执业经历并能够专职执业的律师；
		有人民币 30 万以上的资产。
	特殊的普通合伙	有书面合伙协议；
		有 20 名以上合伙人作为设立人；
		设立人应当是具有 3 年以上执业经历并能够专职执业的律师；
		有人民币 1000 万以上的资产。
个人律所	设立人应当是具有 5 年以上执业经历并能够专职执业的律师；	
	有 10 万元以上资产。	
国资律所	县级司法行政机关根据国家需要筹建，申请设立许可前须经县级政府有关部门核拨经费、提供经费保障；	
	应当至少有 2 名符合《律师法》规定并能专职执业的律师；	
	律所以其全部资产对其债务承担责任，司法行政机关承担有限责任。	

（三）其他事项

名称	符合司法部关于律所名称管理的规定，并在许可前办理名称检索。
负责人（申请时一并报请核准）	合伙律所：从合伙人中经全体合伙人选举产生。
	个人律所：设立人。
	国资律所：本所律师推选，经所在地的县级司法行政机关同意。
章程	内容：名称、住所；宗旨；组织形式；设立资产的数额和来源；负责人的职责以及产生、变更程序；决策、管理机构的设置、职责；律师的权利义务；有关执业、收费、财务、分配等主要管理制度；解散的事由、程序及清算办法；章程的解释、修改程序等等。 【注意】合伙律所的章程还应载明合伙人的姓名、出资额及出资方式。
	章程自省级司法行政机关作出准予设立决定之日起生效。
合伙协议	**应当载明的内容**：（1）合伙人，包括姓名、居住地、身份证号、律师执业经历等；（2）合伙人的出资额及出资方式；（3）合伙人的权利、义务；（4）合伙律师事务所负责人的职责以及产生、变更程序；（5）合伙人会议的职责、议事规则等；（6）合伙人收益分配及债务承担方式；（7）合伙人入伙、退伙及除名的条件和程序；（8）合伙人之间争议的解决方法和程序，违反合伙协议承担的责任；（9）合伙协议的解释、修改程序；（10）其他需要载明的事项。
	合伙协议由全体合伙人协商一致并签名，自省、自治区、直辖市司法行政机关作出准予设立律师事务所决定之日起生效。

（四）设立程序

申请设立律所，应当提交的材料	申请人应当如实填报《律师事务所设立申请登记表》，并提供（1）设立申请书；（2）律师事务所的名称、章程；（3）设立人的名单、简历、身份证明、律师执业证书，律师事务所负责人人选；（4）住所证明；（5）资产证明。	
	设立合伙律师事务所，还应当提交合伙协议。	
	设立国家出资设立的律师事务所，应当提交所在地县级人民政府有关部门出具的核拨编制、提供经费保障的批件。	
受理主体	向设区的市级或直辖市的区的政府司法行政部门提出申请	（1）申请材料不齐全或者不符合法定形式的，应当当场或者自收到申请材料之日起五日内一次告知申请人需要补正的全部内容。申请人按要求补正的，予以受理；逾期不告知的，自收到申请材料之日起即为受理。
		（2）申请事项明显不符合法定条件或者申请人拒绝补正、无法补正有关材料的，不予受理，并向申请人书面说明理由。
		（3）申请材料齐全、符合法定形式的，应当受理。
	决定受理之日起20日内完成审查，并将审查意见和申请材料报送省级司法行政机关。	
审核主体	省级司法行政机关	
	应当自收到材料之日起10日内予以审核，作出是否准予设立的决定：	准予的：10日内颁发执业许可证
		不准予的：书面说明理由
开业准备	律师事务所设立申请人应当在领取执业许可证后的六十日内，按照有关规定刻制印章、开立银行账户、办理税务登记，完成律师事务所开业的各项准备工作，并将刻制的律师事务所公章、财务章印模和开立的银行账户报所在地设区的市级或者直辖市的区（县）司法行政机关备案。	
撤销许可	申请人以欺骗、贿赂等不正当手段取得准予设立决定的；	
	对不符合法定条件的申请或者违反法定程序作出准予设立决定的。	
信息变更	变更名称、负责人、章程、合伙协议	经受理申请机关审查后**报原审核机关批准**
	变更住所、合伙人	自变更之日起15日内经受理申请机关审查后**报原审核机关备案** 【注意】受到6个月以上停止执业处罚的律师，处罚期满未逾3年的，不得担任合伙人。
	跨县变更住所	备案后由其所在地设区的市级或直辖市司法行政机关将变更情况通知迁入地的县级司法行政机关
	跨省变更住所	**应当按照注销原律所、设立新律所的程序办理**

　　【特别注意】律师事务所执业许可证分为正本和副本。正本用于办公场所悬挂，副本用于接受查验。正本和副本具有同等的法律效力。律师事务所执业许可证应当载明的内容、制作的规格、证号编制办法，由司法部规定。执业许可证由司法部统一制作。

四、律所分所的设立

　　《律师法》第十九条规定，**成立三年以上并具有二十名以上执业律师的合伙律师事务所，可以设立分所**。设立分所，须经过拟设立分所所在地的省、自治区、直辖市人民政府司法行政部门审核。合伙律所对其分所的债务承担责任。

设立主体	成立 3 年以上并具有 20 名以上的执业律师的合伙律所。		
不得设立	律所及其分所受到停业整顿处罚期限未满的，不得申请设立分所；		
	律所的分所受到吊销执业许可证处罚的，自受到处罚之日起 2 年内不得申请设立分所。		
设立地域	律所所在地的市、县以外的地方设立分所；		
	律所设在直辖市、设区的市的，也可在本所所在城区以外的区、县设立分所。		
分所应具备的条件	①有符合规定的名称、自己的住所；		
	②有 3 名以上律师事务所派驻的专职律师；	在经济欠发达的市县设立分所的，派驻律师可降至 1~2 名；资产条件可降至人民币 10 万元。	
	③有人民币 30 万以上的资产；		
	④分所负责人应当是具有 3 年以上执业经历并能专职执业，且在担任负责人前 3 年内未受到过停止执业处罚的律师。		
受理与初审	由拟设立分所所在地设区的市级或直辖市区（县）司法行政机关受理并进行初审。		
审核主体	拟设立分所所在地的省级政府司法行政部门审核，决定是否准予。		
律师组成	由律所派驻律师	由准予设立分所的省级行政机关予以换发执业证书，原证书交回颁证机关。	
	面向社会聘用律师		
分所信息的变更	负责人变更	经分所所在地市县的司法行政机关报分所设立许可机关批准。	
	住所变更	自变更之日起 15 日内，经住所地市县行政机关报设立许可机关备案。	
	名称变更	自名称获准变更之日起 30 日内，经住所地市县行政机关向设立许可机关申请变更分所名称。	

【注意】跨省设立分所的，分所所在地的省级司法行政机关应当将分所设立、变更、终止以及年度考核、行政处罚等情况及时抄送设立分所的律所所在地的省级司法行政机关。

五、律师事务所的终止

应当终止的情形	不能保持法定设立条件，经限期整改仍不符合条件的；
	执业许可证被依法吊销的；
	自行决定解散的；
	取得设立许可后，6 个月内未开业或无正当理由停止业务活动满 1 年的，视为自行停办，应当终止。
	【注意】除上述情形外，律师事务所决定停办分所，也会导致分所终止。
公告	终止事由发生后，律所应当向社会公告，依法清算；拒不公告的，由设区的市级或直辖市的区（县）司法行政机关向社会公告；
	因被吊销执业许可证终止的，由处罚机关向社会公告。

续表

| 注销手续 | 清算结束后 15 日内向所在地司法行政机关提交注销申请书、清算报告、执业许可证等材料，由其出具审查意见后再报原审核机关审核，办理注销。 |

【注意】 律所在受到停业整顿处罚期限未满前，不得自行决定解散。

【注意】 自终止事由发生后，不得受理新的业务。

六、律所的管理制度

主任负责制	决策机构：合伙人会议或律师会议。
	主任是律所的法定代表人，负责执行决策机构的决议，管理日常事务。
	主任由律师民主选举产生；国资律所还采用任命方式；合伙律所的主任一般从合伙人中产生，但也有例外。
	任期通常为 3 年；但对于任职期间有重大失误或明显不称职的主任，决策机构经 2/3 以上多数同意，可以罢免或向任命机关提出免职的建议。
统一收案、收费和依法纳税制度	律所统一接受委托，与委托人签订书面委托合同，统一收取费用并如实入账；再交由律师具体承办。
	律师和律所应当依法纳税。
	委托人所支付的费用应当直接交付律所，**律所开具正式的律师收费凭证**；律师不得私自接受委托、收取费用，接受委托人的财物或其他利益。 【注意】 委托人委托律师代交费用的，律师应将代收的费用及时交付律所。
重大、疑难案件的讨论汇报制度	遇到重大、疑难案件，承办律师应及时向主任或主管副主任汇报，由其决定是否召开全体律师或部分律师会议进行讨论，并按多数决的原则确定办案的方案或步骤；承办律师原则上应服从该方案。
	对于专业性很强的重大、疑难案件，还可聘请有关专家进行讨论，所需费用从该案的收费中支付。
业务培训和继续教育制度	已取得律师资格申请执业的，应当参加不少于 40 课时的上岗前培训。 中华全国律协统一制发执业律师继续教育登录册，用以记载、证明执业律师接受继续教育的学习情况，作为年度检验注册应当提交的证件之一。
考核制度	建立律师执业年度考核制度；建立律师执业档案。
	律所应于每年的一季度经所在地县级司法行政机关向设区的市级司法行政机关提交上一年度本所执业情况报告和律师执业考核结果；直辖市的律所向所在地的区县司法行政机关提交，接受年度检查考核。
律所应为聘用的律师和辅助人员办理失业、养老、医疗等社会保险。	
律所应当按照规定，建立执业风险、事业发展、社会保障等基金。	
律师违法执业或因过错给当事人造成损失的，由其所在的律所承担赔偿责任。 律所赔偿后，可以向有故意或重大过失的律师追偿。	

续表

责任承担	普通合伙：合伙人对律所的债务承担无限连带责任。
	★特殊的普通合伙：若干合伙人因故意或重大过失造成律所债务的，应承担无限责任或无限连带责任；其他合伙人以其在律所的财产份额为限承担责任。合伙人在执业活动中非因故意或者重大过失造成的律师事务所债务，由全体合伙人承担无限连带责任。
	个人律所：设立人对律所的债务承担无限责任。
	国资律所：律所以其全部资产对其债务承担责任。

七、律师收费制度

（一）律师收费原则

1. 律师收费应当向当事人公开收费的依据和标准，并且应当综合考虑相关因素，做到公平合理。

2. 不得欺骗当事人，不得向当事人索取好处费或者其他额外的费用。

3. 律师承办业务，由律所统一接受委托，并且统一收费，律师不得私自向委托人收取任何费用。

4. 律所应当公示收费信息，接受社会监督。

（二）收费方式

1. 律师服务收费可以根据不同的服务内容，采取计件收费、按标的额比例收费和计时收费等方式。其中，计件收费一般适用于不涉及财产关系的法律事务；按标的额比例收费适用于涉及财产关系的法律事务；计时收费可适用于全部法律事务，但律师应当根据委托人的要求提供工作记录清单。

2. 风险代理收费

（1）实行风险代理收费，律师事务所应当与委托人签订风险代理收费合同，约定双方应承担的风险责任、收费方式、收费数额或比例。实行风险代理收费，最高收费金额不得高于收费合同约定标的额的30%。

（2）下列情形禁止适用风险代理收费：

①婚姻、继承案件；

②请求给予社会保险待遇或者最低生活保障待遇的；

③请求给付赡养费、抚养费、扶养费、抚恤金、救济金、工伤赔偿的；

④请求支付劳动报酬的；

⑤刑事诉讼、行政诉讼、国家赔偿案件以及群体性诉讼案件。

（三）律师收费的范围

律师收取的费用可以分为律师费和办案费用。

1. 律师费是指律所因本所执业律师为当事人提供法律服务，而根据国家法律规定或双方的自愿协商，向当事人收取的一定数量的费用。

2. 办案费用是指律师事务所在提供法律服务过程中代委托人支付的诉讼费、仲裁费、鉴定费、公证费和查档费等费用，其不属于律师服务费，由委托人另行支付。主要包括：（1）司法、行政、仲裁、鉴定、公证等部门收取的费用；（2）合理的通讯费、复印费、翻译费、交通费、食宿费等；（3）经委托人同意的专家论证费；（4）委托人同意支付的其他费用。律师需要由委托人负担的律师费以外的费用，应本着节俭的原则合理使用。

（四）律师收费的确定与收取

1. 律师事务所接受委托，应当与委托人签订律师服务收费合同或者在委托代理合同中载明收费条款。收费合同或收费条款应当包括：收费项目、收费标准、收费方式、收费数额、付款和结算方式、争议解决方式等内容。

2. 律师事务所与委托人签订合同后，不得单方变更收费项目或者提高收费数额。确需变更的，律师事务所必须事先征得委托人的书面同意。

3. 律师事务所向委托人收取律师服务费，应当向委托人出具合法票据。

4. 律师事务所需要预收异地办案差旅费的，应当向委托人提供费用概算，经协商一致，由双方签字确认。确需变更费用概算的，律师事务所必须事先征得委托人的书面同意。结算有关费用时，律师事务所应当向委托人提供代其支付的费用和异地办案差旅费清单及有效凭证。不能提供有效凭证的部分，委托人可不予支付。

5. 律师事务所异地设立的分支机构，应当执行分支机构所在地的收费规定。律师事务所异地提供法律服务，可以执行律师事务所所在地或者提供法律服务所在地的收费规定，具体办法由律师事务所与委托人协商确定。

（五）律师收费的减免

1. 律师事务所应当接受指派承办法律援助案件。办理法律援助案件不得向受援人收取任何费用。

2. 对于经济确有困难，但不符合法律援助范围的公民，律师事务所可以酌情减收或免收律师服务费。

（六）律师收费违法行为的监督检查

1. 各级价格主管部门应加强对律师事务所收费的监督检查。律师事务所、律师有价格违法行为的，由政府价格主管部门依照《价格法》和《价格违法行为行政处罚规定》实施行政处罚。

2. 各级司法行政部门应加强对律师事务所、律师法律服务活动的监督检查。律师事务所、律师在收费方面有其他违法行为的，由司法行政部门依照《律师法》以及《律师和律师事务所违法行为处罚办法》实施行政处罚。

3. 公民、法人和其他组织认为律师事务所或律师存在价格违法行为，可以通过函件、电话、来访等形式，向价格主管部门、司法行政部门或者律师协会举报、投诉。

4. 中华全国律师协会、各省、自治区、直辖市律师协会成立律师收费争议调解指导委员会，负责指导律师收费争议调解工作。直辖市律师协会、地市级律师协会设立律师收费争议调解委员会，进行律师收费争议的调解。

第四节　律师职业道德

一、概念与特征

主体	律所与律师（包括了公职律师、实习律师和律师助理）
对象	主要是律师的执业行为，还有与律师的职业形象直接相关的非执业活动

【名言】培根："对于主张公道的律师，法官应当表示赞许，而对于歪曲事实真相的律师，则应当给予批驳。"

二、律师职业道德的主要内容

基本准则	遵纪守法，诚实守信，勤勉尽责；
	注重职业修养，自觉维护行业声誉；
	保守国家秘密、商业秘密，不得泄露当事人隐私；当事人不愿透露的信息，也应保密； 【例外】委托人和其他人准备或正在实施的危害国家安全、公共安全以及其他严重危害他人人身安全的犯罪事实和信息除外。
	尊重同行，公平竞争，同业互助；
	律协倡导律师关注、支持、积极参加社会公益事业。
执业职责	执业期间不得以非律师身份从事法律服务；
	不得在同一案件中为双方当事人担任代理人，不得代理与本人或近亲属有利益冲突的法律事务；
	律师担任各级人大常委会组成人员的，任职期间不得从事诉讼或辩护业务。

第五节 律师执业行为规范

一、律师业务推广行为规范

可以通过发表学术论文、案例分析、专题解答、授课、普及法律等活动宣传自己的专业领域；
可以通过举办或者参加各种形式的专题、专业研讨会，宣传自己的专业特长；
可以以自己或律所的名义参加各种社会公益活动。
【禁止】在业务推广中为不正当竞争行为。

（一）推广广告

可以依法以广告形式宣传律师和律所，以及自己的业务领域和专业特长。	可以个人名义，也可以律所名义。	
	以个人名义发布，应注明律所名称及律师执业证号。	
	不得发布律师广告	没有通过年度考核的；
		处于停止执业或停业整顿处罚期间的；
		受到通报批评、公开谴责未满一年的。
	不得以诋毁同行或支付介绍费等不正当手段承揽业务。	
	广告不得有损律师形象，不得采一般商业广告的艺术夸张手段制作。	

（二）律师宣传

通过传媒以消息、特写、专访等形式对律师和律所进行报道、介绍。
不得进行歪曲法律和事实，或可能使公众对律师产生不合理期望的宣传。
可以宣传所从事的某一专业法律服务领域，但不得自我声明或暗示其被公认或证明为某一专业领域的权威或专家。
不得进行律师之间或律所之间的比较宣传。

二、律师与委托人或当事人关系规范

1. 律师应当谨慎、诚实、客观地告知委托人拟委托事项可能出现的法律风险。

2. 律师和事务所有权选择实现委托人或当事人目的的方案。

3. 律师承办业务，应及时向委托人通报委托实现办理进展情况；需要变更委托事项、权限的，需要征得委托人同意和授权；对于已经出现的和可能出现的不可克服的困难、风险，应及时通知委托人，并向律所报告。

4. 禁止虚假承诺。

【注意】律师的辩护、代理意见未被采纳，不属于虚假承诺。

5. 禁止非法牟取委托人利益：不得违法与委托人就争议权益产生经济上联系；不得与委托人约定将争议标的物出售给自己；不得委托他人为自己或为自己的近亲属收购、租赁委托人与他人发生争议的标的物。

【注意】律所可以依法与当事人或委托人签订以回收款项或标的物为前提按照一定比例收取货币或实物作为律师费用的协议。

6. 律所接受委托前，应进行利益冲突审查并作出是否接受委托的决定。律师与委托人存在利益关系或利益冲突的，不得承办该业务并应主动提出回避。

（1）不得建立或维持委托关系的情况

在同一案件中为双方当事人担任代理人，或代理与本人或近亲属有利益冲突的法律事务。
其近亲属是对方当事人的法定代表人或代理人的。
曾亲自处理或审理过某一事项或案件的行政、司法、仲裁人员，成为律师后又办理该事项或案件的。
同一律所的不同律师同时担任同一刑事案件的被害人的代理人和犯罪嫌疑人、被告人的辩护人。 【注意】但在该县区域内只有一家律所且事先征得当事人同意的除外。
在民诉、行政诉讼或仲裁案件中，同一律所的不同律师同时担任争议双方当事人的代理人；或者本所或其工作人员为一方当事人，本所其他律师担任对方当事人的代理人的。
在非诉业务中，除各方当事人共同委托外，同一律所的律师同时担任彼此有利害关系的各方当事人的代理人的。
在委托关系终止后，同一律所或同一律师在同一案件后续审理或处理中又接受对方当事人委托的。 【注意】在委托关系终止后一年内，与原委托人有利害关系的对方当事人就同一法律事务委托的，律师应当告知委托人并主动提出回避，但委托人同意其代理或继续承办的除外。

（2）律师应当告知委托人并主动提出回避，并由委托人决定是否建立或维持委托关系的情形

接受民事诉讼、仲裁案件一方当事人的委托，而同所的其他律师是该案件中对方当事人的近亲属的；
担任刑事案件犯罪嫌疑人、被告人的辩护人，而同所的其他律师是该案件被害人的近亲属的；
同一律所接受正在代理的诉讼案件或者非诉讼业务当事人的对方当事人所委托的其他法律业务的；
律师事务所与委托人存在法律服务关系，在某一诉讼或仲裁案件中该委托人未要求该律师事务所律师担任其代理人，而该律师事务所律师担任该委托人对方当事人的代理人的；
在委托关系终止后一年内，律师又就同一法律事务接受与原委托人有利害关系的对方当事人的委托的。

【注意】律师和律所发现存在上述情形的，应当告知委托人利益冲突的事实和可能产生的后果，由委托人决定是否建立或维持委托关系。委托人决定建立或维持委托关系的，应当签署知情同意书，表明当事人已经知悉存在利益冲突的基本事实和可能产生的法律后果，以及当事人明确同意与律所及律师建立或维持委托关系。

【注意】委托人知情并签署知情同意书以示豁免的，承办律师在办理案件的过程中应对各自委托人的案件信息予以保密，不得将与案件有关的信息披露给相对人的承办律师。

7. 保管委托人的财产：律所可以与委托人签订书面保管协议，妥善保管委托人财产，严格履行保管协议。保管委托人财产时，应当将委托人财产与律所的财产、律师个人财产严格分离。

8. 转委托：

（1）未经委托人同意，律所不得将委托人委托的法律事务转委托其他律所办理。但在紧急情况下，为维护委托人的利益可以转委托，但应当及时告知委托人。

（2）受委托律师遇有突患疾病、工作调动等紧急情况不能履行委托协议时，应当及时报告律所，由律所另行指定其他律师继续承办，并及时告知委托人。

（3）非经委托人的同意，不能因转委托而增加委托人的费用支出。

9. 律所应当终止委托关系的情形

委托人提出终止委托协议的；
律师受到吊销执业证书或者停止执业处罚的，经过协商，委托人不同意更换律师的；
当发现有前述**不得建立或维持委托关系**的利益冲突情形的；
受委托律师因健康状况不适合继续履行委托协议的，经过协商，委托人不同意更换律师的；
继续履行委托协议违反法律、法规、规章或者律师执业行为规范的。

10. **存在下列情形**，经提示委托人不纠正的，律所可以解除委托协议：

委托人利用律师提供的法律服务从事违法犯罪活动的；
委托人要求律师完成无法实现或者不合理的目标的；
委托人没有履行委托合同义务的；
在事先无法预见的前提下，律师向委托人提供法律服务将会给律师带来不合理的费用负担，或给律师造成难以承受的、不合理的困难的；
其他合法的理由。

【注意】律所与委托人解除委托关系后，应当退还当事人提供的资料原件、物证原物、视

听资料底版等证据，并**可以保留复印件存档**。

【注意】律所依法终止代理或者解除委托的，委托人与律师事务所协商解除协议的，委托人单方终止委托代理协议的，律所**有权收取已提供服务部分的费用**。

三、律师参与诉讼或仲裁规范

律师不得向司法机关或者仲裁机构提交明知是虚假的证据。
律师作为证人出庭作证的，不得再接受委托担任该案的辩护人或者代理人出庭。
律师不得借故延迟开庭；确有正当理由不能按期出庭的，应请求法院在不影响案件审理期限的情况下，另行安排开庭时间，并及时通知当事人及其委托的律师。
因对事实真假、证据真伪及法律适用是否正确而与诉讼相对方意见不一致的，或者为了向案件承办人提交新证据的，与案件承办人接触和交换意见应当在司法机关内指定场所。
律师在办案过程中，不得与所承办案件有关的司法、仲裁人员私下接触。
律师担任辩护人、代理人参加法庭、仲裁庭审理，应当按照规定穿着律师出庭服装，佩戴律师出庭徽章，注重律师职业形象。

四、律师与其他律师的关系规范

每个律师在处理与同行关系时，既要维护自身利益，又要维护行业的整体利益。

（一）尊重与合作

在庭审或者谈判过程中各方律师应当互相尊重，不得使用挖苦、讽刺或者侮辱性的语言。
律师或律所不得在公众场合及媒体上发表恶意贬低、诋毁、损害同行声誉的言论。
律师变更执业机构时应当维护委托人及原律所的利益；律所在接受转入律师时，不得损害原律所的利益。
律师与委托人发生纠纷的，律所的解决方案应当充分尊重律师本人的意见，律师应当服从律所解决纠纷的决议。

（二）禁止不正当竞争

诋毁、诽谤其他律师或者律所信誉、声誉；
无正当理由，以低于同地区同行业收费标准为条件争揽业务，或者采用承诺给予客户、中介人、推荐人回扣、馈赠金钱、财物或者其他利益等方式争揽业务；
故意在委托人与其代理律师之间制造纠纷；
向委托人明示或者暗示自己或者其属的律所与司法机关、政府机关、社会团体及其工作人员具有特殊关系；
就法律服务结果或者诉讼结果作出虚假承诺；
明示或者暗示可以帮助委托人达到不正当目的，或者以不正当的方式、手段达到委托人的目的；
通过与某机关、某部门、某行业对某一类的法律服务事务进行垄断的方式争揽业务；
限定委托人接受其指定的律师或者律所提供法律服务，限制其他律师或律所正当的业务竞争；

律师和律所在与司法机关及司法人员接触中，不得采用利用律师兼有的其他身份影响所承办业务正常处理和审理的手段进行业务竞争。	
取得从事特定范围法律服务的律师或律所	限制委托人接受经法定机构认可的其他律师或律所提供法律服务；
	强制委托人接受其提供的或者由其指定的律师提供的法律服务；
	对抵制上述行为的委托人拒绝、中断、拖延、削减必要的法律服务或者滥收费用。
律师或律所相互之间	串通抬高或者压低收费；
	为争揽业务，不正当获取其他律师和律师事务所收费报价或者其他提供法律服务的条件；
	泄露收费报价或者其他提供法律服务的条件等暂未公开的信息，损害相关律所的合法权益。
为避免混淆误导委托人，律师或律所不得擅自或者非法使用的社会专有名称或知名度较高的名称以及代表其名称的标志、图形文字、代号	有关政党、司法机关、行政机关、行业协会名称；
	具有较高社会知名度的高等法学院校或者科研机构的名称；
	为社会公众共知、具有较高知名度的非律师公众人物名称；
	知名律师以及律师事务所名称。
法律服务荣誉称号的使用	律师和律师事务所不得伪造或者冒用法律服务荣誉称号。
	使用已获得的律师或者律师事务所法律服务荣誉称号的，应当注明获得时间和期限。
	律师和律师事务所不得变造已获得的荣誉称号用于广告宣传。
	律师事务所已撤销的，其原取得的荣誉称号不得继续使用。

第六节 律师职业责任

一、违纪行为（违反执业行为规范）的处分

（一）种类和适用条件

训诫	针对情节显著轻微，没有造成严重后果的行为。
	训诫处分作出后 2 年内，再次受到处分时，应考虑已受过训诫处分的情况。
通报批评	针对情节轻微的违纪行为。
	通报批评处分作出后的任何时候，再次受到处分时，应考虑已受过此处分的情况。
公开谴责	针对情节严重，给委托人或律所造成一定损失的行为。
	公开谴责处分作出后的任何时候，再次受到处分时，应考虑已受过此处分的情况。
取消会员资格	针对情节特别严重的行为。

（二）实施机制

处分机构	省级律协及设区的市律协的惩戒委员会。
复查申请	会员对处分决定不服的，可以在接到决定书的30个工作日内向律协复查机构申请。
复查机构	省级律协设立会员处分复查机构，负责受理复查申请和做出复查决定。
指导、监督	中华全国律协设立纪律委员会，负责制定处分规则以及指导监督处分工作。

【注意】对于严重违纪以及违法的行为可能导致行政处罚或追究法律责任的，律师协会应作出提交相关机关处罚或追究法律责任的建议。

二、违法行为、犯罪行为的法律责任

（一）行政法律责任

1. 对律师：具体表现为警告、罚款、没收违法所得、停止执业、吊销律师执业证书5种行政处罚。

【注意】受到六个月以上停止执业处罚的律师，处罚期满未逾三年的，不得担任合伙人。被吊销律师执业证书的，不得担任辩护人、诉讼代理人，但系刑事诉讼、民事诉讼、行政诉讼当事人的监护人、近亲属的除外。

2. **对律所：具体表现为警告、罚款、没收违法所得、停业整顿、吊销执业证书5种行政处罚。**

（二）民事法律责任

（三）刑事法律责任

第七节　法律援助法

一、概论

1. 法律援助，是国家建立的为经济困难公民和符合法定条件的其他当事人无偿提供法律咨询、代理、刑事辩护等法律服务的制度，是公共法律服务体系的组成部分，是一项社会保障制度。
2. 法律援助工作遵循公开、公平、公正的原则，实行国家保障与社会参与相结合。
3. 司法行政部门指导、监督法律援助工作；律师协会应当指导和支持律师事务所、律师参与法律援助工作。
4. 法律援助的**责任主体很明确，就是国家与政府**。提供援助是政府的职责。
5. 我国的法律援助不是"缓交费"，也不是"减费"，而是"免费"。法律援助人员应当恪守职业道德和执业纪律，不得向受援人收取任何财物。 【注意】法院诉讼费用的缓减免，属于司法救助，不纳入法律援助制度体系。
6. 法律援助人员可以在法律咨询、代理等方面提供法律援助，而对于刑事案件，法律援助机构应当指派律师为其提供辩护。 【注意】刑事法律援助案件只能指派律师担任辩护人。 【注意】法律咨询不需要审查经济条件。

续表

7. 法律援助机构、法律援助人员对提供法律援助过程中知悉的国家秘密、商业秘密和个人隐私应当予以保密。
8. 国家建立健全法律服务资源依法跨区域流动机制，鼓励和支持律师事务所、律师、法律援助志愿者等在法律服务资源相对短缺地区提供法律援助。
9. 法律援助机构为老年人、残疾人提供法律援助服务的，应当根据实际情况提供无障碍设施设备和服务。
10. 法律援助机构应当依照有关规定及时向法律援助人员支付法律援助补贴。法律援助补贴免征增值税和个人所得税。
11. 人民法院应当根据情况对受援人缓收、减收或者免收诉讼费用；对法律援助人员复制相关材料等费用予以免收或者减收。公证机构、司法鉴定机构应当对受援人减收或者免收公证费、鉴定费。

二、机构和人员

1. 法律援助机构

（1）县级以上政府司法行政部门应当设立法律援助机构。

（2）法律援助机构负责组织实施法律援助工作，受理、审查法律援助申请，指派律师、基层法律服务工作者、法律援助志愿者等法律援助人员提供法律援助，支付法律援助补贴。

【注意】"四统一"：法律援助案件由法律援助机构统一受理（接受）、统一审查、统一指派、统一监督。

（3）法律援助机构根据工作需要，可以安排本机构具有律师资格或者法律职业资格的工作人员提供法律援助；可以设置法律援助工作站或者联络点，就近受理法律援助申请。

（4）法律援助机构可以在人民法院、人民检察院和看守所等场所派驻值班律师，依法为没有辩护人的犯罪嫌疑人、被告人提供法律援助。

【注意1】值班律师应当依法为没有辩护人的犯罪嫌疑人、被告人提供法律咨询、程序选择建议、申请变更强制措施、对案件处理提出意见等法律帮助。

【注意2】人民法院、人民检察院、公安机关应当保障值班律师依法提供法律帮助，告知没有辩护人的犯罪嫌疑人、被告人有权约见值班律师，并依法为值班律师了解案件有关情况、阅卷、会见等提供便利。

2. 法律服务机构和人员

（1）司法行政部门可以通过政府采购等方式，择优选择律师事务所等法律服务机构为受援人提供法律援助。

（2）律师事务所、基层法律服务所、律师、基层法律服务工作者负有依法提供法律援助的义务。律师事务所、基层法律服务所应当支持和保障本所律师、基层法律服务工作者履行法律援助义务。

3. 法律援助志愿者

（1）国家鼓励和规范法律援助志愿服务；支持符合条件的个人作为法律援助志愿者，依法提供法律援助。

（2）高等院校、科研机构可以组织从事法学教育、研究工作的人员和法学专业学生作为法律援助志愿者，在司法行政部门指导下，为当事人提供法律咨询、代拟法律文书等法律援助。

三、形式和范围

1. 法律援助机构可以组织法律援助人员依法提供下列形式的法律援助服务：

（1）法律咨询；
（2）代拟法律文书；
（3）刑事辩护与代理；
（4）民事案件、行政案件、国家赔偿案件的诉讼代理及非诉讼代理；
（5）值班律师法律帮助；
（6）劳动争议调解与仲裁代理；
（7）法律、法规、规章规定的其他形式。

2. 法律咨询服务和提示告知

法律援助机构应当通过服务窗口、电话、网络等多种方式提供法律咨询服务；提示当事人享有依法申请法律援助的权利，并告知申请法律援助的条件和程序。

3. 援助范围的广泛性

	申请援助（办案机关应当及时告知有权申请）	（1）刑事案件的犯罪嫌疑人、被告人因经济困难或者其他原因没有委托辩护人的，本人及其近亲属可以向法律援助机构申请法律援助。
		（2）刑事公诉案件的被害人及其法定代理人或者近亲属，刑事自诉案件的自诉人及其法定代理人，刑事附带民事诉讼案件的原告人及其法定代理人，因经济困难没有委托诉讼代理人的，可以向法律援助机构申请法律援助。
刑事案件	指定援助	应当通知（办案机关发现右列情形的，应当在三日内通知法律援助机构指派律师；法律援助机构收到通知后，应当在三日内指派律师并通知办案机关）
		（1）刑事案件的犯罪嫌疑人、被告人属于下列人员之一，没有委托辩护人的，人民法院、人民检察院、公安机关应当通知法律援助机构指派律师担任辩护人：①未成年人；②视力、听力、言语残疾人；③不能完全辨认自己行为的成年人；④可能被判处无期徒刑、死刑的人；⑤申请法律援助的死刑复核案件被告人；⑥缺席审判案件的被告人；⑦法律法规规定的其他人员。★★★★★ 【注意1】对可能被判处无期徒刑、死刑的人，以及死刑复核案件的被告人，法律援助机构收到人民法院、人民检察院、公安机关通知后，应当指派具有三年以上相关执业经历的律师担任辩护人。 【注意2】人民法院、人民检察院、公安机关通知法律援助机构指派律师担任辩护人时，不得限制或者损害犯罪嫌疑人、被告人委托辩护人的权利。
		（2）强制医疗案件的被申请人或者被告人没有委托诉讼代理人的，人民法院应当通知法律援助机构指派律师为其提供法律援助。

		可以通知	其他适用普通程序审理的刑事案件，被告人没有委托辩护人的，人民法院可以通知法律援助机构指派律师担任辩护人。
民事、行政案件（因经济困难没有委托代理人的，可以申请）	（1）依法请求国家赔偿的；		
	（2）请求给予社会保险待遇或者社会救助；		
	（3）请求发给抚恤金；		
	（4）请求给付赡养费、抚养费、扶养费；		
	（5）请求确认劳动关系或者支付劳动报酬；		
	（6）请求认定公民无民事行为能力或者限制民事行为能力；		
	（7）请求工伤事故、交通事故、食品药品安全事故、医疗事故人身损害赔偿；		
	（8）请求环境污染、生态破坏损害赔偿；		
	（9）法律、法规、规章规定的其他情形。		
不受经济困难条件限制的申请援助	（1）英雄烈士近亲属为维护英雄烈士的人格权益；		
	（2）因见义勇为行为主张相关民事权益；		
	（3）再审改判无罪请求国家赔偿；		
	（4）遭受虐待、遗弃或者家庭暴力的受害人主张相关权益；		
	（5）法律、法规、规章规定的其他情形。		
再审或抗诉的申请援助	当事人不服司法机关生效裁判或者决定提出申诉或者申请再审，人民法院决定、裁定再审或者人民检察院提出抗诉，因经济困难没有委托辩护人或者诉讼代理人的，本人及其近亲属可以向法律援助机构申请法律援助。		

【规律】 环境损害，人身事故，弱者求助，认定能力，国家赔偿，都可以申请援助。

四、申请程序

1. 对诉讼事项的法律援助，由申请人向办案机关所在地的法律援助机构提出申请。

2. 对非诉讼事项的法律援助，由申请人向争议处理机关所在地或者事由发生地的法律援助机构提出申请。

3. 转交申请

（1）被羁押的犯罪嫌疑人、被告人、服刑人员，以及强制隔离戒毒人员等提出法律援助申请的，办案机关、监管场所应当在二十四小时内将申请转交法律援助机构。

（2）犯罪嫌疑人、被告人通过值班律师提出代理、刑事辩护等法律援助申请的，值班律师应当在二十四小时内将申请转交法律援助机构。

4. 代为申请

（1）无民事行为能力人或者限制民事行为能力人需要法律援助的，可以由其法定代理人代为提出申请。法定代理人侵犯无民事行为能力人、限制民事行为能力人合法权益的，其他法定代理人或者近亲属可以代为提出法律援助申请。

（2）被羁押的犯罪嫌疑人、被告人、服刑人员，以及强制隔离戒毒人员，可以由其法定代理人或者近亲属代为提出法律援助申请。

5. 经济困难状况的说明及其核查

（1）因经济困难申请法律援助的，申请人应当如实说明经济困难状况。

（2）法律援助机构核查申请人的经济困难状况，可以通过信息共享查询，或者由申请人进行个人诚信承诺。

（3）法律援助机构开展核查工作，有关部门、单位、村民委员会、居民委员会和个人应当予以配合。

（4）免予核查经济困难状况的人员（需要提供材料证明）：

①无固定生活来源的未成年人、老年人、残疾人等特定群体；

②社会救助、司法救助或者优抚对象；

③申请支付劳动报酬或者请求工伤事故人身损害赔偿的进城务工人员；

④法律、法规、规章规定的其他人员。

五、审查和决定

1. 法律援助机构应当自收到法律援助申请之日起七日内进行审查，作出是否给予法律援助的决定。

2. 决定给予法律援助的，应当自作出决定之日起三日内指派法律援助人员为受援人提供法律援助；决定不给予法律援助的，应当书面告知申请人，并说明理由。

3. 申请人提交的申请材料不齐全的，法律援助机构应当**一次性告知**申请人需要补充的材料或者要求申请人作出说明。申请人未按要求补充材料或者作出说明的，视为撤回申请。

4. 先行援助的情形

法律援助机构收到法律援助申请后，发现有下列情形之一的，可以决定先行提供法律援助：

（1）距法定时效或者期限届满不足七日，需要及时提起诉讼或者申请仲裁、行政复议；

（2）需要立即申请财产保全、证据保全或者先予执行；

（3）法律、法规、规章规定的其他情形。

【注意】法律援助机构先行提供法律援助的，受援人应当及时补办有关手续，补充有关材料。

六、实施援助

1. 法律援助人员接受指派后，无正当理由不得拒绝、拖延或者终止提供法律援助服务。

2. 法律援助人员应当按照规定向受援人通报法律援助事项办理情况，不得损害受援人合法权益。

3. 受援人应当向法律援助人员如实陈述与法律援助事项有关的情况，及时提供证据材料，协助、配合办理法律援助事项。

4. 法律援助事项办理结束后，法律援助人员应当及时向法律援助机构报告，提交有关法律文书的副本或者复印件、办理情况报告等材料。

七、援助的终止

法律援助机构应当作出终止法律援助决定的情形：

（1）受援人以欺骗或者其他不正当手段获得法律援助；

（2）受援人故意隐瞒与案件有关的重要事实或者提供虚假证据；

（3）受援人利用法律援助从事违法活动；

（4）受援人的经济状况发生变化，不再符合法律援助条件；

（5）案件终止审理或者已经被撤销；

（6）受援人自行委托律师或者其他代理人；

（7）受援人有正当理由要求终止法律援助；

（8）法律法规规定的其他情形。

【注意】法律援助人员发现有上述情形的，应当及时向法律援助机构报告，而不是自行终止援助。

八、救济

1. 申请人、受援人对法律援助机构不予法律援助、终止法律援助的决定有异议的，可以向设立该法律援助机构的司法行政部门提出。

2. 司法行政部门应当自收到异议之日起五日内进行审查，作出维持法律援助机构决定或者责令法律援助机构改正的决定。

3. 申请人、受援人对司法行政部门维持法律援助机构决定不服的，可以依法申请行政复议或者提起行政诉讼。

4. 法律援助机构、法律援助人员未依法履行职责的，受援人可以向司法行政部门投诉，并可以请求法律援助机构更换法律援助人员。司法行政部门应当建立法律援助工作投诉查处制度；接到投诉后，应当依照有关规定受理和调查处理，并及时向投诉人告知处理结果。

5. 律师协会应当将律师事务所、律师履行法律援助义务的情况纳入年度考核内容，对拒不履行或者怠于履行法律援助义务的律师事务所、律师，依照有关规定进行惩戒。

第五章 公证制度与公证员职业道德

第一节 公证制度概述

码上揭秘

一、公证制度的概念

1. **公证制度是一种预防性的司法证明制度，是国家司法制度的重要组成部分，属于民事程序法的范畴。**

2. 公证是在公证机构执业的公证员依照法定程序证明**民事法律行为**（如合同、继承、委托、声明、赠与、遗嘱、财产分割、招标投标、拍卖），**有法律意义的文书**（如毕业证、学位证、结婚证、公司章程）和**有法律意义的事实**（如婚姻状况、亲属关系、收养关系、出生、生存、死亡）的真实性、合法性，并赋予其法定效力的**一种非诉讼司法活动**。

【注意】我国的公证机构是公证处，其以国家名义进行公证证明活动。

【注意】英美法系国家的公证制度侧重于形式证明，只证明真实性，即证明当事人在公证人面前签署文件的行为属实；大陆法系国家则侧重于证明真实性与合法性。我国属于后一公证体系。

【注意】公证具有私证不可比拟的权威性：公证机构仅对无争议的事项进行公证；公证只能由公证机构统一行使；公证文书具有证据效力、强制执行效力、法律行为成立的形式要件效力；也具有较强的通用性，特别是发往域外使用的公证文书经过领事认证后，就会受到域外使用国的承认。

二、我国公证制度的特征

（一）公证是一种特殊的证明活动

1. 公证主体的特殊性

公证只能由国家专门设立的司法证明机构——公证处统一行使。公证员是公证机构中负责办理公证事务的法律专业人员，代表公证处进行公证证明活动并出具公证文书。其他机构和人员不能进行公证证明活动。

2. 公证内容和对象的特定性

公证对象是没有争议的民事法律行为、有法律意义的事实和文书；公证的内容是证明公证对象的真实性和合法性。

【口诀】有争议，不公证。

【注意1】属于公证范围的内容一定要求有法律意义，没有法律意义不能办理公证。

【注意2】公证对象必须真实合法才能办理公证。

3. 公证效力的特定性

经过法定程序公证证明的法律事实和文书，人民法院应当作为认定事实的根据。但是有相反证据足以推翻公证证明的除外。

4. 公证程序的法定性

公证机构、公证员应严格依法定程序进行公证的证明活动。

（二）公证是一种非诉讼司法活动

与民事诉讼相比较，公证是一种事前的预防，在法律依据、程序、效力等方面存在不同。

三、我国公证管理体制

我国实行司法行政机关行政管理与公证协会行业管理相结合的二元管理体制。

（一）司法行政机关的行政管理

司法行政部门依法对公证机构、公证员和公证协会进行监督、指导，其行政管理权限包括：

1. 按照规定程序批准公证机构的设立，颁发公证机构执业证书；

2. 依法对公证机构的执业区域、外部管理体制等进行调整和规范；

3. 对推选产生的公证机构负责人予以核准和备案；

4. 对公证员进行考核、任免；

5. 对公证协会进行监督和指导；

6. 会同有关部门制定公证收费标准；

7. 对公证机构和公证员的执业活动进行监督、指导，并对其违法行为进行处罚。

（二）公证协会的行业管理

1. 全国设立中国公证协会，省、自治区、直辖市设立地方公证协会。中国公证协会和地方公证协会是社会团体法人。中国公证协会章程由会员代表大会制定，报国务院司法行政部门备案。

2. 公证协会是公证业的自律性组织，依据章程开展活动，对公证机构、公证员的执业活动进行监督。

3. 地方公证协会接受中国公证协会的指导。

4. 公证机构和公证员应当加入地方和全国的公证协会。

5. 公证协会依据章程和有关行业规范，对公证机构违反执业规范和执业纪律的行为，视其情节轻重，给予相应的行业处分。在查处过程中，发现有应当给予行政处罚情形的，应当提交有管辖权的司法行政机关处理。

第二节 公证员与公证机构

一、公证机构的概念与性质

公证机构是依法设立，**不以营利为目的**，依法**独立行使公证职能**、承担民事责任的证明机构。

1. **公证机构不以营利为目的**，并不表明公证机构提供服务不收取任何费用。

2. **公证机构既独立于司法机关又独立于行政机关，公证员只对自己的执业行为负责，对法律负责。主办公证员依法独立办证，不受公证机构内部其他公证员的干涉。**

3. **公证机构及其公证员因过错给当事人、公证事项的利害关系人造成损失的，由公证机**

构承担相应的赔偿责任；公证机构赔偿后，可以向有故意或者重大过失的公证员追偿。

二、公证机构的设立

1. **设立的原则**：统筹规划、合理布局的原则，实行总量控制。

2. **设立的审批机关**：由所在地司法行政机关组建，逐级报省、自治区、直辖市司法行政机关审批后，颁发公证机构执业证书。

3. **设立的地点**：公证机构可以在县、不设区的市、设区的市、直辖市或者市辖区设立；在设区的市、直辖市可以设立一个或者若干个公证机构。公证机构不按行政区划层层设立。

4. **设立条件**

（1）有自己的名称；
（2）有固定的场所；
（3）有二名以上公证员；（负责人应当在有三年以上执业经历的公证员中推选产生）
（4）有开展公证业务所必需的资金。

【口诀】有名有钱有房子，两个人里面，有三年以上经历的就成负责人了。

5. 申请设立公证机构，应当提交下列材料：
（1）设立公证机构的申请和组建报告；
（2）拟采用的公证机构名称；
（3）拟任公证员名单、简历、居民身份证复印件和符合担任公证员条件的证明材料；
（4）拟推选的公证机构负责人的情况说明；
（5）开办资金证明；
（6）办公场所证明；
（7）其他需要提交的材料。

6. **审批**：省、自治区、直辖市司法行政机关应当自收到申请材料之日起三十日内，完成审核，作出批准设立或者不予批准设立的决定。对准予设立的，颁发公证机构执业证书；对不准予设立的，应当在决定中告知不予批准的理由。批准设立公证机构的决定，应当报司法部备案。

7. **冠名**
（1）公证机构统称公证处。
（2）县、不设区的市公证机构的冠名方式：省（自治区、直辖市）名称＋本县、市名称＋公证处。

【注意】县、不设区的市的公证处没有字号。
（3）设区的市或其市辖区公证机构的冠名方式：省（自治区）名称＋本市名称＋字号＋公证处。
（4）在直辖市或其市辖区设立公证机构的冠名方式：直辖市名称＋字号＋公证处。
（5）公证机构的名称，应当使用全国通用的文字。民族自治地方的公证机构的名称，可以同时使用当地通用的民族文字。
（6）公证机构名称中的字号，应当由两个以上文字组成，并**不得与所在省、自治区、直辖市内设立的其他公证机构的名称中的字号相同或者近似**。
（7）公证机构对经核定的名称享有专用权。

8. 公证机构执业证书是公证机构获准设立和执业的凭证。

（1）公证机构执业证书应当载明下列内容：公证机构名称、负责人、办公场所、执业区域、证书编号、颁证日期、审批机关等。

（2）公证机构执业证书分为正本和副本。正本用于在办公场所悬挂，副本用于接受查验。正本和副本具有同等法律效力。公证机构执业证书由司法部统一制作。证书编号办法由司法部制定。

（3）公证机构执业证书不得涂改、出借、抵押或者转让。公证机构执业证书损毁或者遗失的，由该公证机构报经所在地司法行政机关，逐级向省、自治区、直辖市司法行政机关申请换发或者补发。

9. 负责人

（1）负责人通常称为主任；

（2）应当在有三年以上执业经历的公证员中推选产生，由所在地的司法行政部门核准，报省、自治区、直辖市人民政府司法行政部门备案。

【口诀】省批、部备公证处，本地核准负责人。

10. 公证机构的执业区域，由省、自治区、直辖市司法行政机关在办理该公证机构设立或者变更审批时予以核定。公证机构应当在省、自治区、直辖市司法行政机关核定的执业区域内受理公证业务，不能跨区域受理公证业务。

三、公证业务范围

证明民事法律行为	合同公证	证明当事人之间签订合同行为的真实性、合法性。
	继承公证	确认继承权公证：证明继承行为真实、合法。
		放弃继承权公证：证明继承人放弃遗产权的意思表示真实、合法。
	★遗嘱公证	证明遗嘱人设立遗嘱的行为真实、合法。
	财产分割公证	证明当事人之间签订的财产分割协议的真实性、合法性。
	委托公证	证明委托人的授权委托行为真实、合法。
	声明公证	证明当事人发表的声明的真实性、合法性。
	赠与公证	证明赠与人将其财产无偿转让给受赠人的行为真实、合法。
	招标投标公证	监督和证明招标投标活动遵循公开、公平、公正和诚实信用原则。
	拍卖公证	行政机关、人民法院以拍卖的方式处理依法没收的物品，公证机构监督和证明拍卖活动遵守拍卖规则。

续表

证明有法律意义的事实	婚姻状况公证	结婚公证、未婚公证、离婚公证和丧偶公证。
	亲属关系公证	证明当事人与关系人之间的亲属关系的真实性。
	收养关系公证	确认收养关系公证和解除收养关系公证。 【注意】当事人必须亲自办理，不得委托他人代办。
	出生公证	证明当事人于何时何地出生这一法律事实的真实性。
	生存公证	证明某人现在依然健在并生活于某地这一法律事实的真实性。
	死亡公证	对与申请人有亲属、抚养等关系的人已经死亡这一法律事实的真实性予以确认。
	身份公证	证明当事人身份的真实性。
	经历公证	证明当事人特定经历的真实性。
	学历学位公证	证明毕业、肄业、学位证书及学习成绩单的真实性、合法性。
	职务职称公证	证明当事人职务、职称的真实性、合法性。
	有无犯罪记录公证	证明当事人没有犯罪记录。
	保全证据	申请的原因：必须是证据有灭失或难以获得的危险，如证物容易腐烂、变质，证人长期出国等。
		申请保全的对象：包括证人证言、书证、物证、视听资料、现场情况等。
		申请保全证据的目的：为了将来进行诉讼的需要。 【注意】如果进入诉讼程序，当事人认为需保全证据的，应向人民法院提出申请。
		公证机构依法采取一定措施收集、固定并保管，以保持证据的真实性和证明力。
证明有法律意义的文书	公司章程公证	对公司章程的法定性、真实性予以证明。
	文书的签名、印鉴、日期公证	证明对当事人具有法律意义的文书上的签名、印鉴和日期的真实性、合法性。
	文书的副本、影印本与原本相符程度公证	证明对当事人具有法律意义的文书的副本、影印本与原本相符的事实。 【注意】副本、影印本经过公证后即产生与原本相同的法律效力。

续表

其他业务	法律、行政法规规定由公证机构登记的事务	★《公证机构办理抵押登记办法》第3条：对于个人、企事业单位、社会团体和其他组织所有的机械设备、牲畜等生产资料，位于农村的个人私有房产，个人所有的家具、家用电器、金银珠宝及其制品等生活资料用于财产抵押的，由抵押人所在地的公证机构进行登记。（**抵押登记**）
	提存	**公证机构是我国法定的提存机关。**
		提存公证由债务履行地公证机构管辖；以担保为目的的提存公证或在债务履行地申办提存公证有困难的，可由担保人住所地或债权人住所地的公证机构管辖。
		公证机构应从提存之日起3日内出具提存公证书。
	★保管遗嘱、遗产或者其他与公证事项有关的财产、物品、文书。	
	当事人办理公证时书写某些文书有困难的，公证员可以根据当事人口述，代为草拟申请公证的文书或与公证业务有关的其他文书。	
	向社会提供公证法律咨询，解答与公证有关的法律问题，以发挥其宣传法制、普及法律知识的作用。	

【注意】专业水平评估、技术鉴定类事项不属于公证业务范围。

四、法定公证制度

法定公证，是指法律、行政法规规定应当公证的事项，自然人、法人或者其他组织应当申请办理公证，公证机构应当依法给予公证；经过公证，该事项才能发生法律效力的一项公证制度。目前，法定公证制度在我国还不完善，公证业务基本上由当事人自愿申请办理。

【注意】《民事诉讼法》第264条：在中国领域内没有住所的外国人、无国籍人、外国企业和组织委托中国律师或者其他人代理诉讼，从中国领域外寄交或者托交的授权委托书，应当经所在国公证机关证明，并经中国驻该国使领馆认证，或者履行中国与该所在国订立的有关条约中规定的证明手续后，才具有效力。

五、公证执业责任保险

1. 公证责任保险具有强制性，公证机构应当参加公证执业责任保险。投保人是中国公证协会，被保险人是公证机构，保险人是中国人民保险公司。

2. 在某一公证机构及其公证员给当事人、公证事项利害关系人造成损失的，首先由保险公司赔付；如果受损失的一方认为这样仍不足以弥补其损失，还可以向作出错误公证的公证机构索赔。公证机构赔偿后，可以向有重大过错的公证员追偿。

3. 公证保险责任赔偿的发生应当基于以下条件：

（1）公证机构及其公证人员在执业过程（即办理公证事项的过程）中存在过错；

（2）因公证机构及其公证人员的过错给公证申请人或利害关系人造成了损失。

4. 就赔偿的性质而言，公证赔偿应为补偿性赔偿，补偿的范围通常仅限于直接经济损失，对于间接经济损失，公证机构一般不予赔偿。

5. 公证保险人所应承担的赔偿责任，一般包括：

（1）人民法院判定或经保险人同意由公证机构与公证责任赔偿当事人协商确定的因公证

责任引起的赔偿金额；

（2）人民法院收取的诉讼费；

（3）其他诉讼费用，如律师费，调查取证费用等；

（4）法律规定或保险合同约定应由保险人承担的费用。

6. 按照中国公证协会与中国人民保险公司签订的《公证责任保险合同》，公证责任赔偿数额由人民法院以判决书或调解书的方式确定，采用调解书时，赔偿数额要事先征得保险人同意；由被保险人与公证责任索赔人以非诉讼方式确定的赔偿数额，必须事先经保险人书面同意，当保险人和被保险人就调解方案中赔偿数额意见不一致时，保险人具有决定权。

【注意】为保障公证机构的稳定发展，还应该建立公证员执业保证金制度和公证赔偿基金制度，提高公证员和公证机构抵御风险的能力。

六、公证员的条件

一般条件	（1）公民：**外国人、无国籍人均不得担任我国公证员**；
	（2）须在 **25** 周岁以上 **65** 周岁以下；
	（3）公道正派、遵纪守法、品行良好；
	（4）通过国家统一法律职业资格考试取得法律职业资格；
	（5）在公证机构实习 2 年以上或者具有 3 年以上其他法律职业经历并在公证机构实习 1 年以上，经考核合格。
特殊规定	从事法学教学研究工作，具有高级职称的人员，或者具有本科以上学历，从事审判、检察、法制工作、法律服务满 10 年的公务员、律师，**已经离开原工作岗位**，经考核合格的，也可以担任公证员。
消极条件	无民事行为能力或者限制民事行为能力的；
	因**故意犯罪或者职务过失犯罪受过刑事处罚**的；
	被开除公职的；
	被吊销公证员、律师执业证书的。

七、公证员的任免

（一）公证员的任命

1. 担任公证员，应当由符合公证员条件的人员提出申请，经公证机构推荐，由所在地的司法行政部门报省、自治区、直辖市人民政府司法行政部门审核同意后，报请国务院司法行政部门任命，并由省、自治区、直辖市人民政府司法行政部门颁发公证员执业证书。

（1）省、自治区、直辖市司法行政机关应当自收到报审材料之日起 20 日内完成审核。对符合规定条件和公证员配备方案的，作出同意申请人担任公证员的审核意见，填制公证员任职报审表，报请司法部任命；对不符合规定条件或者公证员配备方案的，作出不同意申请人担任公证员的决定，并书面通知申请人和所在地司法行政机关。

（2）司法部应当自收到省、自治区、直辖市司法行政机关报请任命公证员的材料之日起 20 日内，制作并下达公证员任命决定。司法部认为报请任命材料有疑义或者收到相关投诉、举报的，可以要求报请任命机关重新审核。

（3）省、自治区、直辖市司法行政机关应当自收到司法部下达的公证员任命决定之日起10日内，向申请人颁发公证员执业证书，并书面通知其所在地司法行政机关。

【口诀】公证员任命：本人申请，机构推荐，本地上报，省级同意，部级任命，省级发证。

2. 公证员变更执业机构，应当经所在公证机构同意和拟任用该公证员的公证机构推荐，报所在地司法行政机关同意后，报省、自治区、直辖市司法行政机关办理变更核准手续。公证员跨省、自治区、直辖市变更执业机构的，经所在的省、自治区、直辖市司法行政机关核准后，由拟任用该公证员的公证机构所在的省、自治区、直辖市司法行政机关办理变更核准手续。

（二）公证员的免职

存在免职情形			
丧失中华人民共和国国籍的；	年满65周岁或者因健康原因不能继续履行职务的；	自愿辞去公证员职务的；	被吊销公证员执业证书的。
由所在地的司法行政部门报省级政府司法行政部门提请司法部予以免职			由省级司法行政机关直接提请司法部予以免职。
司法部应当自收到提请免职材料之日起20日内，制作并下达公证员免职决定。			

（三）公证员执业证书管理

1. 公证员变更执业机构的，经省、自治区、直辖市司法行政机关核准，予以换发公证员执业证书。

2. 公证员受到停止执业处罚的，停止执业期间，应当将其公证员执业证书缴存所在地司法行政机关。

3. 公证员受到吊销公证员执业证书处罚或者因其他法定事由予以免职的，应当收缴其公证员执业证书，由省、自治区、直辖市司法行政机关予以注销。

八、公证员的权利与义务

（一）权利

1. 公证员有权承办所有公证业务；

2. 公证员办理公证事项，应当在公证书上署名；

3. 公证员有权获得劳动报酬，享受保险和福利待遇；有权提出辞职、申诉或者控告；非因法定事由和非经法定程序，不被免职或者处罚。

（二）行为禁止

同时在两个以上公证机构执业；
从事有报酬的其他职业；
★为本人及近亲属办理公证或者办理与本人及近亲属有利害关系的公证；
私自出具公证书；
为不真实、不合法的事项出具公证书；
侵占、挪用公证费或者侵占、盗窃公证专用物品；
毁损、篡改公证文书或者公证档案；
泄露在执业活动中知悉的国家秘密、商业秘密或者个人隐私。

第三节　公证程序与公证效力

一、申请

（一）申请的提出

1. 公证事项由当事人住所地、经常居住地、行为地或者事实发生地的公证机构受理。

【注意】原则上住经行事。

2. ★涉及不动产的公证事项，由不动产所在地的公证机构受理；涉及不动产的委托、声明、赠与、遗嘱的公证事项，可以向住所地、经常居住地、行为地或事实发生地的公证机构提出。

3. 二个以上当事人共同申办同一公证事项的，可以共同到行为地、事实发生地或者其中一名当事人住所地、经常居住地的公证机构申办。

4. 当事人向二个以上可以受理该公证事项的公证机构提出申请的，由最先受理申请的公证机构办理。

（二）公证代理

1. ★当事人申请办理公证，可以委托他人代理，但申办遗嘱、遗赠扶养协议、赠与、认领亲子、收养关系、解除收养关系、生存状况、委托、声明、保证及其他与自然人人身有密切关系的公证事项，应当由其本人亲自申办。

2. 无民事行为能力人或者限制民事行为能力人申办公证，应当由其监护人代理。法人申办公证，应当由其法定代表人代表。其他组织申办公证，应当由其负责人代表。

3. ★公证员、公证机构的其他工作人员不得代理当事人在本公证机构申办公证。

4. 居住在香港、澳门、台湾地区的当事人，委托他人代理申办涉及继承、财产权益处分、人身关系变更等重要公证事项的，其授权委托书应当经其居住地的公证人（机构）公证，或者经司法部指定的机构、人员证明。居住在国外的当事人，委托他人代理申办前款规定的重要公证事项的，其授权委托书应当经其居住地的公证人（机构）、我国驻外使（领）馆公证。

（三）填写公证申请表

1. 自然人、法人或者其他组织向公证机构申请办理公证，应当填写公证申请表。

2. 公证申请表应当载明下列内容：

（1）申请人及其代理人的基本情况；
（2）申请公证的事项及公证书的用途；
（3）申请公证的文书的名称；
（4）提交证明材料的名称、份数及有关证人的姓名、住址、联系方式；
（5）申请的日期；
（6）其他需要说明的情况。

3. 申请人应当在申请表上签名或者盖章，不能签名、盖章的由本人捺指印。

（四）申请公证应当提交的材料及要求

1. 自然人、法人或者其他组织申请办理公证，应当提交下列材料：

（1）自然人的身份证明，法人的资格证明及其法定代表人的身份证明，其他组织的资格证明及其负责人的身份证明；

（2）委托他人代为申请的，代理人须提交当事人的授权委托书，法定代理人或者其他代理人须提交有代理权的证明；

（3）申请公证的文书；

（4）申请公证的事项的证明材料，涉及财产关系的须提交有关财产权利证明；

（5）与申请公证的事项有关的其他材料。

2. 申请人提供的证明材料不完备的，公证机构可以要求补充；申请人应当按照要求补充。

3. 申请人提供的材料不充分，不能补足或者拒绝补充的，公证机构有权不予办理公证。

二、公证的受理

（一）公证处受理申请的条件：

1. 申请人与申请公证的事项有利害关系；
2. 申请人之间对申请公证的事项无争议；
3. 申请公证的事项属于公证处的业务范围；
4. 申请公证的事项符合本公证机构在其执业区域内可以受理公证业务的范围。

（二）受理之后的工作

1. 公证机构受理公证申请后，应当向申请人发送受理通知单。申请人或其代理人应当在回执上签收。

2. 公证机构受理公证申请后，应当告知当事人申请公证事项的法律意义和可能产生的法律后果，告知其在办理公证过程中享有的权利、承担的义务。告知内容、告知方式和时间，应当记录归档。

3. 公证机构受理公证申请后，应当按照规定向当事人收取公证费。公证办结后，经核定的公证费与预收数额不一致的，应当办理退还或者补收手续。对符合法律援助条件的当事人，公证机构应当按照规定减收或者免收公证费。

4. 公证机构受理公证申请后，应当指派承办公证员，并通知当事人。当事人要求该公证员回避，经查属于"为本人及近亲属办理公证或者办理与本人及近亲属有利害关系的公证"的，公证机构应当改派其他公证员承办。

三、公证的审查

（一）审查内容

根据不同公证事项的办证规则，分别审查下列事项：

1. 当事人的身份、申请办理该项公证的资格以及相应的权利；

2. 提供的文书内容是否完备，含义是否清晰，签名、印鉴是否齐全；

3. 提供的证明材料是否真实、合法、充分；

4. 申请公证的事项是否真实、合法。

【特别注意】我国属于大陆法系公证制度，既做形式审查，也做实质审查。

（二）核实

公证机构对申请公证的事项以及当事人提供的证明材料，按照有关办证规则需要核实或者

对其有疑义的，应当进行核实，或者委托异地公证机构代为核实，有关单位或者个人应当依法予以协助。

1. 通过询问当事人、公证事项的利害关系人、证人来核实。

（1）询问时，应当告知被询问人享有的权利、承担的义务及其法律责任。

（2）询问的内容应当制作笔录。询问笔录应当载明：询问日期、地点、询问人、记录人、询问事由，被询问人的基本情况，告知内容、询问谈话内容等。询问笔录应当交由被询问人核对后签名或者盖章、捺指印。笔录中修改处应当由被询问人盖章或者捺指印认可。

（3）在向当事人、公证事项的利害关系人、证人或者有关单位、个人核实或者收集有关公证事项的证明材料时，需要摘抄、复印（复制）有关资料、证明原件、档案材料或者对实物证据照相并作文字描述记载的，摘抄、复印（复制）的材料或者物证照片及文字描述记载应当与原件或者物证相符，并由资料、原件、物证所有人或者档案保管人对摘抄、复印（复制）的材料或者物证照片及文字描述记载核对后签名或者盖章。

2. 调查：向有关单位或者个人了解相关情况或者核实、收集相关书证、物证、视听资料等证明材料；公证机构派员外出核实的，应当由二人进行，但核实、收集书证的除外。特殊情况下只有一人外出核实的，应当有一名见证人在场。

3. 通过现场勘验核实：应当制作勘验笔录，由核实人员及见证人签名或者盖章。根据需要，可以采用绘图、照相、录像或者录音等方式对勘验情况或者实物证据予以记载。

4. 委托专业机构或者专业人员鉴定、检验检测、翻译：

（1）应当告知当事人由其委托办理，或者征得当事人的同意代为办理。鉴定意见、检验检测结论、翻译材料，应当由相关专业机构及承办鉴定、检验检测、翻译的人员盖章和签名。

（2）委托鉴定、检验检测、翻译所需的费用，由当事人支付。

【注意】公证机构委托异地公证机构核实公证事项及其有关证明材料的，应当出具委托核实函，对需要核实的事项及内容提出明确的要求。受委托的公证机构收到委托函后，应当在一个月内完成核实。因故不能完成或者无法核实的，应当在上述期限内函告委托核实的公证机构。

四、出具公证书

公证机构经审查，认为申请提供的证明材料真实、合法、充分，申请公证的事项真实、合法的，应当自受理公证申请之日起十五个工作日内向当事人出具公证书。但是，因不可抗力、补充证明材料或者需要核实有关情况的，所需时间不计算在期限内，并应当及时告知当事人。

（一）出具公证书的条件

民事法律行为的公证	（1）当事人具有从事该行为的资格和相应的民事行为能力； （2）当事人的意思表示真实； （3）该行为的内容和形式合法，不违背社会公德； （4）《公证法》规定的其他条件。
有法律意义的事实或者文书的公证	（1）该事实或者文书与当事人有利害关系； （2）事实或者文书真实无误； （3）事实或者文书的内容和形式合法，不违背社会公德； （4）《公证法》规定的其他条件。

续表

文书上的签名、印鉴、日期的公证	(1) 其签名、印鉴、日期应当准确、属实； (2) 文书的副本、影印本等文本的公证，其文本内容应当与原本相符。
具有强制执行效力的债权文书的公证	(1) 债权文书以给付货币、物品或者有价证券为内容； (2) 债权债务关系明确，债权人和债务人对债权文书有关给付内容无疑义； (3) 债权文书中载明当债务人不履行或者不适当履行义务时，债务人愿意接受强制执行的承诺； (4)《公证法》规定的其他条件。

（二）公证书的审批

1. 符合规定条件的公证事项，由承办公证员拟制公证书，连同被证明的文书、当事人提供的证明材料及核实情况的材料、公证审查意见，报公证机构的负责人或其指定的公证员审批。但按规定不需要审批的公证事项除外。

2. 任何人不得审批自己承办的公证事项。

3. 审批公证事项及拟出具的公证书，应当审核以下内容：

（1）申请公证的事项及其文书是否真实、合法；

（2）公证事项的证明材料是否真实、合法、充分；

（3）办证程序是否符合有关办证规则的规定；

（4）拟出具的公证书的内容、表述和格式是否符合相关规定。

4. 审批重大、复杂的公证事项，应当在审批前提交公证机构集体讨论。讨论的情况和形成的意见，应当记录归档。

（三）公证书的格式

1. 公证书应当按照国务院司法行政部门规定的格式制作，由公证员签名或者加盖签名章并加盖公证机构印章。

2. 公证书包括以下主要内容：

（1）公证书编号；
（2）当事人及其代理人的基本情况；
（3）公证证词（核心部分）：包括公证对象、证明的内容、法律依据等；公证证词证明的文书是公证书的组成部分。
（4）承办公证员的签名（签名章）、公证机构印章；
（5）出具日期。

3. 公证书应当使用全国通用的文字；在民族自治地方，根据当事人的要求，可以制作当地通用的民族文字文本。两种文字的文本具有同等效力。发往香港、澳门、台湾地区使用的公证书应当使用全国通用的文字。发往国外使用的公证书应当使用全国通用的文字。根据需要和当事人的要求，公证书可以附外文译文。

（四）公证书的发放和生效

1. 公证机构制作的公证书正本，由当事人各方各收执一份，并可以根据当事人的需要制作若干份副本。公证机构留存公证书原本（审批稿、签发稿）和一份正本归档。

【注意】正本是根据原本制作、发给当事人使用的正式公证书。原本是最原始的公证书，必须附卷归档，不得涂改、遗失、销毁或发给当事人。副本是根据原本或正本制作供各方主体参考的公证文书，一般需加盖副本章。副本也不得随意制作和发放。

2. 公证书出具后，可以由当事人或其代理人到公证机构领取，也可以应当事人的要求由公证机构发送。当事人或其代理人收到公证书应当在回执上签收。公证书需要办理领事认证的，根据有关规定或者当事人的委托，公证机构可以代为办理公证书认证，所需费用由当事人支付。

3. 公证书不得涂改、挖补，必须修改的应加盖公证处校对章。

4. 公证书自出具之日起生效。需要审批的公证事项，审批人的批准日期为公证书的出具日期；不需要审批的公证事项，承办公证员的签发日期为公证书的出具日期；现场监督类公证需要现场宣读公证证词的，宣读日期为公证书的出具日期。

五、不予办理公证和终止公证

1. 公证机构不予办理公证的情形：

(1) 无民事行为能力人或者限制民事行为能力人没有监护人代理申请办理公证的；
(2) 当事人与申请公证的事项没有利害关系的；
(3) 申请公证的事项属专业技术鉴定、评估事项的；
(4) 当事人之间对申请公证的事项有争议的；
(5) 当事人虚构、隐瞒事实，或者提供虚假证明材料的；
(6) 当事人提供的证明材料不充分或者拒绝补充证明材料的；
(7) 申请公证的事项不真实、不合法的；
(8) 申请公证的事项违背社会公德的；
(9) 当事人拒绝按照规定支付公证费的。

【注意】不予办理公证的，由承办公证员写出书面报告，报公证机构负责人审批。不予办理公证的决定应当书面通知当事人或其代理人。不予办理公证的，公证机构应当根据不予办理的原因及责任，酌情退还部分或者全部收取的公证费。

2. 公证机构应当终止公证的情形：

(1) 因当事人的原因致使该公证事项在六个月内不能办结的；
(2) 公证书出具前当事人撤回公证申请的；
(3) 因申请公证的自然人死亡、法人或者其他组织终止，不能继续办理公证或者继续办理公证已无意义的；
(4) 当事人阻挠、妨碍公证机构及承办公证员按规定的程序、期限办理公证的；
(5) 其他应当终止的情形。

【注意】终止公证的，由承办公证员写出书面报告，报公证机构负责人审批。终止公证的决定应当书面通知当事人或其代理人。终止公证的，公证机构应当根据终止的原因及责任，酌情退还部分收取的公证费。

六、公证书的认证

1. 公证书需要在国外使用，使用国要求先认证的，应当经中华人民共和国外交部或者外交部授权的机构和有关国家驻中华人民共和国使（领）馆认证。

2. 公证书一般由领事机构办理认证，所以这种认证也被称为**领事认证**，对公证书发挥推介作用。

3. 公证书需要办理领事认证的，根据有关规定或者当事人的委托，公证机构可以代为办理公证书认证，所需费用由当事人支付。

七、公证程序的特别规定

招标投标、拍卖、开奖等现场监督类公证	（1）应当由二人共同办理。 （2）承办公证员应当依照有关规定，通过事前审查、现场监督，对其真实性、合法性予以证明，现场宣读公证证词。 （3）在宣读后七日内将公证书发送当事人。该公证书自宣读公证证词之日起生效。 （4）承办公证员发现当事人有弄虚作假、徇私舞弊、违反活动规则、违反国家法律和有关规定行为的，应当即时要求当事人改正；当事人拒不改正的，应当不予办理公证。
遗嘱公证	（1）应当由二人共同办理。承办公证员应当全程亲自办理。 （2）特殊情况下只能由一名公证员办理时，应当请一名见证人在场，见证人应当在询问笔录上签名或者盖章。 （3）**效力：根据《民法典》的规定，遗嘱人立有数份遗嘱，内容相互抵触的，以最后的遗嘱为准，公证遗嘱不再具有优先效力。**
公证机构派员外出办理保全证据公证	由二人共同办理，承办公证员应当亲自外出办理。 承办公证员发现当事人是采用法律、法规禁止的方式取得证据的，应当不予办理公证。
债权文书执行证书	债务人不履行或者不适当履行经公证的具有强制执行效力的债权文书的，公证机构可以根据债权人的申请，依照有关规定出具执行证书。执行证书应当在法律规定的执行期限内出具。 执行证书应当载明申请人、被申请执行人、申请执行标的和申请执行的期限。债务人已经履行的部分，应当在申请执行标的中予以扣除。因债务人不履行或者不适当履行而发生的违约金、滞纳金、利息等，可以应债权人的要求列入申请执行标的。
公证调解	经公证的事项在履行过程中发生争议的，出具公证书的公证机构可以应当事人的请求进行调解。经调解后当事人达成新的协议并申请公证的，公证机构可以办理公证；调解不成的，公证机构应当告知当事人就该争议依法向人民法院提起民事诉讼或者向仲裁机构申请仲裁。

八、公证登记和立卷归档

1. 公证登记制度

（1）公证机构办理公证，应当填写公证登记簿，建立分类登记制度。登记事项包括：公证事项类别、当事人姓名（名称）、代理人（代表人）姓名、受理日期、承办人、审批人（签发人）、结案方式、办结日期、公证书编号等。

（2）公证登记簿按年度建档，应当永久保存。

2. 公证立卷归档制度

（1）公证机构受理公证申请后，承办公证员即应当着手立卷的准备工作，开始收集有关的证明材料，整理询问笔录和核实情况的有关材料等。对不能附卷的证明原件或者实物证据，应当按照规定将其原件复印件（复制件）、物证照片及文字描述记载留存附卷。

（2）公证机构在出具公证书后或者作出不予办理公证、终止公证的决定后，应当依照司法部、国家档案局制定的有关公证文书立卷归档和公证档案管理的规定，由承办公证员将公证文书和相关材料，在三个月内完成汇总整理、分类立卷、移交归档。

（3）公证案卷应当根据公证事项的类别、内容，划分为普通卷、密卷，分类归档保存。

公证案卷应当根据公证事项的类别、用途及其证据价值确定保管期限。保管期限分短期、长期、永久三种。涉及国家秘密、遗嘱的公证事项，列为密卷。立遗嘱人死亡后，遗嘱公证案卷转为普通卷保存。

（4）公证机构内部对公证事项的讨论意见和有关请示、批复等材料，应当装订成副卷，与正卷一起保存。

九、公证效力

★证据效力	1. 经过法定程序公证证明的法律行为、法律事实和文书，人民法院应当作为认定事实的根据。但有相反证据足以推翻公证证明的除外。 2. 公证书的效力明显优于私证书，其具有比其他单位和个人提供的证明文书更高的证据效力。 3. 在民事诉讼中，物证、档案、鉴定结论、勘验笔录或者经过公证、登记的书证，其证明力一般大于其他书证、视听资料和证人证言。 **4. 根据《民法典》的规定，遗嘱人立有数份遗嘱，内容相互抵触的，以最后的遗嘱为准，公证遗嘱不再具有优先效力。**
强制执行效力 （最特殊）	1. 对经公证的以给付为内容并载明债务人愿意接受强制执行承诺的债权文书，债务人不履行或履行不适当的，债权人可依法向有管辖权的法院申请执行。人民法院应当执行。 2. 具有强制执行效力的债权文书的公证，应当符合下列条件：（1）债权文书以给付货币、物品或者有价证券为内容；（2）债权债务关系明确，债权人和债务人对债权文书有关给付内容无疑义；（3）债权文书中载明当债务人不履行或者不适当履行义务时，债务人愿意接受强制执行的承诺；（4）《公证法》规定的其他条件。 **3. 《公证法》第 37 条第 2 款规定，债权文书确有错误的，人民法院裁定不予执行，并将裁定书送达双方当事人和公证机构。** 【注意】人民法院无权撤销公证书。

续表

法律行为成立形式要件效力	1. 法律、行政法规规定必须办理公证的事项未经公证的，该事项不具有法律效力。
	2. 双方当事人约定必须公证的事项，未经公证的，其法律关系不能形成、变更和消灭。
	3. **根据国际惯例，我国当事人发往境外使用的某些文书，必须经过公证机构的公证证明，才能在境外发生法律效力。**

十、公证的救济

（一）公证书的复查

【特别提醒】**不是复议。**

当事人、公证事项的利害关系人认为公证书有错误的，可以向出具该公证书的公证机构提出复查。公证书的内容违法或者与事实不符的，公证机构应当撤销该公证书并予以公告，该公证书自始无效；公证书有其他错误的，公证机构应当予以更正。

1. 当事人认为公证书有错误的，可以在收到公证书之日起一年内，向出具该公证书的公证机构提出复查。公证事项的利害关系人认为公证书有错误的，可以自知道或者应当知道该项公证之日起一年内向出具该公证书的公证机构提出复查，但能证明自己不知道的除外。提出复查的期限自公证书出具之日起最长不得超过二十年。

【注意】所谓"公证书有错误"包含两方面的内容：其一是公证书证明的内容与实际情况不符或违反法律法规的强制性规定（如申请公证的法律行为是在当事人受胁迫或受欺诈的情况下作出的；赋予强制执行效力的债权文书不以给付为内容等）；其二是公证书的制作不规范、表述不恰当。

2. 复查申请应当以书面形式提出，载明申请人认为公证书存在的错误及其理由，提出撤销或者更正公证书的具体要求，并提供相关证明材料。

3. 公证机构收到复查申请后，应当指派**原承办公证员之外的公证员**进行复查。复查结论及处理意见，应当报公证机构的负责人审批。

4. 公证机构进行复查，应当对申请人提出的公证书的错误及其理由进行审查、核实，区别不同情况，按照以下规定予以处理：

（1）公证书的内容合法、正确，办理程序无误的，作出维持公证书的处理决定；
（2）公证书的内容合法、正确，仅证词表述或者格式不当的，应当收回公证书，更正后重新发给当事人；不能收回的，另行出具补正公证书；
（3）公证书的基本内容违法或者与事实不符的，应当作出撤销公证书的处理决定；
（4）公证书的部分内容违法或者与事实不符的，可以出具补正公证书，撤销对违法或者与事实不符部分的证明内容；也可以收回公证书，对违法或者与事实不符的部分进行删除、更正后，重新发给当事人；
（5）公证书的内容合法、正确，但在办理过程中有违反程序规定、缺乏必要手续的情形，应当补办缺漏的程序和手续；无法补办或者严重违反公证程序的，应当撤销公证书。

【注意1】公证机构自己发公证书，自己撤销。

【注意2】被撤销的公证书应当收回，并予以公告，该公证书自始无效。公证机构撤销公证书的，应当报地方公证协会备案。

5. 公证机构应当自收到复查申请之日起三十日内完成复查，作出复查处理决定，发给申请人。需要对公证书作撤销或者更正、补正处理的，应当在作出复查处理决定后十日内完成。复查处理决定及处理后的公证书，应当存入原公证案卷。

【注意】公证机构办理复查，因不可抗力、补充证明材料或者需要核实有关情况的，所需时间不计算在前款规定的期限内，但补充证明材料或者需要核实有关情况的，最长不得超过六个月。

6. 公证书被撤销的，所收的公证费按以下规定处理：

（1）因公证机构的过错撤销公证书的，收取的公证费应当全部退还当事人；
（2）因当事人的过错撤销公证书的，收取的公证费不予退还；
（3）因公证机构和当事人双方的过错撤销公证书的，收取的公证费酌情退还。

7. 当事人、公证事项的利害关系人对公证机构作出的撤销或者不予撤销公证书的决定有异议的，可以向地方公证协会投诉。

（二）公证书内容争议的诉讼★

当事人、公证事项的利害关系人对公证书涉及当事人之间或者当事人与公证事项的利害关系人之间实体权利义务的内容有争议的，公证机构应当告知其可以就该争议向人民法院提起民事诉讼。

第四节　公证员职业道德

【注意】公证最大的特点是公信力。

【注意】就适用对象而言，公证员职业道德不仅适用于执业公证员，也包括办理公证的辅助人员和其他工作人员。

忠于法律尽职履责	★自觉遵守法定回避制度，不得为本人及近亲属办理公证或者办理与本人及近亲属有利害关系的公证。
	不得私自出具公证书；不得为不真实、不合法的事项出具公证书；不得毁损、篡改公证文书或者公证档案。
	★公证员、公证机构的其他工作人员不得代理当事人在本公证机构申办公证。
	不得违反规定的收费标准收取公证费；不得侵占、挪用公证费或者侵占、盗窃公证专用物品。
	不得泄露在执业活动中知悉的国家秘密、商业秘密或者个人隐私。
	不得同时在二个以上公证机构执业；不得从事有报酬的其他职业。
	自觉履行执业保密义务，不得泄露在执业中知悉的国家秘密、商业秘密或个人隐私，更不得利用知悉的秘密为自己或他人谋取利益。

爱岗敬业 规范服务	履行告知义务：告知当事人、代理人和参与人的权利和义务，并就权利和义务的真实意思和可能产生的法律后果做出明确解释，**避免形式上的简单告知。**
	如果发现已生效的公证文书存在问题或其他公证员有违法、违规行为，应当及时向有关部门反映。
	不得利用媒体或采用其他方式，对正在办理或已办结的公证事项发表不当评论。
加强修养 提高素质	遵守社会公德；具有良好的个人修养和品行；忠于职守；热爱集体，团结协作；不断提高自身的业务能力和职业素养；终身学习，勤勉进取。
廉洁自律 尊重同行	①不得从事有报酬的其他职业和与公证员职务、身份不相符的活动；
	②不得利用公证员的身份和职务为自己、亲属或他人谋取利益；
	③不得索取或接受当事人及其代理人、利害关系人的答谢款待、馈赠财物或其他利益；
	④不得以不正当方式或途径对其他公证员正在办理的公证事项干预或施加影响；
	⑤不得利用媒体或其他手段炫耀自己，诋毁其他公证机构，贬损他人，排斥同行，为自己招揽业务；
	⑥不在名片上印制曾担任过的行政职务、荣誉职务、专业技术职务或者其他头衔；
	⑦★不得以支付介绍费、给予回扣、佣金、许诺提供利益等不正当方式承揽业务；
	⑧不得利用与行政机关、社会团体的特殊关系进行业务垄断。

第五节　公证职业责任

公证机构和公证员对当事人等所承担的责任，包括惩戒处分、行政法律责任、民事法律责任和刑事法律责任。公证职业责任的重点是财产责任。

一、公证员执业中违纪行为的处分

公证员执业中违纪行为的处分，又称**公证员惩戒**，是指公证协会对公证员违反执业纪律和职业道德规范的行为所给予的处分。主要包括六种：警告、严重警告、罚款、记过、暂停会员资格、取消会员资格。

1. 惩戒机构

中国公证员协会和省、自治区、直辖市公证员协会（以下简称省级公证员协会）设立惩戒委员会，惩戒委员会是对公证员实施惩戒的专门机构。

2. 惩戒管辖

惩戒案件一般由省级公证员协会的惩戒委员会受理，中国公证员协会惩戒委员会认为影响较大、案情重大的案件也可以自行受理。

3. 惩戒投诉及处理

投诉人可以直接投诉，也可以委托他人投诉，受理投诉的惩戒委员会有权要求投诉人提出具体的事实和有关证据材料。司法行政机关建议给予惩戒的，惩戒委员会应该受理。

4. 惩戒调查

（1）惩戒委员会受理后，应当在15日内通知投诉人、被投诉人及其所在公证机构负责人，并告知被投诉人及其所在公证机构负责人到惩戒委员会说明情况或者提供书面答辩材料。

（2）投诉人、被投诉人及有关人员应当如实回答调查人员的询问，并协助调查，不得阻挠。调查应当制作笔录，接受调查的人应当在调查笔录上签字或盖章。

（3）调查终结，惩戒委员会应当对调查结果进行审查，根据不同情况，分别作出如下决定：

①举证不足的，终止审理；
②情节显著轻微的，予以批评教育，不作惩戒处理；
③投诉属实的，予以惩戒处理；
④应当由司法行政机关予以行政处罚的，书面建议司法行政机关予以行政处罚。

（4）对可能给予暂停会员资格或者取消会员资格的案件，惩戒委员会应告知当事人本人及其所在公证机构负责人有陈述、申辩的权利，当事人放弃陈述或者申辩权利的，不影响作出决定。

5. 惩戒决定的作出和送达

（1）惩戒决定由3名以上单数惩戒委员会委员共同作出。给予记过以上惩戒的，由5名以上单数惩戒委员会委员共同作出。

（2）惩戒案件审理过程应当制作审理记录，参与审理的委员应当在记录上签名。审理记录应当存入惩戒卷宗。

（3）惩戒决定采用惩戒决定书形式作出。惩戒决定书应当加盖惩戒委员会印章。决定书应当载明下列事项：

①被惩戒人的姓名、性别、年龄、住所和其所在公证机构；
②有关的事实和证据；
③惩戒决定；
④不服惩戒决定申请复核的途径和期限；
⑤作出惩戒决定的公证员协会惩戒委员会名称和作出决定的日期。

（4）惩戒决定书应当在15日内送达被惩戒人及其所在的公证机构。除直接送达外，惩戒决定书可以委托被惩戒人所在公证机构或所属司法行政机关送达，也可以邮寄送达。

（5）惩戒决定应当报同级司法行政机关备案，省级公证员协会惩戒委员会作出的惩戒决定应当报中国公证员协会备案。

6. 惩戒决定的复核

（1）被惩戒的公证员对惩戒决定不服的，可以自收到决定书10日内，书面向作出惩戒决定的惩戒委员会申请复核。

（2）复核由惩戒委员会主任委员主持，由5名以上未参与作出该惩戒决定的委员集体作出复核决定，参与复核的委员人数应当为单数。复核决定应当于收到复核申请后2个月内作出。

（3）复核所发生的费用，经复核后，维持惩戒决定的，由申请人承担；撤销或变更惩戒决定的，由作出决定的公证员协会承担。

二、违法行为的法律责任

（一）行政法律责任

1. 行政处罚由省级或者设区的市级的司法行政部门作出，既可以针对公证员，也可以针对公证处：

（1）对公证员的行政处罚分为警告、罚款、停止执业、没收违法所得、吊销执业证书五种；

（2）对公证机构的行政处罚分为警告、罚款、没收违法所得、停业整顿四种。

2. ★★★吊销公证员执业证书只能省级司法行政部门作出；县级司法行政机关无权作出行政处罚。

3. 因故意犯罪或者职务过失犯罪受刑事处罚的，应当吊销公证员执业证书。被吊销公证员执业证书的，不得担任辩护人、诉讼代理人，但系刑事诉讼、民事诉讼、行政诉讼当事人的监护人、近亲属的除外。

4. 跨执业区域受理公证业务的，由所在地或设区的市的司法行政机关予以制止，并责令改正。

（二）民事法律责任

公证机构及其公证员因为自己的过错给当事人、公证事项的利害关系人造成了损失，就应当承担相应的民事责任。

1. 公证机构及其公证员因过错给当事人、公证事项的利害关系人造成损失的，由公证机构承担相应的赔偿责任；公证机构赔偿后，可以向有故意或者重大过失的公证员追偿。当事人、公证事项的利害关系人与公证机构因赔偿发生争议的，可以向人民法院提起民事诉讼。

2. ★当事人、公证事项的利害关系人提供证据证明公证机构及其公证员在公证活动中具有下列情形之一的，人民法院应当认定公证机构有过错：

（1）为不真实、不合法的事项出具公证书的；
（2）毁损、篡改公证书或者公证档案的；
（3）泄露在执业活动中知悉的商业秘密或者个人隐私的；
（4）违反公证程序、办证规则以及国务院司法行政部门制定的行业规范出具公证书的；
（5）公证机构在公证过程中未尽到充分的审查、核实义务，致使公证书错误或者不真实的；
（6）对存在错误的公证书，经当事人、公证事项的利害关系人申请仍不予纠正或者补正的；
（7）其他违反法律、法规、国务院司法行政部门强制性规定的情形。

3. ★当事人提供虚假证明材料申请公证致使公证书错误造成他人损失的，当事人应当承担赔偿责任。公证机构依法尽到审查、核实义务的，不承担赔偿责任；未依法尽到审查、核实义务的，应当承担与其过错相应的补充赔偿责任；明知公证证明的材料虚假或者与当事人恶意串通的，承担连带赔偿责任。

（三）刑事法律责任

1. 因故意犯罪或者职务过失犯罪受刑事处罚的，应当吊销公证员执业证书。

2. 公证员在履行公证职责过程中，严重不负责任，出具的公证书有重大失实，造成严重后果的，以出具证明文件重大失实罪追究刑事责任。

第六章　其他法律职业人员职业道德

第一节　法律顾问职业道德

码上揭秘

一、法律顾问的概念和类型

法律顾问是指依法接受公民、法人或者其他组织的聘请，运用法律专业知识和法律专业技能为聘请方提供全方位法律服务的专业人员。

1. 狭义和广义

（1）狭义上的法律顾问仅指律师；

（2）广义上的法律顾问则不限于律师，还包括其他具有法律专业知识、技能，能够提供法律服务的专业人员。

2. 党政机关法律顾问（政府法律顾问）、人民团体法律顾问以及国有企事业单位法律顾问

（1）政府法律顾问

①**历史**：政府法律顾问的实践最早可以追溯到20世纪80年代末。1988年9月，深圳市正式成立政府法律顾问室，堪称是我国政府法律顾问制度的开端。

【注意1】《中共中央关于全面推进依法治国若干重大问题的决定》："积极推行政府法律顾问制度，建立政府法制机构人员为主体、吸收专家和律师参加的法律顾问队伍，保证法律顾问在制定重大行政决策、推进依法行政中发挥积极作用。"

【注意2】《关于推行法律顾问制度和公职律师公司律师制度的意见》："2017年底前，中央和国家机关各部委，县级以上地方各级党政机关普遍设立法律顾问、公职律师，乡镇党委和政府根据需要设法律顾问、公职律师，国有企业深入推进法律顾问、公司律师制度，事业单位探索建立法律顾问制度，到2020年全面形成与经济社会发展和法律服务需求相适应的中国特色法律顾问、公职律师、公司律师制度体系。"

②**主要工作职责**

为重大决策、重大行政行为提供法律意见；
参与法律法规规章草案、党内法规草案和规范性文件送审稿的起草、论证；
参与合作项目的洽谈，协助起草、修改重要的法律文书或者以党政机关为一方当事人的重大合同；
为处置涉法涉诉案件、信访案件和重大突发事件等提供法律服务；
参与处理行政复议、诉讼、仲裁等法律事务；
所在党政机关规定的其他职责。

【口诀】参与协助提意见。

（2）人民团体法律顾问的主要工作职责

参与人民团体重大决策的法律论证，提供法律服务；
为人民团体参与研究制定法律法规草案等提供法律咨询意见；
对人民团体重要规范性文件的制定提供法律服务；
就人民团体工作中所涉及的重大法律问题提供法律服务；
参与人民团体组织的理论学习中有关法律知识的授课；
办理人民团体交办的其他法律事务。

【口诀】参与服务提意见。

（3）国有企业法律顾问的主要工作职责

参与企业章程、董事会运行规则的制定；
对企业重要经营决策、规章制度、合同进行法律审核；
为企业改制重组、并购上市、产权转让、破产重整、和解及清算等重大事项提出法律意见；
组织开展合规管理、风险管理、知识产权管理、外聘律师管理、法治宣传教育培训、法律咨询；
组织处理诉讼、仲裁案件；
所在企业规定的其他职责。

【口诀】诉讼仲裁、培训咨询、法律意见、法律审核、参与制定。

二、法律顾问职业道德

法律顾问职业道德是指法律顾问在履行职务活动中所应遵循的行为规范和准则，是社会道德对法律顾问这一职业群体提出的特殊要求。

【注意】法律顾问要改变以往"事前顾而不问，事后集中灭火"，成为党政机关、人民团体、国有企事业单位的"活字典"，从"法律咨询者"变为"法治守护者"，必须提高整体素质（既包括法律知识、理论以及实务经验技巧等业务素质，也包括职业道德素质）。

（一）主要调整对象

法律顾问，不仅包括党政机关、人民团体、国有企事业单位的专职法律顾问，也包括兼职法律顾问。

（二）主要内容（忠诚独立守秘密）

法律顾问职业道德既包括法律职业道德的普遍性要求，也包括法律顾问这一职业群体自身的特殊要求。

1. 忠诚法律	（1）忠于宪法和法律，以事实为依据，以法律为准绳；
	（2）凡是党政机关、国有企业的合法权益，法律顾问应尽心尽责地提供法律服务；在履行工作职责的过程中，不能做出任何有损党政机关、人民团体、国有企事业单位合法权益的行为；
	（3）对于涉嫌违法的行为，法律顾问必须及时提出法律意见，不能不顾原则地提供服务； 【注意】律师事务所及其指派的顾问律师，有权拒绝聘方要求为其违法行为及违背事实、违背律师职业道德等的事项提供服务，有权拒绝任何单位、个人的非法干预。
	（4）不能为了维护党政机关、人民团体、国有企事业单位的利益而采取非法手段损害国家、集体或他人的利益；
	（5）不得利用在工作期间获得的非公开信息或者便利条件，为本人及所在单位或者他人牟取利益；
	（6）不得以法律顾问的身份从事商业活动以及与法律顾问职责无关的活动；由此给党政机关、人民团体、国有企事业单位造成损失的，法律顾问应承担行政责任、民事责任甚至刑事责任。
2. 保持独立	（1）在提供法律服务过程中不受他人意志的干扰，仅仅依照法律的规定或依照法律的精神对事实作出合乎价值的判断；
	（2）国有资产监督管理机构的工作人员违法干预企业法律顾问工作，侵犯所出资企业和企业法律顾问合法权益的，对直接负责的主管人员和其他直接责任人员依法给予行政处分；有犯罪嫌疑的，依法移送司法机关处理；
	（3）不得接受其他当事人委托，办理与聘任单位有利益冲突的法律事务；与所承办的业务有利害关系、可能影响公正履行职责的，应当回避。
3. 保守秘密	（1）在职业活动中有权获得与履行职责相关的信息、文件等资料；法律顾问对这些信息的使用仅限于职责所需，除此之外必须严格保密，不得利用这些信息从事商业或其他活动；
	（2）不得泄露党和国家的秘密、工作秘密、商业秘密以及其他不应公开的信息，不得擅自对外透露所承担的工作内容；
	（3）律师事务所及其所指派的顾问律师应对其提供法律服务过程中接触、了解到的国家秘密、商业秘密、不宜公开的情况及个人隐私负有保密的义务。

三、法律顾问职业责任

（一）类型

包括惩戒处分、民事法律责任、行政法律责任和刑事法律责任。

（二）追究

1. **党政机关法律顾问**：玩忽职守、徇私舞弊的，依法依纪处理。

2. **国有企业法律顾问**：企业法律顾问和总法律顾问玩忽职守、滥用职权、谋取私利，给企业造成较大损失的，应当依法追究其法律责任，并可同时依照有关规定，由其所在企业报请管理机关暂停执业或者吊销其企业法律顾问执业资格证书；有犯罪嫌疑的，依法移送司法机关处理。

3. 属于**外聘法律顾问**的，予以解聘，并记入法律顾问工作档案和个人诚信档案，通报律师协会或者所在单位，依法追究责任。

【注意】外聘法律顾问的解聘事由：

（1）泄露所知悉的国家秘密、商业秘密、个人隐私和不应公开的信息的；
（2）利用工作便利，为本人或者他人谋取不正当利益的；
（3）以党政机关、国有企业法律顾问的名义招揽或者办理与法律顾问职责无关的业务的；
（4）同时接受他人委托，办理与党政机关、国有企业有利害冲突的法律事务的；
（5）从事有损党政机关、国有企业利益或形象的其他活动的；
（6）因身体原因无法胜任法律顾问工作的；
（7）无正当理由，多次不参加法律顾问工作会议或者不按时提供法律意见的；
（8）受所在单位处分、司法行政部门行政处罚或律师协会行业处分的；
（9）依法被追究刑事责任的；
（10）党政机关、国有企业认为的其他情形。

第二节　仲裁员职业道德

一、仲裁的概念与特点

1. 仲裁，又称公断，是指当事人双方在争议发生前或争议发生后达成协议，自愿将争议交给第三者作出裁决，由其依据法律或公平原则作出对争议各方均有拘束力的裁决的一种解决纠纷的制度或方式。

2. 特点：

（1）纠纷当事人自愿协商通过仲裁方式解决争议；
（2）解决争议的第三人是当事人选择的；
（3）非司法机构的第三人解决争议作出的裁决对双方当事人具有拘束力。

二、仲裁员的概念与特点

1. 仲裁员是指有权接受当事人的选定或者仲裁机构的指定，具体审理、裁决案件的人员。
2. 仲裁员的选定方式：
（1）由当事人选定；
（2）由仲裁机构指定。
3. 仲裁员的种类：法律类仲裁员、劳动争议仲裁员、农村土地承包仲裁员等。

三、法律类仲裁员的职业道德

1. 仲裁员职业道德是指仲裁员在履行仲裁职能时所应遵循的职业行为规范的总和。

2. 仲裁员的信誉是仲裁的生命力，是使仲裁得以生存、发展的必要条件。

3. 一个合格的、符合仲裁制度与当事人合理预期的仲裁员应当具备两个基本条件：德才兼备。

(1) 拥有处理案件所需的学识和能力；
(2) 具有较高的道德水准与职业操守（更重要）。

4. 加强仲裁员职业道德建设的意义

(1) 有利于提高人们对仲裁员的信任度；
(2) 有利于提高案件的质量；
(3) 有利于提高仲裁员的素质，保证仲裁员队伍的纯洁性。

5. 仲裁员职业道德的主要内容

(1) 独立公正 （仲裁的灵魂和生命）	①保持廉洁	不得以任何直接或间接方式接受当事人或其他代理人的请客、馈赠或提供的其他利益；
		不得代人向仲裁员实施请客送礼或提供其他好处和利益。
	②保持独立	应当独立地审理案件，不因任何私利、外界压力而影响裁决的公正性；
		一方面不受仲裁委员会的干预；另一方面不受行政机关、社会团体和个人的干涉。
	③主动披露	仲裁员主动披露其与当事人或代理人之间的某种关系，以便当事人和仲裁机构考虑此种关系是否影响该仲裁员的独立性和公正性。
(2) 诚实信用	仲裁员只有确信自己具备右列条件，方可接受当事人的选定或仲裁委员会主任的指定	能够毫不偏袒地履行职责；
		具有解决案件所需的知识、经验和能力；
		能够付出相应的时间、精力，并按照有关法律法规要求的期限审理案件；
		参与审理且尚未审结的案件以不满10件为宜。
(3) 勤勉高效	①认认真真地对待每一起案件，一丝不苟，认真核实证据，查明事实，正确适用法律，公平、公正地解决争议，不辜负当事人的信任与期望；	
	②不仅应勤勉，还要守时，严格遵守时间，积极地推进仲裁，尽快结案，减轻当事人在时间、精力、财力上的负担和损失。	
(4) 保守秘密	①不得向当事人或外界透露本人的看法和合议庭合议的情况，对涉及仲裁程序、仲裁裁决的事项应保守秘密；	
	②仲裁员还要为当事人保密，尤其是要保护当事人的商业秘密不泄露。	

（5）尊重同行	①尊重其他仲裁员对案件发表意见的权利，以宽容的态度理解和接受分歧，在互敬的基础上，自由地探讨，真诚地交流；
	②在时间安排上的体谅与配合；
	③在审理和制作裁决过程中仲裁庭成员应共同努力、共尽义务，不仅要提出问题，更要提出解决问题的方案和办法。

四、仲裁员职业责任

1. 仲裁员要承担的职业责任主要是违纪责任、刑事责任；

【注意】目前我国尚未在仲裁立法中规定仲裁员的民事责任。

2. 仲裁员具有下列情形时，应当依法承担法律责任，仲裁委员会应当将其除名：

（1）仲裁员私自会见当事人、代理人或者接受当事人、代理人的请客送礼，情节严重的；

（2）仲裁员在仲裁案件时有索贿受贿、徇私舞弊、枉法裁决行为的。

第三节　行政机关中从事行政处罚决定审核、行政复议、行政裁决的公务员职业道德

一、行政执法人员

1. 不是所有行政机关的工作人员都是行政执法人员，只有在依法管理社会公共事务并具有行政执法权的部门工作的人员才是行政执法人员。

2. 类型：

（1）在行政机关中工作，具有行政编制的公务员或者事业编制的公务员；

（2）在法律、法规授权事业单位工作，具有事业编制的管理人员或者专业技术人员；

（3）在法律、法规授权的企业组织中的正式管理人员；

（4）在受委托执法单位中工作，在编的公务员、事业人员或者专业技术人员。

【注意】行政执法机关中借调人员、实习人员、临时聘用人员，超编人员等，都不是行政执法人员。

【规律】有编制的，正式的。

3. 实行行政执法人员资格制度，没有取得执法资格的不得从事行政执法工作。对各行政执法部门的执法人员，要结合其任职岗位的具体职权进行上岗培训；经考试考核合格具备行政执法人员资格的，方可按照有关规定发放行政执法证件。

【注意】行政执法人员资格是从事行政执法活动应当具备的条件，而获得法律职业资格则是从事行政处罚决定审核、行政复议、行政裁决的必备条件。

二、行政机关中从事行政处罚决定审核、行政复议、行政裁决的公务员素质要求

1. 具备相应的法律素养	要具有依法行政的意识和能力，要熟练地掌握与行政执法相关的法律知识，包括宪法、法律、法规、规章及其他规范性文件的规定，要有尊法学法守法用法的意识和能力，自觉形成依法办事的理念。

2. 拥有专业知识素养	行政执法涉及不同的行政管理领域，需要大量的专业领域的法律知识和专业性知识。
3. 具有较高的职业道德素养	为社会发挥表率作用

三、行政机关中从事行政处罚决定审核、行政复议、行政裁决的公务员职业道德的概述

1. 既属于公务员职业道德范畴，也是法律职业人员职业道德的组成部分。

2. 行政机关中从事行政处罚决定审核、行政复议、行政裁决的公务员的职业道德规范较一般的社会规范内涵更加具体和丰富，包括政治思想、工作作风、办事原则和行政纪律等。

3. **理论基础：**

（1）行政执法过程中广泛存在的自由裁量权要求必须规定行政机关中相关公务员的伦理道德责任。
（2）行政机关中相关公务员职业道德的确立，还意味着它作为内部控制机制被证明是必要的和不可或缺的。

4. **存在方式：** 部分要求以"法律法规"的形式被确定下来并产生强制性作用，部分要求则以"职业纪律"形式存在并产生约束作用。

四、行政机关中从事行政处罚决定审核、行政复议、行政裁决的公务员职业道德的主要内容

（一）公务员职业道德的基本要求

1. 坚定信念	（1）必须坚定对马克思主义的信仰，坚定对社会主义和共产主义的信念，不断增强道路自信、理论自信、制度自信；
	（2）坚持中国共产党的领导，坚持党的基本理论、基本路线、基本纲领、基本经验、基本要求不动摇；
	（3）把牢政治方向，坚定政治立场，严守政治纪律和政治规矩，增强党性修养，做到对党和人民绝对忠诚。
2. 忠于国家	（1）维护国家的安全、荣誉和利益；维护党和政府形象、权威，维护国家统一和民族团结；
	（2）保守国家秘密和工作秘密；同一切危害国家利益的言行作斗争。
3. 服务人民	（1）坚持以人为本、执政为民，全心全意为人民服务，永做人民公仆；
	（2）坚持党的群众路线，密切联系群众，以人民忧乐为忧乐，以人民甘苦为甘苦；
	（3）坚持人民利益至上，把实现好、维护好、发展好最广大人民根本利益作为工作的出发点和落脚点，切实维护群众切身利益。
4. 恪尽职守	（1）服务大局、奋发有为、甘于奉献，为党和人民的事业不懈奋斗；
	（2）坚持原则、敢于担当、认真负责，面对矛盾敢于迎难而上，面对危机敢于挺身而出，面对失误敢于承担责任，面对歪风邪气敢于坚决斗争；
	（3）精通业务知识，勤勉敬业、求真务实，兢兢业业做好本职工作。

续表

5. 依法办事	（1）牢固树立社会主义法治理念，努力提高法治素养，模范遵守宪法和法律；
	（2）严格依法履职，做到权由法定、权依法使、法定职责必须为、法无授权不可为；
	（3）坚持依法决策，严格按照法定的权限、程序和方式执行公务。
6. 公正廉洁	（1）坚持秉公用权、公私分明，办事出于公心，努力维护和促进社会公平正义；
	（2）严于律己、廉洁从政，坚守道德法纪防线；
	（3）为人正派、诚实守信，尚俭戒奢、勤俭节约。

（二）行政机关中从事行政处罚决定审核、行政复议、行政裁决的公务员职业道德的特定要求

1. 坚持合法性，兼顾合理性	（1）合法执法	①相关公务员必须取得相应的法律资格；
		②行政执法权限范围要合法；
		③行政执法的内容要合法；
		④行政执法的程序要合法。
	（2）合理性	①执法行为的动因应符合行政的基本目的；
		②执法行为应基于正当的考虑；
		③执法行为的内容要客观、适度、符合理性。
		④执法行为可能对行政相对人的权益造成不利影响的，除法律规定的特别情形外，应该给予陈述、申辩的机会。
2. 秉公执法，兼顾效率	（1）秉公执法	①行政执行程序公开公正；
		②执法行为公开公平；
		③思想观念公正。
	（2）兼顾效率	①坚持依法独立行使行政执法权；
		②执法意图符合民意；
		③克服行政执法畏难心理；
		④坚持行政时效原则和行政执法及时性原则。
3. 文明执法，以礼待人	（1）在执行公务时要着装整齐，佩戴标志，出示证件；
	（2）重视证据采集，杜绝粗暴执法；
	（3）依法、规范、合理使用执法工具。

续表

4. 公开透明，权责一致	（1）公开透明	①执法依据公开；
		②执法信息公开；
		③执法过程公开；
		④执法决定公开。
	（2）权责一致	①职权的行使与责任的承担要一体化；
		②职权与职责要成比例性；
		③职权与职责要有互见性。

五、行政机关中从事行政处罚决定审核、行政复议、行政裁决的公务员职业责任

（一）行政责任

相关公务员违反其行政法上所应负的义务时，就产生行政责任。无论是否在执行职务时，只要违反纪律，就可以给予行政制裁。行政责任首先表现为纪律责任；此外，根据《国家赔偿法》的规定，还可能承担追偿责任；根据其他单行法律、法规的规定，承担通报批评等人身责任。

1. 行政处分等纪律责任。

（1）公务员必须遵守纪律，不得有下列行为：

| ①散布有损国家声誉的言论，组织或者参加旨在反对国家的集会、游行、示威等活动； |
| ②组织或者参加非法组织，组织或者参加罢工； |
| ③玩忽职守，贻误工作； |
| ④拒绝执行上级依法作出的决定和命令； |
| ⑤压制批评，打击报复； |
| ⑥弄虚作假，误导、欺骗领导和公众； |
| ⑦贪污、行贿、受贿，利用职务之便为自己或他人谋取私利； |
| ⑧违反财经纪律，浪费国家资财； |
| ⑨滥用职权，侵害公民、法人或者其他组织的合法权益； |
| ⑩泄露国家秘密或者工作秘密； |
| ⑪在对外交往中损害国家荣誉和利益； |
| ⑫参与或者支持色情、吸毒、赌博、迷信等活动； |
| ⑬违反职业道德、社会公德； |
| ⑭从事或者参与营利性活动，在企业或者其他营利性组织中兼任职务； |
| ⑮旷工或者因公外出、请假期满无正当理由逾期不归； |
| ⑯违反纪律的其他行为。 |

（2）公务员因违法违纪应当承担纪律责任的，依法主要承担警告（6个月）、记过（12个

月）、记大过（18 个月）、降级（24 个月）、撤职（24 个月）、开除等行政处分。处分期限最长不得超过 48 个月。

2. 追偿等财产责任。

《国家赔偿法》第 16 条第 1 款："赔偿义务机关赔偿损失后，应当责令有故意或者重大过失的工作人员或者受委托的组织或者个人承担部分或者全部赔偿费用。"

3. 通报批评等人身责任。

在公务员的人身责任中，通报批评、警告、公开道歉是最常见的责任承担方式。

（1）通报批评一般是违反了相关的规章制度、纪律等但是又没有严重到违法的程度，对行政机关中相关公务员作出的责任追究；

（2）赔礼道歉在行政责任中也很常见。

【注意】《治安管理处罚法》第 117 条："公安机关及其人民警察违法行使职权，侵犯公民、法人和其他组织合法权益的，应当赔礼道歉；造成损害的，应当依法承担赔偿责任。"

（二）刑事责任

1. 公务员行使职权可能涉及的犯罪大约有 54 个罪名，根据公务员行使职权犯罪的客观行为的表现方式不同，可以分为贪污贿赂型犯罪、渎职型犯罪、侵权型犯罪。

2. 《行政复议法》第 35 条："行政复议机关工作人员在行政复议活动中，徇私舞弊或者有其他渎职、失职行为的，依法给予警告、记过、记大过的行政处分；情节严重的，依法给予降级、撤职、开除的行政处分；构成犯罪的，依法追究刑事责任。"

3. 《行政处罚法》第 83 条："行政机关对应当予以制止和处罚的违法行为不予制止、处罚，致使公民、法人或者其他组织的合法权益、公共利益和社会秩序遭受损害的，对直接负责的主管人员和其他直接责任人员依法给予处分；情节严重构成犯罪的，依法追究刑事责任。"

第五编 中国法律史

第一章 先秦时期的法律思想与制度

码上揭秘

【同时期西方法文化背景】

1. 欧洲法律文化起源于古希腊；

2. 苏格拉底被民主派处死，表明多数人的专政与少数人的专政同样残暴；

3. 柏拉图：无论民主制还是寡头制都是恶劣政体。

4. 亚里士多德：

①提出将君主制、贵族制和民主制结合的共和政体设想；
②法律是正义的体现，法律的好坏以是否符合正义为标准；
③将法律分为基本法和非基本法、自然法和人定法、良法与恶法、习惯法和成文法；
④法治应该包含两重意义：已成立的法律获得普遍的服从，而大家所服从的法律又应该是本身制订得良好的法律。
⑤法治应当优于一人之治。

5. 公元前510年，罗马建立"元老院与罗马人民"的政体：由氏族贵族组成的元老院、由军事百人团会议选举的执政官，以及由平民大会选举的保民官，三者共同行使城邦政权。

6. 《十二表法》

①公元前451年和450年，"十人立法委员会"分两次颁布；
②将罗马人的社会与家庭生活全面纳入法律范围，巩固了共和政体；
③《十二表法》篇目依次为：传唤、审理、索债、家长权、继承和监护、所有权和占有、土地和房屋、私犯、公法、宗教法、前五表及后五表的追补。
④特点是诸法合体、私法为主，程序法先于实体法等。
⑤罗马国家第一部成文法。

第一节 西周时期的法律思想与制度

一、西周以降的法律思想

（一）西周的"以德配天，明德慎罚"思想

夏商	神权政治学说（天命观）。

续表

西周	以德配天	"德"的要求主要包括三个基本方面：**敬天、敬祖、保民**。
	明德慎罚	（1）统治者首先要用"德教"即道德教化的办法（礼治）来治理国家，在适用法律、实施刑罚时应该宽缓、谨慎，而不应一味用严刑峻罚来迫使臣民服从。
		（2）"实施德教"是前提，是第一位的。
		（3）"德教"的具体内容，周初统治者逐渐归纳成内容广博的"礼治"，即要求君臣上下父子兄弟都按既有的"礼"的秩序规范各自的言行，从而在全社会形成一种和谐安定的"礼治秩序"。
	出礼入刑	（1）礼是中国古代社会长期存在的、维护血缘宗法关系和宗法等级制度的一系列精神原则以及言行规范的总称。
		（2）礼起源于原始社会祭祀鬼神时所举行的仪式。
		（3）抽象的精神原则：亲亲尊尊。
		（4）具体的礼仪形式：五礼（吉凶军宾嘉）。
		（5）西周时期的礼已具备法的性质：周礼完全具有法的三个基本特性，即规范性、国家意志性和强制性；周礼在当时对社会生活各个方面都有着实际的调整作用。
		（6）礼不下庶人、刑不上大夫：强调平民百姓与贵族官僚之间的不平等，强调官僚贵族的法律特权。

二、西周以降的主要法制内容

（一）五刑

1. 西周史料中记载有"刑名从商""周有常刑"，说明自商以降形成了五刑制度。

2. 西周的常刑为墨、劓、剕、宫、大辟，均为"残人肢体的肉刑"；此外还有流、扑、鞭、赎及非常刑等其他酷刑手段。

（二）虽有刑书，但不布之于众

1. 先王议事以制，不为刑辟；临事制刑，不豫设法；

2. 刑不可知，则威不可测。

（三）刑罚适用原则

1. 区分故意（非眚）与过失（眚）；

2. 区分惯犯（惟终）与偶犯（非终）。

【古文】"人有小罪，非眚，乃惟终……有厥罪小，乃不可不杀。乃有大罪，非终，乃惟眚灾……时乃不可杀。"

【解析】虽犯小罪，却不是由于过失，或者是惯犯，就不可不杀；反之，罪虽大，但不是惯犯，又出于过失，就不可处死。

（四）契约法律

1. 西周设有专职官员管理立契事宜，称为"司约"；设"质人"，作为市场管理人员。

2. 买卖契约：质剂

【古文】"质剂谓券书，有人争市事者，则以质剂听之。"

【古文解析】 这是说大凡买卖，均以券书为凭，一旦有人起争议时，可出示券书来理论。

（1）"大市以质"：凡买卖奴隶、牛马等大宗交易须使用较长的契券，称"质"；

（2）"小市以剂"：买卖兵器、珍异等小件物品使用较短的契券，称"剂"；

【注意】 质、剂均由官方制作，作为处理买卖纠纷的凭证，说明官方已对市场交易进行干预。

3. 借贷契约：傅别

"听称责以傅别"："称责"谓贷予；"傅别"谓券书也；听讼，责者以券书决之。

【解析】 "傅"即债券，一分为二称"别"，债权人执左券，债务人持右券，札上的字为半文，司法官以其为凭证审理有关债权债务纠纷案件。

（五）婚姻法律

与现代婚姻不同，传统婚姻有两个重要目的，所谓"合二姓之好，上以事宗庙，下以继后嗣"。前者强调宗庙祭祀，使祖先持续不断地享用"血食"①；后者强调要有男性继承人来传宗接代、延续家族血脉，进而保证前一目的顺利实现。可见，传统婚姻主要是两个家族间的联合，而不单纯是男女双方两个人爱情的结晶。

1. 婚姻缔结的三原则

（1）一夫一妻制：贵族盛行一夫一妻制形式下的一妻多妾制。

（2）"父母之命，媒妁之言"

在宗法制下，子女的婚姻大事须由父母主持，并通过媒人撮合，否则便是不循礼法，称为"淫奔"。白居易在诗歌《井底引银瓶》中有句："到君家舍五六年，君家大人频有言。聘则为妻奔是妾，不堪主祀奉蘋蘩。终知君家不可住，其奈出门无去处。岂无父母在高堂？亦有亲情满故乡。潜来更不通消息，今日悲羞归不得。为君一日恩，误妾百年身。寄言痴小人家女，慎勿将身轻许人！"说的就是一个跟男子淫奔的女孩，到了夫家之后的遭遇。在古代，经过正式行聘的才是正妻，私奔的是妾室，没有资格参与家族祭祀。但是，明明知道夫家不能够住下去，可是离开之后却没有其他去处。虽然娘家父母健在，但由于悲愤羞愧无法归乡。所以，这首诗告诫那些痴情的小姑娘，千万慎重，不要将终生轻易许人。

【古文】 娶妻如之何，必告父母。娶妻如之何，非媒不得。

【古文】 男女非有行媒，不相知名。

（3）"同姓不婚"（族外婚）。

西周婚姻制度实行"同姓不婚"的原因有二：

一方面，"男女同姓，其生不蕃"②。古人基于生活经验发现，同姓男女结婚，子女在智力、身体等各方面出现问题的概率很大。因此，为了保证后世子孙的身心健康，发展出了同姓禁止通婚的制度。

另一方面，族外通婚有助于"附远厚别"，即藉由婚姻加强与异性贵族之间的联系，壮大本家族的实力。

作为推行"同姓不婚"制度的配套，女子必须有姓。殷商的婚制是族内婚，女子一般不称姓。到了西周，由于"同姓不婚"制度的需要，女子开始普遍性地称姓。由此可见，姓在早期的一项重要功能就是判断双方是否适合联姻。对于买来的妾，如果"不知其姓"，则通过

---

① 出自《史记·封禅书》："祭有牲牢，故言血食。"

② 出自《左传·僖公二十三年》。

占卜来决定。

2. 结婚的程序：六礼

①纳采：男家请媒人向女家提亲；
②问名：男方询问女子名字、生辰等，卜于宗庙以定吉凶；
③纳吉：卜得吉兆后即与女家订婚；
④纳征（纳币）：男方派人送聘礼至女家，婚约正式成立；
⑤请期：商请女方择定婚期；
⑥亲迎：婚期之日新郎迎娶新妇。

3. 婚姻的解除

（1）七出

女子若有下列七种情形之一，丈夫或公婆即可休弃（单方面解除婚约）：

①无子：绝嗣不孝；
②淫佚：乱族；
③不事舅姑：不孝顺公婆为逆德；
④口舌：离间亲属；
⑤盗窃：违反规矩（反义）；
⑥妒忌：乱家；
⑦恶疾：不能共祭祖先。

（2）三不去

已婚妇女若有下列三种情形者，虽有七出之行，但夫家不得休弃：

①有所娶无所归：女子出嫁时有娘家可依，但休妻时已无本家亲人可靠；
②与更三年丧：女子入夫家后与丈夫一起为公婆守过三年之孝，已尽子媳之道；
③前贫贱后富贵：夫娶妻时贫贱，但婚后富贵的，不得离弃妻子。

（六）继承法律：嫡长子继承制

1. 西周的宗法制着眼于从长远解决从周天子及各级贵族的权位和宗桃继承问题，同时也解决财产继承问题。

2. 原则："立嫡以长不以贤，立子以贵不以长"。

3. 主要是政治身份的继承，土地、财产的继承是其次。

（七）司法诉讼制度

1. 司法机构

（1）周天子是最高裁判者。

（2）中央常设最高司法官为大司寇，负责实施法律法令：

①"掌建邦之三典，以佐王刑邦国，诰四方"；
②遇有重大或疑难案件，须上报周王最后裁断，或由周王指派高级贵族进行议决；

续表

③大司寇之下设小司寇，协助大司寇"以五刑听万民之狱讼"；
④还有各种专职的属吏。

（3）基层设有乡士、遂士等负责处理具体司法事宜。

2. 狱讼

①讼，谓以财货相告者，大致相当于民事诉讼；
②审理民事案件称为"听讼"；
③狱，谓相告以罪名者，大致相当于刑事诉讼；
④审理刑事案件叫做"断狱"；
⑤当事人起诉应交纳诉讼费，刑事、民事诉讼费分别称为"钧金"（三十斤铜）和"束矢"（一百支箭）。

3. 五听

"以五声听狱讼求民情"：运用察言观色进行审讯，以判断当事人陈述的真伪，可以说是审判心理学的萌芽。

①辞听，"观其出言，不直则烦"
②色听，"观其颜色，不直则赧然"
③气听，"观其气息，不直则喘"
④耳听，"观其听聆，不直则惑"
⑤目听，"观其眸子，不直则眊然"

4. 三宥：因主观上不识，过失，遗忘而犯罪者，应减刑。

5. 三赦：幼弱，老耄，蠢愚者（智障者），犯罪从赦。

6. 三刺：重大疑难案件

①疑案应先交群臣讨论；
②群臣不能决断时，再交官吏们讨论；
③还不能决断的，交给所有国人商讨决定。

第二节　春秋战国时期的法律思想与制度

一、铸刑书与铸刑鼎

（一）立法活动

1. 子产铸刑书

（1）目的：上古时期有刑不预设、临事议制的法制传统，为打破世袭贵族对于法律的垄断；

（2）郑国的执政子产率先"铸刑书于鼎，以为国之常法"；

（3）中国历史上第一次正式公布成文法。

2. 晋国铸刑鼎

（1）晋国的执政赵鞅把前任执政范宣子所编的刑书铸于鼎之上，公之于众。

（2）中国历史上第二次公布成文法的活动。

（二）成文法公布引起的论争

1. 新兴地主阶级反对旧贵族垄断法律，要求将成文法公布于众，以保障他们的私有财产和既得权益，摆脱宗法等级制度的羁绊。

2. 旧贵族的反对

（1）晋国叔向写信给子产反对"铸刑书"："民知争端矣，将弃礼而征于书。锥刀之末，将尽争之"；"国将亡，必多制，其此之谓乎"。

（2）孔子反对晋国"铸刑鼎"："晋其亡乎，失其度也。""贵贱无序，何以为国？"

（三）成文法公布的历史意义

1. 打破了"刑不可知，则威不可测"的信条，结束了法律的秘密状态；

2. 明确了"法律公开"这一新兴地主阶级的立法原则，对于后世封建法制的发展具有深远的影响。

二、《法经》（李悝）

1. 篇目结构（六篇）

（1）《盗法》：关于侵犯官私财产所有权犯罪的法律规定；
（2）《贼法》：关于人身伤害、破坏社会秩序的法律规定；
（3）《网法》：也称《囚法》，是关于囚禁和审判的法律规定；
（4）《捕法》：关于追捕盗、贼及其他犯罪者的法律规定；
（5）《杂法》：关于"盗贼"以外的其他犯罪与刑罚的规定，主要规定了"六禁"，即淫禁、狡禁、城禁、嬉禁、徒禁、金禁等；
（6）《具法》：关于定罪量刑中从轻从重等法律原则的规定，起着"具其加减"的作用，相当于近代法典中的总则部分。

【注意1】"王者之政，莫急于盗贼"，所以将《盗法》《贼法》列在法典之首。

【注意2】《网法》《捕法》二篇属于诉讼法的范围。

【注意3】《法经》全篇贯彻了法家"轻罪重刑"的思想，基本目的在于维护国家政权和保护私有财产。

【历史资料】明末董说的《七国考》引汉桓谭《新论》所列："其杂律略曰：夫有一妻二妾，其刑聝，夫有二妻则诛；妻有二夫则宫；曰淫禁。盗符者诛，籍其家；盗玺者诛；议国法令者诛，籍其家及其妻氏，曰狡禁。越城，一人者诛，自十人以上夷其乡及族，曰城禁。博戏，罚金三币；太子博戏，则笞，不止则特笞，不止则更立，曰嬉禁。群相居，一日以上则问，三日、四日、五日则诛，曰徒禁。丞相受金，左右伏诛；犀首以下受金则诛；金自镒以下，罚不诛也，曰金禁。"

2. 历史地位

（1）历史上第一部比较系统、完整的成文法典；是战国时期政治制度变革的重要成果，是战国时期封建立法的典型代表和全面总结。

（2）特点：

①贯彻了法家"轻罪重刑"的法治理论，充分反映了新兴地主阶级的意志与利益；
②以惩治盗贼为首要任务，反对旧贵族的等级特权，体现重刑主义精神；
③出现了先开列罪名、再规定刑罚的罪刑法定倾向，相当于法典总则的《具法》列在最后且适用于其他各篇。

（3）体例和内容，为后世成文法典的编纂奠定了重要基础；六篇为秦、汉直接继承，成为秦、汉律的主要篇目。

三、商鞅变法与法家思想

商鞅把自己的主张与秦国富国强兵的要求结合起来，在秦孝公的支持下，先后两次实施变法，以法律、法令作为基本手段，把各项改革措施贯彻到政治、经济以及其他社会领域。

1. 主要内容	（1）改法为律，扩充法律内容：强调法律规范的普遍性，具有"范天下不一而归于一"的功能。	
	（2）运用法律手段推行富国强兵措施，富国强兵是变法的终极目的：分户令；军爵律。	
	（3）剥夺旧贵族的特权：①废除世卿世禄，按军功授爵：除国君的嫡系以外的宗室贵族，没有军功即取消爵禄和贵族身份；②取消分封制，实行郡县制，剥夺旧贵族对地方政权的垄断权，强化中央对地方的全面控制。	
	（4）全面贯彻法家"以法治国"和"明法重刑"的主张	①以法治国，要求全体臣民特别是官吏要学法、明法；百姓学习法律者，应以吏为师；
		②贯彻重刑原则，加大量刑幅度，轻罪也重刑；
		③强调法律的严肃性，不赦不宥，凡有罪者皆应受罚；
		④鼓励臣民相互告发奸谋，"告奸者与斩敌首同赏"；
		⑤实行连坐制度，如邻伍连坐，以十家为什，五家为伍，什伍之间相互有告奸、举盗的责任，若什伍之中有作奸犯法者，相互负连带责任；此外，还实行军事连坐、职务连坐、家庭连坐等。
2. 历史意义	一次极为深刻的社会变革，秦国的法制得以迅速发展完善，秦国也在商鞅变法之后迅速强盛，最终统一六国，建立了历史上第一个中央集权的帝制王朝。	

第二章　秦汉至魏晋南北朝时期的法律思想与制度

【同时期西方法文化背景】

1. 具有衡平性质的最高裁判官法适用于居住在罗马境内的各民族，成为"万民法"的直接渊源，而传统的"市民法"效力仅局限于罗马市民范围内。

2. 公元前 3 世纪初创立于雅典的斯多葛学派，认为国家法律只是对神的完美律法的不完美模仿，执政者制定的所谓法律根本不配称为法律。这是西方自然法理论的最早渊源。

码上揭秘

3. 西塞罗通过对自然法和实在法的比较阐释法的本质，奠定了罗马法发展的法哲学基础。

4. 公元 426 年，随着《学说引证法》的公布，确认五大法学家（盖尤斯、保罗斯、乌尔比安、伯比尼安、莫迪斯蒂努斯）的法律解答和著述为罗马法渊源之一，其他学者的学说被禁止，罗马法学的发展基本停滞。

第一节　秦汉时期的法律思想与制度

一、秦代的法律

（一）秦代的罪名与刑罚

1. 罪名。

秦代法律所规定的罪名极为繁多，且尚无系统分类，更未形成较为科学的罪名体系。

（1）危害皇权罪	谋反；泄露机密（皇帝行踪、住所、言语）；偶语诗书、以古非今；诽谤、妖言；诅咒、妄言；非所宜言；投书（投寄匿名信）；不行君令等。	
（2）侵犯财产和人身罪	侵犯财产方面的罪名主要是"盗"	盗窃列为重罪，按盗窃数额量刑；还有共盗、群盗之分： ①共盗指五人以上共同盗窃。 ②群盗则是指聚众反抗统治秩序，**属于危害皇权的重大政治犯罪。**
	侵犯人身方面的罪名主要是贼杀、伤人	①所谓贼，是指杀死、伤害他人，以及在未发生变故的正常情况下杀人、伤人。 **【注意】** 这里的"贼"与今义不同，而是"害良曰贼""无变斩击谓之贼"，即杀死、伤害他人以及在未发生变故的正常情况下杀人、伤人。 ②斗伤、斗杀在秦代亦属于侵犯人身罪。

续表

	①官吏失职造成经济损失的犯罪；	
	②军职罪；	
(3) 渎职罪	③有关司法官吏渎职的犯罪	A. "见知不举"罪："有敢偶语诗、书者，弃市。以古非今者，族。吏见知不举者，与同罪。"
		B. "不直"罪：罪应重而故意轻判，应轻而故意重判；
		C. "纵囚"罪：应当论罪而故意不论罪，以及设法减轻案情，故意使案犯达不到定罪标准，从而判其无罪；
		D. "失刑"罪：因过失而量刑不当。 【注意】若系故意，则构成"不直"罪。
(4) 妨害社会管理秩序罪	①违令卖酒罪； ② "逋事"与"乏徭"等逃避徭役罪； ③逃避赋税罪。	
(5) 破坏婚姻家庭秩序罪	①**破坏婚姻关系**：包括夫殴妻、夫通奸、妻私逃等。	
	②**破坏家庭秩序**：包括擅杀子、子不孝、子女控告父母、卑幼殴尊长、乱伦等。	

2. 刑罚。

秦代的刑罚种类繁多，大致包括八大类：前五类相当于现代的主刑，后三类相当于现代的**附加刑**。但秦朝尚未形成完整的刑罚体系，且刑罚极为残酷，一切都呈现出**过渡时期**的特征。

(1) 笞刑	以竹、木板责打犯人背部的轻刑，针对轻微犯罪而设，也有的是作为减刑后的刑罚。	
(2) 徒刑	自由刑和劳役刑的结合	①**城旦舂**：男犯筑城，女犯舂米，实际从事的劳役并不限于此；
		②**鬼薪、白粲**：男犯为祠祀鬼神伐薪，女犯为祠祀择米，实际劳役不止于此；
		③**隶臣妾**：将罪犯及其家属罚为官奴婢，男为隶臣，女为隶妾，其刑轻于鬼薪白粲；
		④**司寇**：即伺寇，意为伺察寇盗，其刑轻于隶臣妾；
		⑤**候**：发往边地充当斥候，是秦代徒刑的最轻等级。
(3) 流放刑	包括**迁刑和谪刑**，都是将犯人迁往边远地区的刑罚，其中谪刑适用于犯罪的官吏，但两者都比后世的流刑要轻。	
(4) 肉刑	即黥（或墨）、劓、刖（或斩趾）、宫四种残害肢体的刑罚，多与城旦舂等较重的徒刑结合使用。	
(5) 死刑	①**弃市**，即所谓杀之于市，与众弃之；②**戮**，即先对犯人使用痛苦难堪的羞辱刑，然后斩杀；③**磔**，即裂其肢体而杀之；④**腰斩**；⑤**车裂**；⑥**枭首**，即处死后悬其首级于木上；⑦**族刑**，通常称为夷三族或灭三族；⑧**具五刑**，即《汉书·刑法志》所说："当夷三族者，皆先黥、劓、斩左右趾，笞杀之，枭其首，菹其骨肉于市。其诽谤詈诅者，又先断舌，故谓之具五刑。"	
(6) 羞辱刑	秦时经常使用**"髡"**、**"耐"（或"完"）**等耻辱刑作为徒刑的附加刑。其中**"髡"**是指剃光犯人的头发和胡须。此外，死刑中的**"戮"**刑也含有羞辱之意。	

续表

（7）经济刑 （赀赎刑）	对轻微罪适用的强制缴纳一定财物的刑罚主要是"赀"；"赀"是独立刑种，包括三种：一是纯属罚金性质的"赀甲"、"赀盾"；二是"赀戍"，即发往边地做戍卒；三是"赀徭"，即罚服劳役。
	赎刑不是独立刑种，而是一种允许已被判刑的犯人用缴纳一定金钱或服一定劳役来赎免刑罚的办法；适用范围非常广泛。
（8）株连刑	主要是族刑和"收"。"收"，亦称收孥、籍家，就是在对犯人判处某种刑罚时，还同时将其妻子、儿女等家属没收为官奴婢。

（二）秦代的刑罚适用原则

1. 刑事责任能力的规定	凡属未成年犯罪，不负刑事责任或减轻刑事处罚。 **以身高判定是否成年：**以大约六尺五寸为标准。
2. 区分故意（端）与过失（不端）	故意诬告者，实行反坐；主观上没有故意的，按告不审从轻处理。
3. 盗窃按赃值定罪	对于侵犯财产的盗窃罪，依据不同数目分为三等赃值（110钱、220钱、660钱），分别定罪。
4. 共犯罪与集团犯罪加重处罚	在处罚侵犯财产罪上共犯罪较个体犯罪处罚从重，集团犯罪（5人以上）较一般犯罪处罚从重。
5. 累犯加重原则	本身已犯罪，再犯诬告他人罪，加重处罚。
6. 教唆犯罪加重处罚	教唆未成年人犯罪者加重处罚。教唆未满15岁的人抢劫杀人，虽分赃仅为十文钱，教唆者也要处以碎尸刑。
7. 自首减轻处罚的原则	凡携带所借公物外逃，主动自首者，不以盗窃论处，而以逃亡论处。若犯罪后能主动消除犯罪后果，可以减免处罚。
8. 诬告反坐原则	故意捏造事实与罪名诬告他人，即构成诬告罪。诬告者实行反坐原则，即以被诬告人所受的处罚，反过来制裁诬告者。

二、汉代的法律

（一）汉代文帝、景帝废肉刑

1. **背景**：总结秦亡教训；汉文帝时鉴于当时继续沿用黥、劓、斩左右趾等肉刑，不利于政权的稳固，开始考虑改革肉刑。

2. **导火线**：缇萦救父

3. **刑制改革的内容**

汉文帝	（1）**黥刑** 改为 **髡钳城旦舂**（去发颈部系铁圈服苦役五年）；	评价：具有重要意义，但也有由轻改重的现象，因而班固称其为**"外有轻刑之名，内实杀之"**。
	（2）**劓刑**改为 **笞三百**；	
	（3）**斩左趾**改为 **笞五百**；	
	（4）**斩右趾**改为 **弃市死刑**。	

续表

汉景帝	**笞三百改为笞二百；**
	笞五百改为笞三百。
	颁布《**箠令**》，规定笞杖尺寸，以竹板制成，削平竹节，以及行刑不得换人等，使得刑制改革向前迈进了一大步。

【**注意**】崔浩《汉律序》："文帝废肉刑，而宫不易。"

（二）汉代的法律思想

1. 上请与恤刑。

上请	（1）刘邦下诏："郎中有罪耐以上，请之。"即通过请示皇帝给有罪贵族官僚某些优待。
	（2）宣帝、平帝相继规定上请制度，凡百石以上官吏、公侯及子孙犯罪，均可享受"上请"优待。
	（3）东汉时"上请"适用面越来越宽，遂成为官僚贵族的一项普遍特权，从徒刑二年到死刑都可以适用。
恤刑	（1）以"为政以仁"相标榜，贯彻儒家矜老恤幼的思想。
	（2）年80岁以上的老人，8岁以下的幼童，以及怀孕未产的妇女、老师、侏儒等，在有罪监禁期间，给予不戴刑具的优待。
	（3）老人、幼童及连坐妇女，除犯大逆不道诏书指明追捕的犯罪外，一律不再拘捕监禁。
亲亲得相首匿	（1）汉宣帝时期确立，主张亲属间首谋藏匿一般犯罪，可以不负刑事责任。
	（2）对卑幼亲属首匿尊长亲属的犯罪行为，不追究刑事责任。尊长亲属首匿卑幼亲属，罪应处死的，可上请皇帝宽贷。
	（3）来源于儒家"父为子隐，子为父隐，直在其中"的理论，一直影响后世封建立法。

（三）诉讼制度与汉律的儒家化

1.《春秋》决狱

（1）《**春秋**》**决狱**乃是**法律儒家化**在司法领域的反映，特点是依据儒家经典《春秋》等著作中提倡的精神原则审判案件，而不仅仅依据汉律审案。

（2）《春秋》决狱的内容

①强调审断时应**重视行为人在案情中的主观动机**；在着重考察动机的同时，还要依据事实，分别首犯、从犯和已遂、未遂。 【**历史资料**】董仲舒："春秋之听狱也，必本其事而原其志；志邪者不待成，首恶者罪特重，本直者其论轻。"（必须根据案情事实，追究行为人的动机；动机邪恶者即使犯罪未遂也不免刑责；首恶者从重惩治；主观上无恶念者从轻处理）
②实行"**论心定罪**"原则，如犯罪人主观动机符合儒家"忠"、"孝"精神，即使其行为构成社会危害，也可以减免刑事处罚。相反，犯罪人主观动机严重违背儒家倡导的精神，即使没有造成严重危害后果，也要认定犯罪给予严惩。 【**历史资料**】《盐铁：刑德》："春秋之治狱，论心定罪。志善而违于法者免，志恶而合于法者诛。"

【**经典事例**】汉代上洛有盗墓者，虽救活墓主，但仍以其"意恶"，诏"论笞三百，不齿

终身"。

（3）**客观评价**：对传统的司法和审判是一种积极的补充；但是，如果专以主观动机"心"、"志"的"善恶"，判断有罪无罪或罪行轻重，在某种程度上为司法擅断提供了依据。

2. 秋冬行刑（针对死刑）

（1）根据"天人感应"理论，规定春、夏不得执行死刑。
（2）除谋反、大逆等"决不待时"者外，一般死刑犯须在秋天霜降以后、冬至以前执行。因为这时"天地始肃"，杀气已至，便可"申严百刑"，以示所谓"顺天行诛"。
（3）对后世有着深远影响，唐律规定"立春后不决死刑"，明清律中的"秋审"制度亦溯源于此。

【**历史资料**】《后汉书·章帝纪》载，东汉章帝元和二年重申："王者生杀，宜顺时气。其定律：无以十一月、十二月报囚。"

三、秦汉时期的司法机关

（一）中央司法机关：廷尉

皇帝掌握最高审判权；
廷尉为中央司法机关的长官，审理全国案件。汉承秦制，廷尉仍是中央司法长官。

（二）地方司法长官：郡守

郡守为地方行政长官也是当地司法长官，负责全郡案件审理；
县令兼理本县司法，负责全县审判工作；
基层设乡里组织，负责本地治安与调解工作。

（三）御史制度

秦代御史大夫与监察御史，对全国进行法律监督。
汉代时期御史大夫（西汉）、御史中丞（东汉），负责法律监督；
西汉武帝以后设立司隶校尉，监督中央百官与京师地方司法官吏；刺史，专司各地行政与法律监督之职。

第二节　魏晋南北朝时期的法律思想与制度

一、律学法律思想

（一）律学对传统法律发展的影响

1. 两汉引经注律，律学与政治伦理结合而日兴。

续表

2. 律学在魏晋之时，开始从伦理政治的束缚中解脱出来，研究的对象也不再仅仅是对古代法律的起源、本质与作用的一般论述，而是侧重于律典的体例、篇章逻辑结构和概念，以及定罪量刑等具体问题的研究。
3. 张斐在《律注要略》一书中对《晋律》20 个名词进行了解释，多为后世法律所遵奉。
4. 杜预的观点使律学成为注释之学，加之东晋以降官方注释的确立，私家言论大受限制，从而使律学研究走向衰微，法理学意义上的探讨大大落后于对律文的注释，结果是律学也回到了传统经学训诂之类的老路。

（二）法律解释的规范化

随着传统法律和律学的发展，这一时期的法律解释也趋于规范化，对后世立法、司法和法制的统一影响深远。张斐对一些法律名词做出说明：

1. "故意"是"知而犯之谓之故意"；
2. "过失"是"不意误犯谓之过失"；
3. "谋"指"二人对议"；
4. "群"是指三人以上；
5. "赃"是以图利为目的；
6. "戏"重在双方相和斗；
7. "斗"着重在双方争执；
8. "诈"是以背信为要件；
9. "率"指力能指挥众人；
10. "强"是以不和为原则；
11. "造意"重在首先倡议；
12. "无变斩击谓之贼……取非其物谓之盗"；
13. "以威势得财"的犯罪，"不求自与为受求，所监求而后取为盗赃"，"敛人财物积藏于官为擅赋"，"将中有恶言为恐吓"。

【历史资料】 五刑不简，正于五罚，五罚不服，正于五过，意喜功恶，以金赎之。故律制，生罪不过十四等，死刑不过三，徒如不过六，囚加不过五，累作不过十一岁，累笞不过千二百，刑等不过一岁，金等不过四两。[①]

【解析】 按五刑定罪，如果不能核实，就按照五等罚金的规定来论处；如果按照五等罚金来论处犯人还不服，就按照五种过失的处罚办法来处理。动机善良，但后果严重的，用赎金来赎罪。所以法律规定，生刑不超过十四等，死刑不超过三种；徒刑加刑不超过六年；囚刑加刑不超过五年；累计劳作不超过十一年。笞刑累计不超过一千二百。徒刑等次相差不超过一年；罚金等次相差不超过四两。

---

① 出自《晋书·刑法志》

二、魏晋南北朝时期法典的发展变化

（一）法典结构的发展变化

1.《魏律》

鉴于汉代律令繁杂，魏明帝下诏改定刑制，作新律18篇，后人称为《魏律》或《曹魏律》。

将《法经》中的"具律"改为"刑名"置于律首。	
"八议"入律	以《周礼》"八辟"为依据，正式规定"八议"制度，对特权人物犯罪实行减免处罚： 议亲；议故；议贤；议能；议功；议贵；议勤；议宾。
进一步调整法典的结构和内容，使中国传统法典在系统和科学上进了一大步。	

【经典事案】 东晋成帝时，庐陵太守羊聃性情粗暴，依仗景献皇后是他的祖姑，为非作歹。只要惹他不高兴，极小的事，他也会肆意致死。因为怀疑郡人简良等为贼，"杀二百余人，诛及婴孩，所髡锁复百余"。"有司奏聃罪当死"。但因为其是皇亲国戚，属于八议的"议亲"之列，最终竟免于死刑。

2.《晋律》颁行与张杜注律

（1）西晋泰始三年，晋武帝诏颁《晋律》，又称《泰始律》，对汉魏法律继续改革，精简法律条文，形成20篇602条的格局。

（2）《晋律》在**刑名后增加法例律**，丰富了刑法总则的内容。同时对刑法分则部分重新编排，向着"刑宽"、"禁简"的方向迈了一大步。

（3）《晋律》与《北齐律》中相继确立"准五服制罪"的制度。服制是中国封建社会以丧服为标志，区分亲属的范围和等级的制度。按服制依亲属远近关系分为五等：斩衰、齐衰、大功、小功、缌麻。**服制不但确定继承与赡养等权利义务关系**，同时也是亲属相犯时确定刑罚**轻重的依据**。如斩衰亲服制最高，尊长犯卑幼减免处罚，卑幼犯尊长加重处罚。缌麻亲服制最疏，尊长犯卑幼处罚相对从重，卑幼犯尊长处罚相对从轻。依五服制罪成为封建法律制度的重要内容，影响广泛，直到明清。

（4）律学家张斐、杜预为之作注，总结了历代刑法理论与刑事立法经验，经晋武帝批准颁行，**与《晋律》具有同等法律效力。故《晋律》及该注解亦称"张杜律"**。

3.《北魏律》

（1）北魏统治者吸收汉晋立法成果，采诸家法典之长，经过综合比较，**"取精用宏"**，修成《北魏律》20篇，成当时著名的法典。

（2）**"官当"**是封建社会允许官吏以官职爵位折抵**徒罪**的特权制度。它正式出现在《北魏律》与《陈律》中，《北魏律·法例篇》规定：每一爵级抵当徒罪2年。南朝《陈律》规定更细，凡以官抵折徒刑，同赎刑结合使用。如官吏犯罪应判4～5年徒刑，许当徒2年，其余年限服劳役。若判处3年徒刑，准许以官当徒2年，剩余1年可以赎罪。这**表明当时封建特权法有进一步发展**。

4.《北齐律》

（1）历经十余年，修成当时最有水准的法典《北齐律》，共12篇，**其将刑名与法例律合为名例律一篇，充实了刑法总则**；精炼了刑法分则，使其成为11篇，即禁卫、户婚、擅兴、违制、诈伪、斗讼、贼盗、捕断、毁损、厩牧、杂律。

（2）首次规定**"重罪十条"**，置于律首，作为严厉打击的对象，分别为：**反逆**（造反）；**大逆**（毁坏皇帝宗庙、山陵与宫殿）；**叛**（叛变）；**降**（投降）；**恶逆**（殴打谋杀尊亲属）；**不道**（凶残杀人）；**不敬**（盗用皇室器物及对皇帝不尊重）；**不孝**（不侍奉父母，不按礼制服丧）；**不义**（杀本府长官与授业老师）；**内乱**（亲属间的乱伦行为）。《北齐律》规定："**其犯此十者，不在八议论赎之限。**"

（3）《北齐律》在中国封建法律史上起着承先启后的作用，对封建后世的立法影响深远。

（二）法律形式的变化

这一时期法律形式发生了较大的变化，形成了律、令、科、比、格、式相互为用的立法格局。

1. 科	起着补充与变通律、令的作用
2. 比	比附或类推，比照典型判例或相近律文处理法律无明文规定的同类案件
3. 格	与令相同，起着补充律的作用，均带有刑事法律的性质，**不同于隋唐时期的格**
4. 式	公文程式

（三）法律内容的发展变化

这时期法律内容的发展变化主要受儒家思想影响而成，主要表现在**礼法结合的进一步发展**。在汉代中期以后的法律儒家化的基础上，更广泛、更直接地把儒家的伦理规范上升为法律规范，使礼、法更大程度上实现融合。

1. 八议入律；
2. 官当制度确立；
3. 重罪十条的产生；
4. 刑罚制度改革：

（1）规定绞、斩等死刑制度	
（2）规定流刑，作为死刑的一种宽贷措施	北周时规定流刑分五等，每等以500里为基数，同时还要施加鞭刑。
（3）规定鞭刑与杖刑	北魏时期开始改革以往五刑制度，增加鞭刑与杖刑，后北齐、北周相继采用。
（4）废除宫刑制度	北朝与南朝相继宣布废除，结束了使用宫刑的历史。

5. **"准五服制罪"**的确立

6. 死刑复奏制度：奏请皇帝批准执行死刑判决的制度。**北魏太武帝时正式确立这一制度**，为唐代的死刑三复奏打下了基础。

7. 妇女犯罪行刑上享有特殊规定。魏明帝时，为免对女犯用刑使身体裸露，改妇人加笞还从鞭督之例，以罚金代之。《晋律》规定："女人当罚金杖罚者，皆令半之。"《梁律》加以沿用，且扩大对女子的照顾，规定："女人当鞭杖罚者，皆半之。""女子怀孕，勿得决罚。"《北魏律》则进一步明确："妇人当刑而孕，产后百日乃决。"这其中有礼教因素，但也是社会文明程度提高的结果。

三、司法制度

（一）司法机关

①北齐正式设置大理寺，以大理寺卿、少卿为正副长官，增强中央司法机关的审判职能，为后世王朝健全这一机构奠定重要基础。

②进一步提高尚书台的地位，其中的"三公曹"与"二千石曹"执掌司法审判，同时掌囚帐，为隋唐时期刑部尚书执掌审判复核提供了前提。

③魏晋以降，为抑制割据势力，御史监督职能明显加强。晋以御史台主监察，权能极广，受命于皇帝，有权纠举一切不法案件，又设治书侍御史纠举审判官吏的不法行为。

（二）诉讼制度

1. 皇帝直接参与司法审判。

（1）秦汉以降，皇帝亲自断案渐成常制；

（2）两汉以降的"虑囚制度"也得以延续；

（3）魏晋时期，魏明帝太和三年（公元229年）改"平望观"为"听讼观"，"每断大狱，常幸观临听之"；

（4）南朝宋武帝常"折疑狱""录囚徒"；

（5）北周武帝常"听讼于正武殿，自旦及夜，继之以烛"。

2. 直诉制的形成。

直诉，即不依诉讼管辖的层级直接诉于皇帝或钦差大臣，是诉讼中的特别上诉程序。

（1）传说西周有路鼓、肺石之制，汉代有缇萦上书文帝，以己身赎父罪，但均非一种定制。

（2）直诉作为制度成于西晋。晋武帝设登闻鼓，悬于朝堂外或都城内，百姓可击鼓鸣冤，有司闻声录状上奏。

（3）北魏太武帝时，于宫阙左面悬鼓，人有冤则挝之，由公车上奏其表，南朝梁亦有"击鼓乞代父命"的记载。

3. 上诉制度的变化。

（1）曹魏时为简化诉讼，防止讼事拖延，改汉代上诉之制，特别规定："二岁刑以上，除以家人乞鞫之制。"

（2）晋律允许上诉，规定："狱结竟，呼囚鞫语罪状，囚若称枉，欲乞鞫者，许之也。"

（3）北魏律规定："狱已成及决竟，经所管（缩），而疑有奸欺，不直于法，及诉冤枉者，得摄讯覆治之。"

4. 死刑复核制度形成。

（1）魏明帝青龙四年诏："廷尉及天下狱官，诸有死罪具狱以定，非谋反及手杀人，亟语其亲治，有乞恩者，使与奏当文书俱上。"

（2）《晋书·孝武帝纪》载南朝曾规定："其罪甚重辟者，皆如旧先上须报。"

续表

（3）北魏律规定，"诸州国之大辟，皆先谳报乃施行"，"当死者，部案奏闻"；又"狱成皆呈，帝亲临问，无异辞怨言乃绝之"。从而使死刑决定权专属皇帝，一方面是慎刑，另一方面也是控制。

5. 加强自上而下的审判监督。

（1）秦汉时郡县有权判决死刑，至曹魏、晋代，县令审判权受到限制，凡重囚，县审判后须报郡，由郡守派督邮案验。
（2）南朝宋改为将案卷及人犯一并送郡，由郡太守复审后方可执行。如郡太守不能决，再送州刺史，州刺史不能决则上交中央廷尉。
（3）各代还普遍施行特使察囚制度，"如有枉滞以时奏闻"，以加强对地方审判的监督。

四、御史台对司法的监督

1. 这一时期，监察机关仍为御史台，但已从少府独立出来，成为皇帝直接掌握的独立监察机关。

（1）长官仍为御史中丞（北魏称御史中尉，南朝叫南司），职权广大，"自皇太子以下，无所不纠"。因地位渐高，中丞以下，设有名目繁多的御史。
（2）自魏以后，地方不设监察机关，由中央派御史监察，称为御史出巡制度。御史甚至可"风闻言事"，对各级官吏进行弹奏。但御史中丞失纠则要免官。

2. 东汉时的司隶校尉，魏晋时仍设，与御史中丞"分督百僚"。至东晋废，分其行政权归扬州刺史（京师在扬州），分其监察权归御史台。司隶校尉一职不复存在。

第三章 唐宋至明清时期的法制

第一节 唐律与中华法系

码上揭秘

一、基本法典

1.《武德律》

唐高祖李渊于武德四年命裴寂等以《开皇律》为准，撰定律令，于武德七年奏上。
这是唐代首部法典。共 12 篇 500 条。

2.《贞观律》

唐太宗于贞观元年命长孙无忌、房玄龄等人在《武德律》基础上，参照隋《开皇律》更加厘改，制定新的法典，至贞观十一年始告完成《贞观律》的修订，仍为 12 篇 500 条。
较大的修改：增设加役流，缩小连坐处死的范围，确定了五刑、十恶、八议以及类推等原则与制度。
基本上确定了唐律的主要内容和风格，对后来的《永徽律》及其他法典有很深的影响。

3.《唐律疏议》——礼律统一的法典

（1）高宗永徽年间，长孙无忌等在《贞观律》基础上修订而成了《永徽律》。

（2）但鉴于当时中央、地方在审判中对法律条文理解不一，每年科举考试中明法科考试也无统一的权威标准的情况，唐高宗在永徽三年又下令召集律学通才和一些重要臣僚对《永徽律》进行逐条逐句的解释，继承了汉晋以来，特别是晋代张斐、杜预注释律文的已有成果，历时 1 年，撰《律疏》30 卷，与《永徽律》合编，后经高宗批准，将疏议分附于律文之后颁行。计分 12 篇，共 30 卷，称为《永徽律疏》。因为疏文皆以"议曰"二字始，所以到元代之后，又被称为《唐律疏议》。

【说明】《唐律疏议》的 12 篇篇目分别是：名例律（适用刑罚的各种罪名和定罪量刑的通例，相对于近代刑法的总则）、卫禁（警卫宫殿和关津）、职制（官员的违法犯罪）、户婚（户口、婚姻和赋役）、厩库（牲畜管理、仓库管理和官物出纳）、擅兴（军队征调、指挥、出征；军需供给、兴造工程）、贼盗（强盗和窃盗等）、斗讼（斗殴、诉讼）、诈伪（欺诈、伪造）、杂律（其他犯罪活动，如和奸、强奸）、捕亡（追捕逃亡）、断狱（刑事审判）。

（3）由于疏议对全篇律文所做权威性的统一法律解释，给实际司法审判带来便利，以至于《旧唐书·刑法志》说当时的"断狱者，皆引疏分析之"。

（4）评价：《唐律疏议》总结了汉魏晋以来的经验，不仅对主要的法律原则和制度做了精确的解释与说明，而且尽可能引用儒家经典作为律文的理论根据，标志着中国古代立法达到了最高水平，全面体现了中国古代法律制度的水平、风格和基本特征，成为中华法系的代表性法典，对后世及周边国家产生了极为深远的影响；也成为中国历史上迄今保存下来的最完整、最早、最具有社会影响的古代成文法典。

二、十恶

所谓"十恶"，是隋唐以后历代法律中规定的严重危害统治阶级根本利益的、常赦不原的十种最严重犯罪，渊源于北齐律的"重罪十条"。

1. 隋《开皇律》在"重罪十条"的基础上加以损益，确定了十恶制度。唐律承袭此制，将这些犯罪集中规定在名例律之首，并在分则各篇中对这些犯罪相应规定了最严厉的刑罚。

2. "凡犯十恶者，不适用八议、自首等规定，且为常赦所不原"，此即俗语所谓"十恶不赦"的渊源。这些特别规定充分体现了唐律的本质和重点在于维护皇权、特权、传统的伦理纲常及伦理关系。

（1）**谋反**：谋危社稷，即谋害皇帝、危害国家的行为；	
（2）**谋大逆**："谓谋毁宗庙、山陵及宫阙"，即图谋破坏国家宗庙、皇帝陵寝以及宫殿的行为；	
（3）**谋叛**："谓谋背国从伪"，即叛国投敌的行为；	
（4）**恶逆**："谓殴及谋杀祖父母、父母，杀伯叔父母、姑、兄姊、外祖父母、夫、夫之祖父母、父母"，即殴打或谋杀祖父母、父母等尊亲属的行为；	
（5）**不道**："谓杀一家非死罪三人，支解人，造畜蛊毒、厌魅"，即杀一家非死罪三人、肢解人以及用巫术害人的行为；	
（6）**大不敬**：盗窃皇帝祭祀物品或皇帝御用物、伪造或盗窃皇帝印玺、调配御药误违原方、御膳误犯食禁以及指斥皇帝、无人臣之礼等损害皇帝尊严的行为；	
（7）**不孝**：控告、咒骂祖父母、父母；未经祖父母、父母同意私立门户、分异财产；对祖父母、父母供养有缺；为父母尊长服丧不如礼等不孝行为；	
（8）**不睦**："谓谋杀缌麻以上亲，殴告夫及夫大功以上尊长、小功尊属"，即谋杀五服（缌麻）以内亲属，殴打或控告丈夫及大功以上尊长等行为；	
（9）**不义**："谓杀本属府主、刺史、县令、见受业师。吏、卒杀本部五品以上官长；及闻夫丧，匿不举哀，若作乐，释服从吉及改嫁。"即杀害本管上司、授业师及夫丧违礼的行为；	
（10）**内乱**："谓奸小功以上亲、父祖妾及与和者"，即强奸小功以上亲属或与其通奸等乱伦行为	

三、唐代的六杀

1. "谋杀"	预谋（准备）杀人；
2. "故杀"	情急杀人时已有杀人的意念；
3. "斗杀"	在斗殴中出于激愤失手将人杀死；
4. "误杀"	由于种种原因错置了杀人对象；
5. "过失杀"	出于过失杀人；
6. "戏杀"	"以力共戏"而导致杀人；
依犯人主观意图区分为"六杀"理论的出现，反映了唐律对传统杀人罪理论的发展与完善。	

四、六赃（六种非法获取公私财物的犯罪）

1. "受财枉法"	官吏收受财物导致枉法裁判的行为，赃满 15 匹处绞。
2. "受财不枉法"	指官吏收受财物但没有枉法裁判的行为，赃满 30 匹处加役流。 "事后受财"即"诸有事先不许财，事过之后而受财者，事若枉，准枉法论；事不枉者，以受所监临财物论"。
3. "受所监临"	指官吏利用职权非法收受所辖范围内百姓或下属财物的行为。
	官吏出差，不得在所到之处接受礼物、主动索取或强要财物。
	监临主守官盗取自己所监临财物或被监临人财物的，加重处罚。
	不得向被监临人借用财物、私自役使下属人员或利用职权经商谋利。
	还规定官吏应约束其家人不得接受被监临人的财物。
4. "强盗"	以暴力获取公私财物的行为，处罚较普通盗窃更重。
5. "窃盗"	以隐蔽的手段将公私财物据为己有的行为，区分是否得财。
6. "坐赃"	**官吏或常人非因职权之便非法收受财物的行为。官吏因事接受他人财物构成"坐赃"；禁止监临主守官在辖区内役使百姓，借贷财物。**
★六赃的分类与诸多具体惩罚收受贿赂行为的规定，特别是对官员集体受贿行为的分别论处、对行贿人的处罚、对介绍行贿人的严惩等规范，至今仍不失其借鉴意义。这些规范和按赃值定罪的原则为后世立法所继承，在明清律典中均有《六赃图》的配附。	

五、保辜制度

伤人罪的后果并非立即显露，要求加害方在一定期限内对被害方伤情变化负责的特别制度。
"手足殴伤人限十日，以他物殴伤人者二十日，以刃及汤火伤人者三十日，折跌肢体及破骨者五十日。"在限定的时间内受伤者死去，伤人者承担杀人的刑责；限外死去或者限内以他故死亡者，伤人者只承担伤人的刑事责任。
唐代确定保辜期限，用以判明伤人者的刑事责任，尽管不够科学；但较之以往却是一个进步。

六、五刑与刑罚原则

1. 唐律承用隋《开皇律》所确立的五刑，但具体规格稍有不同。

（1）笞刑	最轻刑，分五等：由笞 10 到 50，每等加 10；
（2）杖刑	分五等：由杖 60 到 100，每等加 10；
（3）徒刑	分五等：由一年到三年，每等加半年；
（4）流刑	分三等：由 2000 里到 3000 里，每等加 500，**皆劳役一年；另外有加役流，流三千里，劳役三年**，作为死刑的宽贷措施。
（5）死刑	分斩、绞二等

2. 区分公、私罪的原则

（1）公罪指"缘公事致罪而无私曲者"，即执行公务中，由于公务上的关系造成某些失误或差错，而不是为了追求私利的犯罪。		公罪从轻，私罪从重；适用官当时，也要区分公罪和私罪，犯公罪者可以多当 1 年徒刑。 目的在于保护各级官吏执行公务、行使职权的积极性，提高国家的统治效能；同时，防止某些官吏假公济私，以权谋私，保证法制的统一。
（2）私罪包括两种：	①一种是指"不缘公事私自犯者"，即所犯之罪与公事无关，如盗窃、强奸等。	
	②另一种是指"虽缘公事，意涉阿曲"，即利用职权，徇私枉法，虽因公事，也以私罪论处。	

3. 自首原则

（1）严格区分自首与自新	**自首**：犯罪未被举发而能到官府交待罪行的；
	自新：犯罪被揭发或被官府查知逃亡后，再投案者。自新是被迫的，与自首性质不同。**对自新采取减轻刑事处罚的原则。**
（2）**对于谋反等重罪或造成严重危害后果无法挽回的犯罪，不适用自首**；凡"于人损伤，于物不可备偿"，"越渡关及奸，并私习天文者"，并不在自首之列。因为这些犯罪的后果已不能挽回。	
（3）自首者可以免罪；但为防止犯罪行为人非法获财，还要求自首者必须按法律规定如数偿还赃物。	
（4）"自首不实"与"自首不尽"	A. 自首不彻底的叫"自首不实"；
	B. 对犯罪情节交待不彻底的叫"自首不尽"。
"自首不实及自首不尽者"，各依"不实不尽之罪罪之。至死者，听减一等"。至于如实交代的部分，不再追究。	
（5）此外，唐律规定，轻罪已发，能首重罪，免其重罪；审问它罪而能自首余罪的，免其余罪。	
唐律全面系统地发展了传统刑法的自首原则；这些内容影响到后世。	

4. 类推原则

"诸断罪而无正条，其应出罪者，则举重以明轻；其应入罪者，则举轻以明重。"
唐代类推原则的完善反映了当时立法技术的发达。

5. 化外人原则

"诸化外人，同类自相犯者，各依本俗法；异类相犯者，以法律论。"	（1）具有相同国籍外国人间发生的诉讼，依其本国法处理（属人主义）；
	（2）不同国籍的外国人之间或与中国人之间发生诉讼的，依唐律处理（属地主义）。

七、唐律的特点与中华法系

1. 礼法合一	承袭和发展了以往礼法并用的统治方法，使得法律统治"一准乎礼"，真正实现了礼与法的统一。把封建伦理道德的精神力量与政权法律统治力量紧密糅合在一起，法的强制力加强了礼的束缚作用，礼的约束力增强了法的威慑力量，从而构筑了严密的统治法网。 **唐太宗："失礼之禁，著在刑书。"**
2. 科条简要 宽简适中	以往秦汉法律，向以繁杂著称。西汉武帝以后，因一事立一法，导致律令杂乱。唐朝沿袭隋制，实行精简、宽平的原则，定律12篇502条，并为后世所继承。
3. 立法技术完善	在立法技术上表现出高超的水平；承袭前代成果；语言精确；结构严谨。
4. 中国传统法典的楷模与中华法系形成的标志	（1）在中国法制史上具有继往开来、承前启后的重要地位。唐朝承袭秦汉立法成果，吸收汉晋律学成就，使唐律表现出高度的成熟性，对宋元明清产生了深刻影响。 （2）唐律超越国界，对亚洲诸国产生了重大影响，在世界法制史上也占有重要地位。比如朝鲜《高丽律》、日本《大宝律令》、越南《刑书》。

八、唐代司法机关

1. 唐袭隋制，皇帝以下设置大理寺、刑部、御史台三大司法机构。

大理寺		以正卿和少卿为正副长官，行使中央司法审判权，审理中央百官与京师徒刑以上案件。
		凡属流徒案件的判决，须送刑部复核；死刑案件必须奏请皇帝批准。
		对刑部移送的死刑与疑难案件具有重审权。
刑部		以尚书、侍郎为正副长官，下设刑部、都官、比部和司门等四司。
		有权参与重大案件的审理，对中央、地方上报的案件具有复核权；有权受理在押犯申诉案件。
御史台		中央监察机构，以御史大夫和御史中丞为正副长官，下设台、殿、察三院。
		代表皇帝监督中央和地方各级官吏，是皇帝的耳目之司。
		有权监督大理寺、刑部的审判工作；同时参与疑难案件的审判；**受理行政诉讼案件。**
	下设机构	**台院**：御史台的基本组成部分，设侍御史若干人，执掌纠弹中央百官，参与大理寺的审判和审理皇帝交付的重大案件。由于侍御史在诸御史中的地位最高，职权最重，因此一般均由皇帝直接指派，或由宰相与御史大夫商定，由吏部选任。
		殿院：设殿中侍御史若干人，执掌**纠察百官在宫殿中违反朝仪的失礼行为，并巡视京城及其他朝会、郊祀等**，以维护皇帝的神圣尊严为其主要职责。
		察院：设监察御史若干人，执掌纠察州县地方官吏的违法行为。以"道"为监察区，全国共分为十道（后增为十五道）。每道设一名**监察御史**，称为巡按使，品级虽低，但权力极大，是皇帝监督地方的耳目。

2. 慎刑制度

（1）三司推事	重大案件	由刑部侍郎、御史中丞、大理寺卿组成临时最高法庭审理；
		有时地方发生重案，不便解往中央，则派大理寺评事、刑部员外郎、监察御史为"三司使"，前往审理。
（2）都堂集议制	重大死刑案件	皇帝下令"中书、门下四品以上及尚书九卿议之"，以示慎刑。

3. 地方司法机关

地方司法仍由行政长官兼理，但其在进行司法审判时，均设佐史协助处理。州一级设法曹参军或司法参军，县一级设司法佐、史等。县以下乡官、里正对犯罪案件具有纠举责任，对轻微犯罪与民事案件具有调解处理的权力，结果须呈报上级。

九、唐代诉讼制度

1. 刑讯制度
（1）刑讯条件

①在拷讯之前，必须先审核口供的真实性；然后反复查验证据；
②证据确凿，仍狡辩否认的，经主审官与参审官共同决定，可以刑讯；
③未依法定程序拷讯的，承审官要负刑事责任；
④对那些人赃俱获，经拷讯仍拒不认罪的，也可"据状断之"，即根据证据定罪。

（2）刑讯方法

①必须使用符合标准规格的常行杖；以杖外他法拷打甚至造成罪囚死亡者，承审官要负刑事责任。
②拷囚不得超过三次，每次应间隔20天，总数不得超过200。杖罪以下不得超过所犯之数。
③若拷讯数满，仍不招供的，被拷者取保释放；应当反拷告状之人，以查明有无诬告等情形，同时规定了反拷的限制。

（3）禁止刑讯的情况

①具有特权身份的人，如应议、请、减之人；	"不合拷讯，皆据众证定罪"，即必须有3人以上证实其犯罪事实，才能定罪。
②老幼废疾之人：年70岁以上15岁以下、一肢废、腰脊折、痴哑、侏儒等。	

2. 回避制度

《唐六典》第一次以法典的形式，肯定了法官的回避制度："鞫狱，官与被鞫人有亲属仇嫌者，皆听更之"。

第二节　两宋的法律

一、立法状况

1.《宋刑统》

(1) 宋太祖建隆四年，在窦仪等人的奏请下，开始修订宋朝新的法典。完成后，太祖诏"付大理寺刻板摹印，颁行天下"，成为历史上第一部刊印颁行的法典。其全称《宋建隆重详定刑统》。	
(2) 编纂体例可追溯至唐宣宗时行的《大中刑律统类》。	
(3) 在具体编纂上，仍以传统的刑律为主，同时将有关敕、令、格、式和朝廷禁令、州县常科等条文，都分类编附于后，使其成为一部具有统括性和综合性的法典。	
(4) 与《唐律疏议》相比的特点	篇目、内容大体相同。
	在 12 篇的 502 条中又分为 213 门，将性质相同或相近的律条及有关的敕、令、格、式、起请等条文作为一门。
	收录了五代时通行的部分敕、令、格、式，形成一种律令合编的法典结构。
	删去《唐律疏议》每篇前的历史渊源部分，因避讳对个别字也有改动，如将"大不敬"的"敬"字改为"恭"等。

2. 编敕

(1) 敕在南北朝以后成为皇帝诏令的一种。宋代的敕是指皇帝对特定的人或事所做的命令，效力往往高于律，成为断案的依据。依宋代成法，皇帝的这种临时命令须经过中书省"制论"和门下省"封驳"，才被赋予通行全国的"敕"的法律效力。	
(2) 编敕是将一个个单行的敕令整理成册，上升为一般法律形式的立法过程，是宋代一项重要和频繁的立法活动。神宗时还设有专门编敕的机构"编敕所"。从太祖时《建隆编敕》始，大凡新皇登极或改元，均要进行编敕。	
(3) 特点	①宋仁宗前基本是"敕律并行"，编敕一般依律的体例分类，但独立于《宋刑统》；
	②宋神宗时，敕的地位提高，达到以敕破律、代律的地步；
	③敕主要是关于犯罪与刑罚方面的规定。

【经典表述】宋神宗："律不足以周事情，凡律所不载者，一断以敕。"可见，在宋代刑事审判中，编敕的法律效力最高。

二、宋代刑罚的变化

1. 折杖法

(1) 太祖建隆四年颁行"折杖法"：除死刑外，其他笞、杖、徒、流四刑均折换成臀杖和脊杖。
(2) 折杖法使"流罪得免远徙，徒罪得免役年，笞杖得减决数"，有助于缓和社会矛盾。
(3) **但对反逆、强盗等重罪不予适用**，具体执行当中也存在流弊。

2. 配役

（1）渊源于隋唐的流配刑；推行折杖法之后，原有的流刑实际上便称为配役。为补死刑和折杖后的诸刑刑差太大，遂增加配役刑的种类和一些附加刑，使配役刑成为一种**非常复杂**的刑名。
（2）配役多为刺配：刺是刺字，即古代黥刑的复活；配指流刑的配役。刺配是对罪行严重的流刑罪犯的处罚。刺配源于后晋天福年间的刺面之法。宋初刺配并不常行，**《宋刑统》**也无此规定。
（3）仁宗以后，刺配之刑滥用，渐成常制；对后世刑罚制度影响极坏，是刑罚制度上的倒退。

3. 凌迟

（1）凌迟**始于五代时的西辽**，是一种碎而割之、使被刑者极端痛苦、慢慢致人死亡的一种酷刑。
（2）仁宗时使用凌迟刑，神宗熙宁以后成为常刑。至南宋《庆元条法事类》中成为法定死刑的一种。

三、契约

债的发生上，强调双方的"合意"性，对强行签约违背当事人意愿的，要"重崐典宪"，同时维护家长的财产支配权。

（一）买卖契约

三种买卖契约都须书面订立，取得官府承认，才合法有效。

（1）绝卖为一般买卖；

（2）**活卖为附条件的买卖；当所附条件完成，买卖才算最终成立；**

（3）赊卖是采取类似商业信用或预付方式，而后收取出卖物的价金。

（二）不动产买卖契约

1. 法律往往对典当与买卖连同作出规定，合称"典卖"。

2. 一般称典当为"活卖"，买卖为"绝卖""永卖""断卖"等。

3. 不动产买卖契约的成立要件：

（1）先问亲邻：房亲和邻人对不动产有优先购买权；业主欲出卖不动产时，须先询问房亲和邻人有无购买意愿。

【古文】"凡典卖物业，先问房亲，不买，次问四邻。其邻以东南为上，西北次之，上邻不买，递问次邻。四邻俱不买，乃外召钱主。"

【古文解析】典卖不动产，先要询问亲戚，再询问四周的邻居，但是再询问四周邻居的顺序也是与严格要求的，以东南为上，西北次之，最后再询问除开四周邻居以外的邻居，若大家都不都买，才能对外出售。

（2）输钱印契：不动产买卖必须缴纳契税（输钱），并由官府在契约上加盖官印（印契）。

【注意】加盖了官印的契约称"赤契""红契"，具有一定的公证意义；未缴纳契税、加盖官印的契约称"白契"。

（3）过割赋税：在买卖田宅的同时，必须将附着其上的赋税义务转移给新业主。

（4）原主离业：转移标的实际占有，卖方脱离产业，不动产买卖契约才最终成立。

（三）典卖契约

1. 又称"活卖"，即通过让渡物的使用权收取部分利益而保留回赎权的一种交易方式。过期无力回赎，方成绝卖。

2. 立约形式：采用加画骑缝记号的复本书面契约形式。

3. 契约成立要件：与买卖契约一样，即"先问亲邻""输钱印契""过割赋税""原主离业"。

4. 业主的权利：

①得到钱主给付的典价；
②在约定的回赎期限内，或没有约定回赎期限及约定不清的，在 30 年内可以原价赎回标的物。

5. 钱主的权利（统称"典权"）：

契约期限内标的物的使用收益权；
对于标的物的优先购买权；
待赎期中的转典权。

【注意1】严禁"一物两典"；如有重复典卖者，业主、中人、邻人并契上署名人，"各计所欺人已钱数准盗论"，并须将钱退还典主。

【注意2】凡典买卖产业，须家长和买主"当面署押契帖"；卑幼不得专擅典卖，或伪署尊长姓名，否则依法重断。

【古文】《宋刑统·户婚律》："经三十年后，不在论理收赎之限。"

（四）租赁契约

1. 对房宅的租赁称为"租"、"赁"或"借"。

2. 对人畜车马的租赁称为"庸"、"雇"。

（五）租佃契约

1. 地主与佃农签订租佃土地契约中，必须明定纳租与纳税的条款。

2. 地主同时要向国家缴纳田赋。

3. 佃农过期不交地租，地主可向官府投诉，由官府代索。

（六）借贷契约，宋袭唐制，区分借与贷

1. 借指使用借贷，而贷则指消费借贷。

2. 把不付息的使用借贷称为**负债**，把付息的消费借贷称为**出举**。

3. 规定出举者不得超过规定实行高利贷盘剥。"（出举）不得迴利为本"。

四、婚姻法规

1. 结婚年龄："男年十五，女年十三以上，并听婚嫁。"违犯成婚年龄的，不准婚嫁。

2. 禁止五服以内亲属结婚，但对姑舅两姨兄弟姐妹结婚并不禁止。

3. 诸州县官人在任之日，不得共部下百姓交婚；但订婚在前，任官居后，及三辅内官门阀相当情愿者，并不在禁限。

4. **离婚方面**，仍实行唐制"七出"与"三不去"制度，但也有少许变通。夫外出三年不归，六年不通问，准妻改嫁或离婚；但是"妻擅走者徒三年，因而改嫁者流三千里，妾各减一等"。如果夫亡，妻"不守志"者，"若改嫁，其现在的部曲、奴婢、田宅不得费用"，从而严格维护家族财产不得转移的固有传统。

5. **义绝：强制离婚原则。** ★★★★★

（1）唐律中首次规定；

（2）夫妻间或夫妻双方亲属间或夫妻一方对他方亲属凡有殴打、骂、杀伤、奸等行为，依律视为夫妻恩断义绝，无论双方是否同意，均由官府审断强制离婚，对任何不离婚的一方施加处罚。具体包括：

①丈夫殴打妻子的祖父母、父母，或者杀害妻子之外祖父母、叔伯父母、兄弟、姑、姊妹；

②妻子殴打、詈（骂）丈夫的祖父母、父母，或者殴打、伤害丈夫的外祖父母、叔伯父母、兄弟、姑、姊妹；

③妻子与丈夫的缌麻以上亲属通奸；

④妻子意图加害丈夫；

⑤夫妻双方的祖父母、父母、兄弟、姑、姊妹相互杀害；

⑥丈夫把妻子卖给他人为妻。

（3）明显偏袒夫家。

五、继承制度（比较灵活）

1. 除沿袭以往遗产兄弟均分制外，还允许在室女享受部分财产继承权。

2. 同时承认遗腹子与亲生子享有同样的继承权。

3. 南宋户绝财产继承：

（1）凡"夫亡而妻在"，立继从妻，称"立继"；

（2）凡"夫妻俱亡"，立继从其尊长亲属，称为"命继"；

（3）**继子与绝户之女均享有继承权：**

①只有在室女的，其享有 3/4 财产继承权，继子享有 1/4；

②只有出嫁女的，出嫁女 1/3，继子 1/3，官府 1/3。

六、司法制度

宋沿唐制，在中央设置大理寺、刑部、御史台，分掌中央司法审判职权。

1. 刑部	（1）负责大理寺详断的全国死刑已决案件的复核及官员叙复、昭雪等事。
	（2）神宗后，分设左右曹，左曹负责死刑案件复核，右曹负责官吏犯罪案件的审核。其职能有所扩大，处理有关刑法、狱讼、奏谳、赦宥、叙复等事。
2. 地方司法机关	（1）仍实行司法与行政合一之制。
	（2）但从太宗时起加强地方司法监督，在州县之上，设立**提点刑狱司**，作为中央在地方各路的司法派出机构，定期巡视州县，监督审判，详录囚徒。凡地方官吏审判违法：轻者，可以立即处断；重者，上报皇帝裁决。

七、诉讼制度

1. **翻异别勘制度**	人犯否认口供称**"翻异"**；事关重大案情的，由另一法官或别一司法机关重审，称**"别勘"**。
2. 证据勘验制度	两宋注重证据，原被告均有举证责任。重视现场勘验，南宋地方司法机构制有专门的"检验格目"，并产生了《洗冤集录》等世界最早的法医学著作。

第三节　元代的四等人

元代法律的主要特点之一即是以法律维护民族间的不平等。举凡科举任官、定罪量刑上都优待蒙色，歧视汉南。元初，依据不同民族将民众的社会地位划分为四等：

1. 蒙古人：社会政治地位最优越；
2. 色目人（西夏、回回）；
3. 汉人；
4. 南人（原南宋地区的民众）：地位最低。

第四节　明代的法律

一、明代立法

1.《大明律》

（1）明太祖编修颁行，共计7篇30卷460条。**它改变传统刑律格局，更为名例、吏、户、礼、兵、刑、工七篇格局，用以适应其强化中央集权的需要**；其律文简于唐律，精神严于宋律，成为终明之世通行不改的**基本法典**。

（2）从初创到定型，历时30多年，表明统治者对立法的积极和慎重态度。

2.《明大诰》

（1）为防止"法外遗奸"，太祖将其亲自审理的案例整理汇编，加上因案而发的"训导"，作为训诫臣民的特别法令颁行天下，**具有与《大明律》相同的法律效力。**	
（2）特点	①对律中原有的罪名，一般都加重处罚，集中体现了朱元璋"重典治世"的思想。
	②滥用法外之刑：族诛、枭首、断手、斩趾等酷刑。
	③重典治吏：大多数条文专为惩治贪官污吏而定，以强化统治效能。
（3）是**中国法制史上空前普及的法规，每户一册**，也列入科举考试的内容。	
（4）太祖死后，大诰被束之高阁，不具法律效力。	

3.《大明会典》

（1）英宗时开始编修，孝宗弘治十五年初步编成，但未及颁行。后经三朝重加校刊增补。
（2）基本仿照《唐六典》，以六部官制为纲，分述其职权和事例。**仍属行政法典，起着调整国家行政法律关系的作用。**

二、明刑弼教的立法思想

1."明刑弼教"，最早见于《尚书·大禹谟》："明于五刑，以弼五教"。"弼"乃辅佐之义。

2. 宋以前论及"明刑弼教"多将其附于"德主刑辅"之后，其着眼点是"大德小刑"和"先教后刑"。

3. 宋代以后，在处理德刑关系上有突破。朱熹提高了礼刑关系中刑的地位，认为礼法二者对治国同等重要。**刑与德的关系不再是"德主刑辅"中的"从属"关系，德对刑不再有制约作用，而只是刑罚的目的，刑罚也不必拘泥于"先教后刑"的框框，而可以"先刑后教"。**

4. 这一变通意味着中国传统法制指导原则沿着德主刑辅——礼法结合——明刑弼教的发展轨道，进入了一个新的阶段。德主刑辅本意是注重道德教化限制苛刑，所以往往同轻刑主张相联系。而经朱熹阐发、朱元璋身体力行的"明刑弼教"思想，则完全是借"弼教"之口实，为推行重典治国政策提供思想理论依据。

三、刑法原则

从重从新与重其所重、轻其所轻的原则	刑罚从重从新	
	重其所重 轻其所轻	对于贼盗及有关钱粮等事，明律较唐律处刑为重，不分情节，一律处以重刑，且扩大株连范围。
		为了突出"重其所重"的原则，对于"典礼及风俗教化"等一般性犯罪，处罚轻于唐律。

四、罪名和刑罚

1. 奸党罪	明太祖洪武年间始创，用以惩办官吏结党危害皇权统治的犯罪。该罪无确定内容，实际是为皇帝任意杀戮功臣宿将提供合法依据。
2. 充军刑	在流刑外增加充军刑，强迫犯人到边远地区服苦役，并有**本人终身充军与子孙永远充军**的区分。

五、明代的司法机关

改变了隋唐以降的大理寺、刑部、御史台体系，中央司法机构为刑部、大理寺、都察院，称"三法司"。对重大疑难案件由三法司共同会审，称为"三司会审"。

1. 刑部	增设十三清吏司，分掌各省刑民案件，加强对地方司法控制；	
2. 大理寺	掌**复核驳正**，发现有"情词不明或失出入者"，驳回刑部改判，并再行复核。如此三改不当者，奏请皇帝裁决。	
3. 都察院	**掌纠察**，主要是纠察百司，会审及审理官吏犯罪案件。设十三道监察御史	(1) 复核或审理直隶、各省及京师**职官犯罪案件**；
		(2) 复核或审理直隶、各省及京师**斩绞监候案件**；
		(3) **奉旨监察御史**巡按直隶、各省地方，对职官犯罪奏闻皇帝裁决，民人案件或亲审、或交两司审理，"大事奏裁，小事立断"。

4. 地方司法机关	（1）分为省、府（直隶州）、县三级。
	（2）沿宋制，省设提刑按察司，掌刑名按劾之事，有权判处徒刑及以下案件，徒刑以上案件须报送中央刑部批准执行。
	（3）府、县两级仍实行知府、知州、知县实行行政司法合一体制。**越诉受重惩**。
	（4）在各州县及乡设立**"申明亭"**，张贴榜文，申明教化，由民间德高望重的耆老受理当地民间纠纷，**加以调处解决**，维护社会秩序。

六、管辖制度

军事审判程序的健全与管辖制度完善。

1. 明朝在交叉案件的管辖上，**继承了唐律"以轻就重，以少就多，以后就先"的原则**，同时又规定："若词讼原告、被论在两处州县者，听原告就被论官司告理归结"，反映出明朝实行**被告原则**，减少推诿的立法意图。		
2. 军民分诉分辖制	（1）凡军官、军人有犯，"与民不相干者"，一律"从本管军职衙门自行追问"。
	（2）在外军民词讼有涉"叛逆机密重事"者，允许镇守总兵参将守备等官受理。
	（3）若军案与民相干者，由管军衙门与当地官府**"一体约问"**。

七、廷杖

由皇帝下令，司礼监监刑，锦衣卫施刑，在朝堂之上杖责大臣的制度。
朱元璋在位期间曾用，其后被广泛运用。明武宗正德初年，宦官刘瑾"始去衣"杖责大臣。嘉靖年间因群臣谏争"大礼案"，被杖责的大臣多达134人，死者竟有16人。
皇帝法外用刑，加深了统治集团内部矛盾，对法制实施造成恶劣影响。

八、厂卫：特务司法机关

明代司法的一大特点，又是一大弊政。	
"厂"是直属皇帝的特务机关。"卫"是指皇帝亲军十二卫中的"锦衣卫"，下设镇抚司，由皇帝任命亲信"提督"厂卫，多由宦官充当。	
太祖始令锦衣卫负责刑狱与缉察逮捕。锦衣卫下设南、北镇抚司，其**北镇抚司"专理诏狱"**，按旨行事，并设法庭监狱。太祖后期曾加禁止。	
成祖时"恐外官徇情"，设宦官特务机构"东厂"，专司"缉访谋逆，大奸恶"，其权超过锦衣卫。	
宪宗时又为了监督厂、卫而设"西厂"。	
至武宗为监督东西厂，又设"内行厂"。	
到明后期，厂卫特务多达十余万，严重地干扰了司法工作。	奉旨行事，厂卫作出的裁决，三法司无权更改，有时还得执行。
	非法逮捕行刑，不受法律约束。

九、明代的会审制度

会审制度是慎刑思想的反映，但却导致多方干预司法，以致皇帝家奴也插手司法，最终结果是司法更加冤滥，法律制度与实际执法日益脱节，加速了王朝整个政体的腐朽。

1. 九卿会审 又称"圆审"	由六部尚书及通政使司的通政使、都察院左都御使、大理寺卿九人会审。
	针对的案件：皇帝交付的案件或已判决但囚犯仍翻供不服之案。
2. 朝审	**每年**霜降之后，三法司会同公侯、伯爵，在吏部尚书（或户部尚书）主持下会审重案囚犯。
	始于英宗天顺三年（公元1459年）
	清代秋审、朝审皆渊源于此。
3. 大审	司礼监（宦官二十四衙之首）一员在堂居中而坐，尚书各官列居左右，从此"九卿抑于内官之下"，会同三法司在大理寺共审囚徒。
	始于宪宗成化十七年（公元1481年）
	每五年辄大审。

第五节 清代的法制（近代以前）

一、清代的立法

1.《大清律例》

（1）乾隆年间修订颁行；
（2）**结构、形式、体例、篇目与《大明律》基本相同，共7篇；**
（3）自乾隆五年颁律以后律文部分基本定型，极少修订，后世只是不断增修后面的"附例"；
（4）中国历史上最后一部传统成文法典，是中国传统法典的集大成者；
（5）制定时充分考虑了清代政治实践和政治特色，在具体制度上对前代法律有所改进。

2. 例

清代最重要的法律形式之一就是例。例是统称，可分为条例、则例、事例、成例等名目。**例能够顺应形势发展需要"因时酌定"，是律典的补充。**

（1）**条例**一般而言是专指刑事单行法规，由刑部或其他行政部门就一些相似的案例先提出一项立法建议，**经皇帝批准后成为一项事例**，指导类似案件的审理判决。然后，经"五年一小修，十年一大修"的条例纂修活动，由律例馆编入《大清律例》，附于某一律条之后；或单独编为某方面的刑事单行法规。
（2）**则例**指某一行政部门或某项专门事务方面的单行法规汇编。它是针对政府各部门的职责、办事规程而制定的基本规则。"则例"作为清代重要法律形式之一，对于国家行政管理起着重要作用。

续表

（3）**事例**指皇帝就某项事务发布的"上谕"或经皇帝批准的政府部门提出的建议。**事例一般不自动具有永久的、普遍的效力，但可以作为处理该事务的指导原则。**	

（4）**成例，也称"定例"**，指经过整理编订的事例，是一项单行法规。成例是一种统称，包括条例及行政方面的单行法规。	

3.《大清会典》

（1）清廷仿效《明会典》编定《清会典》，记述各朝主要国家机关的职掌、事例、活动规则与有关制度。
（2）计有康熙、雍正、乾隆、嘉庆、光绪五部会典，合称"五朝会典"，统称《大清会典》。
（3）《清会典》的编纂一直遵循"以典为纲，以则例为目"的原则，**典、例分别编辑遂成固定体例。**"会典"所载，一般为国家基本体制，少变动，一般在增修"则例"中完成具体变更。

二、刑法原则及罪名、刑罚

1. 在刑法原则方面，延续了明代刑罚的"重其所重，轻其所轻"原则。

2. 罪名与刑罚

（1）**扩大和加重对"十恶"中"谋反"、"谋大逆"等侵犯皇权的犯罪的惩罚。**

①凡谋反大逆案中只要参与共谋，即不分首从一律凌迟处死；

②其父子、祖孙、兄弟及同居之人（不论同姓异姓）、伯叔父、兄弟之子（不限户籍之同异），年16岁以上者（不论笃疾、废疾）皆斩；

③15岁以下者及犯人之母女妻妾、姊妹及子之妻妾，"皆给付功臣之家为奴，财产入官"。

（2）**"文字狱"**

①清律中没有相关的直接条款；

②所有"文字狱"**均按谋反大逆定罪**，从而导致因文字获罪者罪名最重，多被处极刑并株连最广，以此镇压具有反对皇帝专制制度和反抗民族压迫的社会思潮。

三、清代司法机关

清承明制，中央司法机构仍为刑部、大理寺、都察院，称"三法司"。对重大疑难案件由三法司共同会审，称为"三司会审"。

1. 刑部	（1）清朝中央的主审机关，为六部之一，执掌全国"法律刑名"事务，下设十七**清吏司**分掌京师和各省审判事务，还设有追捕逃人的**督捕司**、办理秋审的**秋审处**、专掌律例修订的**修订法律馆**。	
	（2）是**清朝最重要的司法机构，**在处理全国法律事务方面一直起主导作用。	审理中央百官犯罪；
		审核地方上报的重案（死刑应交大理寺复核）；
		审理发生在京师的笞杖刑以上案件；
		处理地方上诉案及秋审事宜；
		主持司法行政与律例修订事宜。

续表

2. 大理寺	主要职责是**复核死刑案件**，平反冤狱，同时参与秋审、热审等会审，如发现刑部定罪量刑有误，可提出封驳。	
3. 都察院	**全国最高监察机关**，负责督察百官风纪、纠弹不法，同时负有监督刑部、大理寺之责。如刑部、大理寺发生严重错误，可提出纠弹，亦可参与重大案件会审。	
4. 地方司法机关：分州县、府、省按察司、总督（及巡抚）四级。	（1）州或县为第一审级，有权决定笞杖刑，徒以上案件上报。	有关田土、户婚、斗殴诸般"细故"，均由州县自理；
		命盗重案，州县初审后，应将人犯并案卷一并解赴上级机关审理。
	（2）府为第二审级，负责复审州县上报的刑事案件，提出拟罪意见，上报省按察司。	
	（3）省按察司为第三审级，负责复审各地方上报之徒刑以上案件，并审理军流、死刑案的人犯，对于"审供无异"者，上报督抚，如发现有疑漏，则可驳回重审，或改发本省其他州县、府更审。	
	（4）总督（或巡抚）为第四审级，有权批复徒刑案件，复核军流案件，如无异议，定案并谘报刑部。对死刑案则须复审，并上报中央。	

四、清代会审制度

在明代会审制度的基础上，清代进一步完善了重案会审制度，形成了秋审、朝审、热审等比较规范的会审体制，是慎刑思想的反映。

1. 秋审	**最重要的死刑复审制度**，因在每年秋天8月举行而得名。
	审理对象：全国上报的斩、绞监候案件。
	在天安门金水桥西由九卿、詹事、科道以及军机大臣、内阁大学士等重要官员会同审理。
	秋审被看成是"国家大典"，统治者较为重视，专门制定《秋审条款》。
2. 朝审	工作内容：刑部判决的重案以及京师附近斩、绞监候案件进行的复审。
	审判组织、方式与秋审大体相同，于每年霜降后十日举行。
3. 热审	于每年小满后十日至立秋前一日，对发生在京师的笞杖刑案件进行重审。
	由大理寺官员会同各道御史及刑部承办司共同进行，快速决放在监笞杖刑案犯。

4. 经过秋审或朝审之案件的处理

①情实：指罪情属实、罪名恰当者，奏请执行死刑；
②缓决：案情虽属实，但危害性不大者，可减为流三千里，或发烟瘴极边充军，或再押监候；
③可矜：案情属实，但有可矜或可疑之处，可免于死刑，一般减为徒、流刑罚；
④留养承嗣：案情属实、罪名恰当，但有亲老丁单情形，合乎申请留养条件者，按留养奏请皇帝裁决。

第四章　清末的法律思想与制度

码上揭秘

一、清末的法律思想

（一）概述：清末法律思想观念的变化

1. 清末律学的余绪	（1）延续传统律学，传承考证严谨、比较研究的特点，代表性作品包括薛允升的《唐明律合编》、沈家本《历代刑法考》以及程树德《九朝律考》。
	（2）随着西方法学理论与法律制度的输入，传统律学也融入到法学研究之中。
	（3）直面现实，以开放包容的态度接受西方法学理论，古今对照，批判旧律之不足，慎选西法之可行者，奠定了近代法学的最初基础。
2. 君主立宪与国体之争	（1）"国体"一词是中国自古已有之，意指国家典章制度。
	（2）受日本学者阐发的国体理论影响，如梁启超言："主权或在君、或在民，或君民皆同有，以其国体之所属而生差别。"
	（3）达寿称："我国之为君主国体，数千年于兹矣。"
3. 朝贡体制式微与国际公法的确立	（1）鸦片战争之前，清廷秉承传统帝制天朝上国的理念，继续维持着"俯顺夷情"的朝贡体制。
	（2）1840年以降的一系列不平等条约的签订，洋务派权臣李鸿章、张之洞等以中体西用的理念渐次接受近代主权国家的国际公法理论，"以资自强而裨交涉"。
	（3）同文馆聘任的丁韪良翻译的《万国公法》等国际法著作的传播与影响，使传统天朝体制下的朝贡外交渐告式微，近代的国家观念与主权观念逐步建立。

（二）代表人物的法律思想

1. 康有为	（1）以托古改制倡导变法维新，利用传统儒学宣传变法的新思想。
	（2）提出设议院、开国会、定宪法，主张分权制衡，行三权鼎立之制等宪政主张。
	（3）认为实行三权分立原则建立君主立宪制，既能限制君权，又能使国民的代表参与国政。
2. 梁启超	（1）以资产阶级宪政制度取代传统帝制专制，倡导仿英国君主立宪制。
	（2）设立民选议会；制订宪法；实行三权分立（由国会行使立法权、由国务大臣行使行政权、独立审判厅行使司法权）。
	（3）宪法"为国家一切法度之根源"，宪法权力的保障在于民权，二者不可相离，宪法是通过民权限制君权和官权的武器。

续表

3. 张之洞、刘坤一的"变法三折"	(1) **第一折**：强调适应形势，实行变法；要求"整顿中法"，"采西法以补中法之不足"。同时以"旧学"的立场，强调等级名分，主张变法修律不得背离纲常名教，"变而不失其道"。
	(2) **第二折**：提出"崇节俭、破常格、停捐纳、课官重禄、去书吏、考差役、恤刑狱、改选法、筹八旗生计、裁屯卫、裁绿营、简文法"等具体主张。
	(3) 建议"广军实、修农政、劝工艺、定矿律路律商律及交涉刑律、用银元、行印花税、推行邮政、官收洋药、多译东西各国书"等。
4. 沈家本	(1) 法律是"天下之程式，万事之仪表"，强调治理国家虽不可"偏重乎法，然亦不能废法而不用"，主张实行资产阶级法治。
	(2) 认同资产阶级人权和自由平等的理念，主张禁革买卖人口，废除奴婢律例，提出满汉在法律适用上一律平等。
	(3) 从儒家仁政立场出发，吸收西方资产阶级的轻刑主义，主张刑罚由重改轻，实行轻刑宽仁，废除酷刑、禁止刑讯逼供、删除比附条款。
	(4) 采纳近代西方权力分立学说，认为行政兼理司法的传统司法体制应予改革；指出"东西各国宪政之萌芽，俱本于司法之独立"，"混合之制古人早议其非，不自西人始也"。
5. 劳乃宣	(1) **背景**："礼法之争"中，礼教派以张之洞、劳乃宣为代表，法理派以修订法律大臣沈家本为代表，围绕大清新刑律等新式法典的修订产生了一系列争论。
	(2) "风俗者，法律之母也"，因此法律不能与风俗相违背。法律应因俗而治，不能盲目移植外国法律。
	(3) 坚持"家族主义"的法律观，本质仍然是对传统儒家纲常礼教的维护。
	(4) 从社会稳定与法律持续发展的角度，变法应当慎重，"欲举一世之法而悉变之"过于偏激，提出"变法必以道为本，以时为衡""新学在所必兴，而不可因而废儒术之旧"的观点。
6. 伍廷芳	(1) "中西法律，固不能强同"，主张"采各国通行之律"，以西法为鉴，变革旧制。
	(2) 出任修订法律大臣后，聘请外国法律专家为顾问，招揽留学归国人员，大量翻译外国法律与著作，促进了西方法律思想的引入与传播。
	(3) "治国之道，以仁政为先"，主张轻刑慎罚，废除酷刑，重视证据，严禁刑讯。
	(4) 坚持中外交涉应当主权平等，主张收回治外法权。
	(5) 清末时他认同君主立宪，辛亥革命后，认为须实行共和立宪。
	(6) 要共和民主，须实行民权，实行三权分立，而其中最重要的是司法独立，这既是国家是否文明的标志，也是民生性命所托。为此，坚决反对行政干涉司法和无视司法独立。

续表

7. 袁世凯	（1）"律例者，治法之统纪，而举国上下胥奉为准绳者也"。立法应当慎重，法令不能随意更改。
	（2）道德为体，法律为用，提出"共和国家以道德为基础，以法律为范围"的治国主张。相较于法律，袁世凯更注重道德的作用，认为恢复儒家的传统理念有助于重建社会道德。
	（3）在法律改革方面，提出"法制随风会而变更"的思想，即法制需要根据时代的特征，社会的变迁而发生改变。同时，改订律例，既要"运以精心，持以毅力"，更要"逐渐更张"。
	（4）宪政思想复杂多变，甚至前后矛盾。清末以来，推崇实现充分的君主立宪制，强调尽快建立责任内阁，突出国务大臣之责；辛亥革命后，袁世凯则表示"共和为最良国体"，支持民主共和，主张人民主权，法治国家；成为民国大总统后，则废除责任内阁制，实行总统制，无限扩大总统权力，最终走向复辟帝制。

二、预备立宪

（一）"预备立宪"的主要活动

（1）1900 年以后清王朝实行"新政"。
（2）1905 年清廷提出"仿行宪政"，派遣五大臣出洋考察各国宪政。同年，仿照日本"明治维新"设立专门机构的先例，设立"宪政编查馆"，专门从事宪政准备工作。
（3）1906 年 8 月，五大臣回国，向慈禧上奏密折，指出立宪最重要的三大好处："一曰皇位永固；二曰外患渐轻；三曰内乱可弥。"
（4）1906 年 9 月 1 日以光绪皇帝的名义颁《预备立宪上谕》，以"大权统于朝廷，庶政公诸舆论"为立宪根本原则。随后进行官制改革，宣布仿照资产阶级国家"三权分立"原则"更定官制"，使司法与行政分离，**一改几千年来司法行政合一的体制**。
（5）1908 年 8 月 27 日公布了"预备立宪"计划——《钦定逐年筹备事宜清单》：确定 1908 年至 1916 年，**以九年为"预备立宪"期限**。制定实施刑律、民律、商律、刑诉律、民诉律等法典。宣布从 1917 年始行宪政。
（6）1909 年各省设立谘议局，1910 年成立资政院。
（7）1911 年 11 月匆匆发布《重大信条十九条》，无力挽回颓势，"预备立宪"即告破产。

（二）《钦定宪法大纲》

（1）宪政编查馆编订，于 1908 年 8 月颁布，是**中国近代史上第一个宪法性文件**。
（2）共 23 条，分正文"君上大权"和附录"臣民权利义务"两部分：第一部分 14 条规定了君主在立法、行政、司法、统军等方面的绝对权力，限制议会权力；第二部分规定了臣民的诸项权利义务，并加以种种限制。
（3）特点：皇帝专权，人民无权。
（4）实质：给皇权专制制度披上"宪法"的外衣，以法律的形式确认君主的绝对权力。

（三）"十九信条"

（1）全称《宪法重大信条十九条》，是清朝政府最后一部宪法性文件。	

（2）**公布背景**：1911年辛亥革命爆发后，为度过危机，命令资政院迅速起草宪法，仅用3天时间即拟定，并于11月3日公布。

（3）**内容**：形式上缩小了皇帝的权力，相对扩大了议会和总理的权力，但仍强调皇权至上，且对人民权利只字未提，更暴露其虚伪性。

（四）谘议局与资政院

1. 谘议局	①**性质**：地方咨询机关。筹建于1907年，1908年7月颁布《谘议局章程》及《谘议局议员选举章程》，1909年开始在各省设立。	
	②**实质**：各省督抚严格控制下的附属机构。	
	③**宗旨、权限**：以"指陈通省利病、筹计地方治安"为宗旨，权限包括讨论本省兴革事宜、决算预算、选举资政院议员、申复资政院或本省督抚的咨询等。	
2. 资政院	①中央咨询机构。筹建始于1907年，1908年以后陆续完成《资政院院章》，1910年正式设立。	
	②**性质**：**承旨办事的御用机构，与近现代社会的国家议会有根本性的不同。**	
	③**内容**：可以"议决"国家年度预决算、税法与公债，以及其余奉"特旨"交议事项等。但一切决议须报请皇帝定夺，皇帝还有权谕令资政院停会或解散及指定钦选议员。	

三、清末修律的主要内容

（一）《大清现行刑律》

（1）在《大清律例》的基础上稍加修改，作为《大清新刑律》完成前的过渡性法典，于1910年5月15日颁行。

（2）与《大清律例》相比，有如下变化：改律名为"刑律"；取消了六律总目，将法典各条按性质分隶30门；对纯属民事性质的条款不再科刑；废除了一些残酷的刑罚手段，如凌迟；增加了一些新罪名，如妨害国交罪等。

（3）**在表现形式和内容上都不能说是一部近代意义的专门刑法典。**

（二）《大清新刑律》

（1）1911年1月25日公布，是**中国历史上第一部近代意义上的专门刑法典**，但仍保持着维护专制制度和封建伦理的传统。

（2）起草工作始于1906年，由于引发了礼教派的攻击和争议，至1911年1月才正式公布，但**并未真正施行。**

（3）分总则和分则两篇，后附《暂行章程》5条。

（4）**主要内容和发展变化**：抛弃了旧律诸法合体的编纂形式，**以罪名和刑罚等专属刑法范畴的条文作为法典的惟一内容**；在体例上抛弃了旧律的结构形式，将法典分为总则和分则；确立了新刑罚制度，**规定刑罚分主刑、从刑**；采用了一些近代西方资产阶级的刑法原则和刑法制度，如罪刑法定原则和缓刑制度。

（三）商事立法

（1）第一阶段 （1903～1907）	主要由新设立的商部负责。
	1904 年奏准颁行《钦定大清商律》，包括《商人通例》9 条和《公司律》131 条，是为清朝第一部商律。
	陆续颁布有关商务和奖励实业的法规、章程：《公司注册试办章程》《商标注册试办章程》《破产律》等
（2）第二阶段 （1907～1911）	主要商事法典改由修订法律馆主持起草；单行法规仍由各有关机关拟订，经宪政编查馆和资政院审议后请旨颁行。
	《大清商律草案》《改订大清商律草案》《交易行律草案》《保险规则草案》《破产律草案》等等，均未正式颁行。
	公布单行商事法规：《银行则例》《银行注册章程》《大小轮船公司注册章程》等。

（四）《大清民律草案》

（1）沈家本、伍廷芳、俞廉三等人主持的修订法律馆着力进行的工作，自 1907 年即正式着手，一方面聘请时为法律学堂教习的日本法学家松冈正义等外国法律专家参与起草工作；另一方面则派员赴全国各省进行民事习惯的调查。1910 年 12 月编纂完成全部草案条文稿。
（2）共分总则、债权、物权、亲属、继承五编，1569 条。**其中，总则、债权、物权三编由松冈正义等人仿照德、日民法典的体例和内容草拟而成，吸收了大量的西方资产阶级民法的理论、制度和原则。而亲属、继承两编则由修订法律馆会同保守的礼学馆起草，其制度、风格带有浓厚的封建色彩，保留了许多封建法律的精神。**
（3）修订法律大臣俞廉三在"奏进民律前三编草案折"中表示："此次编辑之旨，约分四端：（一）注重世界最普通之法则。（二）原本后出最精确之法理。（三）求最适于中国民情之法则。（四）期于改进上最有利益之法则。"很显然，修订民律的**基本思路，仍然没有超出"中学为体、西学为用"的思想格局。**
（4）这部民律草案**并未正式颁布与施行。**

【**一招制敌**】只要是草案，就没有颁行。

（五）其他法典

1.《大清刑事诉讼律草案》与《大清民事诉讼律草案》

沈家本等人在《大清刑事民事诉讼法》遭否决后起草了两部诉讼法草案，于 1910 年底完成，且均系仿德国诉讼法而成，后未及颁行。

2.《大理院编制法》

为配合官制改革于 1906 年制定的关于大理院和京师审判组织的单行法规。

3.《各级审判厅试办章程》

1907 年颁行的关于审级、管辖、审判制度等诉讼体制和规则的一部过渡性法典。

4.《法院编制法》

1910 年清廷仿效日本制定的关于法院组织的法规，实行四级三审制，吸收了审判公开等原则，规定了刑事案件公诉制度、证据、保释、回避制度，**但并未真正实施。**

四、清末司法体制的变化

（一）司法机关的变化

（1）改刑部为法部，掌管全国司法行政事务；
（2）**改大理寺为大理院，为全国最高审判机关；**
（3）实行**审检合署**。

（二）四级三审制

（1）确立一系列近代意义上的诉讼制度，实行四级三审制；
（2）规定了刑事案件公诉制度、证据、保释制度；
（3）审判制度上实行公开、回避等制度；
（4）初步规定了法官及检察官考试任用制度；
（5）改良监狱及狱政管理制度。

（三）领事裁判权：一种司法特权

（1）凡在中国享有领事裁判权的国家，其在中国的侨民不受中国法律管辖，只由该国的领事或设在中国的司法机构依其本国法律裁判。		
（2）确立于1843年《中英五口通商章程及税则》及随后签订的《虎门条约》，并在其后签订的一系列不平等条约中得以扩充。		
（3）内容：依被告主义原则管辖；享有领事裁判权国家的侨民之间的诉讼由所属国审理；不同国家的侨民之间的争讼适用被告主义原则；享有领事裁判权国家的侨民与非享有领事裁判权国家的侨民之间的争讼，前者是被告则适用被告主义原则，后者是被告则由中国法院管辖。		
（4）审理机构	①一审由各国在华领事法院或法庭审理；	
	②二审上诉案件由各国建立的上诉法院审理；	
	③终审案件，由本国最高审判机关受理。	
（5）后果	严重破坏了中国的司法主权；成为外国侵略者进行各种犯罪的护身符和镇压中国人民革命运动的工具。	

（四）观审制度

（1）外国人是原告的案件，其所属国领事官员也有权前往观审，如认为审判、判决有不妥之处，可以提出新证据等；
（2）是原有领事裁判权的扩充，是对中国司法主权的粗暴践踏。

（五）会审公廨

（1）1864年清廷与英、美、法三国驻上海领事协议在租界内设立的特殊审判机关。
（2）凡涉及外国人案件，必须有领事官员参加会审；凡中国人与外国人间诉讼案，由本国领事裁判或陪审，甚至租界内纯属中国人之间的诉讼也由外国领事观审并操纵判决。

续表

(3) 它的确立，是外国在华领事裁判权的扩充和延伸。

五、清末修律的主要特点和主要影响

(一) 主要特点

(1) 在立法指导思想上，自始至终贯穿"仿效外国资本主义法律形式，固守中国封建法制传统"的方针（变法修律的**基本宗旨**）。
(2) 在内容上，皇权专制主义传统与西方资本主义法学最新成果的混合。
(3) 在法典编纂形式上，改变了传统的"诸法合体"形式，分别制定宪法、刑法、民法、商法、诉讼法、法院组织等方面的法典或法规，形成了近代法律体系的雏形。
(4) 以保持皇权专制为前提，不能反映人民群众的要求和愿望，也没有真正的民主形式。

(二) 主要影响

(1) 标志着延续几千年的中华法系开始解体："诸法合体"形式被抛弃；中华法系"依伦理而轻重其刑"的特点也受到极大的冲击。中国传统法制开始转变成形式和内容上都有显著特点的半殖民地半封建法制。
(2) 为中国法律的近代化奠定了初步基础。
(3) 在一定程度上引进和传播了西方近现代的法律学说和法律制度，是中国历史上第一次全面系统地向国内介绍和传播西方法律学说和资本主义法律制度。
(4) 客观上有助于推动中国资本主义经济的发展和教育制度的近代化。

第五章　中华民国的法律思想与制度

第一节　民国初期的法律思想

码上揭秘

一、孙中山的法律思想

（一）三民主义

三民主义是民族主义、民权主义与民生主义的简称，即资产阶级革命派的政治纲领，也是孙中山政治法律思想的核心内容。三民主义伴随革命的进程，历经旧三民主义与新三民主义两个阶段逐渐完善充实，成为孙中山政治法律主张的理论基础与指导思想。

	旧三民主义	新三民主义
1. 民族主义	主要内容为"驱除鞑虏，恢复中华"，即推翻满族统治的清王朝，光复汉族的国家。	1924年国民党一大召开，孙中山在大会宣言中明确宣布民族主义包括两方面的含义：一是中国民族自求解放，二是中国境内各民族一律平等，实现了由旧民族主义向新民族主义的转化，弥补了过去没有明确提出反对帝国主义的重大缺陷和大汉族主义的局限。
2. 民权主义（三民主义的核心，是"政治革命的根本"）	其主要内容为推翻君主专制政体，创立共和政体，建立民国。表达了中国新兴资产阶级在政治上的利益和诉求，同时也在一定程度上反映了全国人民在政治上的要求和愿望。	孙中山对旧民权主义进行了修改，批评了只保护资产阶级利益的西方民主制度，主张各革命阶级的共同民主专政；由重视人权，转而更多地重视民权，主张主权在民。
3. 民生主义（颇有特色的创造；将民生主义归纳为"土地"与"资本"两大问题）	在旧民生主义中，孙中山主张核实地价，征收地价税，实行"平均地权"；同时把铁路，矿山，电气等大量企业收归国有，实行国家资本主义。	孙中山在"平均地权"的基础上，突出了"耕者有其田"的思想；在资本问题上，取消了不切实际的预防资本主义的主张，而以比较现实的"节制资本"取而代之，从而进一步为社会经济方面的法律制定提供可行的指导思想。

（二）五权宪法

孙中山将政治的意义分为"政"和"治"两个方面，认为"政治之中，包含有两个力量：一个是政权，另一个是治权。这两个力量，一个是管理政府的力量，另一个是政府自身的力量"。

1. 权能分治理论

（1）政权应该完全交由人民执掌，人民除有选举权之外，还被赋予创制权、复决权与罢免权，以之共同来管理监督政府。
（2）治权则应完全交由政府实施。

2. 五权宪法理论

（1）与人民拥有的四权相对，政府同样需要行政权，立法权，司法权，考试权，监察权五权。
（2）中央政府以五院制构成，即"一日行政院，二日立法院，三日司法院，四日考试院，五日监察院"。
（3）五权宪法思想，受西方国家三权分立思想和制度影响，同时将中国传统考试和监察制度纳入其中，具有创新性。
（4）用五权宪法组织的政府，才是完全政府，才是完全的政府机关，这样的政府"才是世界上最完全最良善的政府"。

二、章太炎的法律思想

章太炎推崇民主共和，坚决反对君主专制与国家至上的观念。

1. 国民才是国家的主人，统治者仅负公仆之责，应遵循人民的意志治理国家。国家或政府的存在，应该保护人民，只是为了保护个人才有必要。
2. 反对代议政治，认为代议制不仅有碍于民族主义、民权主义、民生主义的实现，而且难以避免政府为一些强权人物所操纵。因此章太炎主张"分四权"的权力分立政治体制。所谓"四权"即行政权、立法权、司法权、教育权。后来章太炎又对"四权"作修正，增加了纠察权，与孙中山的五权宪法理论，在思想形式上极为接近。
3. 法律应当保护下层民众的利益，否则就不是良好的法律，其立法观念包括："抑强辅微""抑官伸民""抑富振穷"；概括起来就是"损上益下"。
4. 强调法治，反对人治。通过总结历代治乱经验，他主张"专以法律为治"，赞赏先秦法家以法治国，执法严明，信赏必罚的"法治"精神，而批判儒家引经附法、原心论罪等传统观念。

三、宋教仁的法律思想

1. 建立民主的立宪政体，认为当务之急是在中国推行议会政治，只有建立议会政治以监督政府机关，民主政治方有实现的希望。
2. 在共和立宪国家，法律上的国家主权属于国民全体，但真正能够发出意思或指示的，则为事实上的政党，"是故政党在共和立宪国实可谓为直接发动其合成心力作用之主体，亦可谓为实际左右其统治权力之机关"。
3. 主张建立责任内阁制，坚信"总统当为不负责任，由国务院负责，内阁制之精神，实为共和国之良好制也"。

续表

4. 将地方行政主体划分为地方自治行政主体与地方官治行政主体，认为应以政务的性质与施行方便为标准，对中央与地方的权限进行划分，大抵对外的行政多归于中央，对内的行政多归于地方；消极的维持安宁的行政多归于中央，积极的增进幸福的行政多归于地方：试图在中央集权制与地方分权制之间寻求折中与平衡。

第二节　南京临时政府法律制度

一、《修正中华民国临时政府组织大纲》 ★★★★

1. 产生的背景与经过。

（1）辛亥革命胜利后各省都督府代表会议于 1911 年 12 月 3 日通过。

（2）南京临时政府成立后，于 1912 年 1 月 2 日在南京公布《修正中华民国临时政府组织大纲》，成为中华民国第一部全国性的临时宪法性文件。

（3）共 4 章 21 条：

第 1 章 "临时大总统、副总统"：规定了中华民国临时大总统、副总统的产生及其权限；
第 2 章 "参议院"：参议院的组成、议员的产生以及参议院的职权；
第 3 章 "行政各部"：临时大总统下设行政各部、部长的任免及其权限；
第 4 章 "附则"：《临时政府组织大纲》的施行期限至中华民国宪法成立之日止。

2. 特点：

（1）受美国宪法影响，基本上采用总统制共和政体。
（2）中央国家机关权力分配实行资产阶级三权分立原则。
（3）采取一院制的议会政治体制，参议院是国家立法机关。

3. **评价**

（1）实际上还只是一个"国家之构成法"，即政府组织法，但在当时却起着临时宪法的作用。
（2）使以孙中山为首的中华民国第一届政府得以依法成立，树立起法治的良好开端。
（3）以此为法律基础，在南京举行的各省代表会于 1911 年 12 月 29 日选举孙中山为中华民国南京临时政府第一任临时大总统。

二、《中华民国临时约法》 ★★★★★

（一）中华民国南京临时政府于 1912 年公布的一部重要的宪法文件，是当时国内资产阶级革命党人、立宪派及以袁世凯为首的各派政治势力，在列强暗中干预下，相互斗争妥协的产物

（二）性质

1. 具有中华民国临时宪法的性质，体现了资产阶级的意志，代表了资产阶级的利益，具有革命性、民主性；

2. **中国历史上最初、也是唯一一部资产阶级民主共和国性质的宪法性文件。**

（三）约法的目的

1. 力图用法律制约袁氏，防范其专权，用以维护民国政体；

2. 立宪派同意《临时约法》，是图谋借此作为向袁索取权位的政治筹码；

3. 袁世凯表示"谨守约法"，意图以退为进，用合法手段平稳取得总统职位。

（四）《临时约法》的主要内容

《临时约法》共 7 章 56 条。

1. 它是辛亥革命的直接产物，它以民权主义学说（孙中山国家学说的核心）为指导思想。民权主义的基本内容是推翻帝制，建立民国，实现资产阶级专政的民主共和制。

2. 确定了资产阶级民主共和国的国家制度。规定了国家的资产阶级共和国性质，肯定了辛亥革命的积极成果。

3. 肯定了资产阶级民主共和国的政治体制和组织原则。虽肯定和确立了**三权分立**的原则，但为了限制袁世凯的权力，在国家政权体制上，改总统制为**责任内阁制**。规定**临时大总统、副总统和国务院行使行政权力**，参议院是立法机关，法院是司法机关，并规定了其他相应的组织与制度。

4. 体现了资产阶级宪法中一般民主自由原则，规定人民享有人身、财产、居住、信教等项自由和选举、被选举、考试、请愿、诉讼等权利。

5. 确认了保护私有财产的原则，客观上有利于资本主义的发展。

（五）主要特点：从各方面设定条款，对袁世凯加以限制和防范

1. 国家政权体制上，试图以类似的责任内阁制取代总统制，以限制袁世凯的权力。

2. 权力关系规定上，扩大参议院的权力以抗衡袁世凯。参议院除拥有立法权外，还有对总统决定重大事件的同意权和对总统、副总统的弹劾权。临时大总统对参议院议决事项咨院复议时，如有 2/3 参议员仍坚持原议，大总统须公布施行。

3. 在《临时约法》的程序性条款上，规定特别修改程序以制约袁世凯。约法的增修删改，须由参议院议员 2/3 以上或临时大总统之提议，经参议员 4/5 以上之出席，出席议员 3/4 以上之通过方可进行，以防止袁擅自修改变更约法。

（六）意义

1. 肯定了辛亥革命的成果，彻底否定了中国数千年来的封建君主专制制度，肯定了资产阶级民主共和制度和资产阶级民主自由原则，在全国人民面前树立起民主共和的形象。

2. 所反映的资产阶级的愿望意志在当时是符合社会发展趋势的，一定程度上反映了广大人民的民主要求。

3. 首次赋予人民久已渴望的民主、平等、自由以法律效力，是中国历史上亘古未有的伟大创举。

续表

	4. 确认了辛亥革命的积极成果，使资产阶级民主共和思想开始深入人心，唤起了人民民主意识的觉醒，为以后反对帝制复辟奠定了思想基础。

三、其他法令的主要内容和特点

民国初造，设立法制局进行频繁立法活动。因临时政府存在时间短暂，大多未及实施，但其除旧布新之功不能抹杀。

（一）保障人权废除帝制社会等级特权（"自由，胥属平等"的原则和"自由、博爱"精神）

1. 禁止买卖人口	《大总统令内务部禁止买卖人口文》：令该部迅即编定暂行条例，今后不得再有买卖人口之事，违者处罚；从前有关契约全部解除，视为雇主雇人关系，不得再有主奴名分。
	孙中山对外交部、广东都督颁发令文：严行禁止贩卖猪仔，以尊重人权、保全国体。
2. 解除"贱民"身份	《大总统通令开放蛋户、惰民等，许其一体享有公权私权文》：宣布解放贱民，废除前清法制对闽粤蛋户、江浙惰民、河南丐户、义民等所谓"贱民"和"雉（剃）发者""优倡隶卒"等人的歧视限制；申令他们应与平民一样，规定："对于国家社会之一切权利，公权若选举、参政等，私权若居住、言论、出版、集会、信教之自由等，均许一体享有，毋稍歧异，以重人权而彰公理。"
3. 提高女权	孙中山倡议参议院通过赋予女子以参政权的议案，使千百年来备受歧视压迫的中国妇女，参加各级政权的权利受到应有重视。
4. 取消官僚特权与革除官厅陋习	《革除前清官厅称呼文》：废除清代标志等级尊卑的"大人，老爷"等名称，此后官厅人员以官职相称，民间通常以"先生""君"相称，以维护人际平等与人格尊严。

（二）革除传统社会陋习

1. 禁烟	《大总统令内务部通饬禁烟文》：要求吸食者屏绝恶习，若沉湎忘返者，将立法"剥夺其选举一切公权"；对政府公职人员中的违法者严肃清理，并由内务部设局任官，认真禁止。
2. 禁赌	临时政府认为赌博是"最为社会之害，非法在所必禁"，内务部特令中央、地方各有关部门严切注意，无论何项赌赙，一体禁除。人民宴会游饮集会场所，概不准重蹈赌赙旧习。售卖赌具者自行销毁，嗣后永远不准出售；"俏有违犯，各按现行律科罪。"
3. 劝禁缠足	《劝禁缠足文》：缠足恶习"害家凶国，莫此为甚"，对女子造成生理缺陷，行动不便，"教育莫施，世事罔闻"，不能独立谋生，服务社会。因此，为培国本，务必革除此等恶习，要求内务部通饬各省一律劝禁，其有违令者，予其家属以相当之罚。
4. 剪辫	《晓示人民一律剪辫文》：凡未去辫者，于令到之日，限二十日，一律剪除净尽，有不遵者，（以）违法论。
5. 易服	以中山装取代拖遝萎靡的长袍补褂。

（三）整饬吏治任人唯贤

1. 《整饬官方慎重铨选文》：要求内务部总长、次长，悉心考察，慎重用人勿使滥竽充数；除有特别缘故外，一人不得兼两职。

2. 以考试取才作为尚公去私、选用贤能的主要手段：法制局拟定《文官考试委员会官职令》《文官考试令》《外交官及领事官考试令》等法令草案，由大总统咨参议院议决，以求用得其人。

3. 严格要求官吏为民公仆，对政府官吏滥用职权，严惩不贷。

（1）江苏山阳县令擅刑杀人之案，孙中山亲自电令沪军都督秉公讯办，"以彰国法而平公愤"。

（2）江苏省内务司官吏马某，因在通告及告示中有谩骂讪笑人民之词，内务部认为"殊失民国执政官体，及尊重地方人民之态度"，特咨司法部，请立即令南京审判厅察究，从而体现官吏是人民公仆的民主国家原则。

四、司法制度

（一）建立新型的司法机关

1. 中央设临时中央审判所（亦称"裁判所"），作为全国最高审判机关：《修正中华民国临时政府组织大纲》规定裁判所由临时大总统征得参议院同意后设立，《临时约法》改称法院，由临时大总统和司法总长分别任命的法官组成。
2. 地方审判机构的设置未及制定新法，暂沿清末司法改革后的体制，称"审判厅"，分县、府、省三级，行四级三审判。
3. 法官独立审判，不受上级官厅干涉；法官在任中不得减俸或转职，非依法律受刑罚宣告，或应免职之惩戒处分，不得解职。
4. 各级地方审判厅内设同级检察厅，行使监督之权。
5. 临时政府法制局拟定《法官考试委员会官职令》《法官考试令》草案，要求所有司法人员，必须经法官考试合格，方能录用。

（二）改革审判制度：废除刑讯体罚

1. 陆续颁布《大总统令内务司法两部通饬所属禁止刑讯文》《司法部咨各省都督停止刑讯文》《大总统令内务司法部通饬所属禁止体罚文》。
2. 临时政府宣布："不论行政司法官署，及何种案件，一概不准刑讯……其从前不法刑具，悉令焚毁。"
3. 中央司法部随时派员巡视各地，若有滥用刑讯体罚的"不肖官吏"，定予严惩、革职，并治以应得之罪。

（三）采用律师制度

1. 仿照西方国家律师制度草拟了《律师法草案》。
2. 律师辩护制度、公审制度、陪审制度，在临时政府司法实践中已经采用：江苏山阳县令擅杀案，就由司法部派出精通中外法律的官员承审，由知名人士陪审，并允许聘请辩护士到庭辩护。

第三节　北洋政府的法律制度

一、北洋政府的立法概况

（一）天坛宪草

1. 1913 年 4 月 8 日首届国会正式召开。

2. 按《国会组织法》规定，由参、众两院各选出委员 30 名，组成"宪法起草委员会"，集会北京天坛祈年殿，开始宪法起草工作。

3. 1913 年 10 月 31 日宪法起草委员会通过《中华民国宪法草案》（天坛宪草）

共 11 章 113 条。
采用了资产阶级宪法的形式和原则，肯定中华民国为资产阶级共和国。
虽有很大妥协性，但仍规定国会有较大的权力，还规定采取责任内阁制，从而限制袁世凯的权力。

4. 在 1914 年 1 月 10 日下令解散国会，"天坛宪草"未及公布便胎死腹中。

（二）1914 年《中华民国约法》（袁记约法）

1. 在美国宪法顾问古德诺的直接策划与参与下拟定；5 月 1 日正式公布，《中华民国临时约法》被正式废止。

2. 显著特点：

（1）废除责任内阁制，行总统制	大总统为国之元首，总揽治权；
	行政以大总统为首长，置国务卿一人赞襄之；从而以附属于总统的国务卿，代替以前牵制总统的内阁总理。
（2）无限扩张总统权力	大总统对外可以代表国家宣战、媾和或者缔结条约；对内统率全国海陆军；制定官制官规不再经参议院议决；任免国务员、外交大使，无须参议院同意。
	有宣告大赦、特赦、减刑、复权之权；发布命令、赦令之权；财政紧急处分权；宣告戒严权；任命法官、组织法院司法之权。
	特别赋予总统财政紧急处分权和发布教令权，把袁世凯总统的权力扩大到完全和专制皇帝相似。
	参政院又公布了《修正大总统选举法》，使总统任期改为 10 年，而且可以连选连任；还规定换届之时，参政院可以议决现任总统连任，且毋须改选；总统继位人可由现任总统指定。
（3）废除国会制，设立立法院	立法院为立法机关，形式上采用一院制，立法院有议决法律、预算、纂集公债等诸多职权。
	立法院受总统领导，且无权弹劾总统，而总统却有解散立法院之权。
	另设参政院，作为大总统咨询机构，且规定立法院未成立前，由参政院代行其职；而袁氏执政时期立法院则始终未成立。

（三）1923 年《中华民国宪法》（贿选宪法、曹锟宪法）

1. 近代史上中华民国首部正式颁行的《宪法》。

2. 主要内容及特点：

（1）以资产阶级共和国粉饰军阀独裁	中华民国永远为统一民主国。
	针对袁世凯称帝失败的教训，该法明定：国体不得为修改之议题。
	大总统各项权力行使，须依法律或经国会同意；任命国务总理须经众议院同意；众议院对大总统、国务员有弹劾权。
	"地方制度"一章规定：省设省务院，省务员由省民直接选举；县设县长，县长由县民直接选举。
（2）以资产阶级民主自由掩盖军阀独裁	中华民国人民一律平等，无种族、阶级、宗教区别，人民依法享有保有财产、营业、言论、著作、刊行、集会、结新、通信秘密、居住迁徙、信教等自由，有请愿、诉讼、选举、被选举等权利。
	事实则相反，仅1923年2月7日京汉铁路总罢工，武汉江岸一地，吴佩孚的军警当场就杀害工人37人，伤200多人，逮捕林祥谦等60多人。

（四）其他立法活动

北洋政府的主要立法活动，是以援用前清法律为始点的。袁世凯就任中华民国临时大总统时，即发布《暂行援用前清法律及新刑律令》："现在民国法律，未经议定颁布，所有从前施行之法律及新刑律，除与民国国体抵触各条应失效力外，余均暂行援用，以资遵守。"

1. **行政立法。**

（1）关于行政体制方面法律的修订	袁世凯就职后，依据《中华民国约法》将中央行政体制规定为总统制；接着又修订了《大总统选举法》，使其成为实质上的终身总统，并于1916年正式改中华民国为中华帝国。
	段祺瑞重新改组行政体制，宣布恢复《临时约法》和国会的同时，撤销了袁世凯时期的行政机构，从形式上实行《临时约法》所规定的国家行政体制。
（2）修订颁布了一些单行行政法规，对官吏的考试、甄选、官等、官俸及纠弹、惩戒诸方面多有具体立法规定：先后颁布有关文官、外交官、领事官、司法官等职官的考试令，制定和颁行了《文官高等考试法》《文官普通考试法》及《外交官领事官考试法》。	
（3）官吏的纠弹惩戒	《文官惩戒法草案》《纠弹法》《官吏犯罪特别管辖令》《官吏违法惩罚令》《司法官惩戒法》《审计官惩戒法》《文官惩戒条例》《官吏犯赃治罪条例》
（4）官吏的抚恤	《文官恤金令》，规定文官恤金分为终身恤金、一次恤金、遗族恤金三种。

2. **刑事立法。**

（1）删修《大清新刑律》（1912年施行，直到1928年南京国民政府刑法典颁布）	删除与"民国国体"抵触各条，如"侵犯皇室罪""伪造制书罪""伪造御玺国宝罪"等；
	将律文中带有明显帝制性质的名词概念加以修改，如"帝国"改为"中华民国"，"臣民"改为"人民"，"覆奏"改为"覆准"，"恩赦"改为"赦免"等。
	取消附加《暂行章程》5条，更名为《暂行新刑律》，实与《大清新刑律》少有实质区别。

续表

(2) 1914 年 12 月 24 日袁氏颁布《暂行刑律补充条例》共 15 条，内容与清的《暂行章程》5 条性质相同，且有扩充，并分别加重刑罚。
(3) 1915 年，袁世凯御用的"法律编查会"，聘请日本法学家冈田朝太郎参加拟定第一个"刑法草案"。其中增加了"侵犯大总统"和"私盐罪"两章。
(4) 1918 年的段祺瑞政府设立"修订法律馆"，拟定了第二个"刑法草案"，体系上有所变化，更多地采用资产阶级的刑法原则和内容。
(5) 北洋政府还制定了一些单行刑事法规，主要有《戒严法》《惩治盗匪法》《治安警察法》《陆军刑事条例》《海军刑事条例》等。

3. 民商事立法。

(1) 大理院发布判例说："民国民法法典，尚未颁行，前清之现行律除裁判部分及与国体有抵触者外，当然继续有效。至前清现行律虽名为现行刑律，而除刑事部分外，关于民商事之规定，仍属不少，自不能以名称为刑律之故，即误会其为已废。""前清现行律关于民事各条，除与国体及嗣后颁行成文法相抵触之部分外，仍应认为继续有效。"
(2) 所谓"现行律民事有效部分"：包括《大清现行刑律》中的《服制图》《服制》《名例》中有关条款和《户役》《田宅》《婚姻》《钱债》等内容，以及清《户部则例》中户口、田赋、税租等条款。直到 1929 年 10 月南京国民政府公布民法典，"现行律民事有效部分"才告废止。
(3) 北洋政府也颁布了一些民商事单行法规，主要有《矿业条例》《不动产登记条例》《商人通则》《公司条例》《商标法》等。
(4) 1915 年"法律编查会"在前清民律草案基础上吸收民国北洋政府历年大理院判例，编订成一部新的《民律草案》。后于 1925 年至 1926 年分《总则》《债》《物权》《亲属》《继承》5 编陆续公布，计1745 条。未正式通过。

4. 诉讼法与法院组织法。

(1) 北洋政府成立之初，沿用清末诉讼律典，后据需要对一些条文加以修正，并以单行法规形式公布，如《民刑事诉讼律草案管辖各节》《县知事审理诉讼暂行章程》等。
(2) 1921 年编成《民事诉讼条例》，1922 年 1 月编成《刑事诉讼条例》，在"东省特别区法院"试行，这些条例分别规定有关管辖制度以及第一审、上诉审和执行等各环节的具体程序。
(3) 关于法院组织，初用清末《各级审判厅试办章程》及《法院编制法》，并修正刊行，之后又行多次修订。此外还公布了《暂行各县地方分庭组织法》《东省特别区域法院编制条例》等法规。
(4) 从 1912 年到 1927 年，大理院汇编的判例、解释例也成为其时诉讼法规的重要法律渊源。

二、北洋政府法律的主要内容与特点

（一）援用前清旧律的刑法原则

1.《暂行刑律补充条例》	增设对嫡母、继母出于虐待行为，夫之尊亲属出于义绝或虐待行为的防卫过当罪，藏匿刑事暂保释人罪，强制亲属卖奸或为娼罪，奸良家无夫妇女罪，强卖和卖其被扶助养育保护之人罪，和奸有夫之妇罪等。
	尊亲属轻伤卑幼免除处罪，行亲权之父母为惩戒子女可请求法院施以 6 个月以下监禁处分等。
2.《徒刑改遣条例》	将清末已废的遣刑重加恢复，规定：凡无期徒刑，有期徒刑五年以上罪犯，所犯为内乱、外患、强盗等罪改为遣刑，发往吉林、黑龙江、新疆、甘肃、川边、云南、贵州、广西，允许改遣犯人携带亲属，到配所后编入当地户籍。
3.《易笞条例》	重新恢复南京临时政府明令废止的笞刑，规定：16 岁以上 60 岁以下男子，犯奸非、和诱、盗窃等罪，应处 3 月以下有期徒刑、拘役或百元以下罚金折易监禁者，照刑期一日改易笞刑二下。这简直是古代折杖法的复萌。

（二）严刑镇压内乱罪

1.《暂行新刑律》专设《内乱罪》一章	"意图颠覆政府，僭窃土地及其他紊乱国宪而起暴动者为内乱罪。"对该罪"首魁"处死刑或无期徒刑；"执重要事务者"死刑或无期徒刑或一等有期徒刑；"附和随行者"二至四等有期徒刑；二等以上有期徒刑并处褫夺公权。
	"凡意图内乱、聚众掠夺公署之兵器、弹药、船舰、钱粮及其他军需品或携带兵器、公然占据都市城寨及其他军用之地者，均以内乱既遂论处。"
	内乱罪的预备犯或阴谋犯，处一至三等有期徒刑。预知内乱而供兵器、弹药、船舰、钱粮及其他军需品者，处无期徒刑或二等以上有期徒刑。
2.《惩治盗匪法》	进一步加重内乱罪的刑罚等级，规定一律处死刑，且一再延长施行期限。
3. 1912《戒严法》	遇有战争及其他非常事变，大总统可宣布全国或某地区戒严；地方司令官可宣布所在地区临时戒严；戒严所在地司令官有权停止集会、结社或新闻、杂志、图画、告白等，禁止输出可供军需的民用物品，或停止海陆交通等。
4.《预戒条例》《治安警察条例》《违警罚法》	对所谓的无一定职业、常有狂暴言论行为者，及对他人欲行妨害者和不知检束者，常有破坏社会道德或阻挠地方公益之言论行为者，等等，发布预戒命令。
	对妨害安宁、秩序、公务、交通、风俗、卫生、他人身体财产及证言、伪证、湮没证据者，分别处以拘留、罚金、训诫三种主罚和没收、停止营业、勒令歇业三种从罚。
	对结社、集会、集体游戏、张贴图画、演讲、罢工等，行使警察权。

（三）维护地主、官僚买办利益

1. 以法律保护地主土地所有权和地租剥削	大理院判例："如典产到期，经典买主催告，原业主仍逾期不赎时，亦得为绝业之主张。"
	"现行律民事有效部分"的"典买田宅"条及其条例规定：若将已典卖与人的田宅重复典买的，以所得价钱计赃准盗窃论，追价还主，田宅从原典买主为业。典限未满而业主强赎者，依律治罪。
	盗卖、冒认地主田宅，可判处徒、流刑。
	每年须按期缴纳地租，不因地主息于行使而减轻，也不因积欠而免除。
2. 先后颁行《中华汇业银行则例》《中国银行则例》《交通银行则例》《实业银行章程》《新华储蓄银行章程》等银行法规，确认股份有限公司的银行，受政府委托可经理国库，募集资金或举借外债，发行国币等。	
3.《所得税条例》	军官在从军中所得之俸给，不属营利事业之一时所得，免纳所得税。
4.《不动产登记条例》	使军阀官僚的财产合法化，他们只需向有关审判厅或县公署登记，便可永享土地及建筑物的所有权等权益。
5.《矿产条例》	外国人与中国人合股可取得开采矿藏权。
6. 外国教堂依条约应特制认为法人，得享有土地所有权。	

三、司法制度

（一）司法机关体系（庞杂）

1. 普通法院系统——大理院、高等审判厅、地方审判厅、初等审判厅

（1）大理院	最高审判机关；设院长1人，总理全院事务；下设民事庭和刑事庭，各庭设庭长1人，推事若干人。
	审判案件时，由推事5人组成合议庭，以庭长为审判长。
	在离京师较远或交通不便的省高等审判厅内设立大理院分院，推事由大理院选任，或由所在高等审判厅推事兼任。
（2）高等审判厅	设厅长1人，下设民事庭和刑事庭；由推事3人组成合议庭，由庭长任审判长。高等审判厅也可在所属地方审判厅设立分庭。
（3）地方审判厅	在城市设置，受理二审案件或重要的一审案件。属于第一审者，由推事1人独任；属于第二审者，采用合议制。
（4）初等审判厅	审理第一审的轻微的刑事案件或诉讼标的价值较小的民事案件。
	1915年6月废除初等审判厅，行三级三审制。

【特别注意】按照北洋政府法院组织法的规定，检察系统设总检察厅、高等检察厅、地方检察厅、初等检察厅。它们分别设置于各该级审判厅官署内；由检察长、检察官组成；对刑事案件负责行使侦查、提起公诉与监督判决执行等检察权，对有关社会公益及风俗的民事案件，以国家代表身份参加。

2. 兼理司法法院

①指未设普通法院各县所设的兼理司法机关。
②1913 年，北洋政府在未设普通法院的各县建立审检所，由县知事专负检察业务，但人员由县知事呈请高等审判厅委用。
③1914 年颁行《县知事审理诉讼暂行章程》，1917 年颁行《县司法公署组织章程》，对县知事兼理司法的制度有所改进，如将检察、审判分开，县知事专司检察，但都未能实行。

3. 特别法院

分军事审判机关和地方特别审判机关两类。

（1）军事审判机关：依《海军审判条例》《陆军审判条例》审判；海陆军分设高等军法会审、军法会审、临时军法会审三种组织；审理军人犯罪案件。
（2）地方特别审判机关：临时在少数民族地区或特别区域设立的司法组织，即特区法院。如热河都统署、归绥都统署、察哈尔各旗等，设审判处，但不用检察制度。又如东三省特别区，在哈尔滨设高等审判厅及地方分庭，并相应设主任检察官。

4. 平政院

①主管行政诉讼；察理行政官吏之违法不正行为，就行政诉讼及纠弹事件行使审判权。
②平政院设院长 1 人，评事 15 人。
③平政院还设肃政厅，置都肃政史 1 人，肃政史 16 人，纠弹行政官吏之违宪违纪事件，并得提起行政诉讼，监视平政院裁决之执行。
④南京国民政府时期改平政院为行政法院。

（二）诉讼审判的主要特点

1. 运用判例和解释例	北洋政府确认大理院的判例与解释例具有法律效力。
	在司法审判中，大量运用判例和解释例。判例和解释例比法条更便于适用。
2. 四级三审制	在审判管辖上，北洋政府基本上实行四级三审制。轻微案件由初等审判厅作第一审，稍重的案件由地方审判厅作第一审。高等审判厅不受理第一审案件，大理院可以作为"内乱"及"妨碍国交""外患"等罪的第一审及终审机关。
	1914 年裁并地方审判、检察厅以及初等审判、检察厅，审、检归县知事兼理。两年后，因人民强烈反对复辟帝制，又恢复地方审判厅，增设大理院分院、高等审判厅、地方审判厅等。
	段祺瑞政府重新恢复审、检制度。在审判机构设置上，除保留大理院、高等审判厅、地方审判厅外，在县一级设立地方审判厅或司法公署，管理当地刑、民案件，从而使四级三审制确立下来。

续表

3. 县知事兼理司法	在未设立初等审判厅的地方，由县知事兼理司法。
	1914年颁布的《县知事兼理司法事务暂行条例》规定：凡未设法院的地方各县之司法事务，"委托县知事处理之"。由县知事行使审判权和检察权，称为兼理司法县公署。
	不仅是对南京临时政府《文官试验章程草案》的反动，而且是对帝制时期府县官主管司法审判的公开复活，突出体现了北洋政府统治时期的司法专横。
4. 军事审判取代普通审判	北洋政府设有高等军法会审、军法会审和临时军法会审三种军事审判机构。
	军法会审机构不仅审理军人违反《陆军刑事条例》和《海军刑事条例》的案件，而且把续备、后备和退役军人以及军属，也包括在军法审判的范围；此外，还可审判其他非军人案件。
	军法会审重于其他审判，一般司法审判成为军法审判的补充。依照《海军审判条例》《陆军审判条例》规定：军人犯海、陆军刑事条例，或刑律所列之罪，或违警罚及其他法律所定之罪，以及军人附带民事诉讼；非军人犯军法条例规定之罪，均依军法会审之判。
	军人、平民犯罪，刑、民案件各由军法会审审判，军事审判机关成为实际上最重要的审判机构。
5. 在华领事裁判权的沿用	为便于侨民诉讼，北洋政府继续承认领事裁判权，并赋予无领事裁判权国家侨民一些法律特权。
	1913年颁布的《约定华洋诉讼办法》规定：审理涉外（华洋）诉讼案件以地方衙门为第一审，不服则以该省通商交涉使衙门或外交特派交涉员署为上诉机关。
	1920年公布的《审理无领事裁判权国人民犯罪变通处刑办法文》规定：如该国人犯重罪，依《暂行新刑律》应处死刑，而其本国已废止死刑的，酌处无期徒刑，且在判决理由书内声明。

第四节 南京国民政府的法律制度

一、国民政府立法概况

（一）立法指导思想

1. 1929年3月12日，国民党"三大"通过《确定总理遗教为训政时期中华民国根本法决议》："中国国民党中央执行委员会应根据总理遗教，编制过去党之一切法令规章，以成统一系统"，"确定总理所著三民主义，五权宪法，建国方略，建国大纲及地方自治开始实行法为训政时期中华民国最高之根本法"。

2. 用三民主义的权威修饰其"以党治国"的立法指导思想和基本原则，而所谓"以党治国"导致的是蒋氏独裁。

（二）立法机构

1. 1928 年 10 月，国民党中常会（中央执行委员会常务会议的简称）通过《中华民国国民政府组织法》，规定立法院为最高立法机关，有权议决法律案、预算案、大赦案、宣战案、媾和案及其他重要国际条约。

2. 由于政府是在国民党全国代表大会和以总裁为首的中央执行委员会的直接领导下，这种一党专政蒋氏独裁的政体，决定了政府立法院只能听命于国民党中央，受制于蒋氏。

（三）法律体系

南京国民政府的法律体系由制定法、判例、解释例和党规党法、蒋氏手谕等构成。

1. 继续清末以来修律方针，采择各国法规，参酌世界立法趋势，先后制定了宪法（约法）、民法、刑法、商事法、诉讼法、法院组织法及其他单行法规、特别法规，统称"六法全书"，是南京国民政府成文法总称。

2. 司法院、最高法院继续援用北洋政府大理院的判例、解释例，并于实践中大量增补，是制定法的重要补充。

3. 党规党法、蒋氏手谕、命令是重要法律形式，具有最高法律效力。

（1）1932 年 5 月 31 日，国民党中央常委会通过《宣传品审查标准》，适用于党报及全国各种报刊杂志，成为实质的新闻法。

（2）1930 年 2 月公布《党员犯罪加重处罚暂行法》，适用于党员和非党员现任职官。

（四）立法特点

1. 从法律内容上看法律制度是继受法与固有法的混合	（1）大量采用、引进、吸收西方近代以来的法律学说、法律原则与法律制度，以大陆法系法律制度为蓝本，并采英美法系法律制度的一些内容。
	（2）继续保持、延续了中国传统法律制度的一些特性。
2. 从立法权限上看受制于国民党中央（首要特点）	（1）立法院成立前，立法权直接由国民党中央执行委员会政治会议行使。
	（2）立法院成立后，国民党中央仍控制着立法权：有权直接向立法院提出法律案的机关以国民党中央政治会议为先；其他任何机关提出的法律案，均得拟定法律案的原则草案，送请政治会议决议；立法院对政治会议所定原则不得变更，有意见可向政治会议陈述；各种法律案原则，政治会议先交立法院审议，然后再送政治会议最后决定；立法院通过的法律案，在政府未公布前，政治会议认为有修改必要时，以决议案发交立法院依法修改。
3. 从法律文本层次上看特别法效力高于普通法	（1）颁布的特别法数量繁多，超过普通法数倍，尤以特别刑事法规、法令最为突出。如《暂行反革命治罪法》，多次补充修改的《中华民国战时军律》等。
	（2）继续奉行北洋政府"特别法应先于普通法，如特别法无规定者，始适用普通法"的原则。
	（3）在法律的制定与适用上采用"双重标准"，即一方面用基本的普通法作为"常态"法律，规范普通、正常的法律关系，但在另一方面又制定大量针对特定对象、在特定时空适用的特别法，超出普通法的限制，加强对危害其统治行为的处罚。
	（4）普通法的制定、修改，其立法程序要经立法院议决，由政府正式颁布。而特别法可不经立法院议决，直接由政府发布；或由军事委员会及其他各部、会制定、公布；甚至由国民党中央或地方党部秘密颁发。

续表

| 4. 从立法文本与司法实践层面看两者脱节严重 | (1) 许多立法在形式上顺应时代的发展，体现一些资本主义法律制度的原则，因而从立法文本上看有些方面值得肯定。 |
| | (2) 在司法实践中却多是立法与司法脱节。 |

二、"六法全书"的主要内容及特点

（一）约法和宪法

1.《训政纲领》

1928年10月3日国民党中常会制定并通过《训政纲领》六条，作为"训政时期"政纲，基本内容是：

| ①确立国民党为最高"训政"者。 |
| ②国民党全国代表大会代行国民大会职权，为最高国家权力机关。 |
| ③国民党中央执行委员会（其核心是政治会议）是国家最高权力机关的常设机关。 |
| ④蒋介石以党总裁身份直接控制政治会议，集党、政、军权于一身。 |
| ⑤《训政纲领》还规定了"政权"和"治权"的划分。 |

2.《训政时期约法》

1931年5月12日"国民会议"讨论并通过《中华民国训政时期约法》，6月1日由政府正式公布。该法共8章89条，主要内容规定：

| ①中华民国"主权属于国民全体"，国体"永为统一共和国"。 |
| ②采取五院制的政权组织形式，"国民政府设行政院、立法院、司法院、考试院、监察院及各部会"。 |
| ③规定了一系列公民的民主自由权利，国民"在法律上一律平等"。 |
| ④但人民的政权，即选举、罢免、创制、复决四种权力的行使，由国民党政府训导之。该法的核心精神，是以根本法形式确认训政时期国民党为最高"训政"者，代行国民大会的统治权。 |
| ⑤约法的解释权属国民党中央执行委员会。 |

3.《中华民国宪法草案》（"五五宪草"）

1936年5月5日公布《中华民国宪法草案》，又称"五五宪草"。

| ①结构与《训政时期约法》基本相同。 |
| ②只是将原约法中"训政纲领"改为"国民大会"；"中央与地方之权限"分为"中央政府""地方制度"两章，第8章"附则"易名"宪法的施行及修正"。 |
| ③政府宣称该草案遵奉孙中山遗教制定，标榜要结束"训政"，实行"宪政"，以体现三民主义、五权宪法精神。 |

4.《中华民国宪法（1947）》

（1）1946年12月25日通过，定于1947年公布施行。共14章175条，依次是总则、人民之权利义务、国民大会、总统、行政、立法、司法、考试、监察、中央与地方之权限、地方制度、**选举**、**罢免**、**创制**、**复决**、基本国策和宪法之施行及修改。

（2）**基本精神与《训政时期约法》和"五五宪草"一脉相承**。但碍于政协通过的"宪法修改原则"12 条的重大影响，即实行国会制、内阁制、省自治、司法独立、保护人民权利等，不得不在具体条文上有所变动。

（3）**内容特点**

①表面上的"民有、民治、民享"和实际上的个人独裁，即人民无权、党国一体、个人集权。1948 年颁布的《动员戡乱时期临时条款》使这一特点更趋具体和法律化。
②政权体制不伦不类：既非国会制、内阁制，又非总统制，实际上是用不完全责任内阁制与实质的总统制的矛盾条文，掩盖总统即蒋介石的个人专制统治的本质。
③罗列人民各项民主自由权利，比以往任何宪法性文件都充分。但依据宪法第 23 条颁布的《维持社会秩序临时办法》《戒严法》《紧急治罪法》等，把宪法抽象的民主自由条款加以具体切实的否定。
④以"平均地权"、"节制资本"之名，行保护地主剥削、加强官僚垄断经济之实。

（二）民法及其相关法规

1.《中华民国民法》

（1）1928 年南京民国政府开始起草民法典，在继承清末、北洋政府民律草案的立法精神，抄袭资本主义国家，特别是德、日等国民事立法原则和法律条文基础上，本着民商合一原则，结合传统习惯，分期编订而成。

（2）第 1 编"总则"，第 2 编"债"，第 3 编"物权"，第 4 编"亲属"，第 5 编"继承"；共 1225 条，从 1929 年 10 月 10 日起陆续施行。

（3）**评价**：民法典颁布改变了我国没有单独民法典、民事法律规范依附于刑法典的历史，使得排除运用刑事处罚，单独适用民事处罚调整公民之间的人身与财产关系成为可能。

（4）**民法的特点：**

①承认习惯和法理可作为判案依据	第 1 条规定："民事法律未规定者，依习惯，无习惯者，依法理。"肯定习惯及法理可作为审判民事案件的依据。但民事习惯之适用，以不违背公共秩序或善良风俗者为限。
②维护土地权益	地上权人纵因不可抗力，妨害其田地之使用，不得请求免除或减少租金。
	设定永佃权，以使佃农勤于耕作，改良土壤，增加收入，但同时规定："永佃权人拖欠地租达二年之总额者，除如有习惯外，土地所有人得撤佃。"
③保护债权人利益	法定利率为 5.5%，而约定利率则高达 20%。
	债务人迟延给付时，债权人得请求赔偿因迟延而产生的损害，对因不可抗力产生之损害，也应负责，迟延债务，以支付金钱为标的者，债权人得请求依法定利率计算因迟延而应交付之利息。如约定利率较高者，仍从约定利率。
	债务人不为给付或不为定金之给付者，债权人得申请法院强制执行，并得请求损害赔偿。
④承认所有权法律关系	有人于法令限制之范围内，得自由使用、收益、处分其所有物，并排除他人之干涉。
	所有人对于无权占有或侵夺其所有物者，得请求返还之，对于妨害其所有权者，得请求除去之。有妨害其所有权之虞者，得请求防止之。
	仿瑞典民法认定留置权有物权效力。

续表

⑤保护传统婚姻家庭关系	婚约应由男女当事人自行订定；但未成年人订立婚约应得法定代理人（未成年人之父母）之同意。如解除和违反婚姻，必须负赔偿之责。
	政府的解释例对童养媳的婚约性质有条件地加以确认。
	政府的解释例和判例还确认聘财是定婚形式要件，聘财须依礼纳送，入赘亦得有聘财。
	解释例确认："习惯上买卖婚姻如经双方合意，虽出银实具有财礼之性质者，其婚姻应认为有效。"
	法典规定一夫一妻制，在结婚的法律效力上采用仪式制，不采用登记制。
	司法院解释例对"重婚罪"的解释规定，"重婚罪之成立，必以举行相当婚娶礼式为要件"；判例也规定，"重婚罪系以正式婚姻之成立为前提"。这些规定导致实际上的纳妾合法化。
⑥确认父家长权	家置家长。家长由亲属团体中推定之。无推定时，从家中之最尊者为之。尊集团者以年长者为之。家长管理家务。
	妻姓冠以夫姓。子女从夫姓。妻以夫之住所为住所。夫妻联合财产由夫管理。子女之特有财产由父管理。
	父母对子女行使亲权的意见不一致时，由父行使之。
⑦确认继承制度	直系血亲卑亲属为第一顺序继承人，以亲等近者为先。
	废止旧法中的宗祧继承制度，明定配偶之间有相互继承遗产的权利。
	继承权受侵犯，继承人或法定代理人可以请求法院恢复原状。
⑧确认外国人在华权益	赋予外国法人与中国法人同样的权利能力。
	外侨在中国组织团体，如经当地党部许可，则关于设立程序监督办法，应与国内人民团体一律待遇。
	允许外国货币在中国境内可直接充当债务关系支付手段。
	允许外国资本在中国购买土地。
	外国人为住所、商店及工厂、教堂、医院、外侨子弟学校、使领馆、公益团体之会所和工场之用途，有权租赁或购买土地。

（三）刑法及其相关法

1. 刑法与刑事特别法。

政府成立之初，援用北洋政府《暂行新刑律》，同时，即着手修订刑法典和各项单行刑事法规。先后颁布的刑法典有两部，即 1928 年《刑法》和 1935 年新《刑法》。

（1）1928 年《刑法》	1927 年 4 月，司法部长王宠惠主持修订刑法。
	主要以北洋政府《暂行新刑律》及《第二次刑法修正案》为蓝本，在吸收日、德等国家刑法原则基础上，改订而成。
	经国民党第二届中央执行委员会会议议决，国民党中常会通过，于 1928 年 3 月 10 日由政府公布，9 月 1 日施行。
	两编 48 章 387 条，是我国历史上首部以"刑法"相称的刑法典。
（2）1935 年新《刑法》	1931 年 12 月成立刑法起草委员会重新修订刑法典，1934 年完成，1935 年 1 月 1 日由政府公布，同年 7 月 1 日施行，仍名为《中华民国刑法》，通称"新刑法"。
	两编 47 章 357 条。
	以三民主义为立法宗旨，立法原则采罪刑法定主义、主观人格主义、社会防卫主义，并注重传统伦理观念等。
	除将一部分特别法内容分别纳入有关条文外，受德、意等国刑法内容影响，特别增加了《保安处分》专章。
	将刑事责任年龄提高为 18 岁，对于普通犯罪采从轻处罪原则，而对触犯"内乱罪""外患罪""杀人罪""强盗罪""渎职罪"等"危险极大者"，从严、从重惩处。
（3）颁布大量单行刑事法规	主要有《暂行反革命治罪法》《惩治盗匪暂行条例》《惩治盗匪暂行办法》《危害民国紧急治罪法》《惩治汉奸条例》《妨害国家总动员惩罚暂行条例》《戡战时期危害国家紧急治罪条例》《惩治叛乱条例》《陆海空军刑法》等。
	在"内乱罪"和"外患罪"上，刑事特别法的刑罚多重于刑法典。如"内乱罪"规定的刑期为七年以上有期徒刑，首谋者处无期徒刑；但特别法《戡乱时期危害国家紧急治罪条例》则规定不论是否首谋者，一律处死刑或无期徒刑。
	触犯刑事特别法，多由军事机关、军法机关或特种刑事法庭审理。
（4）在颁行的判例法中关于刑法方面的判例与解释例占有重要地位	

2. 刑法的主要内容和特点。

（1）镇压危害政权与社会秩序的犯罪	1928 年公布《暂行反革命治罪法》，将"意图颠覆中国国民党及国民政府或破坏三民主义而起暴动者"，定为"反革命罪"，"首魁，死刑；执行重要事务者，死刑或无期徒刑；附和随行者，二等或四等有期徒刑"。
	司法院解释称：共产党案件，应依反革命论罪；共产党员仅有宣传行为，应依反革命治罪条例办理。
	《刑法》分则第 1 条：意图以非法方法破坏国本，变更国宪，窃据国土，颠覆政府而着手实行者，处 7 年以上有期徒刑，首谋者处无期徒刑；预备或阴谋犯者，处 6 个月以上 5 年以下有期徒刑。
	1936 年《惩治盗匪暂行办法》：对反抗南京国民政府的行为一律视为"盗匪"，处以死刑。
	1949 年《惩治叛乱条例》：对反对内战的人民和军人一律宣布为叛徒，规定处以死刑。

（2）保护社会经济秩序	保护私有财产的规定，占法典全部罪名的三分之一，涉及社会经济秩序的各个方面。此外，还颁行大量特别法加以补充。
	1939 年《取缔敌伪钞票办法》：严禁收受所谓敌伪钞票，对收藏、转运、行使者处死刑或无期徒刑。
	1941 年《非常时期违反糖食管理治罪暂行条例》：规定严厉惩罚违法者。
	1946 年《取缔违反限议价条例》：凡违反政府关于对国家总动员物资及民生日用品加以限制的价格，和由各当地政府同业公会等组织物价评议会议定的价格者，分别处以重罚或拘役。
（3）维护社会秩序	《刑法》设置了"妨害秩序罪""公共危险罪"等，都可处死刑、无期徒刑或最高有期徒刑（15 年）。
	1940 年《非常时期维持治安紧急办法》对刑法典规定的"妨害秩序罪""公共危险罪"规定：军警应当场逮捕或解散，于必要时，并要以武力或其他有效方法排除其抗拒。
（4）依据最新刑法学说，并采取世界各国最新立法例，大量援用资产阶级刑法原则	1935 年《刑法》规定了罪刑法定原则、罪罚等价原则、罪刑人道主义、从新兼从轻原则等。
	行为之处罚，以行为时之法律有明文规定者为限。
	以处罚故意为原则，处罚过失为例外；行为非出于故意或过失者，不罚；过失行为之处罚，以有特别规定者为限。
	加重处罚累犯。
	分刑罚为主、从刑，以自由刑为中心。
	采用假释、缓刑制度，未满 18 岁已满 80 岁的罪犯不处死刑或无期徒刑。
（5）援用"保安处分"	保安处分是 20 世纪刑法新学派理论之一（教育刑论），其本意是为保持社会秩序，预防犯罪发生，所采取的一种社会防卫措施，用以补刑法之不足，适用对象不限于有犯罪行为者，还包括有犯罪嫌疑或有社会危害者。
	政府仿效 1930 年意大利刑法典，专列《保安处分》一章规定保安处分的宣告与执行及处分种类和适用原则。
	处分种类七种：感化教育，监护处分，禁戒处分，强制工作，强制治疗，保护管束、驱逐出境。
	凡是政府认为谁是有"犯罪之虞"的所谓"思想犯""阴谋犯"等，可以保安处分为名予以关押教育，限制人身自由。
（6）维护传统宗法家庭制度	刑法中保留了大量传统内容。如亲属间犯罪可据不同情况加、减或免除刑罚。
	"加重诬告罪"：意图陷害直系血亲尊亲属，有悖伦常，因而加重其刑。
	直系血亲尊亲属诬告卑幼，只依普通诬告论罪。
	"亲属间便利脱逃罪"：配偶、五亲等内之血亲或三亲等内之姻亲，图利犯人或依法逮捕、拘禁之脱逃人，而犯藏匿犯人罪和湮灭证据罪者，减轻或免除其刑。
	直系血亲配偶或同财共居亲属间犯"盗窃"章所列各罪者，得免除其刑罚。

（四）商事单行法规

南京国民政府采取民商合一的体制，一般的商事法律是民法的一部分，没有独立商法典，但另外制定单行商事法规。

1. 1929 年《公司法》	参酌德、法等国《公司法》，立法院通过，分"通则""无限公司""两合公司""股份有限公司""股份两合公司""罚则"。
2. 1946 年《公司法》	抗日战争后，政府为配合"第一期经济建设"，加强公司管理和对公司的控制，改变以往以大陆法系公司法为楷模的立法内容，于 1946 年依照英美法系公司法重新修正颁行。
	增设的"外国公司"专章确定"外国公司享有与中国公司同等权利"。
	公司表决权依股数而定，每股一表决权；股份占总数 1/10 以上的股东，才有权对董事监察人提起诉讼。
	第 20 条吸收欧洲各国公司法的参与制原则。
3. 1929 年《票据法》	据北洋政府《票据法草案》和国民党中央政治会议议决的《票据法》立法原则 19 条、参酌德、日、英、美、法等国票据法规和我国商业习惯，经立法院通过。
	确立了"流通证券"制度，规定公司债票、债券、保险单、海运载货证券、仓库提单及汇票、支票、本票等，均可以通过交付或背书相互转让，进入流通。
4.《中央银行法》	1928 年 10 月 26 日公布《中央银行条例》。
	1939 年 5 月 23 日公布《中央银行法》，确定中央银行为国家银行。享有发行兑换券、铸造国币、经理国库、发行内外公债等特权。
5.《海商法》	1929 年 11 月，由南京国民政府立法院参照前清《海船法草案》和北洋政府《海船法草案》制定《海商法》，经立法院批准。
6.《保险法》	在北洋政府《保险契约法草案》的基础上，参照意、日保险立法，由立法院商法起草委员会拟定，于 1929 年公布，1935 年重加修正，1937 年公布，，公布后始终未施行。

（五）诉讼法与法院组织法

1. **诉讼法及其相关法规。**

（1）政府成立之初，援用广州军政府和北洋政府颁行的刑事诉讼法、民事诉讼法。

（2）为统一法制，促进实体法的推行，随即于 1928 年开始制定刑事、民事诉讼法典，以及相关单行诉讼法规，建立诉讼法体系。

①《民事诉讼法》	由司法部以北洋政府《民事诉讼条例》为蓝本，于1928年7月拟定《民事诉讼法草案》5编，经法制局审查，政治会议修正，立法院讨论通过第1至第5编前三章，1930年12月26日公布。
	第5编第4章关于人事诉讼程序部分，1930年据民法典"亲属""继承"两编重新起草，经立法院通过，1931年公布，定于1932年施行。
	为与修改后的《民法》相适应，立法院于1934年通过了修订的《民事诉讼法》，1935年公布，同年7月1日施行。
	此外，政府援用、制定了一些单行诉讼法规，主要有《县知事审理诉讼暂行章程》《审理无约国人民民刑诉讼须知》《战争罪犯审判办法》《反革命案件陪审暂行法》《陆海空军审判法》《民事调解法》等。
②1928年的《刑事诉讼法》	以北洋政府的《刑事诉讼条例》为蓝本，参照刑法典制定。
	为适应刑法典的修改，于1931年对《刑事诉讼法》进行修订，1935年1月1日公布，同年7月1日施行。
	1945年又对该法再行修正并颁行。
	抗日战争爆发后，先后颁布《非常时期刑事诉讼条例》《特种刑事案件诉讼条例》，抗战胜利后颁行《复员后办理刑事诉讼补充条例》以取代《非常时期刑事诉讼条例》，这些法规成为《刑事诉讼法》的重要补充。
③法院组织法	司法院据北洋政府《法院编制法》，先于1928年8月草拟《暂行法院组织法草案》。
	1930年又拟出《法院组织法草案》，经多次修正，于1932年通过《法院组织法》，政府于同年10月28日公布，1935年2月1日施行。
	1948年公布《特种刑事法庭组织条例》11条及《最高法院组织法》等法规。

三、司法制度

（一）司法机关体系

1. 司法院	1928年《中华民国国民政府组织法》：司法院为国民政府最高司法机关，掌握司法审判，司法行政官吏惩戒及行政审判之职权；司法院院长总理全院事务，经最高法院院长及所属各庭庭长会议议决后，统一行使解释法令及变更判例之权。
	1947年《中华民国宪法》：司法院为国家最高司法机关，有掌握民事、刑事、行政诉讼之审判及公务员之惩戒、解释宪法，并有统一解释法律及命令之权。司法院之下设立各级法院。

2. 普通法院 （皆隶属于政府司法院，分地方、高等、最高法院三级，实行三级三审制）	地方法院设于县、市，大市设分院，管辖一审民刑事案件及非诉案件；地方法院设院长一人，总理全院行政事务；院内设推事若干人；推事在6人以上的，分设刑事、民事庭；各庭置庭长一人，负责该庭审判事务。
	高等法院设于省会、特别区、首都和院辖市，大省可设分院，管辖内乱、外患及防害国家罪等刑事一审案件，不服地方法院及分院一审判决而上诉的民刑事案件和不服地方法院及分院裁定而抗告的案件。高等法院设院长一人，总理全院事务，并监督分院及地方法院。院内设刑事庭、民事庭，各置庭长一人，负责各该庭事务。
	最高法院设于国民政府所在地。它管辖不服高等法院及其分院的一审判决；不服高等法院及其分院的一审民、刑事案件判决；不服高等法院及其分院裁定而抗告的案件；非常上诉案件。最高法院设院长一人，总理全院事务。院内设民事庭、刑事庭，各置庭长一人，负责各该庭事务。
3. 三级三审制	在审判实践中，三级三审制未完全实行。
	《刑事诉讼法》："上诉于第三审法院，非以判决违背法令为理由不得为之。"又称第三审为"法律审"；实际上变三审终审制为二审终审制。
	据《特种刑事案件诉讼条例》，对"危害民国"经司法警察官署移送的案件，不须经检察官提起公诉，法院可迳行判决，且不得上诉，只能声请复判，复判后还可作出重于原判的刑罚，这就使三审制成了一审制。
4. 审检合署制	各级检察机构设于法院。
	最高法院内设检察署、置检察官若干人，以一人为检察长；地方各级法院内设检察处，置检察官若干人，以一人为首席检察官。其检察官为一人时不设首席检察官。
	检察机关任务依照《法院组织法》规定：实施侦查、提起公诉、协助自诉、担当自诉、指挥刑事裁判的执行及其他法令所定职务的执行。
	检察长及首席检察官有权监督下级检察官，提调其侦查的案件亲自处理、或移转给所属其他检察官承办。
	检察机关实行垂直领导。最高法院和检察署均受司法行政部监督。
5. 特别法庭 （据特别法规而设置）	1948年政府颁布《特种刑事法庭组织条例》，设特种刑事法庭，分中央、高等特种刑事法庭二级。 中央特种刑事法庭设于首都，隶属司法院，设庭长一人，总理行政、兼任审判长，监督该庭事务；置审判官若干人，检察官1～3人；复判高等特种刑事法庭判决的案件。 高等特种刑事法庭设于重庆、兰州两地，设庭长一人，总理行政、兼任审判长，监督该庭事务；置审判官若干人，检察官1～3人；高等特种审判庭受理《戡乱时期危害国家紧急治罪条例》所规定的案件。
	军事审判组织称军法会审，也属特种法庭。军法会审行二审终审制，第二审称复审，据总司令或军政部长、海军部长或该管最高级长官的命令进行。实际上是一审终审。不准旁听审判，军事检察官由各级司令部副官或军法官、宪兵官长，卫戍司令部或警备部稽查官长担任。

续表

6. 国民党各级党部操纵司法审判权	国民党的《监察委员会组织条例》赋予各级监察委员会稽核同级政府施政方针，调阅当地党政机关案卷之权，其中包括参加同级司法机关审判活动之权。
	1929年公布施行的《反革命案件陪审暂行法》规定：该法施行期间，法院受理反革命案件，适用陪审制。规定："陪审员就居住各该高等法院或分院所在地之中国国民党党员，年龄在二十五岁以上者选充之。"而当地最高一级党部对此类案件的一审判决声明不同意时，检察官立即上诉于最高法院。
7. 南京国民政府军事机关，在戒严时期也有司法审判权	《戒严法》规定：凡戒严时期警戒地域内的地方行政官和司法官处理有关军事事务，应受该地最高司令官指挥。接战地域内刑法规定的内乱、外患、妨害秩序、公共危险等罪，军事机关可自行审判或交法院审判。
8. 特务机关也参与控制司法审判权	国民党建有一套严密的特务组织，其中最大的是"国民党中央调查统计局"即"中统"，以及"国民政府军事委员会调查统计局"，即"军统"。

(二) 审判制度

1. "一告九不理"	(1) 管辖不合规定不受理：原告之诉的诉讼事体不属普通法院之权限者，法院应以裁定驳回。
	(2) 当事人不适格不受理：即案件须由某种特定人才能起诉，否则拒不受理；原告或被告无当事人能力即无权利能力者，法院应以裁定驳回。
	(3) 未经合法代理不受理：原告或被告无诉讼能力，未由法定代理人合理代理者；由诉讼代理人起诉，而其代理权有欠缺者，法院应以裁定驳回。
	(4) 起诉不合程式不受理：诉讼程序繁多，起诉程序复杂，每种程序都有法定提起程式，诸如诉状格式、内容等。如起诉不合程式或不具备所有要件，法院拒绝受理。
	(5) 不缴纳诉讼费不受理：诉讼法实行败诉者缴费原则，法定收费标准高昂；当事人如不能按标准预先支付讼费，法院拒绝受理。
	(6) 一事不再理：对已生效判决或裁定之案件，除法律特别规定外，不再起诉和受理。
	(7) 不告不理：对未经起诉的事情，法院不得进行审理。在审理中，法院受原告起诉范围的约束，不审理诉讼请求范围以外的问题。
	(8) 已经成立和解者不受理。
	(9) 非以违背法令为理由，第三审不受理：上诉第三审的理由，非因判决不适用法律规则，或者适用不当，第三审法院拒不受理。
2. 自由心证	对证据的取舍和对证明力的判断，法律不预先规定，由法官据其法律意识和内心确信自由判断。

续表

3. 不干涉主义（民诉中采用的一项诉讼原则）	诉讼活动依当事人意思决定，不得就当事人未申明的事项判决，一切全凭当事人意思行事。
	原告于判决确定前得撤回诉全部或一部。
	言词辩论以当事人声明应当受裁判的事项开始，法院不得就当事人未声明的事项作出判决。

（三）律师与公证制度

【注意1】中国近代律师公证制度，始于北洋政府时期。1912年9月制定的《律师暂行章程》《律师登录暂行章程》，是中国律师立法之始。

【注意2】1920年东三省特别区域法院沿用俄国旧例亦办理公证，是中国公证制度的滥觞。

1.《律师法》与律师制度	1927年南京国民政府公布施行《律师章程》，1933年加以修正；1941年公布《律师法》1945年和1948年对该法又加以修正。
	律师资格的取得分为两种：一是经律师考试及格者，二是经检核及格者。
	凡背叛民国证据确实者，或曾受一年有期徒刑之宣告者，或曾受律师除名之处分者，或曾任公务员而受撤职之惩戒处分者，或亏空公款者，或受破产宣告尚未复权者，不得充当律师；已经担任者撤销其资格。
2.《公证法》与公证制度	1935年公布《公证暂行规则》，次年公布《公证暂行规则试行细则》，并以首都为施行区域。
	1939年和1942年，各省高等、地方法院分批成立公证处。
	1943年《公证法》：地方法院设公证处办理公证，必要时，地方法院可在辖区内设公证分处；设专职公证人负责，或由地方法院推事负责。
	公证处的公证事项，分公证法律行为和公证私权事实。公证人可应当事人或其他关系人要求，就法律行为或私权事实作出公证书。公证人也可就当事人或其他关系人所作成的私权证书予以认证。
	《公证法》颁行后，南京国民政府又饬令各地方法院，聘请当地士绅，担任公证劝道，并采取提留分成方式给予报酬。

第六章　中国共产党民主政权宪法性文件

一、《中华苏维埃共和国宪法大纲》

码上揭秘

1. 1931 年 11 月召开的第一次全国工农兵代表大会通过；

2. 1934 年 1 月召开的第二次代表大会对其作了修改，增加了"同中农巩固的联合"；

3. 包括序言和 17 条正文；

4. **内容：对人民民主专政的基本问题作出了明确规定**

（1）规定苏维埃国家性质是工人和农民的民主专政国家。

> ➤ 将地主资产阶级（军阀、官僚、地主、资本家、豪绅、僧侣及一切剥削人的人）拒绝于政权之外；
> ➤ 剥夺他们的言论、出版、集会、结社等自由。
> ➤ 使用革命武力和法庭镇压一切反革命复辟活动。

（2）规定苏维埃国家政治制度是工农兵代表大会制度。

> ➤ 保证工农大众参加国家管理；
> ➤ 便于工人阶级及其政党的领导；
> ➤ 实行民主集中制和议行合－原则。

（3）规定并保障苏维埃国家公民的权利和义务。

> ➤ 工农及一切劳苦民众享有广泛的民主权利及人身自由；
> ➤ 各级政府采取切实有效的措施，提供力所能及的物质保障条件。

（4）规定苏维埃国家的外交政策。

> ➤ 宣布中华民族完全自主与独立；
> ➤ 不承认帝国主义在中国的一切特权，废除一切不平等条约；
> ➤ 苏联是巩固的同盟者；同世界无产阶级和被压迫民族站在一起；
> ➤ 对受迫害的世界革命者给予保护；
> ➤ 对居住在苏区从事劳动的外国人给予法定的政治权利。

5. **历史意义**

（1）第一部由劳动人民制定、确保人民民主制度的基本法，是中国共产党领导人民反帝反封建的工农民主专政的纲领。

（2）确认了劳苦工农民众的各项基本权利，鼓舞了人民的革命斗志；

（3）由于缺乏宪政经验和受到"左"倾思想的影响，也存在一定的缺陷。

二、《陕甘宁边区施政纲领》（1941 年）

1. **保障抗战**：团结边区内各阶级党派，发动一切人力、物力、财力抗战；严厉镇压汉奸及反共分子；
2. **加强团结**：坚持抗日民族统一战线，团结各抗日阶级、工人、农民、地主、资本家；调节各阶级的关系，地主减租减息，农民交租交息；改善工农生活，资本家有利可图；一致对外，共同抗日。
3. **健全民主**：实行普遍、直接、平等、无记名投票的选举制度；保障一切抗日人民的选举权、被选举权；根据地政权的人员构成实行"三三制"原则，即共产党员占 1/3，非党左派进步人士占 1/3，中间派占 1/3；人民享有用任何方式控告任何公务人员非法行为的权利；男女平等，提高妇女地位；民族平等、自治，尊重宗教信仰、风俗习惯。
4. **发展经济**：从"发展经济，保障供给"的总方针出发，发展农、林、牧、手工和工业；奖励扶助私人企业，保障经营自由；贯彻统筹统支的财政制度，征收统一累进税，维护法币，巩固边币；实施外贸统治。
5. **普及教育**：建办各类学校，普及免费义务教育；尊重知识分子，提高边区人民的政治文化水平。

三、《陕甘宁边区宪法原则》（1946 年）

陕甘宁边区第三届参议会通过。
（1）★★采取人民代表会议制的政权组织形式，以保证人民管理政权机关。

➤ 规定边区、县、乡人民代表会议为人民管理政权机关；
➤ 各级政权形式上开始由参议会过渡为人民代表会议制度。

（2）保障人民享有广泛的民主权利，受政府指导和物质帮助。

➤ 边区人民不分民族一律平等；
➤ 少数民族聚居区享有民族区域自治的权利。

（3）确立边区的人民司法原则。

➤ 各级司法机关独立行使职权，不受任何干涉；
➤ 除司法机关、公安机关依法执行职务外，任何机关、团体不得有逮捕审讯行为；
➤ 人民有权以任何方式控告失职的公务员。

（4）确立边区的经济文化政策。

➤ 经济上采取公营、合作、私营三种方式，组织一切人力、财力促进经济繁荣，为消灭贫穷而斗争；
➤ 保障耕者有其田，劳动者有职业，企业者有发展机会；
➤ 普及提高人民的文化水平，从速消灭文盲，减少疾病与死亡。

客观题 **主观题**

内部嘟学班

录播课 + **直播课**

全年保姆式课程安排

01 针对在职在校学生设置 **02** 拒绝懒惰没计划效率低

03 全程规划督学答疑指导 **04** 学习任务按周精确到天

你仅需好好学习其他的都交给我们

✓ 每日督学管理   ✓ 个人学习计划   ✓ 阶段测评模拟

✓ 专辅1V1答题   ✓ 个人学习档案   ✓ 考点背诵任务

✓ 主观题1V1批改

扫码立即
咨询客服

扫码下载
小嘟AI课APP

客观题　主观题

面授密训班

内部密训课程 ✅　　内部核心资料 ✅　　揭示命题套路 ✅

直击采分陷阱 ✅　　传授答题思路 ✅　　强化得分能力 ✅

全封闭
管理

专题式
密训

专辅跟班
指导

阶段模拟
测评

点对点
背诵检查

手把手
案例批改

1V1
督学提醒

扫码立即
咨询客服

扫码下载
小嘟AI课APP